VISUAL FIELD:
A RESEARCH ON
COMMUNICATION
OF MUSEUM

视觉场

博物馆传播研究

赵君香 著

人民出版社

责任编辑：郭　娜
装帧设计：汪　莹

图书在版编目（CIP）数据

视觉场：博物馆传播研究 / 赵君香 著 . — 北京：人民出版社，2021.4
ISBN 978－7－01－023360－4

I.①视… II.①赵… III.①博物馆－文化传播－研究－中国 IV.① G269.23

中国版本图书馆 CIP 数据核字（2021）第 075770 号

视觉场：博物馆传播研究

SHIJUECHANG BOWUGUAN CHUANBO YANJIU

赵君香　著

人 民 出 版 社 出版发行
（100706　北京市东城区隆福寺街 99 号）

北京中科印刷有限公司印刷　新华书店经销

2021 年 4 月第 1 版　2021 年 4 月北京第 1 次印刷
开本：710 毫米 ×1000 毫米 1/16　印张：22.25
字数：320 千字

ISBN 978－7－01－023360－4　定价：88.00 元

邮购地址 100706　北京市东城区隆福寺街 99 号
人民东方图书销售中心　电话（010）65250042　65289539

目 录

前　言

一、博物馆：人类文明的收藏与视觉呈现

包罗万象的博物馆囊括了人类历史与文明的结晶，博物馆所收藏的文物藏品是人类文明的重要载体和见证。在博物馆中，人类智慧被高度浓缩，大众得以与文明直面。历史文化遗产生动地述说着过去，也深刻地影响着当下和未来，博物馆不仅在于将人类文明进行收藏、陈列、展示、传播，还在于建立一个观察世界、理解世界的文化艺术场域，滋养和丰富全社会历史文化。

纵观历史，中华文明具有独特文化基因和自身发展历程，植根于中华大地，同世界其他文明相互交流，与时代共进步，有着旺盛的生命力。传承弘扬中华优秀传统文化，丰富社会公众的精神需求，要利用好博物馆这个宝库，加强文物价值的挖掘阐释和传播利用，让文物活起来。2035 年建成文化强国的战略目标，为我们深刻认识新时代文化建设新使命、创造中华文化新辉煌明确了前进方向，而博物馆作为公共文化服务平台，融入经济社会发展的主动性不断增强，提供精神文化产品的能力和质量显著提升。通过博物馆的展览要向全世界讲好中国历史故事，运用我国考古成果和历史研究成果，通过对外宣传、交流研讨等方式，向国际社会展示博大精深的中华文明，让世界了解中国历史、了解中华民族精神。

长期以来，博物馆作为殿堂一般的存在；如今博物馆成为普通大众必不可少的场地，公众对博物馆社会角色期许达到前所未有的高度。博物馆独特的建筑景观、广场雕塑的文化展示，安静不压抑、静谧不沉闷的展馆

艺术氛围，使之不再曲高和寡。考古是文明的"第一现场"，博物馆则是大家进入文明的"第二现场"，从发掘转向了收藏、展示和传播。在信息化时代，我们都习惯了直接、及时、简单的观看方式，但博物馆鼓励的是另一种观看方式：近距离的、长时间的、耐心的观看；引导人们欣赏文物器型之美的同时，推介文物所蕴含的历史价值、文化价值、审美价值、科技价值和时代价值，观者去关注展品本身的文化内涵和艺术价值，看到人类文明不同视角最直观的呈现，从中获得审美乐趣与精神滋养。

二、科技赋能：提升博物馆活起来的水平

随着全球博物馆的蓬勃发展，当代社会对博物馆的需求正从传统的博物馆迈向公共博物馆。在此过程中，博物馆的作用和影响力是需要传播来实现的，媒介的数字化发展也起到了重要的推动作用。推进博物馆改革发展，发挥博物馆现代传播、公共服务功能，要加强考古和历史研究成果的全媒体展示传播，依托文物资源推介国家文化地标和精神标识。推进文物博物馆资源融入教育体系、融贯旅游线路、融置线上云端，推进"互联网＋中华文明"。现代科技赋能，"云展览"成为"让文物活起来"的重要形式。受新冠肺炎疫情的影响，世界各地博物馆都出现过数波闭馆行为，空间阻隔下信息的流动和沟通显得更加迫切，博物馆加快了对"云场景"应用和探索的进程。"云展览"在突破时间、空间及展陈形式限制方面，具有独特优势。"参与""交互""沉浸式体验"都是对博物馆受众参与主体的尊重，虚拟现实、增强现实、三维全景、全息等技术，为博物馆展现丰富馆藏、传播优秀传统文化提供了有力支撑，虚拟沉浸式观展体验摆脱了时空的局限，聚合了多元资源，创新了线上线下服务，促进了文化传播全链互动。

"万物皆媒"时代到来，媒体融合对博物馆的内容质量提出了更高要求。文博类纪录片一改往日的庄重肃穆，日渐年轻鲜活起来；文博类综艺节目润物细无声的文化魅力正在以更加创新、鲜活的模式吸引着更多观

众；博物馆运用抖音发布展览短视频，争夺受众注意力；进行公共教育艺术讲座，建立博物馆品牌；各大博物馆从总体设计出发，统筹馆内外优势资源，与知名网络媒体、自媒体平台建立稳固的合作关系，拓宽宣传渠道，建立全方位的媒体矩阵和传播策略。"把博物馆带回家"——新文创是一场面向未来的文化生产"新实验"，探索数字文化时代的更多可能性，比如博物馆开启直播并上线销售博物馆特色文创产品，又如网络文学 IP 影视剧改编热度持续攀升，表现出"互联网 + 文化"新业态强大的活力。博物馆要注重输出内容的质量，扩大优质文化内容的产能，提升内容传播效果。

三、放眼世界：创设受众体验感的视觉场

博物馆包罗万象，沈辰教授称之为"众妙之门"——既有藏品本身之妙，亦有在藏品之上承载的文化之妙。① 美国盲人作家海伦·凯勒在《假如给我三天光明》一书中写道，如果拥有三天光明，她会选择一天去博物馆："这一天，我将向过去和现在的世界匆忙瞥一眼。我想看看人类进步的奇观，那变化无穷的万古千年，这么多的年代，怎么能被压缩成一天呢？当然是通过博物馆。"博物馆更要体现人文关怀，以人的主观认识来重新联通现实与想象，以沉浸式、情境感、剧场化给观众提供充分进入展览语境的"切入点"，构建多样且鲜活的文化关系。

随着公众文化素质的提高，未来的博物馆除了基本的收藏展陈宣教功能以外，还将担负更多互动、社交、休闲、娱乐的功能，要释放观者的主体性。观众的观展体验是一种融合了情感、经验、知识共鸣的综合性体验，器物之美不仅仅通过设计的绚丽来实现，深入研究之后讲出来的故事才是释展的法力，展览需要的正是释展人在不断探索的、深入人心的、具

① 沈辰：《众妙之门——六谈当代博物馆》，文物出版社 2019 年版，第 191 页。

有时代关联的文化阐释。在尊重专家和认同权威的前提下，当代博物馆还应该给观众提供与文化艺术对话平台和多视角的讨论话题，让他们主动参与对展品的理解和诠释。未来博物馆的开放与包容需要去关怀观众的各种体验，公众来到博物馆不仅仅是学习，而是来感受一下博物馆"视觉场"的氛围和艺术气息，或在博物馆广场沐浴阳光，或信步走在展厅，甚至只想在博物馆的休闲区坐下，在博物馆商店欣赏购买文化创意产品带回家。

博物馆的未来有无限可能，重塑群体认同，构建从过去、当下与未来博物馆之于社会发展的新身份、新认知。博物馆让人们理解文化传播和转型的历史根源和现实意义，也可以让他们的现实与过去更有关联，对未来更有感触。总之，博物馆"为明天收藏今天"，为社会担负起为未来保护过去的责任，博物馆视觉场必将为公众打开通向历史、通向社会、通向世界之门。

四、关于本书的研究写作思路

博物馆是当代社会公民视觉的社会建构的重要场域，是公共文化传播体系的重要组成部分，在国际传播、文化传播中发挥着越来越重要的作用。我国迄今有近 30 个城市提出建设"博物馆之城"，博物馆数量剧增的同时，其内涵质量和传播效果都需要提高，当前从建设阶段发展到面向大众化公共文化服务的阶段，无论是建筑空间、展览策展，还是公共教育活动以及大众媒介传播，都需要现代化的传播理念指导。本书以"视觉场"概念为中心表达，进行博物馆视觉传播研究，以此作为博物馆传播场域建构，为受众提供一种综合、系统、场景化、交互性、沉浸式的空间，实现传播形态、传播模式在博物馆的创新应用，符合当今融媒体时代需求。加强博物馆的传播力、公共性研究，总结提炼博物馆作为大众媒介独特的传播特点和策略，拓展博物馆媒介传播研究，对我国公共场域空间建设和传统文化的创新性发展具有重要的社会意义。

　　传统博物馆的功能多以收藏保护文物珍品、研究和展示为主，而社会发展、文化艺术生态繁荣环境下的博物馆具有复合功能，大众传播与公共文化服务性增强。作为大众媒介的博物馆信息传播效果是公共文化服务的落脚点，由于博物馆以观看为主，其中"视觉传播"是博物馆传播的重要类型，因此对其视觉场域的研究势在必行。本书理论概念层面，提出"视觉场"的建构以及"物质形态—活动形态—虚拟形态"三种传播形态，为博物馆视觉信息传播研究引入了"传播场"的视角，并且以受众中心论加以运用引证，对应受众行为的"凝视—交互—沉浸"，无论是对于传播学理论的大众传播场的模式，还是对于博物馆的传播实践活动，都具有创新价值。建构博物馆视觉场，探索视觉信息的传播规律，基本路径是以各种视觉元素的组成、博物馆媒介特征、编码解码方式、视觉信息传播模式为突破口，概括博物馆视觉场实体与虚拟、现象与表征、静态与动态的统一性，考察视觉场的影响因素和形态，如何通过建构视觉场提升博物馆视觉信息传播效果。各种要素共同构成的视觉场，是文化结构、视觉主体与受众发生互渗、互动的场域，其中社会环境以及受众心理空间同样构成博物馆视觉场域的一部分。创新内容、重组资源、跨界融合，视觉场将助力博物馆文化传承与跨文化传播。

绪　论

构建优质公共文化空间是社会发展的关键节点，提供多元文化资源是满足人民精神需求和美好生活愿望的重要一步。博物馆承载着传播文化艺术的历史使命，需充分运用各种视觉信息传播方式，进一步提升博物馆社会公共文化服务水平。因此，如何吸引更多的受众走进博物馆、如何提升视觉信息的传播效果和效率，帮助受众提升视觉素养、满足精神需求成为博物馆传播实践探索的重要课题。

第一节　研究背景与意义

一、研究背景

（一）博物馆承载着文化传承和传播的重要功能

博物馆是一个收藏、保存、研究和展示不同种类的人文艺术和科学领域遗产的机构，作为当代公共视觉教育与视觉知识交流的重要场域，博物馆在塑造大众文化艺术素养、承载本土历史记忆、实现传统的当代转化等方面担当重要角色，从而培养受众的想象力、批判思考能力、审美眼光、好奇心、同理心等。当前，博物馆的社会作用正在发生变化。不同于过去静止不变的机构，当今的博物馆变得更具交互性，以受众为中心，以社区为导向，更具灵活性、适应性和可移动性。它们成为文化中枢，是创意与知识相结合的平台，受众可以共同创造、分享和互动。习近平总书记指出，"让收藏在博物馆里的文物、陈列在广阔大地上的遗产、书写在古籍里的文字都活起来，让中华文明同世界各国人民创造的丰富多彩的文明一道，为人类提供正确的精神指引和强大的精神动力"[1]。博物馆作为一种集体记忆的体现，营造沉浸式的环境空间及有意境的文化艺术氛围，对受众具有文化启迪和精神提升作用；同时是传播国家文化与塑造国家形象的重要媒介。博物馆是保护和传承人类文明的重要殿堂，文化的作用只能通过参与者的理解、领悟，并在自身的文化实践中有所体现，博物馆有助于受众通过潜移默化、薪火相传的方式传承文化。近年来，博物馆业在世界经济、文化、政治全球化进程中不断自我提升，以文明对话为桥梁，增进跨国界合作、跨区域互动、跨文化交流和相互理解，彰显博物馆的当代传播价值。

（二）博物馆是公共文化传播体系的重要组成部分

随着我国社会全面进步和发展，中华优秀传统文化和人类文明受到大众关注，进而对保存着人类文明和文化基因的博物馆提出更高期待。国务院于 2015 年 2 月 9 日颁布《博物馆条例》，促进博物馆事业发展，发挥博物馆功能，满足公民精神文化需求。近年中国博物馆以平均每年新增约 150 家的速度增长，随着博物馆免费开放政策的不断深入，博物馆已不仅是传统意义上的文物收藏、保存、研究的专业机构，还是提供展示、教育、开放服务的公共文化服务机构。[2] 未来十几年，都将是我国博物馆快速发展的重要战略机遇期，为了提升我国博物馆的专业化发展水平以及增强博物馆公共服务能力的需要，国家文物局颁发规划、出台文件指出，要充分运用 VR 技术、大数据、移动互联网、多媒体等现代信息技术，提升

---

[1]　习近平：《出席第三届核安全峰会并访问欧洲四国和联合国教科文组织总部、欧盟总部时的演讲》，人民出版社 2014 年版，第 17 页。

[2]　郭长虹：《〈博物馆条例〉专家系列解读文章系列之二——发挥博物馆传承中华优秀传统文化、弘扬社会主义核心价值观的作用》，中国政府法制信息网，2015 年 3 月 2 日，见 http://www.moj.gov.cn/Department/content/2015-03/02/596_203466.html。

博物馆发展质量、创新展陈方式、延展文化传播渠道，建立惠及全民的博物馆公共文化服务体系。当前发展博物馆事业上升为国家文化战略，到2020 年基本形成主体多元、结构优化、特色鲜明、富有活力的博物馆体系，全国博物馆公共文化服务人群覆盖率达到每 25 万人拥有 1 家博物馆，受众人数达到 8 亿人次 / 年。① 根据国家文物局数据，截至 2018 年年底，全国（不含港澳台）博物馆已达到 5136 家，3500 家博物馆数字地图对外开放，各类展览超过 2 万个，社会教育活动超过 20 万次，2018 年接待受众数量近 10 亿人次。② 博物馆以开放的姿态发展改革，公众参观博物馆日趋成为一种生活方式，博物馆与文化传播与受众行为形成了良性互动。

（三）社会文化生态的繁荣与受众的精神需求增强

2018 年国际博物馆日的主题是："超级连接的博物馆：新方法，新公众"，旨在使博物馆全面融入社会生活，吸引更多受众，积极拓展博物馆的文化传播空间。在今天这个超级互联的数字化世界，博物馆通过创新手段、创新方法、创新体验，跨界融合，充分发挥联通作用，与社会渠道合作传播视觉信息，打破博物馆现实边界拓宽传播领域。另外，中国博物馆免费后，多层面受众具有各种参观动机、文化背景、知识经验且主体性增强，参观博物馆时更加注重涉及感官、知识、美学及社会等方面的多层次体验。博物馆观展是一种深度的文化传播过程，新一代受众掌握新技术、新技能越来越多。传播方式的发展越来越满足受众的主动性和选择性需求，正如麦奎尔所说："受众从来就不是被动的"，"受众按照自己的理解对媒介文本进行'解读'，并从中建构意义，获取愉悦"③。由于博物馆

---

① 王莹：《未来五年文物工作怎么干？五方面带你了解〈国家文物事业发展"十三五"规划〉》，新华网 2017 年 2 月 23 日，见 http://www.xinhuanet.com/politics/2017-02/23/c_129491148.htm。

② 王珏：《新年俗：博物馆里过大年》，《人民日报》2019 年 2 月 9 日。

③ ［美］丹尼斯·麦奎尔：《受众分析》，刘燕南等译，中国人民大学出版社 2006 年版，第 29 页。

视觉信息传播、展览叙事效果体现于参观者的观展和鉴赏等文化艺术实践中，所以博物馆内外视觉信息的传播都应明确受众的定位，以受众为中心进行传播活动。如何能够发挥好博物馆视觉信息传播功能，达到受众与展品的深层次沟通，实现良好的视觉体验是亟待解决的问题。相较于过去"打卡式参观"，如今越来越多受众的欣赏水平和品位日益提高，个性化需求愈发强烈，更倾向于深入了解文物的内涵和交互参与活动，给博物馆提出了更高的要求，馆藏数字化、展览特色化、公共教育创新、传播多样化、受众的分众化传播都进入博物馆重要议程。

（四）视觉文化的转向对博物馆传播提出更高要求

中国进入消费和信息社会，技术和消费创造了全新的视觉文化形态，引发追逐新奇视觉资源的激烈竞争。视觉文化发生了"由隐到显，从边缘到中心，发展为主导的文化形态"①。公立博物馆具有中国当下转型期视觉体制发展中的一些主流文化特征。其一，从最初的国家形象塑造、教育、文化传承等公共功能，转向当今以公共服务为主导的功能。其二，从原先自上而下的宣传路径，转向当今以受众为优先的自下而上的服务意识。其三，这包括了博物馆发展与当代城市化进程相同的走向，尤其是随着中国城市化的不断推进，消费文化的兴盛，以文化普及为目标的公立博物馆往往又与大众文化的视觉机构形成了既相互竞争又彼此呼应的密切关系。②数字技术以及视觉媒介的发展，受众运用新媒体观看的习惯势必影响到博物馆的场馆设计及展陈，博物馆专业追求与注意力竞争的双重要求，对展陈及其所提供的视觉表征和视觉信息传播策略提出了更高的要求；同时，博物馆又可以运用虚拟博物馆和虚拟现实技术塑造受众对不同主题的视觉理解，博物馆主客体发生了变化，视觉传播过程也出现了"在场"与"不

---

① 周宪主编：《当代中国的视觉文化研究》，译林出版社 2017 年版，第 342 页。
② 周宪主编：《当代中国的视觉文化研究》，译林出版社 2017 年版，第 351 页。

在场"的情境。

综上所述，传统博物馆的功能多以收藏保护文物珍品、研究和展示为主，而社会发展、文化艺术生态繁荣的环境下博物馆具有复合功能，大众传播与公共文化服务性增强。作为大众媒介的博物馆信息传播效果是公共文化服务的落脚点，由于博物馆以观看为主，其中"视觉信息的传播"是博物馆信息传播的重要类型，因此对其视觉场域的研究势在必行。同时博物馆与受众的关系也发生变化：从二元分离的主客体关系到"以受众为中心"，从受众的需求视角，博物馆应如何通过不同视觉信息的传播方式与策略提升受众的知识获得、满足其审美诉求、实现互动？数字技术、新媒体介入博物馆之后，强调互动与体验的同时，消解了传统展览与受众"看与被看"的关系，应如何应对博物馆媒介拓展带来的视觉场域迁移？一系列问题引发对博物馆视觉信息传播的研究需要。

二、问题的提出

（一）博物馆数量增多，当前从建设阶段发展到面向大众化公共文化服务的阶段，内涵质量和传播效果亟待提升，无论是建筑空间、展览策展，还是公共教育活动以及大众媒介传播，都需要以现代化的传播理念为指导。

（二）媒介融合时代，博物馆的现实实践活动从传统的"静观"与"被观"关系，转变为面向多层面的受众群体参与互动，原来的展陈方式、传播方式不能适应新的受众期望多感官、交互参与获取信息的需求，亟须引入新的传播形态，为受众提供场景化、沉浸性的交互环境。

（三）从实地调查来看，欧美博物馆发展多年，已经积累了较为成熟的受众研究成果，形成了较为完善的传播体系和丰富多元的公共教育活动。中国著名的博物馆如国家博物馆、故宫博物院、上海博物馆等逐渐与国际接轨，传播效果较好；但是绝大多数地方博物馆仍然存在诸多问题，较为突出的问题表现在"从展馆向视觉场域"的转变，具体包括空间设计、视觉导视、展陈布置、灯光照明、媒介应用等问题。在目前博物馆视觉化场域的构建实践中，有很多关键问题不能解决，与大众逐渐提升的视觉素养和观展需求不对等，亟须多学科领域共同研究博物馆传播问题，提出新的理论模型指导。

（四）从理论角度，因为博物馆有其自身独特的媒介特征和编码解码方式，传播学的理论运用到博物馆传播活动中，必然需要对理论模型和传播模式进行调整，并且补充其他理论进行修正。

鉴于此，本书以"视觉场"为中心表达，进行博物馆视觉信息传播研究，以此作为博物馆传播场域建构，为受众提供一种综合、系统、场景化、交互性、沉浸式的空间，实现传播形态、传播模式在博物馆的创新应用。视觉场三种传播形态是并行存在的关系，受到社会环境、受众需求和媒介技术的影响每个阶段的重点不同，呈现出某一种形态更为突出的表现，并不会互相取代。

三、研究内容

博物馆在现阶段有其不可比拟的优势，是当代社会公民视觉的社会建构的重要场域。本书试图建构博物馆视觉场，探索视觉信息的传播规律，基本路径是以各种视觉元素的组成、博物馆媒介特征、编码解码方式、视觉信息传播模式为突破口，概括博物馆视觉场实体与虚拟、现象与表征、静态与动态的统一性，考察视觉场的影响因素和形态，如何通过建构视觉场提升博物馆视觉信息传播效果。各种要素共同构成的视觉场，是文化结构、视觉主体与受众发生互渗、互动的场域。其中，社会环境以及受众心理空间同样构成博物馆视觉场域的一部分。

本书把博物馆的视觉信息传播作为研究对象，汲取近年来视觉信息传播和视觉文化研究成果，将世界著名博物馆作为视觉场参照系，综合国家、社会环境对博物馆模式的影响，以"视觉场"形态构成和"受众中心"

两条逻辑主线展开：前者主要基于马莱兹克大众传播场模式进行博物馆视觉场的建构；后者通过不同阶段博物馆受众需求的演进过程来印证对视觉场形态的影响。最后通过博物馆实地考察，对受众留言进行分析，对国内外博物馆馆长、策展人、管理者、志愿者、受众的访谈，结合受众视觉感知综合进行当前博物馆视觉信息的个案分析。在媒介融合时代和"以受众为中心"的新博物馆学理念下，以理论与实践相结合的方式探索了博物馆视觉场的构建、视觉信息传播的策略和内外场域的形态构成，研究博物馆受众如何更好地进行意义建构，博物馆受众与视觉场的关系。具体包括：

（一）博物馆视觉信息的概念、构成要素，博物馆作为传播主体的媒介特征，博物馆视觉信息传播的基本模式：视觉场传播模式的理论假设。

（二）博物馆视觉场的形态及表现特点；受众行为与视觉场形态的关系。

（三）视觉场受技术影响场域的迁移；博物馆视觉场与受众的关系变化。

（四）媒介融合时代博物馆视觉场的建构、传播策略和内外场域的构成。

四、研究意义

研究以博物馆的视觉信息为研究对象，对其传播内涵、渠道、反馈、机制以及传播的文化社会效用进行系统、深入的阐释，体现了研究价值和现实意义。

（一）社会意义：博物馆被赋予多方面、深层次的社会意义，承担起更高的公共服务责任，在国际传播、文化传播中发挥越来越重要的作用。加强博物馆的传播力、公共性研究，总结提炼博物馆作为大众媒介独特的传播特点和策略，拓展媒介研究，对我国城市化进程中的公共场域空间建设具有社会意义。对于中华优秀传统文化传承和创新性发展、通过博物馆传播中国声音、讲好中国故事以及中外人文交流、文明互鉴具有重要意义。

（二）学术意义：本书运用跨学科视角，以传播学理论为核心概念和理论框架，结合研究个案分析，对博物馆的视觉信息传播这一具有新意的主题进行了较为全面的梳理和分析，得出了一些具有启示意义的结论和观点。从探索博物馆视觉场的构成方面，研究提出了三种形态；同时又通过受众中心论的逻辑线与之相互印证，从学理上加深"博物馆视觉传播"这一新兴研究领域的研究，对马莱兹克模式进行了博物馆领域的应用与修正，探索传播学、文化研究和博物馆学的结合，既丰富传播学理论研究，也为博物馆学提供理论支撑与参考框架。

（三）现实应用意义：博物馆作为文化记忆场所承载着国家和地方的历史文化基因信息，从微观层面，本书以视觉信息的传播视角探索博物馆知识、文化、艺术的传播规律，研究对于博物馆如何结合受众需求，使得受众更加快捷有效地接收更多视觉信息、获取更有价值的历史文化知识具有现实应用意义。在以受众为中心的理念下，博物馆与受众之间信息流动的通畅性、传播效率、传播质量、博物馆与大众传播媒介之间的良好生态关系等问题都亟须学界对其全面清晰分析论证。大众有着强烈的参观需求，但是博物馆参观体验效果还有待进一步提高，因此分析当前受众普遍存在的观展问题，形成切实可行提升受众视觉素养、媒介素养的路径和策略，具有现实紧迫性。本书通过受众的观看、感知、体验视角寻求对策，为传播者提供博物馆的案例应用范式，借鉴分析中外博物馆涉及视觉信息的传播案例，可以为博物馆发展实践提供案例参考和传播模式的借鉴，具有一定的现实应用意义。

第二节　国内外研究现状

视觉信息传播研究的对象不仅包括视觉观察对象本身，也包括视觉信息传播方式，还包括受众的观看方式、心理体验以及所处的视觉环境、场域。博物馆作为面向大众开放的社会文化机构，其视觉信息传播的研究可以借鉴大众传播媒介的观点与方法。鉴于此，与博物馆视觉信息传播相关的国内外研究成果主要从博物馆传播环境、传播方式、受众心理与接收效果研究等方面展开分析和阐释，对博物馆视觉传播内容研究紧密融合在上述方面述评之中。

一、博物馆视觉场域的研究

"场"（field）的概念源于物理学，指物体周围传递重力或电磁力的空间，电磁学构造了严谨的场理论模型，试图解释场与场内元素的相互作用。格式塔心理学最先将场理论引入社会科学，其中以库尔特·卢因的场论最为著名。最早把"场"的概念引入社会学研究中是法国社会学家布尔迪厄，他认为社会并不是一个整体，而是分解为若干个不同的、彼此交叠的场，比如经济场、政治场、审美场、知识场等。① 从传播学的运用来看，场域理论作为一种新的媒介研究框架，超越了传统媒介研究范式结构与文化的二元对立，提供了一种连接宏观与微观的分析路径。1963 年德国学者马莱兹克提出传播原理"场"的思想，他把传播看作包括社会心理因素在内的各种社会影响力交互作用的"场"，这个系统每个主要环节都是这些因素或影响力的集结点，成为主要传播模式之一。也有一些学者在其研究中提到了马莱兹克传播模式的局限性，如郭庆光指出，传播学中的系统研究仍处于初级阶段，虽然关于社会传播的系统模式还有很多，但理论模式多于应用。马莱茨克模式中虽列举了诸多影响因素，但并没有对这些因素作用强度或影响力程度的差异做进一步分析。在考察传播过程时，应对不同的情况加以区别才能更好地抓住主要矛盾。沈正赋认为马莱茨克系统模式存在三点不足：一是在影响因素的归纳上，在提出和强调主要因素的同时也忽视和遗漏另一些因素；

---

① 李岗：《论传播场的基本特征》，《西南交通大学学报（社会科学版）》2004 年第 2 期。

二是在传者、信息、媒介和受众之间分析传播过程，划分类别宏观有余而中观和微观不足；三是过于强调影响因素，而缺乏对传播过程中的活动分析、影响因素之间以及各环节之间的互动关系研究。① 博物馆的场域研究有如下方面：

（一）视觉环境构成元素与特点

博物馆的视觉环境是视觉信息传播的基础和前提，由空间、形态等多方面因素组成。过去数百年国外由于博物馆设计趋向多元化，所以不同历史阶段研究者对此有不同的认识：与其他媒介不同，博物馆具有一定体量的、物质的、具体的空间，博物馆交流模式中具有复杂的空间关系，观众在其中创造性进行交流活动，与物品、展览构成一个整体。② 在空间形态设计方面博物馆受现代主义、后现代主义影响，每个时代的设计师针对各个建筑确定相应的对空间的处理办法，伊恩·里奇总结了"如何结合其时代特点，在特定的与一般空间或有表现力与中性化博物馆之间重新定义博物馆建筑的特点，创造载体与内容之间的关系"③。相比是否结合外部环境，也有研究者从视觉认同的角度，更重视博物馆空间构成是否能够提供条件完美展示物品，在现场感受到的艺术品视觉会相互影响。关于展品和展览在场域中的陈列原则，一方面欧美学界将其与美术史的研究联系起来进行考察，认为博物馆有关艺术品的陈列方式就是对美术史的一种阐释方式的具现，展览或许能让人了解许多艺术家一个系列或一个时期的作品，或者新的尝试；艺术博物馆的回顾展则可以全面理解一个艺术家整个创作

---

① 李彬：《传播学引论》，新华出版社 1993 年版。转引自张珈绮：《马莱茨克模式对社会心理"场"的应用研究》，《传播与版权》2017 年第 5 期。

② Roger Silverstone, "The Medium Is the Museum", in On Objects and Logics in Time and Spaces, from *Museums and the Publice Understanding of Science*, Edited by John Durant, Published by NMSI Trading Ltd, Science Museum 1992, pp.34-42.

③ ［英］罗杰·迈尔斯，［英］劳拉·扎瓦拉：《面向未来的博物馆——欧洲的新视野》，潘守永、雷虹霁译，北京燕山出版社 2007 年版，第 31 页。

生涯和思想，并且置之于艺术史语境来考察。另一方面受后现代主义思想影响，研究者探讨打破编年史展示顺序而强调历史的多元性质和文化的相对性，提出新的空间构成和展览方式。当下更多研究者从沉浸环境的实践创新提出将局部沉浸式环境与博物馆的展览叙事结合，运用体验场所、探究故事和视频模拟等技术手段构建新的空间。①

　　在有关博物馆环境的研究中，空间形态的特点、作用和接受效果也是探讨的重点。曾军教授提出"观看的情境主义"研究思路，在其著作《观看的文化分析》中提出了"视觉媒介与视觉场"二者的关系：他认为在观看的现实情境中，由视觉媒介的嵌入所建构的不同的时空情境构成了不同的"视觉场"。② 也就是说，当我们在对视觉场所进行类型学的研究时，有必要时刻关注在这些不同时空情境中导致不同的观看效果的变量——诸如观者的身份、性别、爱好、媒介的变化及带来的不同效果等。李克等结合自然环境、文化生态以及设计师贝聿铭中西合璧的建筑设计思想，分析了美秀美术馆独特的美学特征，并指出其独特的空间意境满足了观赏者的审美需求。③ 孙淼基于设计艺术学的空间批判理论并结合案例分析，提出"空间形态"包括展示空间和公共空间，阐明了"艺术语境"概念，以中西方博物馆对比的方法分析中外博物馆空间的异同，通过对现状批判以及成功案例的深入剖析，指出中国知名博物馆创造艺术语境的方法。④ 张华洁针对美术馆提出"视觉场着重研究媒介、作者、受众、现场四个方面的互动关系"⑤。博物馆是城市传播的媒介，也建构着城市叙事空间。陈霖选取苏州博物馆新馆作为个案，通过对博物馆叙事构成、叙事时间和叙事声

① ［美］彼特·萨米斯、［美］米米·迈克尔森：《以观众为中心：博物馆的新实践》，尹凯译，科学出版社 2018 年版，译者序第 xi 页。

② 曾军：《观看的文化分析》，山东文艺出版社 2008 年版，第 142 页。

③ 李克、李小耶：《解读美秀美术馆公共空间设计的美学特征——以视觉传播艺术为视角的考察》，《艺术教育》2016 年第 10 期。

④ 孙淼：《中国艺术博物馆空间形态研究》，文化艺术出版社 2013 年版，第 8 页。

⑤ 张华洁：《视觉场论》，博士学位论文，西安美术学院美术学专业，2018 年，第 19 页。

音的分析，揭示新博物馆建筑所讲述的传统与现代、地方与世界、个性与定制相融合的故事。① 孙玮教授将上海这座城市、外滩这个特定的城市空间作为媒介来解读，以描绘嵌入其中并与之互动的交往形态，并揭示其蕴含和再现的历史积淀和文化观念，同样可以解读和揭示博物馆在城市传播中独特的媒介特性。②

（二）博物馆视觉环境的功能

哈罗德·拉斯韦尔提出传播三种功能"守望环境、协调社会和传承文化"③。研究者大多从社会学、文化学和接受心理学角度，分析博物馆场域所能承担的多元功能。有的学者认识到博物馆与主流意识形态之间的密切联系，认为神圣化空间、仪式化空间有助于传递思想观念。有的学者则从受众接受心理的角度出发，指出博物馆的场域能够对受众的情感、想象等心理活动产生影响，从而提出博物馆设计应当注重创设对话环境、满足认知需求、场景化营造激发情感等功能。米歇尔·福柯（Michel Foucault）曾将教堂与博物馆并称为神圣化的异质空间，作为任何社会不可或缺的想象场所和空间，"于其中，世俗的、现代主义式的前进时间观被区分于外，人们经历着非常不同的时间感"④。这样以一种修辞手法将人们融入国家权力的进程中。⑤ 托尼·本内特（Tony Bennett）继承了福柯的思想，将博物馆称为与支配性意识形态紧密相关的"展示综合体"的一部分，"致力

---

① 陈霖：《城市认同叙事的展演空间——以苏州博物馆新馆为例》，《新闻与传播研究》2016 年第 8 期。

② 陈霖：《城市认同叙事的展演空间——以苏州博物馆新馆为例》，《新闻与传播研究》2016 年第 8 期。

③ [美] 哈罗德·拉斯韦尔：《社会传播的结构与功能》，何道宽译，中国传媒大学出版社2013 年版，第 37 页。

④ Michel Foucault, "Of Other Space", in Utopias and Heterotopies, *Diacritics* 16（Spring 1986），pp.22-23.

⑤ 马萍、潘守永：《从"仪式性"看纪念馆的"文化展演"空间实践》，《东南文化》2017 年第 2 期。

于组织自愿进行自我约束的公民的文化性技术"①，从博物馆内部静态分析转换为外部关注（即与社会、权力、意识形态之间的关系）。博物馆的场域还起到"阈限性"功能，文本及物件等重新构建，并由参观者想象、移情等作用产生时空体验。这往往与仪式研究理论相关，比如维克托·特纳（Victor Turner）认为，无论是戏剧、电影还是参观展览都有阈限性的方面，这些文化场景可以打开一个空间，使得人们从日常生活的实际烦扰和社会关系中跳出，并以不一样的思想和感情来观看自身和他们的世界。②卡罗尔·邓肯（Carol Duncan）也提出博物馆一直被用来与诸如宫殿或者庙宇之类的古老仪式性纪念建筑相对比，通常有其纪念性的建筑外观和清晰的区域划分。③博物馆序厅往往通过空间布置安排、灯光、色彩营造方式实现内外环境的分离，让受众收敛感情为参观铺垫情感基础。中国学者单霁翔先生基于多年从事文化遗产管理工作的经验，撰写了《从"馆舍天地"走向"大千世界"——关于广义博物馆的思考》和《从"数量增长"走向"质量提升"——关于广义博物馆的思考》系列书籍介绍了我国多种类型博物馆建设的现状、问题与发展趋势，强调了博物馆拓展和提升文化传播功能的重要性和必要性，提出了未来博物馆建设所应实现的文化价值、社会价值。当代社会语境下，通过博物馆进行政治方面的宣传教育是我国博物馆社会教育工作的基本内容，有学者提出"博物馆的政治传播可以通过内容设计、政治话语、政治符号等'再生产—解码'润物细无声的形式潜移默化地影响教育对象，加强公众对特定价值的认同"④。作为公益性社会文化机构，博物馆积极融入社会，通过公共领域展示大众经过反思

① Tony Bennett, *The Birth of the Museum: History, Theor, Politics*, London: Routledgem, 1995, pp.14-18.

② [英] 维克多·特纳：《仪式过程》，黄剑波、刘博赟译，中国人民大学出版社 2006 年版，第 95—96 页。

③ [美] 卡罗尔·邓肯：《仪式的文明化：内观公共艺术博物馆》，王文婷译，中央美术学院美术馆网站，http://www.cafamuseum.org/exhibit/newsdetail/1742。

④ 刘燕：《博物馆的政治传播功能释读》，《东南文化》2018 年第 1 期。

而达成的共识，启迪创造力，也是博物馆的重要职能。

　　不少学者注意到博物馆作为一种传播媒介，其理念和诉求以及采用的方式、手段对实现其功能能够产生一定程度的影响。英国学者罗杰·西尔弗斯通（Roger Silverstone）认为，博物馆如其他大众媒介一样，具有娱乐和告知、讲述故事和建构观点功能，意欲取悦和教育公众，自觉或不自觉地、效果不同地进行议题设置，将不那么好理解和不容易接近的内容转化成相对好理解和可接近的内容，在它的文本、技术和展示中提供关于世界的观念性陈述。[①]博物馆文化意义的形成与传递产生于一种对话的环境中，并随着人的活动和交流行为的变化而不断变化。丹尼尔·莱斯（Danielle Rice）通过研究"看"来探讨人们在艺术博物馆里学什么，他在研究中首先提出以下博物馆功能问题：人们通过参观博物馆能学到什么？假设通过看起来很深奥的东西让人远离或者从他们直接的兴趣中剥离开，那么这些人还会时常参观博物馆吗？人们在博物馆学到的东西在多大程度上与博物馆传播目的一致？那些在博物馆里起到阐释作用的媒介（比如标签、手册、旅游图）是否能够清晰表达出策展意图？有关艺术家们的生平，媒介与技术以及艺术史核心的知识这些信息参观者必须要掌握才能欣赏艺术吗？当谈到人们在博物馆的经历时，能用学习这个术语吗？追溯到20世纪早期波士顿美术馆模式和纽瓦克博物馆模式，前者对应于"艺术最基本和最直接与感觉对话"，后者则是"将博物馆作为图书馆"，即博物馆审美主义与理性主义之间的矛盾由来已久。

　　伊莲·古丽安在《博物馆的文明之旅》中强调博物馆应该将藏品作为社会物件来对待，并借此与多元公众形成交流与对话。《新博物馆理论与实践导论》中博物馆展览的历史、策展主要环节与视觉信息传播有相关性。《展览论》介绍展览中如何处理各种物品以及各种专题展览的技巧。展品

---

① Roger Silverstone, "The Medium Is the Museum", in On Objects and Logics in Time and Spaces, from *Museums and the Publice Understanding of Science*, Edited by John Durant, Published by NMSI Trading Ltd, Science Museum 1992, pp.34-42.

与展览同样具有与受众创设互动、对话的功能，因此弗格在《沉默之物》中的研究焦点看似是物件，其实是展览，即让物件"开口说话"的机制。弗格认为未来博物馆设计者应该从如下几方面入手来化解这一危机：开展受众研究，尽可能地了解受众的思维结构和期望；促进文字说明向视觉阐释的过渡，生动形象地呈现事件场景；直面展览的目的性和人为性，与物件、观念持有者保持对话与沟通。①

国内学界包括港台有关博物馆的论著大多集中于管理与经营的事物，鲜有对收藏与展示的逻辑进行深度挖掘之研究。中央美术学院李军着眼点从"现代艺术史体制"这样一个跨媒介的艺术史空间叙事，在现代博物馆体制、现代艺术史叙事与前现代的教堂体制和空间布局之间，建构起因果联系，在收藏领域与博物馆学领域都是一次理论的重新建构与历史的再度发掘。②姚安对展览的主题设定、展览的框架结构、展览与展览之间以及展览内部各内容的逻辑关系进行了大量的阐述，内容研究是展览设计的重要工作，选择什么样的角度进行提炼和表达，对展览主题的提炼和展览思路的选择，直接体现了展览的深度。③

二、博物馆视觉传播方式研究

（一）运用视觉修辞、视觉叙事的传播策略

博物馆进行策展设计时注重视觉信息传播的策略运用，包括视觉修辞手法和叙事方式，一些学者对其进行了总结。卡明斯第一个提出展览应该要有"故事线"；卡尔弗认为传播信息是展览的固有职能，并且为设计一个有效的展览提出九点建议，其中有"选择能够帮你讲好故事的展示技

---

① ［英］罗杰·迈尔斯、［英］劳拉·扎瓦拉：《面向未来的博物馆——欧洲的新视野》，潘守永、雷虹霁译，北京燕山出版社 2007 年版，第 168 页。

② 李军：《可视的艺术史：从教堂到博物馆》，北京大学出版社 2016 年版，第 197 页。

③ 参见姚安：《博物馆策展实践》，科学出版社 2010 年版，序。

术、在条件允许的情况下设计受众动线以保证信息传递、故事不能误导受众也不要去驳倒受众、通过受众的反应来判断效果而不是受众的主观满意度"①。查尔斯·史密斯在《博物馆、人工制品与意义》中认为藏品展示以促进知识进步，藏品以系统的、可辨识的分类框架进行组织，最后提出了现今博物馆陈列与诠释物件的方法论路径。② 据本杰明·艾弗斯·吉尔曼的观点，艺术品一旦它们被置入博物馆就只为一个目的存在：被看作美的事物。艺术博物馆第一职责就是将艺术品仅仅作为艺术品和审美观照的对象来呈现，而不是作为历史或考古信息的图解来展示。他认为审美观照是一种深刻的、转变的经验，一种观者和艺术家之间在想象中的认同。要达到这种认同，观者必须将自身投入艺术家的形象中，渗透他的意图，想其所想，感其所感。

博物馆视觉语言展现了深厚的文化底蕴与民族的地域特色，有些设计学论文从"视觉传达"的角度对此进行探讨，如江南大学沈海军说明视觉语言在博物馆展示空间中的实际应用问题，引发视觉语言作为视觉传达的一种媒介和工具在很大程度上会对展示空间造成强烈影响的思考与论述。博物馆展示中对"视觉语素、视觉语汇、视觉语法"的选择与组合，新的表现手法的融入都将直接影响到博物馆展示设计的整体效果。③ 何锦华以信息时代的数字化特征与博物馆展示艺术的传播关系为研究的逻辑起点，一方面对数字化背景下的博物馆视觉展示艺术进行系统的分析；另一方面以实例方式探讨有效实用的数字化视觉信息传播模式。④ 还有论文以视觉标识案例分析的方式撰写，如从视觉传播中"静态与动态设计随环境

① Calver H. N., "The exhibit medium", in *American Journal of Public Health and the Nations Health*, Vol. 29, No.4（April 1939），p.341.
② 尹凯：《目的感：从〈新博物馆学〉一书重思博物馆价值》，《博物院》2018年第4期。
③ 沈海军：《视觉语言在博物馆展示空间中的应用研究》，硕士学位论文，江南大学设计艺术学专业，2009年，第2—5页。
④ 何锦华：《博物馆数字化视觉展示信息传播研究》，硕士学位论文，北京印刷学院设计艺术学专业，2009年，第2页。

不同而各具优势，但根本上还是形式层面上的观照"提出问题并通过案例介入公共文化。① 关于博物馆视觉传播过程中的情感传达问题，清华大学王琳②、陕西科技大学潘登③都认识到了"情感对受众认知深度与信息交流质量的重要影响"，积极思考"博物馆的情感本质"，设计要"以情感人"，强调"情感传达在设计中的重要意义"。因为学科要求，这类论文主要在"怎样做"层面上将情感传达的设计应用进行叙述和探讨。关于博物馆传播理念、信息传播模式、传播途径与方式、传播符号的编码、媒介优势等方面，国内学者严建强④、黄洋⑤、周婧景⑥、刘佳莹⑦等进行了较为系统的研究。浙江大学以"博物馆认知与传播"为主题主办了国际学术会议，并且组织引进翻译了一系列书籍，如《参与式博物馆：迈入博物馆 2.0 时代》等；文物与博物馆学专业博士论文跟进推出最新观点，与国际同步对该主题进行研究，彰显了对传播问题的关注。

（二）博物馆运用传统媒介的传播方式

有学者从受众心理出发，研究如何进行展览设计促进受众更好接受。如格拉汉姆·布莱克旨在指导包括博物馆在内的各类文化艺术场馆，如何尽可能地为受众提供高质量的参观体验，如创造一个能够使受众对展品产生兴趣的参观环境，筹划参观过程的环节，从参观动机，到场馆管理，直

---

① 耿涵、易晓：《标识的开放性趋向——费城艺术博物馆的视觉形象系统分析》，《装饰》2015 年第 1 期。
② 王琳：《博物馆展示设计中的情感传达研究》，硕士学位论文，清华大学设计艺术学专业，2004 年，第 9 页。
③ 潘登：《历史类博物馆影像展示中的情感传达研究》，硕士学位论文，陕西科技大学设计与艺术学院，2015 年，第 14 页。
④ 严建强：《论博物馆的传播与学习》，《东南文化》2009 年第 6 期。
⑤ 黄洋：《博物馆信息传播模式述评》，《博物院》2017 年第 3 期。
⑥ 周婧景、严建强：《阐释系统：一种强化博物馆展览传播效应的新探索》，《东南文化》2016 年第 2 期。
⑦ 刘佳莹：《叙事学视角下的博物馆媒介优势》，《东南文化》2010 年第 2 期。

至展品的陈列方式等，并对此做出分析，提供系统的原则适用于各类型和规模的文化艺术场馆。① 受众研究另一个重要观点是主张重视增强受众的体验，如美国科学家、教育学家、心理学家弗兰克·奥本海姆在博物馆展示、传播、教育、娱乐等方面的研究为博物馆受众体验理论的形成奠定了基础，对现代博物馆的发展产生了革命性影响。他所创办的旧金山探索馆中对"艺术体验"也进行了实践与理论提升，并提出一个全新的展览设计理念——让科学与艺术交相辉映。② 阿兰·沃奇充分考虑了艺术博物馆叙述的方式——不断叙述美国社会和过去的方式使得受众产生集体记忆加深体验感。大卫·卡里尔则运用个案分析深入讨论了大型博物馆，分析了私人收藏馆，提出盖蒂博物馆设计原则和具体方法，虽然收藏的是古典艺术作品，但可以体会各个陈列展厅一系列的主题与变奏，其外部景观和建筑风格有效结合了传统的艺术博物馆，甚至把城市作为一种景观，将景观转化为一种以窗户为框架的风格画给予受众新的视觉观感和心理体验。③ 研究者们同样关注到在博物馆展览中创意设计的重要性，运用大量实践案例，旨在引导博物馆的专业人员可以在遍及他们整个机构的领域里获得释放出创意潜能。从大范围内的创意研究构想到今天最有创意的博物馆领导的视角，作者提出关于博物馆工作者在任何水平中的一组实践原则——不仅是那些在"创意职位中的工作者"能够在日常实践中运用各种创意。在工作领域里充满了创意的练习和故事，他们带领读者发掘创意学习的内在文化，同时向博物馆受众传递这样的增值。

国内学者近年也对博物馆传播及实现途径进行了研究，引入了传播学、文化学和教育学的有关理论。比如关于叙事学的传播方式研究，清华

---

① ［英］格拉汉姆·布莱克：《如何管理一家博物馆：博物馆吸引人的秘密》，徐光、谢卉译，中国轻工业出版社 2011 年版。

② 李林：《弗兰克·奥本海姆的博物馆受众体验研究理论与实践》，《东南文化》2014 年第 5 期。

③ ［美］大卫·卡里尔：《博物馆怀疑论——公共美术馆中的艺术展览史》，丁宁译，江苏美术出版社 2009 年版，第 226—230 页。

大学信息艺术设计系金海鑫等对当代博物馆陈列设计的叙事性艺术特征进行分析，从叙事设计创新、叙事心理引导、叙事空间结构三部分入手探讨新的展示风格特点①；尹凯则从"人文与理性"的角度，提出"作为博物馆'元叙事'的启蒙精神与浪漫主义双重性矛盾在博物馆空间内，以诗学与政治学的修辞手法不断地进行历史性的'展演'"②。与传播学相关的理论视角，国内外都有学者关注到议程设置理论的作用：议程设置理论发展到今天，核心仍然是显要性的转移：从一个议程转移到另一个议程，这个概念不仅在政治传播领域，在社会文化领域例如希腊博物馆，重点在两个议程之间显要性的转移以及操作化的研究并应用于博物馆可视化和文化产业的研究。③李秀娜观察到议程设置功能在博物馆传播过程中发挥的作用，即博物馆为公众定义需要关注内容并对不同内容赋予不同程度的显著性方式，影响公众对博物馆展览或藏品的重要性判断。④何东蕾将博物馆教育概括为"情感、态度与价值观的教育"⑤，对文物资源传播功能给予重视，将展览作为基于实物学习的情景创设，认为博物馆教育方式可以锻炼学生的观察能力，适合探索式、体验式的自我学习反思过程。王思怡跟进博物馆前沿和发展趋势对博物馆具身认知⑥、沉浸式参观体验⑦进行了系统研究，以及策展新理念探究。

（三）博物馆运用新媒介传播视觉信息

博物馆与新兴技术（尤其是数字化技术）的姻亲使得博物馆的活力以

---

① 金海鑫等：《当代博物馆陈列设计的叙事性艺术特征》，《艺术研究快报》2015 年第 4 期。

② 尹凯：《人文与理性：博物馆展览的诗学与政治学》，《现代人类学》2015 年第 3 期。

③ Greek Museum Media Visibility and Museum Visitation, "An Exploration of Cultural Agenda Setting", *Journal of Communication*, Vol.60（2010），pp.743-757.

④ 李秀娜：《博物馆传播及其议程设置功能》，《中国博物馆》2016 年第 3 期。

⑤ 何东蕾：《基于核心素养的博物馆教育：情感、态度与价值观》，《文博学刊》2018 年第 4 期。

⑥ 王思怡：《何以"具身"——论博物馆中的身体与感官》，《东南文化》2018 年第 5 期。

⑦ 王思怡：《沉浸在博物馆受众体验中的运用及认知效果探析》，《博物院》2018 年第 4 期。

及面临新的挑战得以井喷，许多艺术博物馆也推出了网络与新媒体艺术项目、在线空间以及与受众互动的种种途径，而新的研究课题，从策展、布展到教育推广等，就更有紧迫感。如何运用新技术进行展览设计对于展品的内容拓展，加强参与、互动来增强接受效果，英国诺丁汉大学国际传播学院文化计算教授 Eugene Ch'ng 曾以"数字技术在当代博物馆中应用的策略"提出他关于策展的看法：在数字化展览中，要尽量提供给受众一个可以任意思考的时间与空间，以便受众可以更加深入地去了解展品背后的故事。他认为"假如在虚拟现实中，受众能与文物有一个连接，让现代人有一段非常奇特的跨时空文化记忆，那么无疑将会产生一个非常好的传播效果"。妮娜·西蒙将"参与式博物馆"作为一种新型的哲学取向和设计理念，将公众参与模型分为贡献型、合作型、共同创造型和招待型，另外还提到参与得以可能的逻辑：有趣的切入点和良好的平台。① 还有研究从实际和隐喻两方面向读者介绍技术和数字化如何以各种形式使博物馆及其理念与网络相融合，由此呈现出数字化、公众参与以及拓展活动等领域多种形式的结合。

国内研究与国际研究同步进行，研究成果有效融合了传播学理论、博物馆理论与艺术作品分析，尤其重视了博物馆里信息获取、审美互动、审美感知，对新媒体技术带来的受众参与程度提高、展示方式更加多元、可共享性等特点结合案例分析。段勇在《当代中国博物馆》中提到特展"应该加强通盘规划，采用网上数字展览、展品图录、学术讲座、教育活动、展览纪念品等'增值'项目，尽量延伸实体展览的生命"。在大众媒体与博物馆传播的结合方面，他认为，成功的陈列展览除了本身品质上佳往往离不开成功的宣传推广，如 2015 年故宫博物院的"石渠宝笈特展"、2016 年首都博物馆的"海昏侯特展"的盛况，同样得益

---

① ［美］妮娜·西蒙：《参与式博物馆：迈入博物馆 2.0 时代》，喻翔译，浙江大学出版社 2018 年版，第 9 页。

于宣传推广。前者作为故宫博物院院庆的重头戏，经过院方和媒体的前期密集宣传，早已吊足了受众的胃口，有堪称中国最著名国宝的张择端《清明上河图》压阵，众人不惜排队数小时一睹风采。首都博物馆的"海昏侯特展"，除了考古发现本身具备的重大价值，也得益于展览开幕前中央电视台几乎每天进行的考古发掘进度直播。对于博物馆跨境展览，他认可"向外传播中华文化更应成为我国博物馆的重要职责"①。施旭升、苑笑颜将博物馆传播策略归纳为三点：一是缔造仪式，博物馆展示的情境性；二是权力控制，博物馆展示与意识形态；三是诗性品格，新媒体语境下博物馆展示的审美功能拓展，作者提出"经典艺术作品与现代人在精神上的契合和交流正是博物馆应该注重的，当代博物馆需要拓宽其现代传媒技术带来的全新展览方式，以更好地完成展示艺术信息与艺术作品的文化精神意蕴，展示艺术作品与人类的精神关联的功能，向参观者讲述艺术史以及人类心灵的历史"②。刘宏宇以博物馆展览这种别具特色的媒介产品和传播现象作为研究对象，重点着眼于如何采用当代符号学分析研究方法，对我国主要博物馆的重点历史展览中所运用的具体展示手法和传播策略进行深入细致的剖析和解说，同时通过关注这些历史展览中所采用的新型媒介传播手段以及传播理念，进而在此基础上总结和介绍当前博物馆展览领域中的媒介应用新趋势和新动向。③ 丁蕾以数字媒体语境下传受信息方式的变化为视角，从视觉形式、视觉思维、视觉媒介、视觉文化等多方面进行视觉艺术创新的深入研究。④ 该文虽然重点在于研究视觉艺术创新，但是文中新媒体艺术作品案例的展示与博

---

① 段勇：《当代中国博物馆》，译林出版社 2017 年版，第 95—96 页。
② 施旭升、苑笑颜：《仪式·政治·诗学：当代博物馆艺术品展示的叙述策略》，《现代传播》2017 年第 4 期。
③ 刘宏宇：《呈现的真相和传达的策略：博物馆历史展览中的符号传播和媒介应用》，人民日报出版社 2016 年版，自序第 1 页。
④ 丁蕾：《数字媒体语境下的视觉艺术创新》，博士学位论文，南京艺术学院传媒学院，2013 年，第 3 页。

物馆密不可分，如徐冰的作品《天书》与《地书》（上海外滩三号沪申画廊）、石志莹的作品《公海》在第九届上海双年展展出，吴俊勇《千江有水千江月》在上海当代艺术博物馆展出。这些视觉传播形式都对当代博物馆的展示空间有了更高要求，视觉艺术的创新已不只局限于视觉艺术创作领域，而是整个视觉传播过程构成和受众参与的行为活动方式全面创新，博物馆在其中的传播作用非常重要。如何对博物馆可能运用的新媒体技术走向进行把握并进而取得应用的主动权，对博物馆的数字化建设来说是一个至关重要的问题。金瑞国、高晓芳、郑霞等学者对信息时代博物馆发展、数字博物馆、虚拟博物馆进行了研究，还有许多研究成果结合实践案例分析了博物馆媒介的特点、受众的要求、传播的效果，以及多种媒介之间的交叉应用等。媒介融合时代博物馆对媒介技术的运用研究亟待传播学界关注，2018 年一系列分析文物博物馆类电视节目的论文反映了博物馆视觉信息传播因为媒体拓展备受关注。

许多成果显示，跟随技术发展的博物馆形式背后都是基于技术之上的大众文化传播与资源共享的理念，也是博物馆功能从收藏到传播和教育转变的重要表现。在互联网应用、虚拟现实应用和智慧博物馆领域，从受众视角，魏敏认为互联网的技术赋权以及信息传播样式的多样性迎合了当今博物馆受众的行为模式，互联网的长尾理论可以满足不同受众的不同博物馆展览的信息需求，丰富了受众体验。[①] 王文彬从传播学角度分析智慧博物馆的功能及对信息组织、传播模式的全面提升和深刻变革，依据传播学原理建设智慧博物馆，信息组织和传播模式发生深刻变化，采集信息更多，传播形式更为丰富，传播效果更广泛深入。[②] 曾一果、陈爽较深入探讨数字化技术的使用如何引发博物馆文物展示与传播方式的变革和转向，从"信息共享""数字典藏""创意空间""数字文化"方面分析认为文物

---

① 魏敏：《新媒体时代的博物馆展览——基于受众研究的分析与探索》，《东南文化》2013 年第 6 期。

② 王文彬：《试从传播学角度谈智慧博物馆》，《文博学刊》2018 年第 4 期。

的数字化之路是未来博物馆展览的重要途径。① 文博专业人员已经关注到博物馆作为媒介的研究价值，如曹兵武的《作为媒介的博物馆》。另外，关于"互联网＋博物馆"、虚拟博物馆的研究也有来自其他学科领域的探讨，有些研究基于传播学理论对新媒体环境下博物馆微信、微博、社交媒体②、大众点评网③进行内容分析与应用研究。从信息传播技术和数字化媒体拓展的角度出发，通过合理设计博物馆的传播活动、充分发挥信息技术和新媒体的作用，为博物馆传播提供更多的资源，以提升博物馆参观体验的满意度，这是目前博物馆传播研究的主要诉求。

作为视觉体制的博物馆④，就社会变迁与视觉文化转型的视角而言，博物馆显然是一个很好的切入点。当公立博物馆对自身形象表征模式做出策略性变化时，其选择往往更鲜明地响应了当时文化结构对特定公共视觉性的需求。而这种选择其实正是视觉体制的表征博弈结果的反映。从积极的角度来讲，公立博物馆功能上具有公共教育、服务社会的双重性，这种专业职能上的定位令其视线更易聚焦到公共视觉性及其要创造的视觉伦理环境。作为当代公共视觉教育与视觉知识交流所发生的重要场所之一，公立博物馆在塑造大众文化艺术素养、承载本土历史记忆、实现传统的当代转化、建构民族认同等方面，都扮演了积极的角色，有助于观念导引凝聚共识。公立博物馆从专业职能的规定上要服务于"视觉领域的社会建构"与"社会领域的视觉建构"两大议题，而且，其功能也只能通过这两种建构才能实现。

---

① 曾一果、陈爽：《博物馆文物的数字化展示和传播研究——以台北故宫博物院为例》，《广州大学学报（社会科学版）》2019 年第 1 期。

② 李琳：《基于社交媒体的博物馆受众研究》，硕士学位论文，中央美术学院美术学专业，2014 年，第 14—17 页。

③ 卓丽杰：《首都博物馆受众满意度研究——以大众点评网为中心》，硕士学位论文，吉林大学文学院文物与博物馆专业，2016 年，第 5 页。

④ 周宪主编：《当代中国的视觉文化研究》，译林出版社 2017 年版，第 341 页。

三、博物馆受众心理、效果研究

(一) 博物馆与受众的关系

发展之初，博物馆与受众是二元分离的主客体关系。受众走进传统博物馆，意味着走进了一个既定的文化场域。之后"以藏品为中心"和"以受众为中心"，或者说"物人关系"的讨论成为博物馆学界争论不休的一个关键议题。如果说博物馆是一个大众媒介，那么社会结构的变动必然是理解从"关注藏品"到"理解公众"这一转向的切入点，普遍意义的社会理论在一定程度上解释了博物馆理念的嬗变。"以受众为中心"议题在过去25年开始出现并且越来越重要，许多博物馆理论家相信博物馆中最为重要的上升趋势是机构与受众之间关系不断发生变化的特性。将博物馆不是作为孤立的场域进行研究，而是更加关注外界，社会文化艺术生态对其培育与滋养；注重受众的感受参与和情感启迪，而不仅仅是知识的单向传播；传播者从信息的传递者变成受众获取知识的辅助者；研究更多的社会实践项目。理论家引用了教育学家的新理念，将机构和参观者放置在一个更为平等的地位。参观者通过他们自己的经历和价值体系的视角来改变博物馆。因此一些博物馆正优先考虑交流，并将其作为一个目标来看待。[①] 有研究人员将分析受众的方法总结为两条途径：一是聚合研究方法即随机选取一定数量的能够代表大众的人回答围绕某些话题展开的各种问题；二是获取关于博物馆受众结构的有效信息或运用一组具有可比性的博物馆信息的途径，即人口控制研究。[②]

大量受众研究基于这样的研究路径进行，探索博物馆受众构成与地位，群体扩大和互动行为，受众地位得到强调和重视，在哪些方面体现对受众的重视。如《博物馆作为学习的场所》等五篇论文都是致力于改变公众对博物馆的认知：即从给精英们安静的学习场所到各种年龄、背景和能

---

① 黄丹：《新博物馆理论与后博物馆学》，《中国美术》2013年第5期。

② [英] 罗杰·迈尔斯、[英] 劳拉·扎瓦拉：《面向未来的博物馆——欧洲的新视野》，潘守永、雷虹霁译，北京燕山出版社2007年版，第31页。

力的广泛人群进行互动学习的实验室。演讲者探寻为什么博物馆拥有这么多有价值的学习资源，阐明关于学习出现的一些重要的观点，同时讨论着这些观点怎样更好运用于博物馆参观者而进行博物馆布展等；如何以新的方式去看待学习，同时促使受众想象。西方博物馆界"以藏品为中心"到"以受众为中心"并不是一个非黑即白式的转向，而是将受众与藏品的重要程度画上等号。这种等量齐观的视角很像是文艺复兴时期"人的发现"，真正地将博物馆与人们当下的生活、社会的未来联系在一起。德国古典哲学创始人康德认为，人类只能通过感官来知觉物的外观而不能感知物自体，世界自身只在与人类主体的关系中变得可知。所以博物馆要重视受众，首先要提供阐释性介绍。"阐释工作在于为孤零零的展品添加介绍，同时确信这些介绍应该尽可能地多样。"其次，展出物品的来龙去脉依旧吸引受众。作者坦言当下受众还是希望能够获得更多的信息，了解为什么这件看起来普通得不能再普通的物件会被安放在博物馆的展柜里。最后，博物馆的服务人员也起着重要的桥梁作用。①

（二）受众心理体验

受众研究中，1916 年美国心理学者吉尔曼进行了"博物馆疲劳"研究，通过观察受众在博物馆中的参观行为来分析展览的环境设计产生的影响：如果展览的布置过于笨拙沉重，会给受众带来疲劳感。② 耶鲁大学心理学教授鲁滨逊也开展观察研究，认为博物馆疲劳根源上是"心理疲劳"，并提出了"持久力"和"吸引力"两个重要概念；之后他的学生梅尔顿提出"J曲线——受众衰退曲线"③，并且在上述两个概念的基础上进一步指出展厅

---

① ［美］彼特·萨米斯、［美］米米·迈克尔森：《以受众为中心：博物馆的新实践》，尹凯译，科学出版社 2018 年版，第 10—11 页。

② Glman B. I., "Museum fatigue", *The Scientific Monthly*, Vol.2, No.1（Januray 1916），pp.62-74.

③ Melton A.W., "Problems of Installation in museum of art", Washington D. C., *The American Association of Museums,* New Series, No. 14（1935）. 转引自赵星宇：《展览信息传播效率影响因素研究》，硕士学位论文，山东大学考古学专业，2018 年，第 7 页。

里的展品处于一种"竞争状态"，将博物馆环境与传播效果建立了直接联系，提出博物馆可以通过控制环境来调整展览的效果。1992 年，美国史密森机构的福尔克与迪尔金基于建构主义学习理论，充分考虑受众在博物馆参观过程中的核心地位，受社会文化理论影响引入"环境视角"，指出影响受众体验的因素可以分为"个人情境""社会情境""环境情境"三大类，即著名的"交互体验模式（Interactive Experience）"①。2000 年，他们又对此模式做了重大修正，正式提出了"情景学习模式"②，将时间维度也纳入以体现博物馆参观学习的历时性变化，该模式成为迄今为止受众学习体验领域内最有影响力的研究框架之一。国外相当多的文章在研究艺术博物馆的受众心理体验，如博物馆教育期刊发表的一篇文章里，Anna M. Kindler就有关艺术知识与审美经验的观点发表了声明。她批评博物馆专业人员把太多的重心放在"增强参观者的艺术家知识，他们的艺术是在怎样的历史、社会、政治和文化语境中创作出来的和它们与当代社会的相关性"。她呼吁关于一种重要性的认识——本能的快乐，超能量的吸引力或者反感，自由联想的反应——研究者将此表达为美学的、情感的体验。她将理解与欣赏之间的区别，作为艺术学习的模式和归结于欣赏的另一方面，其立场与心理学家米哈里·契克森米哈相一致，他的思想已经影响了博物馆学界，即把审美经验等同于被运动员描述为一种强烈的"流"的体验感。

　　20 世纪 90 年代，国内博物馆研究学者已经将视觉体验作为受众心理的重要组成部分，认为受众在博物馆中的体验不是一种单纯的知识或信息的获取，而是融休闲、审美、知识或信息获取为一体的综合体验；而且认识到"对于少数受众来说，环境体验甚至会成为其博物馆体验的全部"③。2000 年后国内博物馆学界开始重视博物馆信息传播，开始呼吁学界关注

---

① Falk J. Dierking, *The Museum Experience*, Ann Arbor, MI: Whalesback Books, 1992.

② Falk J. Dierking, *Learning from Museums: Visitor Experience and the Making of Meaning*, Altamira Press, 2000.

③ 艾赖文：《论博物馆受众的特征》，《中国博物馆》1997 年第 1 期。

展览的信息传播与受众的体验，多集中于学习领域，如信息传播方式、信息与知识的辩证关系、传播学、教育技术学的影响等。严建强和许捷提出，除了专业的展览评估外，博物馆也可以采用相对简易可行的观察来判断展览传播质量及受众受益情况：从空间维度（受众参观动线的吻合度）和时间维度（单位参观耗时变化）观察受众在展厅内的行为，大致可判断展览的传播质量及存在的问题，从而为改善提升展览的传播质量提供依据。[①] 另外关于受众视觉素养，《美国艺术博物馆》作者南希·艾因瑞恩胡弗提到，因为藏品天然具有珍稀、典雅甚至神妙莫测的特质，需要具备一定知识水准方可透彻领悟。[②] 国内对博物馆受众视觉素养的研究比较晚，多是美术馆或者美术教育领域的研究者，如《美术馆：培养公民视觉素养的魅力场》《培养公民视觉素养的美术馆公共教育》等文章，还没有形成系统完整的研究。

四、博物馆传播议题的研究趋势

按照研究主题分类梳理国内外研究现状之后，为了进一步聚焦"博物馆传播"议题深入研究的情况，再对国内核心期刊发表的相关论文情况进行研究趋势分析。总体而言，国内对博物馆研究的著作多集中在功能、教育、建筑、陈列设计、文化遗产保护等方面，虽然学术界直接针对博物馆视觉信息的传播问题展开的研究成果为数不多，但是从不同视角切入研究，可以看出"博物馆传播"研究成果比较丰富，其中有些研究成果涉及视觉信息传播某些环节的分析和探讨。中央美术学院、中国美术学院美术史的学位论文多从收藏、展览角度论述艺术博物馆；华南理工大学、武汉理工大学、南京理工大学的学位论文从信息编码、符号编译、知识学习的

---

① 严建强、许捷：《博物馆展览传播质量观察维度的思考》，《东南文化》2018 年第 6 期。

② ［美］南希·艾因瑞恩胡弗：《美国艺术博物馆》，金眉译，湖南美术出版社 2007 年版，第 1 页。

角度论述；博物馆学、建筑学、设计艺术学、教育学等领域对相关内容进行了阐述，涉及艺术博物馆的收藏陈列、职能转变（从展览到公共教育）、信息化社会、互联网影响下的艺术博物馆发展。传播学界的权威期刊《新闻与传播研究》《现代传播》陆续出现以博物馆为研究对象的论文。在中国学术期刊全文数据库中，以高级筛选设置检索条件：（主题＝博物馆并且主题＝传播）或者（题名＝博物馆并且题名＝传播）（模糊匹配），获得文献803篇（图0-1），可以看出博物馆研究成果逐年上升。博物馆学界《东南文化》属于CSSCI期刊、《中国博物馆》为全国中文核心期刊，另有《博物馆研究》《博物院》《文博》等期刊，相当一部分关于博物馆传播方面的论文来自这些刊物。而以主题为"博物馆""视觉信息"两个关键词搜索，显示仅有13篇论文。再以"主题＝博物馆而且主题＝媒介"获得文献135篇：

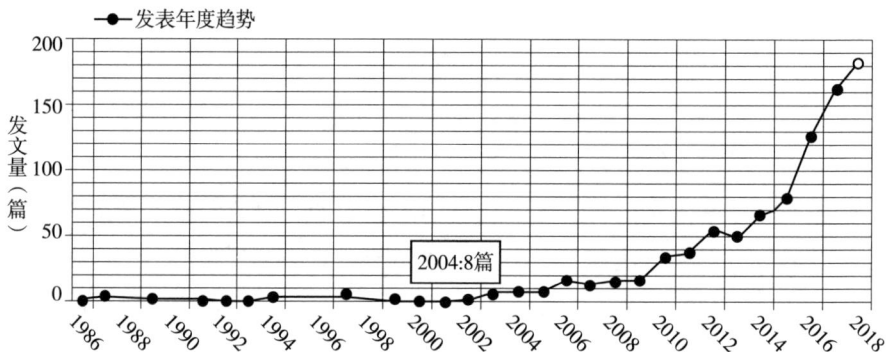

图0-1 以"博物馆＋传播"主题高级检索1986—2018年发文趋势图（803篇）

从研究视角来看，传播学视野下的博物馆研究成果大多沿着拉斯韦尔5W的理论框架，从传播环境、传播媒介、传播过程和传播效果等方面予以分析和探讨。传播环境包括建筑设计、空间形态；传播媒介包括博物馆作为一种媒介和博物馆开展传播活动应用的媒介，近年来新媒体的运用和虚拟博物馆的建设；传播过程包括展览、公共教育活动、交互式传播及传播策略；传播效果包括受众研究等。选择CSSCI和核心期刊获得205篇论文，剔除不相关文献后获得165篇论文样本，学科分布情况如表0–1所示：

表0–1　以"博物馆＋传播"核心期刊论文的学科分布（前9位）

所属学科	数量	所属学科	数量	所属学科	数量
档案及博物馆	95	新闻与传媒	35	旅游	32
文化	17	考古	14	美术书法雕塑与摄影	10
文艺理论	9	文化经济	8	计算机应用	5

从研究成果的学科分布来看，博物馆研究涉及近30个学科。除博物馆期刊外，"新闻与传媒"类核心期刊居发文数量第二位，显示博物馆已成为新闻传播领域的研究对象，并且研究成果的理论探讨能够达到一定深度。学者们越来越注意从运用传播学进行研究的角度出发，随着学界对博物馆特别是对展览中信息的重要作用的认识不断提高，诸多学者运用传播学的概念、理论、研究方法去研究"博物馆的媒介"，运用传播学的媒介文化理论分析博物馆与受众之间的信息传播、知识传播、"熵"的交换；研究受众与艺术品之间的情感互动、受众与展品之间的交互等。与此同时，随着媒介技术的发展，其他学科领域研究者聚焦于"博物馆的媒介"研究，涉及学科范围比较广泛。如图0–2所示：

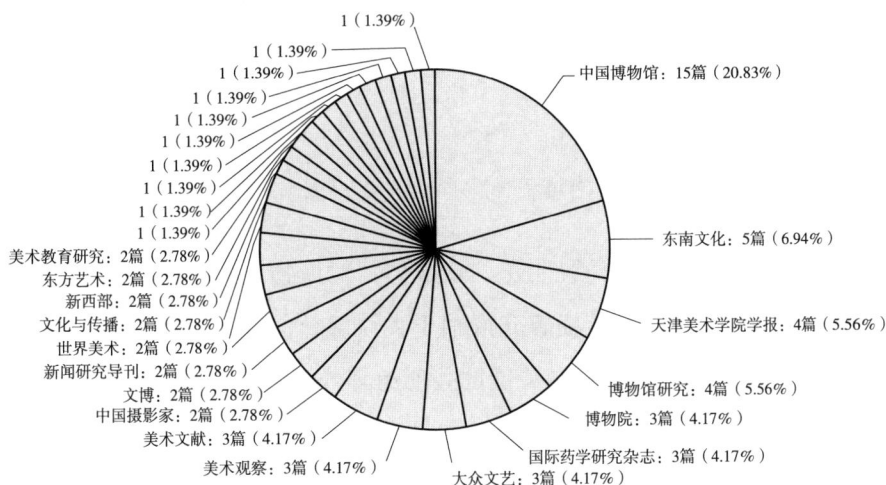

图0–2　以"博物馆＋媒介"主题高级检索135篇文章发表期刊分布图

从图 0-3 "博物馆传播"期刊发文的关键词分布来看，除了"博物馆"和"传播"两个关键词外，"文化传播"、"新媒体"和"文化"备受关注，与传播学研究经典领域——传播效果、受众、信息传播大致相同。

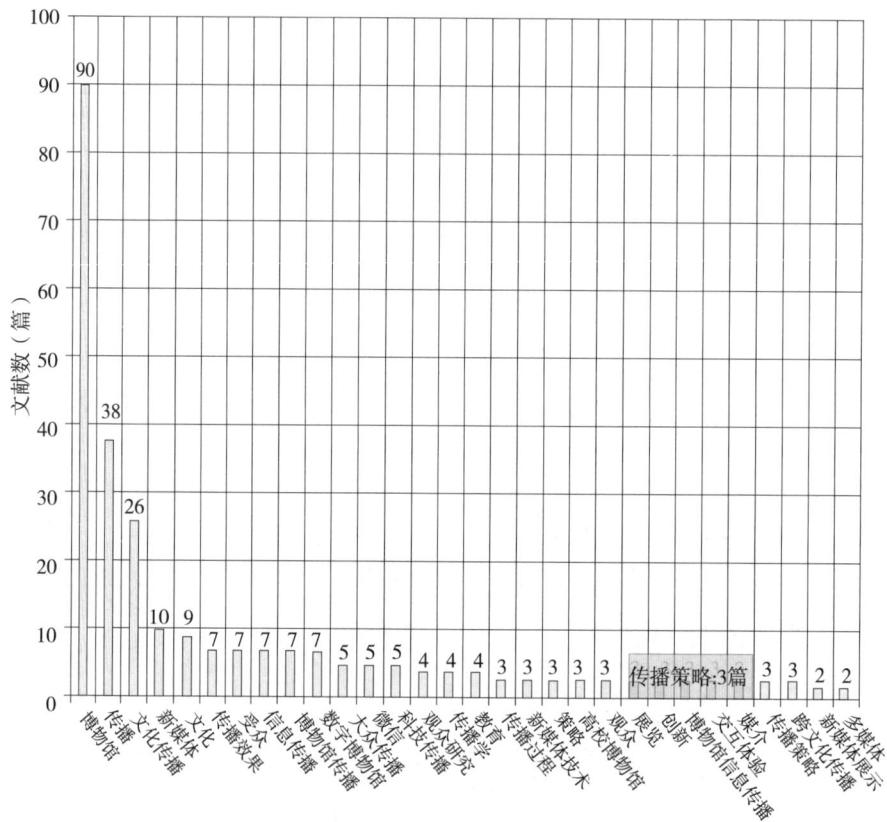

图 0-3 "博物馆传播"期刊发文的关键词分布

这种研究趋势一方面说明了"新媒体"对博物馆传播的冲击，说明了博物馆作为"文化"传播媒介区别于大众媒介的特点引起重视。但是从图 0-4"博物馆传播"期刊关键词共现矩阵分析来看，"博物馆"与"媒介"关键词共现值为零，博物馆与媒介关系、博物馆文化传播与媒介应用策略研究薄弱。另外还有研究范式和研究方法的运用，因为数字时代大数据、人工智能以及 VR 等高科技出现，博物馆里视觉信息呈现方式、传播方式和受众调查方式都有了根本性转变，新媒体技术为展览带来了设计变化；当前研究成果多集中在显性知识、信息领域，传播策略更多的是策展者如何给予受众更多的艺术知识，而对受众方如何观看、如何互动、视觉传播效果的深度的、系统的高层次成果还比较少，亟须传播学理论的指导。除了信息传播、知识传播，传播学在博物馆视觉传播、交互传播等领域发挥指导作用，显示该领域研究与信息技术的发展应用互为印证。

	博物馆	传播	文化传播	新媒体	文化	受众	传播效果	数字博物馆	博物馆传播	信息传播	大众传播	微信	科技传播	教育	观众研究	传播学	交互体验	策略	博物馆信息传播	媒介
博物馆																				
传播	28																			
文化传播	15																			
新媒体	4	1	3																	
文化	6	3																		
受众	4	2	2																	
传播效果	2																			
数字博物馆		1	2	1																
博物馆传播			2			1														
信息传播	5																			
大众传播				1	2															
微信	2																			
科技传播																				
教育	1		1																	
观众研究	3	2						1												
传播学																				
交互体验			2																	
策略					1															
博物馆信息传播																				
媒介																				

图0-4 "博物馆传播"期刊关键词共现矩阵分析

综上所述，从研究成果学理性的角度来看，当前成果多为工作总结、国外博物馆界经验、理论知识（如建筑、设计、艺术、网络技术、创意产业等）在博物馆领域的应用。有些研究成果跨学科的视角、广阔的视野和丰富的案例对我们认识博物馆的传播过程具有启发意义和借鉴价值，但缺乏现象探究背后的"观看之道"和视觉传播模式的提炼，使得研究成果不具有典型样本价值和理论提升。

从研究视角和内容来看，直接采用"场域"理论研究博物馆的视觉环境及视觉元素构成的成果极少，有些在研究博物馆建筑环境、空间组成等方面提及"场"的概念。当代国外博物馆研究中，已有学者注意到现在视觉表征策略的运用中往往存在过度重视意义建构而忽视展品本身的危险，主张减少受众与展品之间的距离。因此，场域空间里展品和展览视觉内容的组成、受众认知心理场和视觉场的统一性、博物馆如何做到综合不同内容视觉性的优势，这一议题值得研究。

从所采用的研究方法来看，国内无论是著作还是论文，大多采用调查总结、中外对比分析、案例研究等，如何评估提升信息传播效率的研究逐步增多，研究方法也从单一的问卷调查等量化研究到加入质性研究。这些方法更适用于历史展览等信息类传播，而采用视觉分析模式、图像学、符号学分析艺术展览的研究成果比较少见，仅集中在艺术展览的介绍、媒体报道等领域。

从研究成果的层次角度来看，当前博物馆学术界（如复旦大学、浙江大学等）和业界（上海科技馆等）引进了一系列西方博物馆的经典著作与前沿著作，集结世界博物馆领域的最新研究成果和实践案例，以及研究问题的思路和方法。在新媒体语境下博物馆视觉信息传播、博物馆影视节目的案例研究已经基本与国际同步，各种国际学术会议经常出现中国学者基于本土的博物馆实践探索成果。国外传播学界、文化研究领域对博物馆策展研究成果较多，如运用传播学方法分析受众心理、如何通过视觉传播策略布展、如何通过展览讲故事、如何与大众媒体密切合作（国外博物馆设有媒体部门）。相比之下，国内传播学界学者还较少将博物馆以及视觉信息传播的过程作为研究对象。

从研究趋势来看，现代传播学的发展以及美学领域的后现代主义，对博物馆陈列手段、藏品研究、博物馆建筑艺术的发展具有重要影响。博物馆是历史、艺术和文化的载体，审美观和传播活动已经超越了历史艺术的界限，渗透到社会的各个层面。当下视觉文化转向之后的博物馆展览，尤其在阐释当代艺术的展览和观看等方面的研究较为乏力；对新媒介特质以及博物馆内部和外部媒介如何发挥出文化传播的作用研究，仍然以大众传播为参照，忽略了博物馆视觉信息的科学性、历史性和艺术性特征；受众群体扩大后教育背景、年龄层次、文化艺术素养千差万别，使得分众化传播问题更为突出，对博物馆受众研究提出了更高要求。总之，当前与博物馆相关的传播活动已经不囿于博物馆范围，而是从社会思想文化的角度探讨博物馆发展的各种命题，亟待其他学科领域介入、引入理论视角，而传播学界还较少将研究触角伸向博物馆的传播领域。这种矛盾启示作者去梳理各种与博物馆相关的传播现象、传播活动，思考博物馆中独特的传播规律、传播动力、视觉传播以及新媒体技术为展览设计和受众心理带来的变化。

马莱兹克模式是系统论传播模式的典型代表，该模式基于社会心理学角度，又引入"场论"研究思想，适合博物馆这种具有空间场域特点和以受众为中心的传播研究，鉴于此，本书以传播学视角、主要基于大众传播场的模式进行博物馆视觉信息传播研究，试图提出视觉场的框架，并与受众中心论相互印证，为学界和业界提供参考借鉴。

第三节　研究方法与研究框架

一、研究方法

本书运用定量和定性相结合的混合研究方法，辅之以扎根理论和数据挖掘，从不同角度去解读博物馆视觉信息传播活动隐藏的传播规律与策略，以描述、分析博物馆视觉信息对受众的认知、情感、意义建构等产生的影响，以及影响传播效果的因素。混合研究法可以在一个单一的研究或纵向跟踪研究项目中使用，它包括收集、分析和整合定量与定性研究数据。从社会学视角来看，博物馆受众研究的中心问题是意义建构，使用的方法包括详细的定性描述和分析，深入分析学习场所的事件和情况，分析受众对话和谈话，探索不同类型的受众如何通过博物馆内部和外部的传播方式，在文化上塑造、建构观看之后的意义体验。由于受众对博物馆的知识获取是建构性的，因此分析受众参观行为的建构过程对传播者策展、传播过程规划、开展公共教育活动非常有意义。对于博物馆研究只观察行为或进行问卷调查统计学方面的问题是不够的，受众是否获取了信息的研究途径还需要定性研究，质性研究方法是"以研究者本人作为研究工具、在自然情境下采用多种资料收集方法对社会现象进行整体性探究、使用归纳法分析资料和形成理论、通过与研究对象互动对其行为和意义建构获得解释性理解的一种活动"①。本书为了弥补问卷调查不能深入探究受众参观博物馆动机变化和情感认同等因素，以及细致、动态描述和分析博物馆视觉信息传播，探寻博物馆传播过程的影响因素，同时采用了田野调查获得资料，即作者深入博物馆、美术馆和公共教育项目实施的现场，通过一系列观察、记录田野笔记、对话、照片、录音、微信、微博等方式阐释传播活动，以描述具体的实践。研究过程主要运用内容分析法、文本分析法、深度访谈法等。

（一）内容分析法

内容分析法是一种对文献内容作客观系统的定量分析的专门方法，兼具质化和量化的特征。博物馆参观存在受众匿名、年龄职业分布广泛、参观时长和内容较为个性化等特点，运用问卷调查和访谈来了解受众观展

---

① 陈向明：《教师如何作质的研究》，教育科学出版社 2001 年版，第 12 页。

体验都有一定的限制，而媒介演变对博物馆受众的"他者分析"日趋重视。本书通过内容分析法对博物馆相关电视节目、官方网站和微信公众号的文章及留言进行分析；对网络媒体如大众点评网、马蜂窝等旅游网站博物馆参观体验、受众留言、报刊展览评论进行内容统计分析。这些内容不仅是对博物馆提出意见和建议，更是以受众为核心重新构建了博物馆的意义。

（二）深度访谈法

深度访谈法是指研究者根据一定的研究目的、研究提纲，深入研究对象所处的背景环境中，通过访谈者与访谈对象的深度交谈与互动以获得认知的研究方法。笔者在博物馆相关的多个微信群中访谈参与者，与之交流、互动取得第一手研究资料；从受众的视角归纳出博物馆参观中视觉信息传播存在的问题，对传播者（艺术家、策展人与博物馆管理人员和公共教育项目教师）访谈则从传播者的角度寻求策展、传播的策略，从管理者角度寻找产生问题的根源。

（三）文本分析法

文本指的是由符号或符码组成的信息结构体，不管其表现形态是语言、文字还是影像，文本的语义均不可避免地反映作者的观点、价值观。因此，由文本内容分析，可以探索文本本身的框架，也可以推断文本作者的意图和立场。[①] 对博物馆视觉信息研究必然离不开文本分析。文本分析主要采用的是符号学和结构主义的分析方法来分析文本的结构和意义，探寻受众对意义的不同解读方式。阐释型的分析方法尤其关注文本的隐含意义，认为组成文本的各个要素及其组合方式（结构）都会产生意义。社会现实有多种不同的意义，传者和受者未必具有相同的意义，文化研究、话

---

① 杜骏飞：《框架效应》，《新闻与传播研究》2017 年第 7 期。

语分析与这种方法密切相关。① 笔者选用了受众留言以及访谈资料、拍摄的图片影像等质性研究资料进行文本分析，运用各种数据挖掘手段探究博物馆的形象感知与参观体验。

（四）案例分析法

案例研究法的使用多集中于对已知理论的验证、对新理论的探索，以及对新发现的客观情况的描述。本书选用中外博物馆传播案例，媒介的案例分析涉及"影视节目、展品、展览"：选取国内外博物馆样本，重点从其视觉传播、传统文化传承、受众观看分析和公共教育的交互活动入手，采用实地考察、调研、问卷调查、田野调查、深入访谈及文献资料法等获取研究所需的基本资料，并进行案例分析和比较研究。与此同时，本书重点选取山东博物馆与山东美术馆，通过问卷调查、观众留言分析和项目实施进行案例研究。

二、研究框架

本书围绕博物馆的视觉场构建、受众中心论下受众行为的演进以及二者之间相互促进影响的两条逻辑脉络展开，将此视觉场作为真实空间与虚拟空间的结合、物质场与社会场的结合、静态空间与动态空间的结合。首先对博物馆视觉信息概念、构成要素、媒介特征进行梳理分析，通过对个体受众和群体受众的分析，明确博物馆受众的社会环境；建构了真实物质视觉场和虚拟场，提出三种传播形态，是并行存在的关系，只是每个阶段的重点不同，受社会环境、受众需求和媒介技术的影响，呈现出某一种形态更为突出的表现，并不会互相取代。这三种形态有大致的时间分期，一方面与博物馆的发展相关；另一方面与传播理论在博物馆学中的应用有

---

① 张国良主编：《传播学概论》（第二版），复旦大学出版社 2010 年版，第 196 页。

关。通过个案的实证研究，查找了当前博物馆视觉信息传播的影响因素。最后，进行了整合模式研究和研究假设的修正，逻辑结构框架如图 0-5 所示：

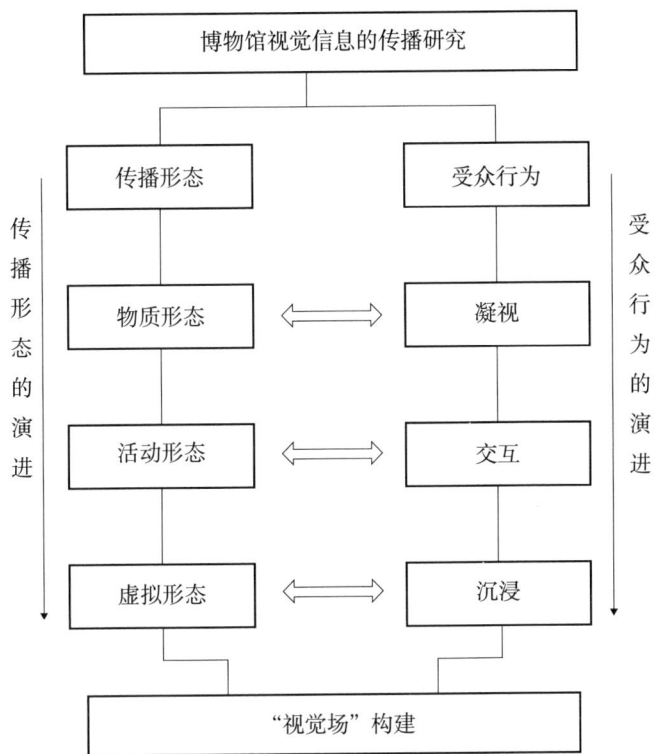

图 0-5　研究的总体框架与逻辑脉络图

第一章　核心概念与理论探究

　　视觉信息传播研究视觉信息的接收与发布，探索视觉信息的传播过程和运行规律。其影响因素包括视觉法则、传播媒介、受众心态、社会环境、科技发展等。本章首先对研究的核心概念进行界定，厘清博物馆作为媒介传播主体的媒介特征，信息传播编解码方式，再以传播学马莱兹克大众传播场模式理论作为博物馆视觉信息传播的理论基础，对本研究的启示进行梳理；最后运用信息传播理论探究博物馆编解码方式，为博物馆视觉信息传播问题研究提供理论参照。

第一节　核心概念的界定

一、博物馆

　　国际博物馆协会（ICOM）2007 年 8 月 24 日在奥地利维也纳通过的《国际博物馆协会章程》对博物馆的定义为：博物馆是一个为社会及其发展服务的、向公众开放的非营利性常设机构，为教育、研究、欣赏的目的征集、保护、研究、传播并展出人类及人类环境的物质及非物质遗产。由此可以看出，博物馆的基本功能有三个方面：获得、维护及展示艺术品，基本目标是教育及美学。简言之，展览、收藏与研究、公共教育构成博物馆的三种职能。① 早在 1974 年《国际博物馆协会章程》已经首次提出博物馆具有传播功能，以藏品为传播基础。

划分博物馆类型的主要依据是博物馆藏品、展出、教育活动的性质和特点。国外博物馆一般划分为艺术博物馆、历史博物馆、科学博物馆和特殊博物馆四类。在现阶段，《中国大百科全书·文物、博物馆》提到，"划分博物馆类型的主要依据是博物馆藏品、展出、教育活动的性质和特点……参照国际上一般分类法，根据中国的实际情况，将中国博物馆分为：历史类、艺术类、自然科学类和综合类。"② 在综合类博物馆中，既有历史文物展也有专题艺术展，以传统艺术品作为展示主体。博物馆有多种形态，在博物馆的体制性质上说，包括了公立博物馆与民营博物馆。从博物馆主题上说，可以划分为历史、文物、古迹、艺术、科学、自然科学等不同类型，其中艺术类作品在美术馆中亦多有收藏，不过我国的博物馆艺术品收藏、展览多为历史文物类艺术品，而晚近乃至当代作品则多由美术馆收藏及展出。③ 为了利于国际比较研究和考虑到受众的广泛性，而且本书的研究核心主要是博物馆的展品、展览和承载博物馆文化的相关影视纪录片和电视节目如何更好发挥媒介作用，侧重于博物馆传播功能发挥，所以本书选取国内博物馆研究样本和案例既包括"艺术类"博物馆（如中国电影博物馆、美术馆），主要展示藏品的艺术和美学价值，同时将"综合类"博物馆也归为本书的研究样本范畴，综合展示地方自然、历史、革命史、艺术方面的藏品，例如国家博物馆等。

博物馆是以"物"为核心的公共文化机构，以传播过程的研究视角来审视博物馆信息传播过程，藏品是最重要的传播内容，负载着关于人类活

---

① ［美］南希·艾因瑞恩胡弗：《美国艺术博物馆》，金眉译，湖南美术出版社 2007 年版，第 183 页。

② 孙淼：《中国艺术博物馆空间形态研究》，文化艺术出版社 2013 年版，第 7 页。

③ 周宪：《当代中国的视觉文化研究》，译林出版社 2017 年版，第 341 页。

动和自然变迁的各种信息。媒介是传播学的核心概念之一，依据郭庆光教授对媒介的理论和概念界定，媒介不仅通过它的内容影响人的认识、价值观和行为，一种媒介的出现、使用和普及以及它所形成的媒介工具环境本身，都会在很大程度上改变人的个性和人格。[①] 博物馆是一种媒介，它的内容传达着科学文化艺术信息、知识以及隐藏在其中的文化价值观和情感，具有自身不同于报刊、影视、网络等媒介独有的特征。浙江大学严建强教授曾将其与大众媒介进行区别：一是符号图像呈现方式是显性还是隐性，博物馆传播介质主体是以物为核心的三维形象系统，传播的核心是展览；二是媒介与受众空间的关系；三是传播者对受众的行为与注意力控制，即策展布展路线和展示重点能否被受众遵循具有不确定性；四是时序被表达过程与逻辑的一致性；五是作用感官的方式，博物馆可以利用多种媒体传播的优势实现多感官认知。[②] 总之，博物馆作为传播主体，通过可视化、组合、陈列语言、辅助展品等阐释手段帮助受众理解展品实物，调动受众的多种感官（视觉、听觉、嗅觉、味觉、触觉）、运用多元叙述与多样化表达提升传播能力。博物馆最重要的媒介特征体现在"物"和"空间"两个属性，其中的"物"承载着有关自然和文明的各种信息，通过阐释将其可视化与显性化；"空间"则是构成博物馆视觉场域的重要组成部分。

本书将博物馆视为大众媒介，其媒介特征表现在具有持续不断的内容生产、文化信息的交换体系、针对受众的意义阐述、情感共鸣的艺术语境和建构公共活动的集体空间。与一般大众传播媒介不同的是，博物馆在特定的组织目标和方针指导下进行传播活动，以藏品资料为传播基础，更具有权威性和话语权。

---

① 郭庆光：《传播学教程（第二版）》，中国人民大学出版社 2011 年版，第 121 页。
② 严建强：《在博物馆里学习：博物馆受众认知特征及传播策略初探》，《东南文化》2017 年第 4 期。

二、视觉信息

视觉即"物体的影像刺激视网膜所产生的感觉"。视觉是人类感知世界的重要途径，意指透过视觉人们可以自由地把握世界及其规律，所以较之片面局限的嗅觉、味觉或触觉，视觉是自由的和知性的。[①] 人们通过视觉器官感受到周围环境事物形成视觉印象，传输到视觉皮层被大脑辨认出来，再通过视神经到达大脑，大脑对视觉形象信息进行进一步认知加工，如对视觉形象的深度、色彩、形状进行整体认知，同时整合片段的属性，形成对视觉形象的最后"辨认"。当代文化研究中，视觉元素成为当代社会生活的文化建构的核心要素，视觉性是一个渗透着复杂的社会文化权力制约的过程。微观层面视觉信息具体指色彩、线条、构图及其组合而形成的特殊审美体验，与文字信息的一个最为明显的区别是它的外部特征，比如色彩、图案、节奏等，一方面是传递信息的手段，另一方面也给受众带来美的感受，并因此让视觉元素在传播的过程中具有强烈的吸引力。

博物馆是以视觉传播为主的媒介，它将提供受众观看的物通过视觉化的系统整理、编码，为受众呈现出可视的具有内涵的文化解释。博物馆中物的视觉化信息越多越丰富，可供展示的价值就越多，受众的视觉体验也越强。同时博物馆中涵盖着多种视觉信息，多元化的视觉信息呈现形式主要归为导向、服务、展览说明三大类，每类信息按照其功能和运用的环境，选择合适的载体和恰当的呈现形式。如导向信息标识系统的呈现要直观清晰且具有连续性，导视系统要能使参观者在参观过程中获得与空间的和谐感，从而建立起一套每个参观者对于空间的视觉秩序；服务类视觉信息要考虑受众的切身需求，注重服务的实质性内容；展品说明信息要注重文物与文化的结合，文物的视觉呈现等。观察是受众获取信息的主要方式，仅凭以实物为核心的三维形象体系的观察就能理解其中的意义，就达

---

① ［德］黑格尔：《美学》第三卷上卷，人民出版社 1979 年版，第 331 页。

到物的自我表达，即陈列语言①。另一种方式则是通过展览来获取视觉信息，博物馆展览指具有艺术、历史、科学与技术性质的物件所构成的集合装置，借此引导受众在展示单元间移动，并创造意义或美感。它伴随有展示说明或图示（图画或图表等）来诠释和引导观者的注意②。展陈信息系统为受众展示藏品文物内涵，引导受众获得良好的观看体验。另外博物馆建筑式样与风格、展厅空间设计、标识系统、新媒体展示、交互媒介等，视觉形象信息也是视觉信息系统的组成部分。

本书的视觉信息宏观上包含三个方面：第一是眼睛从现实世界和现实场景中直接获取的博物馆环境、展品、展览所呈现的具体信息：即展品所传达的自身的特征，包括展品的质地品质，形体色彩特征；第二是展品所蕴含的历史文物的价值，艺术品内在表达；第三是通过媒介间接转述的图形图像化的视觉信息，比如展板、电子信息屏、动态视频，电视节目，虚拟博物馆，数字藏品展示的有关展品和展览的信息，等等。博物馆的视觉信息具有直观性和强烈的感染力，更容易使受众获得生动具体的深刻印象，有助于加强观念的记忆，促进受众思维的认知。本书核心研究对象是博物馆的视觉信息，从构成性方面，首先要厘清视觉形态的要素和要素关系。视觉信息的载体是二维或三维空间的物质，如表1–1所示。

表1–1　博物馆视觉信息的分类特点

类型	特点	举例
功能型视觉信息	三维空间的物质性；形式，对受众的有用性；直观性	建筑空间；导视系统；展板；电子屏幕；户外广告
结构型视觉信息	材料，质地，颜色，形状或形式；有的展览具有叙事性	展品；展览
体验型视觉信息	多感官；可触及；交互性；符号性；共享性；体验性	虚拟博物馆；大众媒体、社交媒体的博物馆信息；VR/AR体验的信息

① 严建强：《在博物馆里学习：博物馆受众认知特征及传播策略初探》，《东南文化》2017年第4期。

② [美] 乔治·艾里斯·博寇：《博物馆这一行》，张誉腾等译，台北五观艺术管理有限公司2000年版，第24页。

三、视觉场

视觉传播是关于视觉信息的接受与发布系统及其表现和运行规律的科学研究。在不同时空情境中导致不同的观看效果的变量——诸如观者的身份、性别、爱好、媒介的变化及带来的效果等。"场"在心理学领域指"整体"；视觉领域指的是"整体性"，即局部元素的变化会影响"视觉场"效果。博物馆视觉场以物质层面的真实空间和通过媒介产生的虚拟空间两大部分构成，形成以视觉为主的、融合多种感官体验的空间形态，并且受社会关系的作用和受众的影响。空间形态有各自的视觉信息组成元素，如表1–2所示。

表 1–2　博物馆视觉场的空间形态组成元素

	真实空间	虚拟空间
生产场 （传播者）	建筑空间形态（含展厅空间） 展览组织系统（含展品展陈） 场景灯光照明（色调和氛围） 视觉导视系统（标识和指示） 博物馆商店及文创衍生产品	博物馆官网、官微、微信公众号 虚拟博物馆、数字博物馆 文博类影视节目、纪录片 VR、AR、互动游戏体验 移动媒体 APP 抖音等视频网站
接受场 （受众）	感知：客观可见的部分（vision） ——形态、色彩、空间、形式 创造：构建的部分（composition） ——对视觉信息的思考和情感	想象虚拟的部分（imagination） 认知构建的部分（composition） 态度：认同与否；接纳与否等 行动：走进博物馆看真实展览

在本书中，将博物馆的视觉场分为"物质形态、活动形态和虚拟形态"，视觉场的三种形态彼此关联、相互映照，所形成的传播效果是整体大于部分之和。视觉场的作用始于物质空间，终于精神空间，受到社会影响，其间有场力的作用。

（一）物质空间

1.建筑空间形态：建筑形态和风格给受众很强的视觉冲击力，结合国家、地域深厚的传统文化，建筑外形和建筑细节往往蕴含了丰富的概念和象征。内部空间与建筑主体及展陈内容之间形成起承转合，遥相呼应的展陈氛围。

2.展览组织系统：展品及陈列组成内部物质视觉场最重要的视觉信息，通过形式设计、视觉修辞叙事策划为受众营造更为具体和有层次的小环境。在实物陈列的基础上充分组织内容，运用节奏、韵律、情境化组合解读的陈列语言，以及视觉化解读出隐藏在展品背后的深层含义和现象。

3.视觉导视系统：包括视觉识别系统，博物馆的名字及标识，内部指示系统，带给观众清晰的引导和良好的参观体验，是品牌影响力和文化内涵的展现。

4.博物馆文创产品：将创造性思维与博物馆馆藏文化进行结合，将文化和创意思维这两种抽象的意识相统一，并整合加工成带有博物馆文化特色的创意产品。

（二）虚拟空间

科技的发展对视觉边界的拓展以及虚拟现实等使得受众视觉体验更加真实、立体和全面，并且超越博物馆的真实物质时空。

（三）精神空间

不同的博物馆传播场域给予受众不同的精神感受，从而形成受众对视觉信息的思考和情感，以及对意义的建构，这是传播场的精神空间。

第二节　视觉传播的理论演进述略

"看"是人与生俱来的本能反应，人类最原始的感知方式。视觉信息传播即诉之于视觉的信息传播活动，以视觉可以认知的表现形式传递信息的过程，西方"视觉中心主义"（Ocularcentrism）传统的核心即是视觉在场与否。人类对事物的认知，实质上是他对事物最基本和最突出的结构特征的认知，也就是心理学上的视觉塑形功效，再加上视觉活动的瞬间获得性和同步转换性、视觉活动的距离性和由此带来的客观性以及视觉经验获得便利性。"视觉属于存在的本体论"①。视觉传播学者保罗·M.莱斯特阐述视觉的重要性时提出："今天的现实是，我们周围的世界以视觉为主要媒介，我们对世界的理解不是通过文字，更多的是通过视觉信息。"②视觉信息传播研究就是探寻如何帮助人类更好地理解视觉信息。在博物馆参观时，视觉信息的获取理解及建构、视觉艺术的感知体验、视觉素养的培养与提升都需要首先阐释与视觉相关的概念、理论。

一、视觉信息的传播研究溯源

早期的视觉信息传播研究者主要从心理学和美学角度切入，其中格式塔理论学派的研究为人们对于视知觉的认识奠定了基础。1935 年考夫卡出版了《格式塔心理学原理》；1954 年德国艺术理论家、格式塔心理学派学者鲁道夫·阿恩海姆完成了《艺术与视知觉》；1969 年又撰写了《视觉思维》，已经不再局限于艺术和美学的角度，而是从更广义的层面上探讨视觉思维的特性，认为视觉观看的每一步都在进行判断，是视觉行为不可或缺的一部分。20 世纪早期电影发明和 20 世纪 50 年代电视的出现，进一步推动了视觉传播的发展和研究，如苏联著名导演、理论家谢尔盖·艾森斯坦创立了蒙太奇理论，撰写了一系列著作对于视觉传播研究中的运动视觉、静态视觉元素的组合效果、视觉叙事技巧、视觉象征等问题有着重要阐发。20 世纪 90 年代以后，视觉传播研究飞速发展，以电影传播效果、

---

① ［德］沃尔岗夫·韦尔施：《重构美学》，陆扬、张岩兵译，上海人民出版社 2002 年版，第 222 页。

② ［美］保罗·M.莱斯特：《视觉传播：形象载动信息》，霍文利、史雪云、王海茹译，北京广播学院出版社 2003 年版，第 446 页。

视觉传媒以及新媒体为主要研究方向的保罗·梅萨里1996年撰写了《视觉素养：图像、头脑和现实》主要研究受众对视觉信息的解读；1998年又完成了《视觉说服：形象在广告中的作用》，研究为实现说服目的而使用的视觉形象 ①。美国传播学者保罗·马丁·莱斯特以符号学为基础，对大众传播领域中不同媒介的视觉传播活动予以深入解读，同时兼顾视觉传播中视知觉理论的介绍，是大众传播领域内视觉传播的重要研究著作。阿尔多斯·赫胥黎视觉理论用一种强有力视觉信息——"圆圈舞"形象表达出来：感觉、选择、理解、记忆、学习、了解。

近年来，国外学者从视觉呈现与探索、视觉设计、符号与语言、视觉分析与知识发现方法、界面与应用、多媒体数据处理方法等领域研究视觉信息传播，如《视觉传播理论与研究：大众传播视角》《视觉传播：不仅仅是视觉》《符号学和视觉传播：概念和实践》等，《视觉传播：从理论到实践》从平面设计的角度探讨文化理论。2017年年底斯蒂芬·阿康普（Stephen Apkon）《影像叙事的力量》在中国出版发行，他从岩洞壁画、古登堡印刷术出发到希区柯克电影的图像演进史，研究图像在思想表达和人际沟通方面的重要作用。

除了大众传播领域的学者，艺术学领域也有相当多学者对视觉传播进行研究，如英国艺术史家、小说家和画家约翰·伯格的《观看之道》《看》等，穿透艺术品的神秘化迷思，剖析西方文化的透视法原则如何贯穿建筑、绘画、摄影到通俗艺术。还有文化研究学者和艺术学者如瓦尔特·本雅明、苏珊·朗格等，将视觉文化看作艺术史的拓展，使用研究艺术史、社会学和人类学的方法和资源来说明新的视觉对象和社会历史的作品密切相连。英国著名艺术史家和美学家罗杰·弗莱提出的形式主义美学观构成现代美学史的主导思想，著有《贝利尼》(1899)、《视觉与设计》(1920)、《变

---

① 许莉：《多维的影像视界——从视知觉角度探究数字媒介的终端差异》，中国传媒大学出版社2013年版，第10页。

形》（1926）、《塞尚及其画风的发展》（1927）等。美国艺术批评家克莱门特·格林伯格《艺术与文化》中也有对视觉艺术作品的解读①；英国马尔科姆·巴纳德《理解视觉文化的方法》②、英美两位作家《艺术的对话》③对本研究的启示主要是以培养受众、使其更好地理解视觉信息为目标，从艺术作品的观看过程中解释博物馆里的展品何以不断造成已知或未知误导和曲解，博物馆中如何观看。斯图亚特·霍尔的《表征》，视觉传播在不同媒介中的特点研究多受到霍尔的信息"编码"与"解码"理论影响。对博物馆视觉传播、文化传播意义建构具有很好的理论支撑。作为后现代以来与文化研究密切相关的新兴的跨学科研究，视觉文化研究侧重外在研究，然而，由于对图像的重视，特别是对图像内部之构成机制的重视，视觉文化研究又不得不偏向内在研究。有学者（蒂柯维茨卡娅）强调内外相伴的二元论，即将历史与艺术看作一对范畴，将文化与视觉也当成一对范畴，其中，历史与文化偏向外在，艺术与视觉偏向内在。当代学者米歇尔认为视觉文化是对视觉构成（视觉秩序）的本体研究，这大体上是形式主义的内在研究的观点，最佳的视觉研究应关注并整合社会学传统的文化体系和文化流程，以及人文学科中的文本分析。

国内对视觉信息传播领域研究集中在以下几个领域：

视觉文化研究。视觉图像开辟了新的问题域，视觉文化启发我们重新思考如何看待世界的根本性问题。南京大学周宪教授分析了视觉文化的历时态，从"视觉范式的转变、从不可见到可见性、从相似性到自指性、从重内容到重形式、从静观到震惊、从趋近图像到为图像所围"几个方面考

---

① ［美］克莱门特·格林伯格：《艺术与文化》，沈语冰译，广西师范大学出版社 2015 年版，第 49—164 页。

② ［英］马尔科姆·巴纳德：《理解视觉文化的方法》，常宁生译，商务印书馆 2013 年版，第 25 页。

③ ［美］菲利普·德·蒙特贝罗、［英］马丁·盖福特：《艺术的对话》，马洁译，上海人民美术出版社 2016 年版，第 10—13 页。

察视觉文化从传统转向当代形态的文化逻辑。①2017 年，周宪教授的课题组又立足本土，分别从大众文化、先锋艺术、城市形象、视觉体制和视觉技术等层面聚焦种种中国当代视觉文化现象，回应中国本土对于视觉文化问题的关切。②复旦大学孟建教授团队从"一种文化形态和传播理念"展开，往往与国家形象相结合研究视觉文化，认为传播研究更注重在生产者与消费者之间展开的"形象传播"的研究；南京师范大学视觉文化研究所张舒予教授在国内首开视觉文化研究方向，开设"视觉文化与信息技术"课程，他的团队研究侧重视觉文化素质培养，开发视觉文化网站，展开大学生视觉素养培养的实践。陈龙、陈一较早对视觉传播进行了微观的研究③；曾军对观看进行了文化分析，强调了观看的文化语境及意义④；任悦出版了有关视觉传播的专业教材。⑤中国知网以"视觉文化"为主题的论文相当丰富，从传播学、新闻学角度进行案例分析的论文非常多，但多基于传统媒体和新媒体，博物馆领域极少。

视觉艺术、影像、美学研究。中国人民大学盛希贵教授以大众传播理论、视觉心理学为依据，从视觉传播的发展变化、影像本体、功能和作用以及学科建设四方面入手解析影像传播的原理和特征。⑥北京大学丁宁教授从文化的宏大视野出发，深入到传统美术学中一些鲜为人重视却又举足轻重的命题中，探讨艺术品的归属、偷盗、修复以及艺术博物馆等问题。⑦李鸿祥以当代影像技术文化为研究视野和背景，以传统审美文化为立足点，分析了现代社会中视觉艺术与传统审美文化之间的关系，以

---

① 周宪：《视觉文化：从传统到现代》，《文学评论》2003 年第 6 期。
② 周宪主编：《当代中国的视觉文化研究》，译林出版社 2017 年版，第 16、40 页。
③ 陈龙、陈一：《视觉传播导论》，上海三联书店 2006 年版，第 42 页。
④ 曾军：《观看的文化分析》，山东文艺出版社 2008 年版，第 11 页。
⑤ 任悦：《视觉传播概论》自序，中国人民大学出版社 2008 年版，第 2 页。
⑥ 盛希贵：《影像传播论》前言，中国人民大学出版社 2005 年版，第 1 页。
⑦ 丁宁：《图像缤纷——视觉艺术的文化纬度》，中国人民大学出版社 2005 年版，第 103、190、280 页。

及传统审美文化的未来。① 段钢从经济哲学的角度分析了图像，认为图像经济时代的一个根本特征就是对图像进行大批量的商业生产，由此也推动了整个社会经济的进步。② 广西大学刘洪教授将视像作为图、画和形等视觉符号的统称加以研究，旨在尝试建构一个新的视像观察平台，进而揭示视像的传播机理。③ 林少雄从文化学和传播学的视阈出发对视像时代的基本内涵进行辨析，认为"在视像时代，个人文化规范的传承、社会组织形态的构建、信息的传播与交流，以至于文化创造的具象表现、文明发展的外在表征，都莫不以视像为其重要的传播手段与存在形式"；他将"影像"限定在电影成像，"视像"限定在电视成像。④ 四川美术学院郑川立足当代文化创意产业勃兴的时代背景，在视觉艺术传播的原理、途径与方法、要素等理论分析的基础上，对视觉艺术在当代美术馆及美术展览多个媒介领域进行研究。⑤

　　视觉信息、视觉修辞研究。北京大学张浩达教授认为"视觉传播与各种信息的流通、分配以及交换系统的结构、机会息息相关，视觉信息是至关重要的信息资源"，由此在近 20 年教学实践中提炼出"信息管理与信息传播框架内视觉传播学应用构成模型"⑥。北京大学陈汝东教授首先提出"视觉修辞"的概念⑦，后又对"视觉修辞与视觉传播"进行研究，把视觉修辞分为"语言视觉修辞、图像视觉修辞和综合视觉修辞三个方面"⑧。暨

---

① 李鸿祥：《视觉文化研究——当代视觉文化与中国传统审美文化》，东方出版中心 2005 年版，序，第 1 页。

② 段钢：《寻觅图像世界的密码——图像世界的学理解读》，上海人民出版社 2008 年版，第 1 页。

③ 刘洪：《像·非像——视像传播机理研究》，高等教育出版社 2012 年版，第 28 页。

④ 林少雄：《视像与人——视像人类学论纲》，学林出版社 2005 年版，第 21 页。

⑤ 郑川：《当代视觉艺术传播及策划》前言，中国人民大学出版社 2017 年版，第 2—3 页。

⑥ 张浩达：《视觉传播：信息认知读解》，北京大学出版社 2012 年版，第 9、33 页。

⑦ 陈汝东：《论修辞研究的传播学视角》，《湖北师范大学学报（哲学社会科学版）》2004 年第 2 期。

⑧ 陈汝东：《论视觉修辞研究》，《湖北师范大学学报（哲学社会科学版）》2005 年第 1 期。

南大学刘涛教授主持视觉修辞方面的国家社科基金重大项目，发表了一系列学术论文，系统勾勒出传播学领域的视觉研究图景，提出视觉修辞"核心思考的问题是图像或设计的劝服功能"，从而揭示图像的意识形态内涵，并且对视觉议题进行了分类研究提出不同"修辞观"。①

目前来看，视觉信息的传播研究一大特点就是研究的切入点涉及多个领域，学术分支多元化，其研究脉络来源于传播学、心理学、美学、生理学、历史学、符号学和文化研究等不同学术背景的学术思想的交集。因为视觉信息本身的广泛性，博物馆中既有不同风格不同流派的艺术展品，又有信息清晰的考古文物，还有通过大众媒介传播的博物馆视觉信息，使得博物馆的视觉信息传播研究内容丰富而立体，所要借鉴的视觉传播理论也较为广泛。

二、视觉思维理论及研究启示

视觉思维最早由格式塔心理学家鲁道夫·阿恩海姆提出：所谓视知觉也就是视觉思维，视觉认知的过程就是视觉思维的过程。他在专著《视觉思维》里对视觉认知中蕴涵的创造性思维在整个思维活动中所具有的作用和意义展开探讨。② 该理论相关论点和对本研究的启示有：

第一，观看的整体性，信息隐含在整体之中。对受众而言，视觉观看是一个重组的过程，观看的过程中，局部的信息和整体的信息在大脑中重新进行结构组合。观者以一个心理"图式"为参照进行解读，"图式"来自观看的生理特点以及过去的视觉经验。视觉认知的这种特点，提醒博物馆策展人及视觉传播者要注重视觉元素的传播语境以及受众的认知特点。

---

① 刘涛：《视觉修辞何为？——视觉议题研究的三种"修辞观"》，《中国地质大学学报（社会科学版）》2018 年第 2 期。

② ［美］鲁道夫·阿恩海姆：《视觉思维：审美知觉心理学》，滕守尧译，四川人民出版社2006 年版，第 30 页。

格式塔理论认为，人接收到的信息要大于眼睛见到的东西，视线所触及的范围一切视觉元素会自动构成"完整的形状"。博物馆与其周边环境景观是否和谐呼应、展厅之间过渡是否自然流畅、在展厅策展的视觉修辞以及展线设计都会运用到格式塔理论，也是"视觉场"的运用，博物馆局部元素的变化会影响视觉场的总体传播效果。

第二，观看的互动性，信息隐含在互动过程中。格式塔心理学者认为：在观看的过程中，存在一个"场"，视觉形象、人的知觉以及内在情感都是这个场里的要素，这个场和物理世界的相似，元素之间存在互相作用的力，不是彼此吸引就是相互排斥。一旦"场"中的元素在"力"的作用下形成和谐的结构就能激起审美经验。[1] 这一观点也解释了上面所提及的整体和部分之间的关系，即"部分"在"场"的作用下而产生一个整体的图景，任何一个元素的改变都会引起"力"的变化，从而改变对整体的认知，因此整体不是简单地等于部分之和。博物馆的视觉场建构非常重要，起到还原文物艺术品的"原境"效果，运用叙事策略的展览往往在进入展厅时以灯光、色彩、彩色背景图板营造场景增强受众代入感。

第三，观看的创造性。阿恩海姆认为：视觉获取到的形象是"含有丰富的想象性、敏锐性、创造性的形象"，"一切知觉都包含着思维，一切推理中都包含着直觉，一切观测中都包含着创造"[2]。人们对美的感受是在直觉和知觉、情感和理智的共同作用下产生的，而且任何一种思维都不是孤立的，因此观看不仅是对视觉信息的接受，同时也包含着对视觉信息的思考，而这种思考富于想象力。这是受众视觉素养培养的关键，博物馆交互活动设计、展品阐释、媒介应用时都要调动受众的主动性观看和思考。

---

[1] 任悦：《视觉传播概论》，中国人民大学出版社 2008 年版，第 136 页。

[2] [美] 鲁道夫·阿恩海姆：《艺术与视知觉》，滕守尧、朱疆源译，四川人民出版社 1998 年版，第 5 页。

第四，观看的普遍性。阿恩海姆认为存在一种普遍意义上的感知方式，"观看世界的活动被证明是外部客观事物本身的性质与观看主体的本性之间的相互作用"，"进一步说，一切完整的概念都应该包含着某种共同的（或普遍的）真理内核。这一内核使得一切不同时代和地区的艺术能够对一切的人发生作用"。阿恩海姆肯定了在观看中存在一种可以把握的逻辑，即让不同时代、不同国家的人们都可以对美的事物产生共鸣。当然，不能否认视觉信息作为一种非语言符号，在传达语义的时候并非像语言符号更加清晰、具有理性，但是阿恩海姆否定了"对视觉信息的感性认知完全是不可把握、天马行空"的看法，这对于视觉传播研究尤为重要，这就意味着美的感受是可以传播的，可以通过一定的规律加以把握和利用，所以博物馆的世界巡展因为这种对美的共鸣而受到欢迎，成为博物馆承载本国民族文化、视觉艺术形式的重要传播方式。"通过艺术的交流"即艺术使一个时代或一个民族与别的时代和民族的人们得以沟通，视觉艺术具有柔性传播的功能。从这个意义上来说，展览是跨文化传播的载体。

博物馆价值与展现效率很重要的一方面是美学上的感受力与所呈现的正面功能，具有视觉现象呈现与本质上内在的意涵。视觉具有优先性，因为内在的心理、情感、感觉层面的经验都首先要通过视觉获取物象和进行视觉思维才能达成。另外，上述理论对本研究的启示还在于，艺术是情感与形式的统一，艺术展品的传播效果要与艺术作品内涵应和，对展品的视觉修辞方式、艺术通感方式和展览的视觉场景营造、视觉叙事等策略具有感染力，使受众通过联想、移情、想象或是直觉地感到，与展品产生情感共鸣，建构意义。辅助阐释的图板视觉信息、导向信息、影视节目、虚拟博物馆设计等也需要视觉信息传播原理作为基础，运用相应的视觉符号达到形式美感和视觉舒适感，增强传播效果和满足受众精神需求。

第三节　从大众传播模式到视觉场建构

一、博物馆媒介特征和传播模式

（一）博物馆具有大众传播媒介特征

20 世纪 60 年代有西方学者提出博物馆传播和大众传播有着相似的特征。大众传播是指专业化的（媒介）组织运用先进的传播技术和产业化手段，以社会上一般大众为对象而进行的大规模的信息生产和传播活动。①博物馆作为信息的生产者和传播者是专业化的组织，是以藏品为信息源，以研究、教育和欣赏为目的而进行信息交流、共享的传递行为。20 世纪70 年代，博物馆从藏品导向转为功能导向，履行传播功能，在与受众的互动交流与反馈中体现自身的当代传播价值。在媒介时代，以收藏、保护、研究和展示为主的传统博物馆功能正在向以文化传播为核心的现代博物馆功能转变。随着"作为传播媒介的博物馆观"得到认同与实践，从传播学角度看博物馆及其展览，无论是社会遗产继承与传播（传递）功能，还是传播的构成要素、传播类型、传播模式各环节都受到不同的社会力量和心理因素的制约，传播者和受众在一定的社会环境下，进行着互动的、双向（乃至多向）信息传播，传播效果作为这些要素和环节相互影响的结果而体现出来。②博物馆的媒介特征包括：具有持续不断的内容生产、文化信息的交换体系、针对受众的意义阐述、情感共鸣的艺术语境和建构公共活动的集体空间。具体为：

　　1.博物馆具有持续不断的内容生产。这是博物馆作为媒介的传播主体最重要的特征，展品以及所形成的常设展览和特展巡展都是持续不断的内容生

---

① 郭庆光：《传播学教程》，中国人民大学出版社 1999 年版，第 111—112 页。

② 金瑞国：《博物馆之传播学研究》，《博物馆研究》2011 年第 2 期。

产。作为综合性的大众媒介，博物馆除了注重展览内容的准确、知识领域的厚重丰富性和传播过程的客观性外，内容生产者、供给者、传播者还要注重为受众提供真善美享受、价值观培育以及构建想象共同体的展览内容。

2.博物馆具有文化信息的交换体系。博物馆作为大众媒介、文化媒介、知识媒介的作用越来越重要，所承担的社会角色也逐渐向公共文化服务发展延伸——受众获取知识、接受教育的同时，也在参与表达和共同建构知识体系。

3.博物馆具有针对受众的意义阐述。意义建构的核心内容是信息不连续性、人的主体性以及情境对信息渠道和信息内容选择的影响。博物馆通过表意过程建构意义，呈现给受众关于世界的图景。博物馆空间的展示总是显示着时间的绵延，展品的时间维度与特定的文化记忆相联系，受众在其间的参观活动则作为某种集体性文化的回忆，汲取认同的资源，同时也进行个体的意义投射。

4.博物馆具有情感共鸣的艺术语境。在艺术传播活动中，依据拟态环境理论，创设艺术情境和氛围，即"艺术语境"。艺术语境的原始含义会随着艺术品所处环境的变化而衍生出新的语境，艺术品被放在展厅里的时候会因为空间以及陈列方式的变化而衍生出新的语境。物与空间的逻辑性结合是博物馆信息传播的基本构成，也是博物馆展览的基本特征，受众通过认识感知语境来获得情感共鸣。

5.博物馆建构公共活动的集体空间。博物馆是利用文物、艺术品组成展览，达到大众美育和社教的功能、进行各种公共教育活动的一种媒介空间，而且实现展品与受众的交互、受众与受众之间的交互也是博物馆传播的重要方面，其文化传播的影响力源于大众性的参与互动，这是不同于大众媒介的空间特征所决定的。

博物馆视觉信息的传播有三类：一是基于时间的纵向维度传播，即历时性的纵向传播；二是基于空间的横向维度传播，即共时性的横向传播；三是基于媒介构建线上、线下即时交互传播，即数字虚拟到现实世界的虚实维度。

西方学术界对博物馆信息传播模式探索的历史，从最早的信息论与大众信息传播模式，到 1968 年邓肯·卡梅隆提出的博物馆传播模式研究，再到克内兹和莱特、迈尔斯、胡珀－格林希尔等人建构的博物馆信息传播模式，勾勒出博物馆信息传播模式研究的大致脉络。

（二）胡珀－格林希尔借鉴符号学的博物馆意义共享模式

关于博物馆的编码方式和受众解码过程，1990 年，博物馆学家胡珀－格林希尔从符号学相关理论得到启发，认为"博物馆作为一个传播信息的渠道，能够非常有效做到的是提供给受众'实物'的独特体验，从而激发他们深入学习与此相关的事实"[①]，之后构建了图 1–1"意义共享模式"，她重点借鉴了符号学家乔治·穆南的符号理论，即符号的本质就是传播意义，人类生活中存在着很多符号系统，不同的符号系统本身即是不同的传播体系，这个模式中的"媒介"类似于博物馆的场域，博物馆建筑、馆藏品、基础设施、其他参观者等都是"媒介"，处于传播者与受众之间的"中介地带"，导览台、讲解员等细节服务也会影响传播意义的理解。该模式认为受众是具有知识和理解能力的，能够主动解读信息。[②]

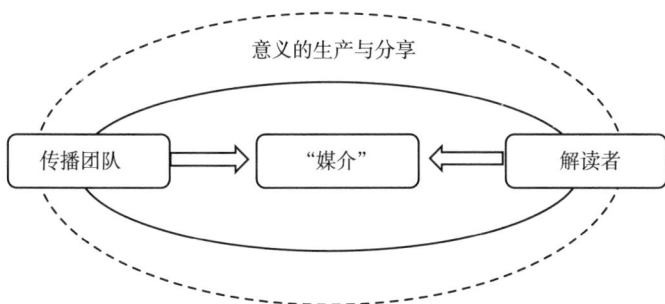

图 1–1　胡珀－格林希尔意义共享模式图

① Eilean Hooper-Greenhill, *The Educational Role of the Museum*, London and New York: Routledge, 1994, p.1.

② Eilean Hooper-Greenhill, *The Educational Role of the Museum*, London and New York: Routledge, 1994, p.73.

博物馆里无论是展览、研究，还是教育、文创，都需要围绕藏品来进行，因此藏品具备了媒介和信息的双重作用。

（三）德国学者马莱茨克基于"传播场"思想的"社会磁场"模式

场论已经发展成为社会科学的一种研究方法，强调环境内复杂的因素和变量相互之间的影响。德国学者马莱茨克于1963年以"大众传播场模式"应用"场论"研究思想，提出大众传播是一个心理学上非常复杂的社会过程①，他在传播学的 C（传者）、m（信息）、M（媒介）、R（受众）四大基本要素基础上，提出"传播场"的思想，构建了基于"社会磁场"的传播模式，这个系统的每个主要环节都是这些因素或影响力的集结点：传播主体不是自由的，而是要受到种种制约，这种制约就是传播场力，并认为传者与受者的互动不仅包括各种有形的社会作用力之间的互动，也包括各种无形的社会心理因素之间的互动，体现了与感知有关的思想。借鉴这个模式，在一个包含了社会心理因素的各种社会作用力相互集结、相互作用的"场"中，对那些可能对传播各环节构成影响的因素进行考察，博物馆营造的各种文化艺术空间，也是在众多社会因素相互作用、循环往复的动态互动过程中体现传播场的作用。从受众观看情境来看，这同时也符合"看的互动性"，即受众的意义建构隐含在互动的过程中。本书构建了博物馆传播模式（如图1-2所示）。

国内对于博物馆传播模式的研究聚焦于文物作为符号物的编码解码和信息传递，宏观视角是基于传播要素来构成的，注重信息的流动。如黄洋博士论文里构建的博物馆信息传播模式在近年的研究中得到发展，重新构建的新模式中有两个不同的路径，一是现实的传统传播模式，二是未来的理想传播模式——在博物馆使命完成和受众自我实现的作用下，原始意义

---

① ［英］丹尼斯·麦奎尔、［瑞典］斯文·温德尔：《大众传播模式论》，祝建华、武伟译，上海译文出版社1987年版，第50页。

混合传播

社会艺术生态

审美对话情感想象

公教活动 ── 传播策略

艺术博物馆

艺术媒体
建筑风格
空间符号
展览路线
灯光辅助
虚拟博物馆

（内容）

文化
灵感
幻想
现实
艺术经验
创作技能

策展人
C
艺术家

精神能量

艺术品
作品
藏品

R
受众

个性
兴趣
经验
知识
期待
情感
价值观
主要特征
（年龄、
性别）

前传播

历史时代

大众媒体
展览信息
艺术评论
艺术家信息

发布

话题
事件

自媒体
社交媒体

口碑传播

社会媒介生态

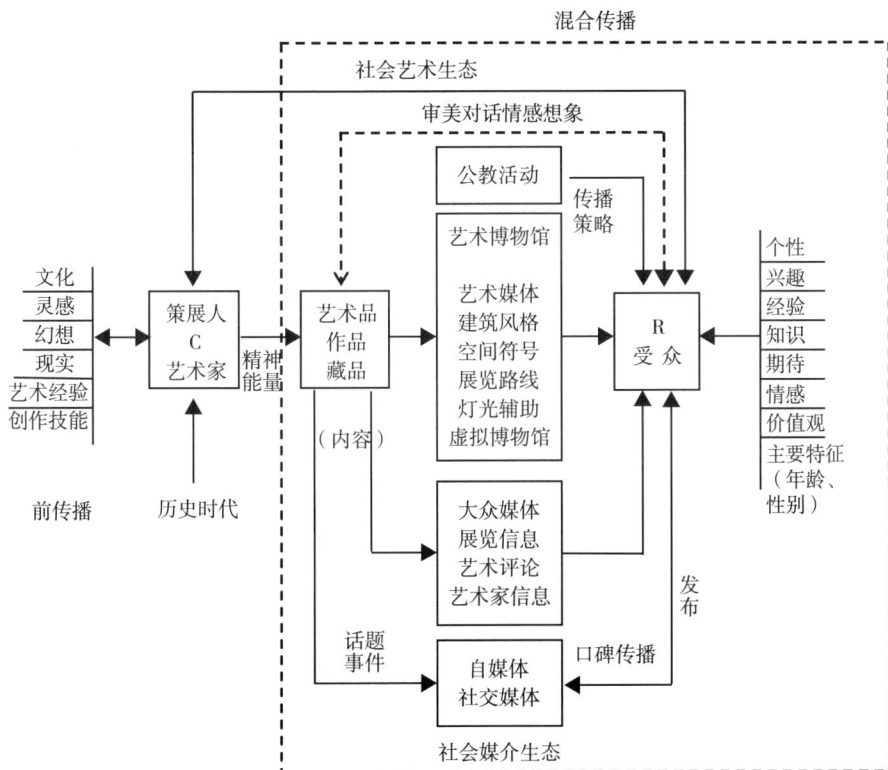

图 1-2　借鉴马莱茨克"传播场"博物馆传播模式图

世界升华为共生意义世界，价值所在就是推动社会发展。[1]

本书则更为重视受众的文化共享、意义建构、情感共鸣和交互体验，以及在博物馆参观前的经验积累、信息获知和心理准备，参观之后长时期的视觉素养、媒介素养的提升。信息传播理论对本研究的启示有：

第一，博物馆信息传播的空间架构和层级。博物馆建筑自身是一个公共性的空间，又参与塑造着一个更为广大的城市公共空间。[2] 信息传播的空间是博物馆首要构成元素，因为有了博物馆建筑和展厅空间才有承载文化和文物艺术品内容的传播环境。传播空间可以分为三个层次：一是有

---

[1]　黄洋：《博物馆信息传播模式述评》，《博物院》2017 年第 3 期。

[2]　陈霖：《城市认同叙事的展演空间——以苏州博物馆新馆为例》，《新闻与传播研究》2016 年第 8 期。

形的可感知的物质空间；二是主观的意象空间；三是物质与经验的交错空间。博物馆具备这三个层次的空间，一是国家、地域文化和民族信仰的层面，建构一个国家或者民族共同的艺术想象，或者一个城市的文化气质（博物馆代表着国家或者地域形象，媒介即环境）；二是博物馆建筑风格和建筑外部空间的层面（博物馆建筑本身是一种视觉信息形式，媒介即信息）；三是博物馆内部展厅空间及展线的视觉秩序。空间是传播环境，包含着情境创设、拟态环境、空间叙事等，共同营造出来博物馆外在传播力。受众置身于博物馆展示环境中，是一种动态的欣赏。

第二，博物馆从信息的传递、意义的呈现到历史的记述、文化的传承，视觉表达、视觉感知和视觉思维具有怎样的效果。同一意义经由不同的媒介语言产生和构造形成差异性表达，在博物馆信息传播中，经由文字语言所形成的文本侧重概念性和联想性，具有明晰的表征指向；而由视觉语言所构成的表述文本则是具象性和直觉性，呈现为一种大致的表征指向，具有表达的多义性和模糊性。

第三，博物馆信息传播过程具有不同于其他大众媒介的编码方式和解码路径。博物馆展品常规的使用价值通过一种符号进程或者象征化进程，转化为一种文化象征价值，形成符号意义，这种符号凝固着历史、文化、科学、艺术信息。编码过程涉及选择藏品、根据展览主题需要，将研究获取的博物馆物化信息（地方文献、民俗、史志、考古研究等考证信息）做成阐释信息，与展品在空间里进行可视化相互印证补充呈现。解码时，相关受众观察和理解展品的时候不会被强制去接受策展人所规定的解读方式，而是能够通过自己的独特感知方式和渠道去对展览传播的信息进行自主解码和接纳。从传播要素来看，大众传播是一种信息共享活动，传播双方要有意义空间——人与生活接近体验，同时是一种社会关系的体现，是一种行为过程和系统。博物馆的视觉信息传播是借助于一定的物质媒介和传播方式，将历史、文化、艺术、科学信息传递给接受者的过程，其中展览性传播方式（比如博物馆展览、博览会等）和大众传播方式（影视、报刊、网络等）

都是传播路径。大众传播注重信息传达，而博物馆视觉信息的传播除了信息传达，更注重受众的价值对话和分享、情感感染、启迪和共鸣。

第四，自 20 世纪 80 年代以来，媒介文化的一个显著变化就是视觉形象在媒介内容表达和受众吸引中起着越来越重要的作用，形象取代文字成为媒介传播的强势符号，这就是媒介文化的"视觉转向"。① 梅洛维茨结合了麦克卢汉的媒介理论和美国社会学家戈夫曼的情境理论，并沿袭了麦克卢汉将媒介技术视作社会变化动因的基本立场，来分析媒介所造成的社会情境。媒介文化是当代传播学研究的一个重要领域，对本研究的启示是博物馆运用各种内部媒介在视觉空间建构了一个"感知区域"，大众媒介同样建构了博物馆视觉信息虚拟"感知区域"，即博物馆的视觉信息系统由实体与虚拟两部分组成，具有不同视觉信息特征。

二、博物馆视觉场的建构及形态

根据第一节对视觉场及其组成元素的界定，结合格式塔心理学"场"的理论和马莱茨克大众传播场的模式，对博物馆视觉场的建构做了如下理论假设：

博物馆的视觉场包括基本要素传播者、信息、媒介和接受者；由传播者一方的生产场和接受者一方的接受场组成，生产场包括建筑空间形态、展品的物质形态、展览的展陈物质空间、博物馆内外视觉标识系统和博物馆文创衍生品；以及由媒介所承载物质场的迁移——虚拟空间，这些元素形成一个整体，对受众的意义建构产生作用。同时，生产场与接受场之间又具有动态的交互作用，视觉场的各元素之间也有着相互作用的"力"，用传播场力线来表示，用来指传播场力的基本指向，是各种构成场的因素

---

① 秦志希、夏冠英、徐小立、刘建明：《"媒介文化研究"笔谈》，《武汉大学学报（人文科学版）》2005 年第 4 期。

在场中的动态轨迹。博物馆的视觉场有效传播空间内，场力线的指向取决于种种复杂因素，随着不同时空情境和传播的进行，其指向可能加剧或改变。

（一）物质形态：建筑空间形态

建筑是人类文明最主要的记录。美国传播学家威尔伯·施拉姆把建筑物统称为"无声的媒介"："石雕传播古代诸神的庄严伟大，建筑物和纪念碑传达了王国或统治者的丰功伟绩，泰姬陵和金字塔等名胜古迹、教堂的非凡构想不仅召唤人群、传播生活方式，而且传递民族的历史、讲述其对未来的希望"①。这些媒介和传统意义上的大众媒介一样，都具有传播信息的功能。法国媒介学者雷吉斯·德布雷更进一步，区分了传播与传承，将某种媒介技术维系着的具有稳定性的人类集体记忆和社会关系，称为"媒介域"。② 博物馆同样如此，正如著名建筑师贝聿铭所谈："当代博物馆与当代城市的关系，恰如中世纪的大教堂，之于中世纪的城市。"建筑空间意义有三个层面：一是国家、地域文化和民族信仰的层面，力图建构一个国家或者民族共同的想象，或者一个城市的文化气质和城市符号（博物馆代表着国家或者地域形象）；二是博物馆的选址。一个国家、一个城市将博物馆建在何处有着重要的意义，博物馆是群落式分布还是分散式、定位在市中心还是远离市中心都有不同的意义；三是博物馆建筑风格和建筑外部空间的层面（博物馆建筑本身是一种艺术），传统经典建筑和现代风格建筑会给受众不同的期待，比如中国许多博物馆建筑特征可以概括为"中正"和"对称"，有"从容中道""中立不倚"之意，深受儒家"中庸"思想的影响。博物馆建筑的外部造型是建筑由内而外传达其灵魂特性的载

---

① ［美］威尔伯·施拉姆、威廉·波特：《传播学概论》，何道宽译，中国人民大学出版社 2010 年版，第 135 页。

② ［法］雷吉斯·德布雷：《普通媒介学教程》，陈卫星、王杨译，清华大学出版社 2014 年版，第 4 页。

体；四是博物馆内部空间视觉标识及展线的视觉秩序共同构建起仪式化空间，形成内部视觉秩序，也反映着传播者预设的观展议程。视觉导视系统从参观顺序上可以分为"前置性系统、展厅内系统和后置性系统"，前置性系统包括展厅分布空间图、导览索引图以及公共空间的标识指引等。展厅内系统包括展板（序或前言、结语等）、文字图示等标签等。在受众参观过程中，注意力分布存在着时间、空间上的疏密差异，往往受视觉导视系统影响较大。比如视觉导视系统展示的结构系统有良好的观展路线设计，具有色彩色调适宜的图文设计等元素。

（二）活动形态：展览陈列内容和传播活动

展览组织结构视觉信息系统主要建构起展览的逻辑、层次和群组，通过视觉语言和视觉审美的呈现，有效引导和控制受众的注意力，借助展览视觉语言展现的系统化信息可以为博物馆视觉场建立一个结构框架，从而有助于受众观展中的信息认知和意义建构。作为信源一方，博物馆占据着传播的主动性，在藏品内容选择、策展布展、展厅设计、标识系统等方面都体现出文化议程的优势。博物馆为公众定义需要关注内容，并对各种不同的内容赋予不同程度的显著性的方式，影响公众对博物馆的展览或藏品的重要性判断，进而影响公众对博物馆及其展示的文化内容的认知乃至态度和行动，从而实现博物馆传播文化、教育并娱乐公众的目标。博物馆传播不是"镜子式"地展示历史的、艺术的原貌和文化的原样，而是一种有取舍和选择的活动。博物馆为公众设置媒介议程、告诉公众"想什么"的渠道大体可以包括展览、出版物、教育活动、学术研讨活动等，其中展览是主要形式。这一循序渐进的影响发生过程中，不排除认知阶段的效果对态度和行动两个层面产生连动的可能性。博物馆传播主体总体希望通过文化的传播，起到使受众增长知识、提升素养、增强文化认同的效果，策展将展览内容和受众联系起来，找到文化遗产对今天的意义，同时通过传播提升博物馆的影响力和知名度，吸引更多的人来到博物馆。选取展品并赋予一定的逻辑和结构秩序，以展览的方式供给公众欣赏，不仅告诉公众欣赏什么，而且说明如何欣赏，从而为公众设置欣赏议程。另外，持续不断的展览和辅助阐释展览的公共教育活动作为博物馆的传播内容，都是"知识生产、意义阐述、社交互动"的重点，选用哪些藏品作为展品、举办什么样的展览、如何策展、设计什么样的公教活动、采用什么样的传播策略、展览前的艺术评论、展览前中后期的媒体宣传等这一系列活动内容都需要策展人和博物馆相关部门人员进行重要性的排序，且不同时段活动的重点都有所变化，呈现一种动态的过程。

（三）虚拟形态：媒介对视觉场的迁移作用

突破博物馆实体边界传播，使得视觉场由真实空间到虚拟空间，视觉表达由专业性表达向大众化、创意化表达转变；受众也发生了"在场"与"不在场"、从"凝视"到"沉浸"的转换。博物馆视觉信息在媒介融合时代出现了很多新的传播特点，媒介运用使得博物馆视觉场发生了迁移：从真实场到虚拟场；从静态场到动态场；从静观到交互。媒介和博物馆在这样一个时代天然有了联系和沟通，开放数字资源，推出虚拟游览、在线讲座等服务，以线上反哺线下，促进艺术传播和文化传承，数字化已成为全球博物馆建设的新潮流。

小　结

根据第一节对视觉场及其组成元素的界定，结合格式塔心理学"场"的理论和马莱茨克大众传播场的模式，首先对博物馆视觉场的建构做如下假设：

博物馆的视觉场包括基本要素传播者、信息、媒介和接受者；由传播者一方的生产场和接受者一方的接受场组成，生产场包括建筑空间形态、展品的物质形态、展览的展陈物质空间、博物馆内外视觉标识系统和博物馆文创衍生品；以及由媒介所承载物质场的迁移——虚拟空间，这些元素形成一个整体，对受众的意义建构产生作用。社会因素对视觉场的影响：除了以上视觉元素，还有社会因素起作用。传播者和受众双方皆置身于一组有系统、从未间断的社会关系和实体关系中，传播者对博物馆的视觉信息的选择和策展取决于社会环境。博物馆具有让受众暂时脱离日常生活的功能，而且受众走进博物馆后形成了新的社会关系：观众进入博物馆就仿佛进入了一种仪式的阈限状态，博物馆在时间和空间上为观众提供了一种阈限区域，"博物馆像一个神奇空间，物进入到博物馆里，就不再是原来的物，而是成为特有的信息载体与象征符号，要和人重新结成一种新型关系。博物馆也像一个神奇的画框，在这里观看物，观者和物之间也必然会形成一种特定博物馆语法的修辞关系"①。除了上述的人内传播，大众媒体、人际传播和社会环境都是影响因素。博物馆和大众传媒联手是双赢之举，近年《我在故宫修文物》《国家宝藏》《如果国宝会说话》等热播电视节目告诉人们文化遗产对于今天的意义，以及各种社交媒体的博物馆视觉信息传播让更多受众走进博物馆。同时博物馆尝试与专业的媒体机构合作，探索博物馆传播的最佳效果。

基于大众传播理论中马莱茨克模式与艺术学理论中的阿恩海姆视知觉理论，本章梳理了核心概念和理论脉络，提出视觉场建构的基本模式，沿着传播形态的演进，将博物馆视觉场划分为三种形态，即物质形态、活动形态和虚拟形态。同时从受众的视角研究视觉场，从下一章开始首先研究世界优秀博物馆的视觉场构建，作为参照系，后续再研究博物馆视觉场的传播形态和受众行为相互作用，对博物馆视觉信息的传播过程进行分析，以验证或修正视觉场的框架。

---

① 曹兵武：《博物馆是什么？——物人关系视野中的博物馆生成与演变》，《中国博物馆》
2017 年第 1 期。

第二章　世界著名博物馆视觉场概述

2020 年国际博物馆日的主题是"致力于平等的博物馆：多元和包容"，旨在跨越地域、时间、文化，每个人都能与人类璀璨的文化艺术平等相遇。博物馆社会价值的核心是它有潜力为不同出身和背景的人们创造有意义的体验，多元化发展、多元文化的展览、视觉场氛围的营造都可以为观者提供多元化的体验，本章以世界著名博物馆为参照系，通过博物馆实地考察、调查博物馆网站和访客留言，从博物馆的内外部视觉环境、视觉信息呈现与视觉叙事、融合媒介应用的虚拟视觉场形态，综合分析获得当前世界著名博物馆传播的现实图景。

博物馆发展与社会的政治、经济和文化环境都有着密切关系，回顾博物馆发展历程，距 1683 年西方第一家近代公共博物馆牛津大学的阿什莫林博物馆诞生至今历经数百年；距 1793 年现代意义的公共博物馆法国卢浮宫对公众开放也有 200 多年。西方博物馆自 19 世纪起逐渐发展进入黄金期，20 世纪中期受环境变化和艺术思潮的影响进入新的现代化发展时期。衡量一个国家或城市的文明程度如何，走进博物馆就可以了解历史、今天的文化艺术状况。基于各个国家不同的社会制度以及文化传统，不同国家土壤孕育的博物馆呈现多元化。欧洲博物馆建筑恢宏，多以古典主义风格著称，藏品丰厚，展览多以审美型文物艺术展览为主，一方面与其悠久的历史、丰富精美的文物艺术品收藏有关，另一方面也与欧洲的文化传统和教育水平有关：欧洲人历来强调艺术教育，他们从小接受良好的艺术教育，国民教育水平相对较高，参观博物馆艺术展览是青少年生活的重要内容，所以他们往往具有良好的艺术欣赏素养，比较喜欢纯粹的文化艺术品展览。北美许多著名博物馆重在综合性，即人文历史与自然科学兼备。美国博物馆展览叙事型主题展览居多，强调故事性和情节性、趣味性和娱乐性，以及互动性和体验性，较多采用二维和三维辅助展品和信息化装置，以及多媒体、动画和影视等高科技方式较多运用在展陈设计中，具有很好的视觉效果、阐释能力和现场沉浸感。如加拿大皇家安大略博物馆、美国大都会艺术博物馆等，有着宏伟的建筑、丰富的藏品、顶级的展示场馆和设计、精美的文创礼品商店，往往按照美学形式陈列，整体营造出奢华、专业的视觉场氛围，记录、描绘着多元文化的权威性。[①] 展览策划侧重于讲好故事，细节打造又处处为观众着想，具有现代博物馆的以人为本理念。美国的艺术博物馆擅长策划现代艺术展览，探索新媒体艺术、新概念和实验艺术场域更为丰富。这一方面是由于美国历史比较短，文化积淀和本土化的藏品不够丰富，更与美国的文化有关。美国人崇尚实用主义，特别是 20 世纪 70 年代以后，受休闲文化和娱乐经济兴起的影响，美国博物馆展览越来越强调讲故事，强调展览要通俗、好看和有趣，要能够吸引观众，保证博物馆的运营。由于历史和文化的原因，亚洲很多博物馆的起源和发展与西方国家情形有着明显的差异，建馆之初首先即被赋予重要的社会职能，它们或作为本国民族精神和文化特性的象征，或作为启发民智的社会教育场所 [②]。这种对博物馆社会角色的强化正是亚洲与欧美博物馆的重要区别所在，表现在很多亚洲著名博物馆多具有东方古老文明的含蓄之美和民族特色藏品。中国博物馆处在建设高潮和蓬勃发展中；日本、韩国、新加坡的现代博物馆在展现方式上注重创意设计和多媒体互动模式；印度文明古老而神秘，具有两个国立博物馆：典型英国式宏伟建筑的加尔各答国立博物馆是亚洲历史最悠久的博物馆，具有古老传统和神秘气息；

---

① [英] 莎伦·麦克唐纳、戈登·法伊夫编著：《理论博物馆》，陆芳芳译，浙江大学出版社 2020 年版，第 77 页。

② 中国农业博物馆考察组：《关于日本、韩国博物馆的启示和思考》，《中国博物馆》2003 年第 1 期。

新德里国立博物馆则是现代博物馆；新加坡、马来西亚等国家的博物馆兼具多元文化的特征。

总之，我们领略和研究不同国家和城市的博物馆风格，欣赏并尊重博物馆不同背景的历史文化和艺术风格，提炼出不同发展模式借鉴采用。本章选取案例的标准在于以下三方面：一是具有典型代表意义，如权威性或者具有该国家的特色；二是属于世界著名博物馆，具有区域或者全球的影响力；三是获得了公众认可，本土观众与国外游客均会参观，体验感和口碑较好。这些博物馆大多数在全球博物馆行业发展中具有引领作用。笔者进行了绝大多数案例博物馆的实地考察，作为参照系，深入研究借鉴著名博物馆不同视觉场的构建方式和传播特点。

第一节　亚洲著名博物馆的视觉场

在国际博物馆界，人们已经逐渐接受了这样一种观点：中国、日本、韩国、印度构成了亚洲博物馆发展的中心。就理论博物馆学研究而言，中国和日本处于相对明显的优势地位，而在博物馆运营、管理等应用博物馆学领域，日本和韩国则基本上代表了亚洲博物馆的最高水平。[1] 所以，对日本、韩国不同类型博物馆的综合考察和个案分析，不仅有益于认识当代亚洲博物馆的现状，而且对从总体上探索具有亚洲特点的博物馆理论和实践取向有所帮助，同时可以为中国博物馆事业的发展提供有益的借鉴。[2] 另外，整个亚洲地区无论是中国、东南亚地区，还是中东等区域，都存在着至少一个在本区域内表现突出的新兴博物馆之城，如上海与香港之于中

---

[1]　中国农业博物馆考察组：《关于日本、韩国博物馆的启示和思考》，《中国博物馆》2003年第1期。

[2]　中国农业博物馆考察组：《关于日本、韩国博物馆的启示和思考》，《中国博物馆》2003年第1期。

国，新加坡之于东南亚，阿布扎比之于中东，不仅是地区金融与贸易的核心城市，也正在以艺术来获得文化话语权以及经济发展的新动力。这些亚洲的博物馆城市领跑者，均得到了当地政府政策上的大力支持。得益于区域内亚洲经济体的繁荣，政府对于博物馆的大笔支出在全球而言都尤为突出，在以经济发展与区域振兴为主要驱动力的博物馆兴建潮流中，博物馆自身的艺术内核与文化价值是否能得到彰显？后起的亚洲博物馆，能否在无法获得西方那样成为"百科全书"式博物馆的先发优势的情况下，创造出自身的发展范式？保护和传播本民族文化特性已成为中国、日本、韩国绝大多数博物馆工作的出发点和落脚点。

中国国家战略层面对文化、对博物馆的重视程度越来越高，改革开放后恢复建设发展，20世纪90年代后呈现加速发展的趋势，当前正处于新馆建设数量急速增加、往精细化管理服务转型发展的关键时期。从自然环境和社会环境的视角认知、借鉴西方博物馆的发展轨迹，对于理解中国博物馆当前各种现象和规避发展中的问题非常重要。截至2019年年底，全国博物馆登记备案数量达5535家，免费开放博物馆数量达4929家，另外国有美术馆326家；仅博物馆参观人数达12.27亿人次。加强博物馆基础设施建设的同时，社会对博物馆关注大幅度提升，博物馆已不再是一个孤立的、边缘的冷门领域，而是社会生产、生活中一个积极的行动者，以博物馆为圆心，博物馆的一举一动向外辐射至社会的各个层面、国家的各个行业、研究的各个相关领域。重视挖掘现有博物馆的文化特色和文化潜能，加强传播推介，通过高质量的展览和服务吸引观众。对于博物馆专业领域，展览、收藏、文保、社教等业务范围的方方面面，公共教育职责、知识构建功能、社会角色、公共责任等博物馆作为社会公共机构的各方面意义，都逐步与世界发展同步，国际各大艺术媒体如《艺术新闻报》（*The Art Newspaper*）等开办中文版，故宫博物院、上海博物馆、南京博物院、陕西历史博物馆在世界上也具有相当的影响力，中国国家博物馆连续几年入选世界"十大最受欢迎的博物馆"。世博会之后的上海，完成了中华艺术宫、上海当代艺术博物馆等一系列公立美术馆的改造和新建计划，新建的上海博物馆东馆对标"世界顶级"；上海西岸成为全球文化区新兴网络中不可忽视的成员。香港的博物馆、艺术馆打破传统展览的观看模式，最大特色在于"互动"，让参观者走入馆藏、更走入创作者的理念中；在香港设计师、艺术家的精心创意下，博物馆变成一个充满魔力的体验场所，通过数字多媒体技术叠加 VR 演示更生动地展示展览。总体而言，中国当代博物馆的建设中，场馆数量增多，面积扩大，功能日趋完善，最重要的是许多省级博物馆作为城市的公共文化设施，与社会和公众有了紧密的联系，越来越多的博物馆被打造成为当地的"城市客厅"；许多城市争做"博物馆之城"，如苏州市打造"一城百馆、博物苏州"品牌；"为一座博物馆赴一座城"进入很多旅游者规划。

　　本节选取了中国国家博物馆、日本国立东京博物馆、韩国国立中央博物馆三大世界著名博物馆作为主要案例，辅之以新兴博物馆之城新加坡进行视觉场分析。

一、中国国家博物馆

　　博物馆在一个国家文化发展中的重要性是无法替代的，博物馆所承担的社会责任以及在推广国家文化和形象方面所特有的力量也是超乎寻常的。作为一个可以呈现国家文化脉络的场域，基于国家的强盛，中国国家博物馆在世界上有着与国家话语权相应的文化话语权，中国传统文化注重"合""和"，蕴含着多元和包容精神，在专业方面也传达出了与国际博物馆界在交流合作方面的自信。在当代社会，新的国家博物馆不同于以往历史类定位，发展定位于"历史与艺术并重"的综合性博物馆，其引领性使得中国许多省级博物馆经过新建和改扩建后也出现了"历史与艺术并重"的局面，展览走向多元化方向。

（一）外部视觉场的建筑：宏伟庄严，国家客厅

一个国家的文化对于博物馆的建筑有着特别的影响力。博物馆建筑与周边环境的关系，同样反映着文化议程和博物馆视觉场的进入路径。中国国家博物馆（简称"国博"）毗邻天安门广场，本身就决定了其政治地位和文化属性，足以代表国家文化形象。始建于 1912 年的中国历史博物馆和筹建于 1950 年的中国革命博物馆，从 1959 年起就矗立于天安门广场东侧，与人民大会堂隔着天安门广场相对，大致位于现代中国政治中枢中南海的南边，被视为与《周工·考工记》所载国都规制"左祖右社"格局暗合，肩负着当代中华"祖庙"的重任。① 新扩建的中国国家博物馆由中国历史博物馆和中国革命博物馆合并重组而成，建筑面积近 20 万平方米，是世界上单体建筑面积最大的博物馆，西立面是 20 世纪 50 年代设计的，反映了国家文化的风貌；2011 年 3 月开始试运行，有 48 个展厅。从西门进入，有老建筑和新建筑相结合的中庭，用体量巨大的开间以及高大门窗组成的西立面幕墙，使得观众置身大厅中就能看到对面的人民英雄纪念碑和人民大会堂。如此体量的空间自然光引入非常重要，光线进入博物馆，在视觉上彻底改变了博物馆的空间，之后又呈现出一个多样化的视觉形态，给人以新的视觉享受（图 2-1）。随着阳光的变化，中庭的光影关系也不同。中国国家博物馆原副馆长陈履生曾用三句话来概括国博的属性：第一，它是中华文化的祠堂和祖庙；第二，它是中国梦的发源地（2012 年 11 月 29 日，习近平总书记率领中共十八大新当选的中央政治局常委集体参观了中国国家博物馆的"复兴之路"

图 2-1　中国国家博物馆大厅

① 段勇：《当代中国博物馆》，译林出版社 2017 年版，第 13 页。

展览，并现场发表了"实现中华民族伟大复兴的中国梦"重要讲话）；第三，
作为国家文化客厅，中国国家博物馆长期致力于推动中外文明交流互鉴，
与世界各国博物馆及重要文博机构之间广泛开展交流与合作。《艺术新闻
报》（*The Art Newspaper*）发布了 2019 年十大最受欢迎博物馆榜单及其参
观人数，中国国家博物馆蝉联全球最受欢迎博物馆第二名，全年 740 万人
次参观。中国国家博物馆发挥着建构集体记忆和社会文化认同的功能，以
及形成当代的民族和国家认同。

（二）内部视觉场的展览：重大主题，国际面向

中国国家博物馆倡导践行展览是最重要的服务产品、策展能力是核心
能力等理念，着力打造包含基本陈列、专题展览、国际交流展、临时展览
的新展览体系（图 2–2）。关于藏品，中国国家博物馆从全国各地集中了
许多被视为民族文化遗产的文物，在常设历史展览"中国通史"中作为展
品和历史证据加以陈列。馆藏的所有历史文物中，绝大多数都包含着丰富
的艺术信息，许多是纯粹的艺术品，如著名的镇馆之宝后母戊鼎，重达
875 公斤，代表着青铜器艺术的最高成就，所传达出的艺术力量，成为中
国艺术史的代表之一；而且国宝文物对于中华民族具有特殊的情感价值。
基本陈列包括"古代中国""复兴之路""复兴之路·新时代部分"。与此
同时，由于观众欣赏水平的不断提高和需求的多样化，对博物馆陈列展

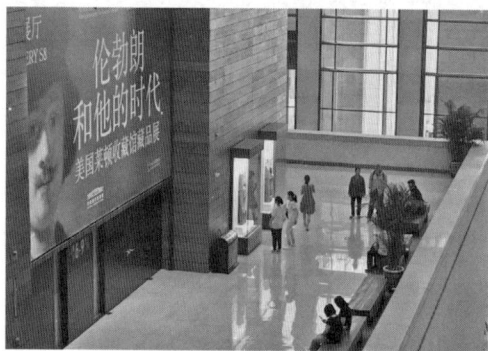

图 2–2　中国国家博物馆国际交流展

览的视觉场提出了更高的要求，中
国国家博物馆遵循"不求所藏、但
求所展、开放合作、互利共赢"的
原则，临时展览逐步形成主题展
览、精品文物展、历史文化展、考
古发现展、科技创新展、地域文化
展、经典美术展、国际交流展等展
览系列。这些特展往往经过很长时

间的策划，包括学术团队对展品学术、知识的梳理，宣传团队对展览前—展览中—展览后全程的传播，以及策展团队、设计团队、赞助方的全力投入，起到补充和扩展基本陈列的作用，展示博物馆常设展览中无法展示的文物，反映学术成果或学术前沿问题，配合时政和社会热点话题，反映社会多元观点和思想，作为博物馆美术馆新概念、新技术的实验平台。例如2018 年，"复兴之路·新时代部分""真理的力量——纪念马克思诞辰 200周年主题展览""伟大的变革——庆祝改革开放 40 周年大型主题展览"三个重大主题展览引起强烈反响。而作为常设展览形成的"通史陈列""复兴之路"模式及其历史理念，也成为地方性博物馆效仿的经验，无论是省级博物馆还是地市级博物馆，往往在入门后第一个展厅设计具有本地地域特色的"地方通史展"向公众开放，展览以时间轴的叙事结构整体表现历史观，文物、图片展板、短视频、模拟实景共同构建起闭合性视觉空间，传播地域文化和近现代史发展历程。这种闭合性的空间设置称为场景模拟，策展人试图通过精巧布置的照明手段将观众的注意力吸引过来，有时配以讲解员或者语音讲解器，使观众完全沉浸在文物展品和叙事结构中，建立起与展品的个人关联，按照策展人设置的路线行进获得叙事意义。

（三）视觉场的虚拟形态：云端国博引领"新业态"

就视觉场的虚拟形态而言，中国国家博物馆同样起到引领作用。中国国家博物馆深化文化传播，强化审美体验，通过线上线下互动，持续释放活力，通过盘活数据资源并进行深度加工，在线推出"云端国博"，通过"云看展""云直播""云欣赏"等模式，为公众呈上"好展、好课、好文物"，让服务大众的方式有了更多可能。相对于虚拟展厅的"粗读"，为满足观众的"精读"需求，吸引更多年轻人，在国家文物局指导下，中国国家博物馆等 9 家博物馆推出"在家云游博物馆"活动，自 2020 年 2 月 20日起在抖音开设由讲解员解读虚拟展厅等系列直播，网友热情参与。为进一步实现寓教于乐，中国国家博物馆官网《国博好文物》栏目推出"三维珍品"，使观众在家便能 360 度仔细欣赏国博典藏。作为另一种形式的补充，"国博君"官方微信上的"云欣赏"栏目，以每期一物等方式，辅以大量高清图片、视频和语音导读，以及历史背景解析、美学阐释等相关阅读，让观众尽赏国博珍藏。①2020 年 4 月 24 日，5G 云游国博，拥抱星辰大海，在第五个"中国航天日"暨"东方红一号"卫星成功发射 50 周年之际，由中国国家博物馆和中国空间技术研究院联合主办的"永远的东方红——纪念'东方红一号'卫星成功发射五十周年"云展览在中国国家博物馆云展厅开幕。这是国博第一次充分利用三维建模、全景漫游等数字技术，汇聚多媒体资源，在虚拟世界倾力打造的线上云展，第一次在 5G 通信技术的有力支撑下与多平台联动直播，标志着国博加速向线上拓展、向云端延伸，迎接智慧博物馆时代的来临。国博坚持移动优先策略在云端激发中华优秀传统文化的生机与活力，开启博物馆"云策展 +5G 直播导览 + 沉浸体验 + 深入参与 + 线上互动"智慧时代，用新媒体新技术将数据资源转化为云端文化"新供给"，引领文博"新业态"。注重观众需求的全方位宣传突破展厅，与现代交通方式相结合，地铁 1 号线开通"国博专列"："遇见国博——5000 多年中华文明在你眼前"以全新形态融入市民生活。

中国国家博物馆在中国博物馆界起到标杆作用，作为国家文化客厅传播中华优秀传统文化，同时进行国际文明互鉴。以 2019 年展览为例，"大哉孔子——高山景行，斯文在兹"展览紧扣时代主题传播中国传统文化，立足馆藏特色，充分利用孔府旧藏和曲阜地区丰富的文化遗存，内容上首次尝试用文物的语言来系统讲述孔子和孔子的思想，展现孔子文化主要内涵及现代价值。展览以艺术和科技为手段，以服务大众为目标，突出互动体验与感悟在满足思想性、学术性标准的同时，兼顾了普及性的要求。"大

---

① 吴艳丽：《中国国家博物馆——深化文化传播强化审美体验》，《人民日报》2020 年 4 月 19 日。

美亚细亚——亚洲文明展"作为亚洲文明对话大会的重要文化活动之一，让源自 49 国的 400 余件组精美展品汇集一堂，通过亚洲各国文物精品，多角度探索亚洲文明的意义，展示亚洲各国历史悠久、多元共生的文明特征，凸显文明对话、交流、互鉴轨迹，反映地缘相近、文化相亲、和而不同、和平相处的亚洲文化。"回归之路——新中国成立 70 周年流失文物回归成果展"全面展现 70 年来我国流失文物回归的不凡历程与丰硕成果，从一个独特侧面讲述中华民族从站起来、富起来到强起来的历史进程，有力地弘扬了爱国主义精神。文物承载灿烂文明，传承历史文化，维系民族精神。中国国家博物馆通过各种大展传承着中华优秀文化，见证着中国日益强大，激发观众的情感。

二、日本东京国立博物馆

日本博物馆的诞生源自明治维新所推行的近代化政策，成为政府用于完善社会教育的常设机构。自 1951 年日本《博物馆法》颁布后，日本博物馆历经二十多年的建设高峰期，随后受日本社会经济变动的影响而面临严峻的运营危机，陷入"博物馆的寒冬时代"。在此期间，日本博物馆政策发生了巨大变化。根据文部科学省的年度社会教育调查和日本博物馆协会的综合调查结果，日本博物馆一方面面临财政严峻、预算和人员不足的问题，另一方面也需要开展新的活动传承历史文化。[①] 日本人对于博物馆事业非常重视，2017 年全日本的博物馆数量是 5690 座；不仅博物馆数量众多，参观人数也非常多，仅在 2014 年根据日本"文部科学省"的调查，参观人数就有近 2.8 亿。在日本，博物馆被作为一种常规性的"教育设施"来使用，中小学规定课程去参观博物馆的比例达到 40.7%，要作为上课地点的比例占到 50%，足见博物馆在教育普及方面的

---

① ［日］半田昌之、邵晨卉：《日本博物馆的现状与课题》，《东南文化》2017 年第 3 期。

作用。东京国立博物馆位于日本东京都台东区上野公园北端，始于明治五年（1872）在汤岛圣堂大成殿举办的博览会，是日本历史最为悠久的博物馆，不仅展陈作品，建筑物本身也值得欣赏，每年从世界各地前来参观者以百万计。

（一）外部视觉场：博物馆群融合于优美的自然环境

上野公园是东京著名的旅游景点，总面积只有 53 万平方米的公园里分布有东京国立博物馆、东京国立科学博物馆、东京国立西洋美术馆、东京都美术馆、上野之森美术馆等。春日里上野的樱花绽放的阵势宛若粉色的云霞，游人如织，被似锦繁花簇拥着的东西合璧的东京国立博物馆建筑群吸引着参观者。雄踞于公园中央的主馆是博物馆本馆，石砌的墙壁和铺瓦的屋顶彰显着古老的东方建筑风格。从起于明治时期的日本当代博物馆一方面吸收并融合了西方文化的精髓，另一方面又结合了本土文化的地域特色，形成了寓东西方风格为一体的均衡巧致、简约纯净、涵蕴深厚的环境景观框架。[①] 主馆的北面伸展着一片清幽闲雅的庭园，园中池塘四周五座茶室隐约可见，多种樱花树、荷花、银杏树、枫树疏密有致，可以观赏到富于四季变化的自然景色。此外，还有第五代将军德川纲吉献给法隆寺的五重塔。每年春秋两季该庭园对外开放一个月，还可以看到很多奇花异木，展馆之间的大型落地窗让人心旷神怡，随意地推开一道门，步出阳台，小桥流水绿树竹庐，优美景色提供给观众宽松自由的观展环境（图 2-3）。

博物馆的主要构成建筑包括：日本民族式双层楼房主馆（日本文物）、东洋馆（亚洲文物）、平成馆（特展·日本考古）、法隆寺宝物馆（法隆寺献纳宝物）、表庆馆和黑田纪念馆。东洋馆采取的是完整保存日本传统风格又吸收消化西洋特色的建筑手法，呈现出一派既现代又传统的景象。表庆馆建筑的中央和左右两侧顶部有美观气派的圆形屋顶，外墙

---

① 江本砚、张纵：《东京都上野博物馆群环境景观文化分析》，《中国园林》2010 年第 10 期。

图 2-3　日本国立东京博物馆

上方装饰有绘图工具和以乐器为主题的浮雕。该博物馆 1947 年以前在名义上属皇家的财产，故称"东京帝室博物馆"。战后于 1947 年改由文部省领导，并改名为国立博物馆，1952 年正式命名为"东京国立博物馆"。它还是日本博物馆的始祖，是日本近代化进程的杰出产物。京都博物馆、奈良博物馆、科学博物馆、上野动物园、国会图书馆都是它的分支。

（二）内部视觉场：浮世绘的东方格调和独特的美学世界

整个博物馆设计理念以藏品为主体，因为古代艺术品特别是染织和浮世绘经不起光线照射，馆内的光线不够明亮；而且博物馆基于对艺术品的有效保护原则，展品不进行固定展出，博物馆要将珍贵的藏品以原样保存给后世。佛像的陈列则采用无框展柜，以便观众更好从各个角度进行欣赏。藏品以日本文物为主，也有大量的亚洲文物，共计约 11 万件。主馆里 24 个展厅静静陈列着各种民族特色的展品，以历史时期为主，由多种藏品展示了日本从绳文时代到江户时代的美术作品和工艺品。其中最有名的便是国宝——太刀，其多样的外观设计和精密的锻造技术值得细细品味。从绳文时代（新石器时代）造型奇特的陶器、弥生时代别致的大型青铜祭器、奈良—平安时代超凡脱俗的神像造像、近世桃山—江户时代精致优美的漆器、绘画屏风、和服，到明治时代复制的富丽堂皇的紫檀螺钿器、宫廷御物等，穿越了整个源远流长日本美的历程。明丽繁复、华丽奢侈的织锦、浮世绘及和服在充满历史沧桑感的博物馆里各具风情，每一件展品都是一幅意境高超、美妙绝伦的图画，作为民族服饰的和服更是强调色彩的搭配和细节的展示。和服的颜色和花纹表现了日本的审美意识。作为其原型的小袖，从室町时代后期开始，用印染、刺绣、金银箔等表现花纹，和服的传统也延展至今，构筑了日本独特的美学世界，这种民族特色的展品很受欢迎。浮世绘是名副其实的日本国粹，它在中国明清版画的影响下产生并盛行，描绘着虚浮世界的人生百态，成为经商致富的中产阶级装饰生活的绘画作品，明朗清晰的线条、绚烂多姿的色彩烘托出优雅的形态气韵。

东洋馆以"围绕东洋美术之旅"为构想，是畅游从埃及到中国、朝鲜半岛的亚洲文化艺术世界的宝库，其中中国古代的藏品占了极大的比例，精美的陶瓷、禅意的画卷，展示了中国古代先人的智慧。1400年前，日本开始将佛教纳入自己的文化，追溯佛像传入日本的足迹，从日本飞鸟时代的佛像——如来坐佛可以看出受中国影响至深，之后渐渐渗入日本传统的审美意识，出现逐渐和式化的趋势。平安时代后期，演变成神态安详平和、宽衣褶纹的"和祥雕塑"造像风格的佛像。法隆寺宝物馆中收藏有7世纪至8世纪奈良法隆寺中的宝物约300件。馆内时常举办以某一专题为中心的"专题展览"以及跨学科的展览。表庆馆则是全盘西化，新巴洛克式的豪华外表透着当时没落贵族的奢华，宫内富丽堂皇的装饰风格、独具匠心的构思，陈设着西方国家赠予皇室的礼物和珍宝。平成馆主要用来展示日本国内的考古物品。黑田纪念馆主要展示黑田清辉的油画。

日本的自然保护法有很多限制，因而许多博物馆为保护自然环境，采用与周围景色融为一体的建造方式，如贝聿铭设计的美秀博物馆建筑80%都在地下，仿佛中国古代桃花源记的场景。另外受佛教、禅宗文化影响，日本文化呈现以侘寂为最高美学追求的精神图示，代表了极简、朴素的审美旨趣，再加上基于对艺术和美的崇尚，日本博物馆无论从藏品陈列，还是内外设计，或博物馆与自然环境的呼应来看，都做到了极致，给人以启发和禅意，兼具感性与理性之美。

三、韩国国立中央博物馆

韩国政府一直主导着博物馆事业发展，从整体角度出发制定实施博物馆和美术馆中长期发展政策，截至 2018 年年底，韩国共有博物馆 873 家，是亚洲博物馆发展较为突出的国家之一。2019 年 6 月，文化体育观光部公布了《用文化让生活更丰富——博物馆美术馆振兴计划（2019—2023)》。政策的连贯性是这一时期韩国博物馆高速发展的主要原因，"公共文化需求""博物馆专业人员培养"以及"博物馆管理高效"等要素贯穿始终，不仅助推博物馆数量的迅速增加，更使博物馆的公共服务质量有了明显提升，公众的参与程度显著提高。[①] 韩国国立中央博物馆体系、国立民俗博物馆等是韩国文化遗产保护与利用的有力保证。

（一）外部视觉场：规模宏大，环境优越，进行系统资源配置

韩国国立中央博物馆系统地位特殊，是韩国政府组织机构的重要组成部分，也是世界上唯一由中央与地方博物馆组成的博物馆系统。该系统自1945 年韩国政府从日本殖民政府接管原朝鲜总督府时便一直存在，经过70 余年的发展，目前已建成 13 个分馆，并仍然有进一步扩大的计划。韩国国立中央博物馆原为朝鲜总督府博物馆，1954 年 6 月迁至德寿宫石造殿，1972 年在景福宫新建馆舍，命名为国立中央博物馆。博物馆位于面向汉江的龙山家族公园的中心，建筑设计新颖，以现代视角重新诠释了韩国传统的建筑风格，受到普遍好评（图 2-4）。博物馆外部有瀑布和绿地，

---

① 刘书正：《韩国博物馆体系建设探析》，《博物馆管理》2020 年第 3 期。

其中尤以"石制作品庭院"景色最为优美，室外庭院里摆放着石塔、石灯、石碑等各种石制美术作品，许多外国游客喜欢来这里欣赏韩国传统的石制美术作品，了解韩国历史；韩国本土年轻恋人们喜欢来此约会，彰显博物馆文化地标的休闲功能。国立中央博物馆的大厅气派、尺度大而庄重；建筑中间部位的圆形中庭，与上部长方形的办公空间脱开，办公空间类似悬空的感觉。每一个大的节点都有一个标志物，缓解长方体内街的乏味；敬天寺十层石塔作为整个建筑的结束点（图2-4）。

图2-4　韩国国立中央博物馆外观建筑（图片来源：韩国国立中央博物馆官网）

韩国是一个非常注重传统文化保护与传承的国家，不但政府把这项工作视为重点，博物馆作为一个国家历史与文化的形象代言和展示窗口，更是把对传统文化的保护与宣传、普及与教育作为首要任务，具有非常强的使命感和责任感。这种宣传和普及，不但是针对韩国国民，同样针对来自世界各地的游客，使"韩流"不但席卷亚洲，甚至欧美。韩国政府对于博物馆的投入和支持还表现在博物馆会出现于政府所主导制作的各种宣传片、导游图上，并且在地铁站、旅行社等人流集散的地方，都会投放关于各博物馆和文化设施的宣传页和介绍，甚至重点藏品的介绍，以吸引民众和游客参观。注重分众化传播，博物馆既是教育的基地，也是环保的文化空间。韩国国立中央博物馆编印了各种文本的详细图录，分别对各展馆及其相应展品进行介绍，使读者能够系统地、脉络清晰地了解韩国及周边国家的历史、美术和文化史等。

（二）内部视觉场：藏品丰富，布展运用文化比较，包容共享

在收藏方面，博物馆藏品多达 14 余万件。韩国国立中央博物馆常设展展厅面积约 19000 平方米，展示 5770 组展品，时间跨度达数千年，包括旧石器时代的简易手斧、三国时代的华丽金冠、高丽王朝的精美青瓷、朝鲜王朝的杰出画作以及近代的摄影作品。该博物馆除了韩国文物以外，还收藏有中国、蒙古等东北亚地区近邻的文物 15 万多件，经常展出的有 4500 多件，内容涵盖考古、历史、美术等领域。韩国国立中央博物馆非常注重藏品类别的国际化，专门成立了亚洲部，旨在对藏品进行系统研究和展览，同时寻找韩国与中国、日本、越南、印尼等东亚地区的文化联系，以便从宏观视角剖析本国文化，并担负起文化桥头堡的使命，为保护和展示世界文化的多样性作出贡献。如收藏大量中国瓷器等文物，在研究工作中，致力于挖掘本国传统文化的精华，再通过陈列展览深入浅出地传播给广大公众。不少博物馆在陈列中引入了比较文化学的某些方法，将本国在某一历史时期的文化成果置于与同时期或相近的其他文明的比较之中，在增进不同文化之间的尊重与理解同时，彰显自身特色，激发民族自信心和自豪感。[1] 展览策划还有意识地表现文物所处的历史环境及其文化背景，是另一大特色，如在绘画作品展区，展示了工笔绢本人物画从勾线到上色完成的整个过程。

如同韩国大部分博物馆一样，国立中央博物馆内也设有儿童博物馆，为孩子们创造一个能用眼睛看、用手摸的体验式博物馆，孩子们可以亲身体验、学习祖先们的居住、农耕、音乐、战争等生活；养成对传统文化的欣赏和珍爱。在引进外展方面，注重吸引国际观众，作为"海外文明"系列活动的部分内容，博物馆策划了多个介绍他国历史与文化的大型展览，比如中国文物交流中心组织的赴韩国国立中央博物馆的"古代佛像

---

[1]　中国农业博物馆考察组：《关于日本、韩国博物馆的启示和思考》，《中国博物馆》2003年第 1 期。

雕刻大展"等，很多与中国合作的引进展览受到了韩国本土观众的欢迎和喜爱。①

（三）虚拟场：文化创意产业发达，媒介表现力和创新性强

韩国是亚洲乃至世界文化创意发达的国家之一，根植于新兴技术发达的创意产业地区，博物馆的创意表现也相当出色。博物馆虚拟视觉场的表现更有效地传达文物的文化信息及其社会价值。韩国国立中央博物馆的数字沉浸式视频体验馆引入了多种传播手段展示以文化遗产为主要素材的沉浸式体验内容，通过图像这种通用语言和虚拟现实技术，不分国籍、年龄以及拥有的背景知识，使观览客对博物馆展品产生更多兴趣，进一步了解韩国文化遗产。如场景复原、模型、景观和数字化信息等，这些辅助性传播手段的使用，使主题更突出、更系统，更富有知识性、趣味性和参与性，观众在参观过程中既获得了美学的体验，也获得历史文化的陶冶，博物馆由此从单纯收藏历史，转向"展示历史"和"传播历史"。

韩国国立中央博物馆重视与观众的交流和互动，解说注释、语音导览基本都备有中、英、日、韩四种文字。博物馆在举办国内外展览的同时，也注重搜集和保存各种遗物，进行调查研究、发行学术资料并提供国际文化交流活动等。该馆的展陈非常注重大型景观式的复原展览的设计，充分体现博物馆的休闲娱乐职能。通过动静结合，使用多媒体，现代声、光、电、模拟、仿生等手段，增强与观众的互动。博物馆还开办了一个专业剧场——龙剧场，这是一个新概念剧场，游客在这里可以观赏到舞蹈、话剧等多种题材的演出。在模拟殿堂以影像播放波斯帝国的文物和史迹，三维动画制作非常精美，运用通感让人有身临其境、恍如回到古代波斯帝国的辉煌年代之感。公众参与互动从简单的木毛构件、农具、武器到科技化程度很高的多媒体，非常注重创新性设计，如游客可以亲手参与制作朴实无

---

① 郭映雪：《山东博物馆与日、韩展览交流实录》，《文物鉴定与鉴赏》2019 年第 5 期（下）。

华但大胆奔放的韩式陶瓷器、杯子、花瓶、碗等各种各样的陶瓷器。此外，博物馆还举行传统染色和闺房工艺等其他项目展示。在古代兵器陈列区还可试穿从古代到现代的头盔、盔甲和防弹衣，模拟雕版印刷和拓印。博物馆所设计的观众体验项目，绝大多数采用了韩国代表性的物质和非物质文化遗产，如铜镜、岩刻画、训民正音、古籍制作等，使得观众在全身心接触中潜移默化地接受传统文化熏陶。

另外，与中国、日本博物馆的另一个不同特点是，韩国博物馆类型多样性发展的态势更为明显，尤其是独具韩国特色的大学博物馆尤为发达，这同样与相关法律政策有关。在韩国属于私人、企业或基金会的博物馆在全国博物馆中所占比例高达 44%。①

四、新加坡的博物馆

在亚洲国家，新加坡这个多元种族、多元文化的社会名正言顺地成为不同文化融合的大熔炉。同样作为本区域的门户城市，新加坡为期 15 年的文艺复兴城市计划已经显出成效，从公立与私营的博物馆、艺博会到双年展，在新加坡不仅可以看到本地具有历史积累的华人艺术（大多来自实力雄厚的私人收藏），还可以找到由经济发展以及政治变革推动的当代艺术新潮——以印度尼西亚、越南、缅甸等东南亚国家为代表的下一波新兴艺术，植根于东南亚历史与文化的新加坡，它最有可能拥有深具潜力的文化未来。②新加坡早期博物馆大致分为自然史、艺术两类。自 1990 年以来，在政府跨部门整体规划、大量资源的投入下，直接复制欧美博物馆建设的经验，是新加坡大型博物馆能在短期内建置完成的原因，而且博物馆视觉场各具特色，展览策划精细。在新加坡的博物馆体系中，牛车水原貌馆、

---

① 安来顺：《中日韩博物馆政策环境与博物馆发展的初步检视》，《东南论坛》2013 年第 6 期。

② 《亚洲博物馆再造城市运动》，《艺术新闻》（中文版）2013 年 11 月 20 日。

土生文化馆、华裔馆三座以华人族群之社会文化为展示对象的博物馆，通过展览机制的重新诠释与再脉络化，形塑、界定与处理不同主题的华人的概念及在国家中的定位。在其多元化的展览阐释手法中，可以窥见新加坡华人族群观念的建构与国家认同之间的调适与折中，同时也隐含了一种化差异为整体的秩序化过程。[①] 在马来传统文化馆（Istana Kampung Glam），这里以前是苏丹旧皇宫，现在被改造为博物馆，介绍马来传统文化，周末这里时常会有穆斯林集会。博物馆里可以看到小学生游学团，带队老师指导他们现场查阅历史和建筑资料、拍照、记录，博物馆的多元文化发展与国家民族建构、族群认同现象有着密切的联系。

新加坡亚洲文明博物馆（Asian Civilisations Museum）展示了两个世纪以来周边区域的人民勇于探索并在新加坡安居乐业的景象。亚洲文明博物馆是该地区唯一专门探索亚洲艺术传统的博物馆，尤其是新加坡的祖先文化。该博物馆位于新加坡河畔的一栋古老建筑内，通过永久收藏品向世人展示亚洲文明演变的轨迹，重点展示亚洲不同文化之间，以及亚洲和世界之间的历史联系。博物馆展览非常现代化，先进的展示仪器和新奇的互动方式弥补了展品本身在文化、历史意义上的不足。在这里共有 4 层展厅，可以详细地了解中国、印尼、马来西亚、新加坡、泰国等国家的历史和文化。

新加坡国家博物馆（National Museum of Singapore）是新加坡最古老的博物馆，建筑呈现新古典主义风格。原来的新加坡国家博物馆是一个破败的国家纪念建筑，直到 2006 年经过世界级的保护修复与加建新翼后才得以重生。原有建筑是由石头和木材组成，与之相反，新建筑则以钢和玻璃为材料。新建筑增加了一倍以上的使用面积，更为重要的是新建筑将老建筑与附近历史悠久的福康宁公园联系起来。有 6 个永久性陈列馆，主要

---

① 关昕：《移民、族群与国家：新加坡华人主题博物馆的建构与想象》，《民族艺术》2019年第 2 期。

展现 14 世纪以来新加坡的生活及风俗习惯的演变过程，特别是华人早期移民的生活。另外还有历史馆和 4 个生活文化馆，以及传统美食、时尚潮流、摄影技术和电影戏剧 4 个主题馆，它们从各个角度呈现今天新加坡民众的生活。馆内提供电子音频视频向导详细介绍每个展品，还会有不定期导游。展览以开明方式展示新加坡历史和文化发展进程，以生动有趣且深具启发的整体沉浸式体验方式呈现新加坡历史和文化，最大的常展"新加坡历史长廊"介绍了新加坡作为一个小岛的发展史。

新加坡国家美术馆（National Gallery）位于市政区的中心，由新加坡历史上有着纪念意义的两所标志性建筑物——前市政厅和前最高法院大楼改建而成，是新加坡最大的视觉艺术殿堂，也是东南亚地区面积最大的视觉艺术场馆之一，珍藏了出自近现代东南亚艺术家之手的众多公开藏品。各种展览跨越多种媒介及一系列美学概念，同时不断将东南亚和亚洲艺术家的新作收录进馆藏。新加坡保留历史建筑的一种方式，就是利用这个建筑开发其他用途，法国设计师把两座新加坡最有历史的地标建筑（前市政厅和前最高法院）通过树冠状的现代设计连接了起来，不破坏老建筑的同时也为博物馆本身增加了展览空间。即使这两座建筑已被改建成了向公众开放的著名博物馆，相关部门仍在采取严密的保护措施，以确保这两座国家古迹得到良好的维护。上述博物馆，都无一例外地利用了历史建筑，从阶段性的发展可见，新加坡的博物馆建设是设施的建置整备、硬件开发在先，人民、小区的参与强化在后。同时，新加坡的博物馆发展，除了强化国家意识、建构族群认同、族群之间的和谐之外，多负有经济目标；这些博物馆和其他文化设施，结合成这一城邦国家的文化基础建设，以促进文化经济的发达。①

与上述历史建筑不同，新加坡艺术科学博物馆（ArtScience Museum）是新加坡的地标建筑之一，位于新加坡最繁华的地区滨海湾，建

---

① 朱纪蓉：《新加坡博物馆发展研究》，《中国博物馆》2016 年第 1 期。

筑外观犹如美丽的"大莲花"，轻盈灵动、自然清新，完美融入滨海自然环境中（图2-5）。

图 2-5　新加坡艺术科学博物馆夜景

　　博物馆融合了艺术、科学、设计、媒体、建筑、技术和数字文化，设计规划非常整洁美丽，夜景尤为绚丽。作为一座世界级的现代博物馆，曾多次举办轰动一时的巡回展览，包括埃及木乃伊特展、凡·高多媒体画展（Van Gogh Alive）、"达·芬奇：描绘未来"展（Da Vinci：Shaping the Future）、哈利·波特展以及梦工厂动画展（Deamworks Animation Exhibition）。永久展览"未来世界：艺术与科学的交集"是交互式多媒体盛会，探讨技术与文化的融合。艺术与科技，常常被认为分别是人类活动范畴的两端，两者在何处会合？如埃及木乃伊特展，3D 电影《木乃伊》中古埃及人的聪明智慧让人震撼，让观众对"艺术"与"科学"的共生关系产生感悟。在安静的氛围里，观者与几千年前的器物、雕塑等在心中对话，有种沉浸历史的穿越感。"艺术设计"展馆展览的是美国的设计师夫妇几十年来的作品、理念、创意过程，折射出美国社会的变迁发展。这个展览非常具有现代感、体验感和艺术感，光影营造得明亮、温暖，采用多媒体手段展示，无论是家居、房屋还是座椅，都让观者体会出创意设计之旅（图2-6）。

新加坡汇聚了现代与传统的风格特色，融合东西文化之精粹。在这里，可以感受华人文化、马来文化及印度文化等多元民族特色。同时又是非常整洁的花园城市和现代化国家，处处被绿茵环绕，国民文明素质高，城市秩序井然。总之，新加坡的未来科技教育、传统文化和国民艺术教育非常精心，重视城市文化的建设，博物馆作为文化建设的载体之一，得到很大的重视和发展。博物馆群利用空间集聚的优势，通过多种路径将博物馆与其他纪念性的空间如教堂、纪念碑、具有历史意义的酒店等相互联结、相互补充，共同与城市系统发生着复杂的联系。博物馆群复合功能的开发提高了空间的活力，同时便利的交通扩大了公共空间的辐射范围，公共资源的集聚效应，极大地提高了城市的开放度。城市文化生活的注入丰富了市民及游客观赏的主题；城市通过强有力的政策保障，推动了文化的建设，深刻地影响了下一代新加坡人对于博物馆文化的感知度。这是博物馆群与城市的良性互动关系的集中体现，同时也是推动新加坡文化建设的主要动力。①

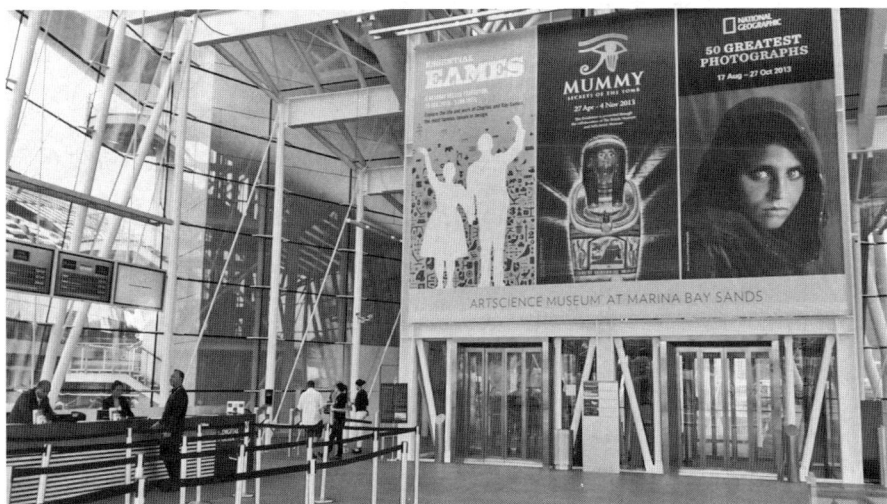

图 2-6　新加坡艺术科学博物馆大厅

---

① 薛涛等：《新加坡博物馆群历史文化空间的城市性探讨》，《旅游规划与设计》2014 年第 1 期。

第二节 欧洲著名博物馆的视觉场

1789 年，法国大革命的爆发为公共博物馆的诞生创造了条件，从博物馆诞生之日起，以理性、秩序、民族国家、公众教育等要素为特色的启蒙精神和以艺术、文学、地方、民间习俗等要素为特色的浪漫主义一直伴随着博物馆的历史发展。从"构成主义"角度来说，博物馆与社会文化发展具有同构性，共同经历了一系列意识形态与观念的变迁——大众教育的治理术、人类学的他者观、边缘文化（人群）的表征以及"诗学与政治学"的解构与反思。因此，作为博物馆"元叙事"的启蒙精神与浪漫主义双重性矛盾在博物馆空间内，以诗学与政治学的修辞手法不断地进行历史性的"展演"，并在不同时期平衡着博物馆自身存在的价值。[1] 本尼迪克特·安德森认为，我们对于民族的认同，往往超越了地域与领土，是在各种形式的建构与强化中形成的"想象的共同体"。这种想象是有限的，有边界的，所以共同体的成员未必有着地理上的接触，却往往在认同上将自己的身份与国家、疆土等相联系。而且民族性的归属，是一种"文化人造物"（cultural artifacts），其意义在漫长的时间中产生变化。[2] 近 30 年来，欧洲博物馆已经发生了深刻的变化，现代欧洲博物馆遵循人本主义思想，提供多元化的展览设计范式，赋予展品丰富的情感因素。博物馆数量成倍增加，博物馆观众数量相应增加更多；同时受科技和媒体传播的迅捷发展，多元文化已经消解了高雅贵族艺术和大众文化的界限，博物馆重视公共教育活动和虚拟空间建设，临时展览和地缘政治变化继续成为推动欧洲博物馆访问量增长的重要原因。但也有一些新的因素如社会媒体和特殊事件的推动。其中，博物馆运用以及扩大多个营销渠道，特别是社交媒体平台，则有效

---

[1]　尹凯：《人文与理性：博物馆展览的诗学与政治学》，《现代人类学》2015 年第 3 期。

[2]　[美] 本尼迪克特·安德森：《想象的共同体：民族主义的起源与散布》，吴叡人译，上海人民出版社 2005 年版，第 4 页。

促进了访问量的增长。此外，各大欧洲博物馆正在努力提升其服务的现代化水准，处处彰显"一切以观众为中心"的理念。

一、法国卢浮宫

巴黎三大艺术博物馆——卢浮宫、奥赛博物馆、蓬皮杜艺术中心的国家现代艺术博物馆构成了西方艺术发展总脉络；从建筑学角度来说，博物馆空间是较为特殊的，因为它既有自身使用功能的要求，又承载了深厚的文化内涵与象征意义，它深深扎根于本土文化中，给人带来身份认同感和文化归属感，是视觉场的物质基础。

（一）外部视觉场：现代主义风格介入艺术博物馆传统建筑

法国凡尔赛宫是气势恢宏的巴洛克建筑代表；巴黎凯旋门是雄壮威武的巴洛克式建筑；巴黎圣母院则是古典对称的歌德风教堂。从传播环境来看，艺术博物馆的建筑风格本身具有建筑议程的意义：传统风格的博物馆样式深入人心，欧洲的大多数著名艺术博物馆都是由皇宫改建，卢浮宫源于一个具有文艺复兴时期风格的金碧辉煌的王宫，包括内部偶柱、拱顶横楣的通道门设计装饰风格，是美术古典主义的共有特征，这种给人以威严感的艺术博物馆适合精英阶层和百科全书式的艺术史展览。20世纪80年代初，法国总统密特朗决定改建和扩建世界著名艺术宝库卢浮宫，它邀请世界上十五个声誉卓著的博物馆馆长对应征的设计方案遴选抉择，有十三位馆长选择了贝聿铭的设计方案，他的设计是用现代建筑材料在卢浮宫的拿破仑庭院内建造一座玻璃金字塔。不料此事一经公布，在法国引起了轩然大波。人们认为这样会破坏这座具有八百年历史的古建筑风格，"既毁了卢浮宫又毁了金字塔"。但是密特朗总统力排众议，还是采用了贝聿铭的设计方案。当密特朗总理以国宾的礼遇将贝聿铭请到巴黎，为三百年前的古典主义经典作品卢浮宫设计新的扩建时，90%的巴黎人反对。因为人们一直小心翼翼地避免把古迹变成艺术大市场，而贝聿铭却希望"让人类最杰出的作品给最多的人来欣赏"，同时他相信一座透明金字塔可以通过反映周围建筑物褐色的石头而对旧皇宫沉重的存在表示足够的敬意。结果这座玻璃金字塔不仅是体现现代艺术风格的佳作；也是运用现代科学技术的独特尝试，不但可以反映巴黎不断变化的天空，还能为服务大厅提供良好的采光。从外观来看，金字塔现代化设计风格简洁、优雅和纯净，周围则是拿破仑三世建筑的磅礴大气（图2-7）。现在人们承认，只有进入其中才会消失的埃菲尔铁塔和只有进入其中方可显现的玻璃金字塔，使"过去和现在的时代精神缩到了最小距离"，前者以强制姿态改写历史进程，后者则隐匿地把历史拽到现代中来。而贝聿铭"让人类最杰出的作品给最多的人来欣赏"的愿望则一直都被实现着。自建成后，玻璃金字塔成为卢浮宫的新代表符号，使其从一座古老的宫殿变成具有现代气息的艺术博物馆，贝聿铭先生也因此获得了建筑界的最高奖项——普利兹克建筑奖。在现代社会，新建博物馆设计越来越讲究亲民性，卢浮宫有了这座"金字塔"，观众的参观线路显得更为合理，观众在这里可以直接去自己喜欢的展厅，而不必像过去那样去一个展厅要穿过其他几个展厅，有时甚至要绕行七八百米。一个现代的博物馆，后勤服务设施一般占总面积的一半，过去卢浮宫只有20%的面积用于后勤，有了这座"金字塔"，博物馆便有了

图2-7 卢浮宫全景

足够的服务空间，包括接待大厅、办公室、贮藏室以及售票处、邮局、超市、更衣室、休息室等，卢浮宫的服务功能因此而更加齐全。

（二）内部视觉场：开放式的展线、史诗级展览和丰富的馆藏

卢浮宫是世界上最古老、最大、最著名的博物馆之一，馆藏总量超过46万件，常设展品3.5万件。从16世纪起，弗朗索瓦一世开始大规模地收藏各种艺术品，以后各代皇帝延续了这个传统，充实了卢浮宫的收藏。卢浮宫属于大百科全书式、史诗级展览的博物馆视觉场，兼具知识型（艺术史）和审美型展览特点（图2-8、图2-9）。19世纪后，卢浮宫的收藏政策继续向一部艺术史方向发展，相继成立了一系列按年代和流派进行科学分类的展厅：如法国雕塑厅（1824年）；埃及厅（1826年）；西班牙画廊（1838年）；亚述厅（1847年）和工艺厅（1852年）。博物馆的装饰与藏品交相辉映，一部艺术史的雏形显现。卢浮宫在内部展线设计上，采取了分别以时间顺序和空间序列的方式加以展览和陈列的政策，旨在使其所展出的作品呈现艺术风格和艺术流派发生、发展的规律，即以艺术史的议程来设置。连同藏品向公众开放，藏品的普遍性和公众的普遍性构成了卢浮宫双重意义上的普世性，使它成为最早的公共艺术博物馆的最佳典范。① 这种史诗级

图2-8　卢浮宫胜利女神像

图2-9　卢浮宫雕塑展厅

① 李军：《地域的中心化：卢浮宫与普世性博物馆的生成》，《文艺研究》2008年第7期。

展览的视觉场提供给观众观摩每个流派的机会并且能够体察艺术的历史进程，一个流派独个艺术家作品的系列展示也使得人们能够比较、理解艺术家的涉猎范围和演变历程。

卢浮宫内部视觉场的空间路线也发生了变化：1989 年 3 月 30 日，现代风格的玻璃金字塔与象征法国文化的标志性圣地相结合，贝聿铭重新改造出入动线，利用现代铁艺与玻璃结构，打造金字塔的广场大门入口，将大量自然光引进原本不见天日的地下室展厅，巧妙地以挑空的方式点亮整个空间。这种现代主义风格与法国王宫精致细腻的巴洛克古典主义风格相结合，一方面古典空间显示着过去时光的绵延，按年代顺序布置的博物馆展览空间与艺术史家的记述之间常常关系密切，以艺术史为叙事风格的长长的展厅与时代特定的文化记忆相联系，"在展品和参观者之间形成框架来控制参观过程，来暗示一种密切交织的叙事过程，一面历史的'权威之镜'"①。另一方面现代主义风格的金字塔又给受众以当代和未来的议程，结合进入金字塔后的更加现代化风格的购物中心，卢浮宫给人以当下与过去、传统与现代、古典与未来和谐并存的空间叙事感。1993 年新展厅开放时，卢浮宫的展出空间覆盖四层建筑和三大室内中庭，总面积增加了三分之一，参观者到访卢浮宫，可以在广场细细拍摄玻璃金字塔（图 2-10），在内部各古典展厅欣赏更多震撼心灵的艺术作品，不同展厅寻找自己喜欢的古典绘画雕塑（图 2-11）。

图 2-10　卢浮宫金字塔外观

---

① ［美］珍妮特·马斯汀编著：《新博物馆理论与实践导论》，钱春霞等译，江苏美术出版社 2008 年版，第 6 页。

图 2-11 卢浮宫金字塔内部大厅

（三）媒介构成的虚拟场：现代传播方式和虚拟参观有机结合

现场参观卢浮宫的观众充分体验着现代化设计的展板图片、多媒体展示、博物馆商店、精美画册、同步讲解导览等各种传播方式。除了现场参观，卢浮宫也十分重视"虚拟参观"，即利用数字化手段对藏品进行了记录和整理，在虚拟世界为文物办展，官方网站提供图文信息和部分重要藏品的详细背景资料，下载指定的播放器后，观众就可以在网上完成 3D 虚拟参观，在东方、古埃及、古罗马和希腊艺术、绘画、雕塑、素描、工艺美术等部门自由浏览。为纪念达·芬奇逝世 500 周年，卢浮宫推出一款手机应用程序，借助虚拟现实技术，使蒙娜丽莎"跃出画面"、端坐面前。早在 2004 年，卢浮宫博物馆就把 3.5 万件馆内公开展示的藏品以及 13 万件库藏绘画放到改造后的网站上。同时对于那些准备去巴黎参观卢浮宫的人，这个网站还可以事先提供三维互动地图，帮助制定参观路线。目前开发了可供下载的智能手机和 iPad 应用程序，包括 3DS 音频游览程序的智能手机版。2020 年 3 月 12 日至 4 月 21 日期间，卢浮宫官方网站的浏览量达到 840 万，超过 2019 年全年的 1/3。运用虚拟现实、增强现实等技术，现代传播方式和虚拟参观有机结合，卢浮宫探索与观众沟通新方式，大大提升了互动性。

二、法国奥赛博物馆

法国奥赛博物馆被称为"欧洲最美的博物馆"（图 2-12）。博物馆位于塞纳河左岸，隔河和卢浮宫门前的杜伊勒里公园相对，建筑原本是建于1900 年的火车站，1986 年改建成为博物馆，将原来存放在卢浮宫、茹德葆博物馆以及蓬皮杜艺术中心国家现代艺术博物馆内的有关藏品全部集中到这里展出。奥赛博物馆的建筑外部空间沿着塞纳河，是艺术场馆的理想场所；建筑式样既不是纯古典主义，又区别于现代风格，对展现近代印象派艺术作品尤其适宜，相得益彰。

图 2-12　奥赛博物馆（图片来源：奥赛博物馆官网）

进入馆内是一个高 32 米、宽 40 米、进深 138 米的明亮大厅，由于大厅的拱顶和西侧为玻璃覆盖，因而不会产生从户外进入室内的明暗感。大厅中还保留着原来的车站大钟，高大的钢结构玻璃顶棚类似 19 世纪博览会建筑，观众走进博物馆就先被这宏伟的共享空间所震撼，似乎回到了 19 世纪，建筑外部典雅的米黄、米灰色作为基本色调引入内部空间，营造出清新雅致的空间。奥赛博物馆收藏包括安格尔、马奈、莫奈、塞尚、雷阿诺、米勒、凡·高等艺术家创作于 1848—1914 年的经典艺术作品。这个由火车站改造成的博物馆为印象派艺术画廊及馆藏形成一个独特框架，建筑内部没有烦冗的装饰，简洁的里面与古典建筑形式形成鲜明的对比。

中央大厅是进入各展厅的通道，也是休息室，厅内还陈列着吕德的雕塑、巴里的巨大动物雕像以及普拉迪埃的大理石浮雕（图2-13）。在长廊尽头伫立着卡尔波的《舞蹈》雕塑。大气的半透明穹顶下的中央通道明亮开阔，整个屋顶模仿船形结构，设计精美，玻璃拱顶使其光线很好，柔和的自然光透过玻璃顶棚均匀地照在室内，分段式的大理石结构上放置着各式雕塑艺术品，呼应自然光线凸显立体感，非常适合观众近距离欣赏。大厅两侧便是一间间展

图2-13　奥赛博物馆中央大厅

室。两侧的展室各有3层，一楼是1848年至1875年的绘画作品，北侧陈列的是现实主义画派的代表作和印象派初期的作品，包括多米埃、科罗、米勒以及巴比逊学派的作品，印象派代表人物马奈1865年画的《草地上的午餐》也在其中。一楼南侧陈列着浪漫主义、新古典主义、折中主义、象征主义等画派的作品，其中包括德拉克鲁瓦、安格尔等著名画家的多幅作品。在这一层还有一个建筑艺术陈列厅，藏有埃菲尔家族捐献的埃菲尔铁塔的模型、草图、设计底稿等，总体体现出从古典主义向现代主义的转化。网络上一篇观众参观后的日志写道：

第一，这里的雕像陈列比较有特色，并不是高高在上，而是近在眼前，艺术品与观展人之间有着强烈的互动，有些躺、卧姿势的雕塑甚至就匍匐或是蜷伏在你的脚下。当你低头俯身去看那雕塑少年的散落的发丝，自然能体会他静卧在那里自由而放松的心境。第二，凡·高的重要作品专设一馆单独陈列。我对画是不懂的，但是当我看多了一幅幅灰黑调的宗教题材油画和采光不足的房间里诞生的人

物肖像，第一眼看到如此色彩艳丽、风格鲜明的凡·高的画作，登时明白了为什么凡·高和他的作品在整个西方绘画史都占有如此重要的地位。虽然也有几位画家的画作是分馆陈列，但顺着展厅一路走来，凡·高这一馆着实让我感到震撼。

从这段文字中，"强烈的互动"显示了"以观众为中心"的内部展览视觉场。艺术品不再高高在上只供仰视，而是置于与观众平等的位置，反映了"藏品"向"展品"过渡，环境是观众与艺术品互动的载体，空间是两者的媒介，空间从隔离趋向于消融，艺术品不再是膜拜的对象，而成为传播艺术精神、唤起受众内心触动的媒介。另外，重要作品单独陈列设馆且受众特别多，则显示内部空间视觉场要依据艺术品内容而进行设置，先进的照明技术使得自然光和人工光达到一种均衡的状态，为印象派作品营造最好的展示效果，延续着历史，秉承着未来。

就"以展览介入当代艺术史的书写"这个议题，一是从美术史的梳理研究，深入当代艺术的发生；二是以展览切入美术史的书写；三是艺术批评、艺术理论、艺术展览"三位一体"支撑展览的问题意识。[1] 奥赛博物馆视觉场是以展览切入美术史的书写。从传播学的议程设置来看，这样的展览强调展览的学术语境与上下文关系，展览结构以及线性发展脉络清晰，参观者根据策展人的展线设计能够按照时间顺序欣赏每个板块，获得其内在的联系和演进的轨迹。艺术和社会历史博物馆的本质意义在于它能够将记忆从其原先依赖的文化中分离出来。一件艺术品并不是一个纪念物，如果它在根本上具有生命，那么它是作为一个当代的事实而存在；一个美学事实，一个宗教事实，一个哲学事实。[2] 美术史会为展览提供一个背景、一个坐标，甚至一个参照系。展览背后蕴含着大量的美术史知识。

---

① 何桂彦：《以展览的方式介入当代艺术史的书写》，《当代美术家》2015 年第 2 期。
② ［美］刘易斯·芒德福：《城市文化》，宋俊岭、李翔宁、周鸣浩译，中国建筑工业出版社 2009 年版，第 446—448 页。

三、荷兰国立博物馆和凡·高博物馆

荷兰素有"创意之国"和"设计之邦"的美誉，同时博物馆分布密度堪称世界第一，总共有 1000 多座博物馆，大有大的宏伟，小有小的精致。首都阿姆斯特丹是荷兰最大的城市，市区人口约 110 万，可谓"博物馆之都"。其名称源于 Amstel dam，这表明了该城市的起源：一个位于阿姆斯特尔河上的水坝，即今水坝广场址。阿姆斯特丹有很多旅游景点，包括历史悠久的运河网、荷兰国家博物馆、凡·高博物馆、安妮之家等。每年有大约 420 万游客来此观光。作为荷兰第一大城市，阿姆斯特丹历经了从渔村到大都市的发展过程，经历了辉煌与破坏，以及世界大战的洗礼，从一定程度上来讲，她的历史也是荷兰历史的一个缩影。阿姆斯特丹的美术馆和博物馆就有六十多座，其中较具代表性的都集中在博物馆广场。包括收藏了伦勃朗的《夜巡》及维米尔等其他 17 世纪荷兰名画家作品的国立博物馆，以及以收藏凡·高作品居世界第一位的国立凡·高博物馆，还有收藏高更、毕加索及其他印象派名画家作品的市立博物馆。

（一）外部视觉场：10 年烦冗庞杂的改扩建应对变革

荷兰国立博物馆（Rijksmuseum）尝试通过烦冗庞杂的改扩建馆舍修缮项目，以应对变革时期的到来，深具前瞻性、长达十余年、耗资 3.7 亿欧元才竣工修缮计划（图 2–14、图 2–15）。展览经理 Tim Zeedijk 在回顾这段经历时强调，"改造"的出发点来源于对藏品的负责。这些细节体现在改善白墙的空洞感、迷宫般的空间布局、2003 年至 2006 年间藏品修复中心的落地、三年庭院设计、地下扩展空间建筑装饰的保护、串

图 2–14　荷兰国立博物馆外景

图 2-15　荷兰国立博物馆

联五个研究部门的"时间走廊"故事线撰写等，甚至要求策展人减少展品以更集中表达展览主题，或是将老一代与现代人之间如何产生关联空间的时间轴分布难题交由西班牙和法国建筑师团队共同探讨解决，或是不遗余力通过运营手段以一张把床放置于伦勃朗画作前平躺欣赏的新闻照推广展览宣传……这些看似苛求的方式，却形成博物馆非常"荷兰"的独特气质，赢得欧洲年度最佳、工程设计类国际标准的美誉。① 重新开放后，荷兰国立博物馆年观众量达到百万以上。

（二）内部视觉场：荷兰画派黄金时代的丰富藏品

国立博物馆收藏有荷兰黄金时代的绘画作品，伦勃朗巅峰时期的作品几乎都收藏于此，此外还有世界各地的珍贵雕塑、陶器、家具、金银及玻璃珍品。有不少珍品是来自中国的文物。荷兰在 17 世纪崛起的黄金时代，不仅是经济强国，还是美术强国，荷兰画派独树一帜，延续着 15 世纪和 16 世纪尼德兰地区的民族艺术传统，写实、淳朴，擅长描绘普通大众的生活和美丽的大自然。在荷兰国立博物馆里，除了伦勃朗的《夜巡》（图 2-16）吸引诸多参观者驻足欣赏外，另一幅伦勃朗创作于 1634 年的新婚肖像画《马尔丹和奥普金》（为马尔丹·苏勒曼和奥普金·高比两人创作）同样是里程碑式的巨作，仔细观察会发现伦勃朗这位绘画大师对在画布

① 欧菲：《平衡与连结：博物馆变革时期的启示——2017 首届香港博物馆高峰论坛摘要》，《中国文物报》2017 年 7 月 18 日。

上展现立体效果的痴迷。从远处观
看肖像画，它们如同照片一般写实，
令人难以置信。从画中的细节，例
如马尔丹的鞋履、他手持的手套或
是倾泻在他袜子上的光线……真正
涂在帆布上的颜料可以从伦勃朗无
懈可击的画技中感受到类似雕刻家
一样作画的精神力量。伦勃朗 1631
年从莱顿搬至阿姆斯特丹，在以肖

图 2-16　在荷兰国立博物馆观看《夜巡》

像画为主题的画作里，他却以加入细微而灵动的心理描绘，注入了跨越世
纪的精神力量，把触动艺术家的细节、让艺术家感受到"惊异"的心理传
达给现在的受众。其中奥普金的肖像画常被拿来与《蒙娜丽莎》作对比，
就是因为两者带给当今受众的神秘气息，感受到的吸引力和精神力量。荷
兰国立博物馆里有许多幅伦勃朗的自画像，从青年时期到老年时期，凝视
着一幅幅自画像中伦勃朗从激情到沉静的眼神，领略从艺术品中释放出
来的精神能量，传者——伦勃朗自画像与受者——观众的共生关系建立起
来，从中可以解读出人生命不同过程的精神追求和精神力量变化，也可以
解读出艺术家绘画技法的成熟过程，甚至还可以解读出荷兰在那个时代的
社会状况……这一切都在艺术博物馆的展厅里建构起受众新的主体性，获
得新的"惊异"；并用这种视角来审视人类的生活实践，使得艺术也成为
由主体人所参与的文化交往活动。伽达默尔认为，艺术作品中所储存的精
神能量必定能实现自身。"看和看到是相同的，同样的，想某事和想到某
事也是相同的。这两件事情都意味着：在它的意义中逗留。"[1]艺术获得它
永恒的在场。那些具有文学、理论或者哲学背景的受众往往会更多关注

---

[1]　伽达默尔：《言辞与图像——"如此的真实，如此的充满存在！"》，转引自孙丽君：《伽
达默尔的诠释学美学思想研究》，人民出版社 2013 年版，第 317 页。

"看出"，希望找到作品背后的深意。哲学家看艺术和物理学家看艺术各有不同，他们看到的往往是自己希望看到以及他们的知识结构规定了的能够看到的东西。但是不同的角度给人不同的启发和乐趣，通过谈论作品，实现不同看画方式间的对话。①

（三）虚拟场：开放版权以及全球"博物馆＋科技"的标杆

荷兰国立博物馆的虚拟场：作为一家综合性的博物馆，藏品多达 25 万件；2013 年，该馆将 25 万藏品做成数字化的高清图片，向所有人开放版权，这样全世界的观众可以在网上浏览这些藏品的图片，还可以下载并使用，足以看出荷兰人的开明程度。博物馆开发了互动体验，VR 飞行员游戏、骑行移动车景等文创体验，成为"博物馆＋科技"的标杆。

阿姆斯特丹这样的城市文化气质，艺术氛围也较其他国家浓厚，加上"荷兰画派"、伦勃朗、凡·高在西方艺术史上极高的声誉，使得凡·高博物馆这样建筑面积并不大的博物馆成为荷兰国家文化艺术的代表性殿堂。凡·高博物馆（Van Gogh Museum）距离国立博物馆不远，在考斯特钻石厂附近，建于 1973 年的建筑呈椭圆形，侧翼具有现代感，将地面人流引入地下一层空间，从而再次疏导到主体建筑，新的侧翼玻璃体拥有精致的结构美与先进的技术系统。建筑布局共四层，还有书店、咖啡馆。一楼是凡·高在荷兰、巴黎和普罗旺斯时期的作品，最上面两层展示相关的收藏，不定期举办凡·高扫描作品及其他特展，而新建的侧翼推出特展。

凡·高博物馆是世界上展示凡·高作品数量最多、最集中的地方，也是了解这位人生坎坷、画风独特的天才艺术家的最佳场所。因为是针对一个画家的博物馆，典藏势必无法与相距不远的荷兰国立博物馆(Rijksmuseum)相比，现代风格上也迥异于古典风格的大皇宫建筑，博物馆外观相比

---

① 张文：《复调与交响——我院学者聚谈绘画的欣赏》，山东大学文学院 2016 年 11 月 16 日，见 https://www.lit.sdu.edu.cn/info/1008/3452.htm。

大多数欧洲博物馆古典华丽的建筑显得比较简洁。对世界上诸多凡·高迷来说，到这个博物馆参观就是因凡·高而来，目睹一下凡·高色彩浓烈而情感奔放的原作，博物馆建筑并不是他们关心的。但是当参观者主体介入空间后，这一建筑及内部展线设计将不可避免地把设置好的议程构建在视觉文化之中。走进去后，博物馆内部共有四层，按时间线向上衍生，一楼主要是他的出生场景陈设，以及一些自画像。二楼是他从 1883 年到 1889 年间的作品，也就是从他开始绘画，到去巴黎感受印象派的艺术，去法国南部的阿尔勒居住，再到精神出现异常要去圣雷米的疗养院。三楼有一些他和家人朋友之间的信件和故事。有一个展厅里还有同时代一些画家的作品，主要是一些受了凡·高启发的年轻艺术家们。四楼则是他在最后一段时间，1889 年到 1890 年间的作品，分为三个板块：第一是"排除万难，问鼎艺术之巅"；第二是"鼓舞人心的天性"；第三是"凡·高带来的感悟"。另外，凡·高博物馆文创产品种类繁多且广受欢迎，衍生品销售收入成为博物馆的重要收入来源，博物馆商店是内部视觉场重要组成部分，被称为最有创意的最后一个展厅，观众将这些创意产品带到世界各地，潜移默化树立着荷兰在世界各地人们心中的印象，讲好艺术品和凡·高的故事成为凡·高博物馆特色（图 2-17）。

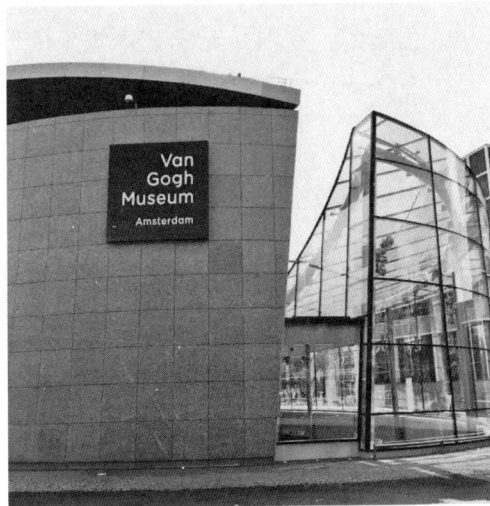

图 2-17　凡·高博物馆外观

四、北欧国家的代表性博物馆

总体而言，北欧国家博物馆特别多，以城堡、皇宫保存改建的博物馆尤其多，加上北欧国家设计艺术闻名世界，博物馆与新建现代风格的展厅自然衔接，视觉场呈现出"古典＋现代""典雅＋简约"的融合风格。瑞典斯德哥尔摩拥有没有被战争破坏的古典城堡和皇宫，各种文化艺术历史民俗博物馆，保存完好精美的视觉场令人惊叹，如格利霍姆古堡也是瑞典国家肖像画廊所在地，4000 多幅油画收藏品供游客欣赏，人文气息浓厚；国王一家居住的王后岛宫，风景如画，法式浪漫的后花园园林艺术令人流连忘返；还有著名的斯堪森露天博物馆，置身其中体验北欧当地民俗。在哥本哈根，市中心的丹麦议会所在地克里斯蒂安堡宫、阿美琳堡皇宫的博物馆、步行街上的吉尼斯世界纪录博物馆、罗森堡宫的国王花园以及丹麦国家艺术馆，建筑气势恢宏，国际艺术珍品有从文艺复兴早期作品到最新的当代艺术作品，两座古老与现代建筑通过玻璃连廊相接，窗外是阳光绿色满园，室内是充满艺术想象的绘画、雕塑、装置艺术作品等。被称为北欧"凡尔赛宫"腓特烈堡宫是斯堪的纳维亚群岛最大的文艺复兴时期皇宫城堡，17 世纪初由国王克里斯蒂安四世所兴建，内有国家历史博物馆。挪威的博物馆集中于市政厅、国会大厦、步行街、奥斯陆国立大学附近，可以在国家美术馆欣赏蒙克、毕加索、莫奈的作品，还可以步行去往国家历史文化博物馆、维京游船博物馆。在芬兰岩石教堂里聆听演奏，感叹其建筑结构之精妙；芬兰国家博物馆三楼的体验互动区是芬兰教育的亮点之一。除此之外，北欧国家还有一些特色博物馆模式：

建构主义的博物馆模式：当今时代，博物馆的功能已并非局限于保存和展示文物，它可以是学习中心、社区活动中心，同时也是人们思考和交流的场所，甚至有学者提出"博物馆研究重心的变化——作为情感和感官体验之地的博物馆"和"建构主义的博物馆"[①]，并且认为最佳的展览是与观众创建对话，享受参观过程带来的愉悦感。视觉经验属于关系经验：观

---

① ［美］爱德华·P. 亚历山大、玛丽·亚历山大：《博物馆变迁：博物馆历史与功能读本》，陈双双译，译林出版社 2014 年版，第 308—309 页。

者必须与客体互动，才可创造客体的质量，反之亦然。同时，视觉始终处于多重模态，即视觉经验发生之际，还伴随着听觉、触觉及口语等经验。当今博物馆观众视角的评估也采用"互动体验模型"为主导的方式，由此可见博物馆参观在新的发展阶段更加注重涉及感官、知识、美学及社会等方面的多层次体验。如何将多种感官运用到展览中并激发观众的直接经验，不同类型的博物馆传播方式有所不同：爱德华·P. 亚历山大认为，历史博物馆起源于自然史博物馆和艺术博物馆。从肖像画、全景画展示到文化史展览，历史博物馆内的观众与藏品关系发生了转变——从观看到参与互动。[①]

生态博物馆和民俗博物馆模式：欧洲大陆的生态博物馆实践主要分布在法语区国家，比如挪威、瑞典、丹麦、芬兰、比利时等地。19 世纪末，重回乡土的现代化反思孕育了历史博物馆新形态，1891 年，阿图尔·哈赛柳斯（Arthur Hazelius）在瑞典斯德哥尔摩建立了斯堪森露天博物馆（Skansen Open-air Museum），主张将历史文物放在原有文化背景中进行展示，再现过去人们的生活，具有深度的多感官体验式活动给受众留下回忆和情感，博物馆其实更是一座穿越回归北欧历史时代的文化记忆场所。从本质上说，挪威是一个农业社会，在户外博物馆理念下，20 世纪上半叶就以"民俗博物馆"的名义建立了许多面向传统生活与地方遗产的博物馆。[②] 随后欧洲和美国在此影响下，诞生了一系列户外博物馆。传统博物馆基本上以国家宏大叙事为己任，而生态博物馆强调走向社会，其实践着眼于地方环境的自然与人文资源，主张从地方集体记忆与认同中寻求文化遗产保护以及发展的可能性。

户外雕塑博物馆公园模式：在很多国家城市广场，有雕塑作品形成小型露天博物馆，在天地自然中让观众穿行其中感受造型艺术之美，感知其独特的审美情趣与风土人情，又能了解到城市及国家的历史传统与人文变

---

① ［美］爱德华·P. 亚历山大、玛丽·亚历山大：《博物馆变迁：博物馆的历史与功能读本》，陈双双译，译林出版社 2014 年版，第 120 页。

② 尹凯：《生态博物馆：思想、理论与实践》，科学出版社 2019 年版，第 72 页。

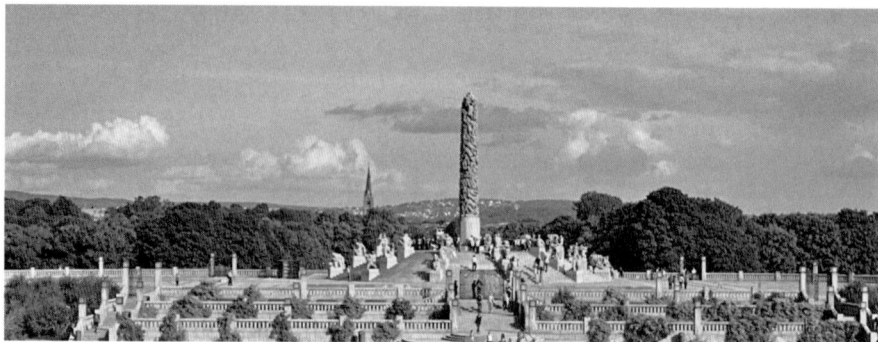

图 2-18 维格兰雕塑公园

迁。而北欧挪威首都奥斯陆的维格兰雕塑公园（图 2-18）可谓最大的户外雕塑博物馆，是世界文化遗产，由铜雕、丛雕、浮雕、托盘群雕、花岗岩石雕组成的"生命之桥""生命之泉""生命之柱""生命之轮"四个主题

图 2-19 维格兰雕塑公园——生命之泉

区位于一条 850 米的中轴线上，展现了人从生到死的旅程，雕塑的特点在于它需要独立的欣赏空间，每一个主题下作品架构彼此呼应，所有雕塑、公园建筑和整体布局都是由挪威雕塑家维格兰亲自设计，视觉场的展览环境处于自然之中，既借自然之美，又富有完整的叙事表达方式和视觉内容议程设置，反映雕塑大师维格兰对人生、生命的艺术诠释（图 2-19、图 2—20）。

知识类表征型博物馆：以瑞典首都斯德哥尔摩的诺贝尔博物馆为例，旨在传播知识以及通过创造性的学习与展览方式、利用现代的技术和优雅的设计，创造围绕自然科

图 2-20 维格兰雕塑公园——生命之轮

学文化的话题和讨论，是小而精致、充满科技智慧的体验场。博物馆首先提供了一个创造性的传播环境：对照时间背景，漫步时空，体验诺贝尔奖百年的发展之路；有很多工作人员源于诺贝尔奖的思想创意引导操作的实验台。运用创新的拍摄和投影手法在八部影片中放映了有关诺贝尔奖获得者曾经生活和工作过的环境；有多维度的呈现方式：当步入展厅，举目仰望，通过天花板独特索道的移动向观众随机展示每位获奖者的画像及颁奖词，而脚下亦有观众可以与之合影拍照的诺贝尔奖章。丹麦哥本哈根的吉尼斯世界纪录博物馆以及欧洲一些专题类博物馆也有异曲同工之妙。

第三节　北美著名博物馆的视觉场

美国是目前世界上博物馆数量最多的国家，按照宽口径统计约 17000 多家。卢浮宫、大都会艺术博物馆、华盛顿国家美术馆、芝加哥艺术博物馆等被称为"百科全书"式的博物馆，是主要以艺术史为主要传播内容的传统艺术博物馆。美国的艺术博物馆在很大程度上依赖于私人捐赠得以创建，首创者是 19 世纪一些富有的工业家，他们将艺术收藏看作他们自身同时也是美国成功、财富及力量的象征，美国的艺术博物馆呈现出一个建立于工业、商业、民主主义及资本主义基础之上的社会风貌。1846 年，美国政府资助的史密森学会，即美国博物馆学会建立、反思和总结了博物馆发展的历史，出现了真正意义上的现代博物馆，也是世界上最大的博物馆体系。美国博物馆的特点是公共性、参与性和现代性，艺术博物馆是美国的又一个象征，体现着一个大国的财富，积聚珍宝映射出美国人关于信仰和目标的想象，也从捐赠人与全体人民分享宝藏的途径和手段上得到印证。

加拿大建国历史较短，却有着 2500 多座博物馆，从现代的科技到远古的恐龙，这些博物馆涵盖了方方面面的内容，无论是世界著名，或极尽本土特色，这些博物馆都清晰刻画了加拿大的收藏历史。加拿大的博物馆具有开创探索精神，在办馆策展事件中取得了显著的成就和丰富的经验。除具备一般博物馆环境优美、建筑精良、各类软硬件设施配套齐备外，还有着如下特色：一是突出个性。不少博物馆着力显示不同地域、不同风格、不同文化内涵的特点。如博物馆建筑外观有的以原住民图腾面部形象造型，有的建筑外观酷似山谷、梯田，有的结合遗址将展厅完全建于地下，等等。二是整体感强。一些博物馆对环境、内外建筑进行了"整体设计"和"整体布展"，使整个博物馆成为和谐统一的内外环境中的"整体展览"。三是人本主义。不少博物馆内外建筑均有大量的服务性设施设备，形成了人性化的人文环境和参访空间。① 本节选取北美国家美国和加拿大的著名博物馆作为案例，既有公立性质博物馆，也有私立性质博物馆，考察视觉场构建。

一、美国纽约大都会艺术博物馆

卢浮宫的影响穿越欧洲和大西洋到达了美国海岸，被看作民主、平等和自由胜利的象征。法国大革命时期在巴黎描绘和定义出的艺术及艺术博物馆的象征意义，被这个美洲国家吸收并首先凝结进大都会博物馆的形式之中，从一开始，美国的首批博物馆就以源于大革命的欧洲博物馆为模本，其观念的形成连同其基本象征意义都能够从法国和卢浮宫寻找到踪迹。但是与大英博物馆、卢浮宫相比，大都会艺术博物馆又有着明显的商业精神。这种大百科全书式的艺术博物馆映射出美国人关于信仰和目标的想象，美国人民渴望生活在一个伟大的社会之中，大都会博物馆连同其他美国博物馆在相当程度上代表着一个能够积聚全世界财宝的强有力的社会，一个信奉历史、知识和文化维护的良好社会，一个提供教育机会给所有国民的民主社会。美国艺术博物馆的建立是因为美国人希望在这个象征代表的社会之中成为其国民并生活于其中。最伟大和最成功的城市一直是

---

① 马英民：《加拿大博物馆的理念与实践》，《中国博物馆》2006 年第 4 期。

那些艺术繁荣和发展的城市，纽约成为世界大都会，不仅是因为它是世界上经济最强大的城市，也因为它对世界文化作出无与伦比的伟大贡献。纽约不仅以在博物馆里保存的伟大艺术品而闻名，更因其艺术世界的创造性和创新以及开放性而闻名。

（一）宏伟规模：视觉场的外部建筑形态

从所处的地理环境来看，大都会艺术博物馆位于纽约第五大道82号大街，这条大道也被称为"艺术馆大道"，美国自然历史博物馆、海登天文馆与之相距不远，形成一个"博物馆联合体"，主干道上还集中了惠特尼美术馆、古根海姆博物馆、库珀·休伊特设计博物馆等。[1] 这样的环境形成博物馆"集群效应"，再加上其他著名的景点帝国大厦、纽约公共图书馆、中央公园，大都会艺术博物馆每年都入选世界最受欢迎的十大博物馆之一，也成为美国人的骄傲，博物馆环境场域的优势尽显（图2-21）。

图2-21　大都会艺术博物馆外景

---

[1]　河森堡：《了不起的博物馆》，中信出版集团2020年版，第52页。

博物馆建筑推进和回缩的表面采用严格对称、清晰接合的样式。偶柱、拱顶、横楣的通道门设计是古典主义的共有特征，通道门在偶柱和雕塑附件之间形成的整体构造让建筑宏伟的外形轮廓变得生动，宽阔大厅和雄壮楼梯的设计令参观者顿生敬畏。总之，这种巨大规模物质形态的视觉场带给公众的深刻印象使他们意识到大都会艺术博物馆在美国文化中和对于国家、城市的分量。

（二）出色馆藏：视觉场的内部物质形态

就内部视觉场而言，藏品的出色质量和多样性筑成这座百科全书式的世界性博物馆，展现了五千多年间全球每一个角落的视觉文化。大都会艺术博物馆藏有古代近东、古埃及、希腊、罗马、亚洲、非洲、大洋洲及美洲、欧洲等各地艺术珍品 300 余万件，藏品之丰富，揽括世界文明的各种形态，包括建筑、雕塑、绘画、陶瓷器、金属制品、家具、盔甲等。布展方面极其用心，擅长营造原境：以著名的古埃及丹铎神庙为例，博物馆为了体现神秘感，展现孕育在尼罗河畔的文明之光，专门在赛克勒展厅里设计了一个宽阔的水池，并通过巨大的落地玻璃窗，将室外光线引入，照射在水面上，加上神庙布满了精美的彩绘、文字，观众仿佛穿越时空，站在了尼罗河旁。这样营造展品原境"灵韵"的视觉场设计，让世界各地的观众对人类共同的文化遗产体验、感叹且难以忘怀。这种百科全书式博物馆的理念仍然非常有效，它能将世界上的文化聚集在一个地方，这个理念需要展览的视觉场域摆脱"单一的线性叙事"，将更多的主观性故事纳入其中，将这些多重的多种文化背景的藏品故事集合起来并使之复杂化。2020 年是大都会艺术博物馆建立 150 周年，博物馆方将继续进行新的购藏，以填补其艺术宝库中的空白，进一步扩大大都会艺术博物馆对世界上所有文化的代表性和包容性，消解在启蒙运动时期百科全书式博物馆"过时的分类法"，让博物馆向更多的视野开放。

（三）资源公开：视觉场的媒介虚拟形态

大都会艺术博物馆一直试图尝试通过多种新颖多元的数字化革新方式与公众沟通互动，消除空间限制，同时突破内容索取阻碍，邀请全球各地共享馆内资源，并希望其他的公私艺术机构能够沿袭其概念，成就数字化所赋予的艺术共享时代。馆方对 2014 年的线上博物馆计划提出新政策"Open Access"：允许每个人都能自由造访网站、搜寻图片并下载，且商业及非商业用途皆可免费使用，无须博物馆方许可。除平面图画扫描档外，也有 3D 艺术品摄影重现，另外藏品得以 360 度翻转呈现，附作品名称、艺术家、尺寸、出土 / 创作日期等关键信息，让民众都可以突破著作权的局限，自由利用古今艺术品的数据分身；并且能够与其他网站合作，将公开资源嵌入大众到访更为频繁的社交网站。面对即将迎来的 3D 技术革命的冲击，博物馆更重要的考量是如何从呈现真实物件和利用数字资源诠释物件之间获得适度的平衡。除此之外，馆藏内容禁闭的消除，亦让教育跳脱既有框架，不再局限于传统教室与学术出版品，并且与非营利艺术互动影响资料库展开合作关系，提供支持全球教育界的数字资源，鼓励艺术文化复兴之研究与教学，透过在线课程与图像数据的再利用使学生重新思考艺术价值。大都会艺术博物馆的新计划让场馆成功走出空间枷锁，成为全球数百万人的百科全书，提供相关单位数据收集与开放方式的新突破，也证实了现今博物馆已经进入了数字化时代。

二、美国史密森学会所属博物馆

史密森学会（Smithsonian Institution）是唯一由美国政府资助、半官方性质的第三部门博物馆机构，是世界上最大的博物馆综合体，由英国科学家詹姆斯·史密森（James Smithson）遗赠捐款，根据美国国会法令于 1846 年创建于美国首都华盛顿。其馆藏作品对欧洲艺术品、美国本土艺术品及现代艺术采取"并重"的态度。史密森学会在华盛顿拥有 16 家博物馆，法定免费开放，国家广场两边集中了 10 家博物馆，周一不闭馆，每年只有圣诞节和新年 2 天闭馆。美国人很注重国家历史档案展示，国家级档案馆更是威严高大，内部展品很有深度。

美国自然历史博物馆（图 2-22）内部空间运用立体丰富，内容分区、历史进化时间轴清晰，动植物模型展示、标本化石展示、视频演示短小精悍，虽然游人比肩接踵但各自参观路线并不繁乱，还能保证参观者专注于各人兴趣。二楼有各大洲自然类摄影艺术展厅，地下一层有很大的动手操作区，唤起观众的探索欲。另外，航空航天博物馆同样充满了现代化科技展示方式，注重参与互动的体验型视觉场特色。

图 2-22　美国自然历史博物馆外景

美国国家美术馆闻名于世的除了丰富的艺术藏品外，还有那两座风格迥异的建筑，即典雅庄重的古典式西馆与简洁明快的现代派东馆（图 2-23、图 2-24 所示）。1937 年，曾在哈定总统到胡佛总统期间任 13 年财长的安德鲁·梅隆个人捐资 1500 万美元，请约翰·波普设计兴建了美国国家美术馆，即现在的西馆，于 1941 年建成并开放。该馆是新古典主义风格的建筑，中央圆顶、高大的门柱廊、桃红与乳白色大理石的外墙贴面，在高贵气派中蕴含着对历史的尊重。国家美术馆的东西馆风格不同，东馆在 1974—1978 年间由贝聿铭设计，内部空间大，现代化风格，层高、楼梯、形状不规则的展厅非常适合举办开幕典礼和当代艺术展览；而西馆则是 1941 年竣工的传统美术馆风格建筑，馆内一个个长方形的展厅，加上古典风格的大理石柱进行大厅空间的隔离，适合展示古典大师的作品。从外部空间看，两个馆正对，两种建筑风格形成对比；而从地下的长廊连接，7 个玻璃四面体和 1 个陡峭的人工

图 2-23　美国国家美术馆西馆

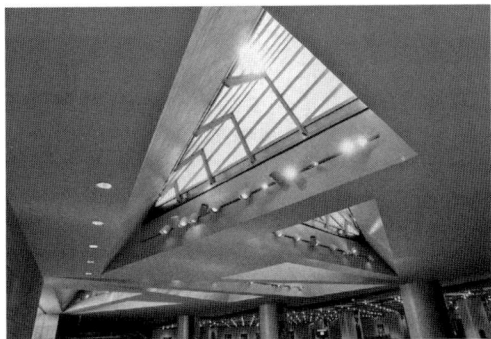

图 2-24　美国国家美术馆东馆内部

瀑布为地下空间带来了动感和通透之感，自然光线引入地下空间，以及具有设计感的扶梯，实现两种不同意义空间环境的自然切换和时间的转换。西馆主要收藏有欧洲中世纪到 19 世纪的重要画作与雕塑，包括众多名家如达·芬奇、拉斐尔、伦勃朗、马奈、莫奈、凡·高、毕加索等的画作，可以租多国语言的解说器，解说的内容比较深入，涉及作品的很多背景知识。另外，美术馆对所有公众开放临摹的名额，只要提前申请就有机会在真迹前临摹大师的笔触。在美国国家美术馆可以看到不同年龄，不同阶层的人在大师画作前认真地临摹，此场景与画作特别和谐，如同形成了一幅现实与虚幻的新画作，受众参与融合到艺术展示与艺术传播过程中。

三、美国的当代艺术博物馆

美国在"二战"后无疑是最大的获利国，美国在世界大战中的获利使本国的经济地位在世界上迅猛上升，一度超过英国、法国等工业革命后强盛的国家，成为经济上最有实力的国家。国家经济实力的提升，自然带动了美国文化领域的发展。而文化是由长期历史积累形成的，艺术文化的发展更是长期的发展。但是没有悠久历史的美国二战后凭借军事实力和经济实力，让抽象艺术、波普艺术风行世界，当代艺术的实物、装置、行为、概念等新形式的一些反叛的、反规则的行为，成为美国当代艺术的代表和符号。美国的当代艺术在雄厚的资金支持和越来越合作化的市场条件下，在世界艺术范围内越来越火，影响着世界艺术，并且将世界当代艺术中心转移到美国纽约。在美国政府的不断推动鼓励下，艺术家在艺术的道路上不断地探索与创新，美国的当代艺术博物馆就像雨后春笋般相继成立，如惠特尼美国艺术博物馆、旧金山当代艺术博物馆、芝加哥当代艺术博物馆。

（一）惠特尼美国艺术博物馆："最美国"的艺术馆

作为现代艺术的视觉场域，惠特尼美国艺术博物馆位于纽约市 945 麦迪逊大街，1966 年 9 月 27 日开馆。2015 年，由伦佐－皮亚诺（Renzo Piano）设计的、全世界美国艺术收藏最丰富的博物馆——惠特尼美国艺术博物馆新馆，亦选址于哈德逊河畔、高线公园附近。而博物馆搬迁到此地正是因为该地区是世界上最大的美术馆区，拥有最繁华的艺术体验区（图 2–25）。惠特尼美国艺术博物馆的特殊之处，在于它是"最美国"的艺术馆，馆藏全是美国艺术家的作品。因此，"惠特尼美国艺术博物馆"新馆被认为是纽约近 10 年最重要的艺术文化项目之一。该博物馆馆长亚当·韦恩伯格说："在这个转变和开放博物馆美丽新家的时刻，我们要用全新的视角审视自己。"全新的惠特尼美国艺术博物馆在设计上与其他博物馆不同，独树一帜，像是为艺术而造的专属空间，却与高线公园、与整

图 2-25　惠特尼美国艺术博物馆（图片来源：惠特尼美国艺术博物馆官网）

个切尔西区融合得天衣无缝。大多数时候观者会完全忘记这是栋建筑，而是像切尔西区每个角落散发出的艺术气息一样，把它当作一种新的艺术形态谈论。艺术与建筑相结合时，"现代"表现着一种风格及思想流派的纷繁复杂性。

现代主义建筑风格的特点是长方形，表面光平，室内空间宽敞，不因袭图案装饰和历史传统。有一种观点认为：理想的美术场馆剪断了作品与其本来面目的所有联系，它们是"艺术品"了。隔绝于世的艺术品已不复其本初的价值。艺术场馆拥有的气氛相似于那些历经多年已形成惯例从而具有特定价值的场所，或者说几种类似场所气氛的混合，教堂的神圣、法庭的庄严、实验室的神秘外加一些漂亮时尚的设计，造就了独特的审美氛围。这种氛围下置放于此的作品给人以强烈的感性牵引力，而一旦置于之外，艺术品将堕入世俗地位。从这段文字中看出，相比古典主义风格，现代主义风格的艺术博物馆空间议程设置更突出艺术品，忽略了皇宫建筑式样的雕琢和装饰，参观者置身于这样的"白盒子"中，更多与艺术作品对话、沉思，回归艺术传播的本质。另外，现代主义风格建筑削弱了国家民族的文化议程设置，这样风格的艺术博物馆无论置于哪个国家，都有一种通用的标准，让参观者忘记所在国家，比如安迪·沃霍尔的作品巡展，在美国现代艺术博物馆（MoMA），在英国的泰特美术馆，在法国的蓬皮杜艺术中心，在中国的798艺术区某个艺术博物馆，只要是内部空间相似，都会让参观者更专注于安迪·沃霍尔的作品特点。现代主义的展示需要现代主义艺术家设计的艺术博物馆，两者组成一种共生关系。

包豪斯的现代主义原则渗透到美国艺术界、艺术课堂、艺术家工作室以及美术馆和博物馆。外部空间，马修·布罗伊尔设计了位于纽约的惠特尼美国艺术博物馆，与现代主义口味保持了一致：一种垂直堆砌的仓房式外观，馆内颜色纯白，一览无遗，是观赏艺术品的理想场所，质朴的空间阻隔了世俗的喧嚣。① 营造出一种审美型视觉场。艺术并不等于娱乐。社会给艺术的是这样一种重要职责：使我们的公民与过去保持联系、了解现在及考虑未来。严肃的艺术探索新的领域、赞美个人主义并反射出美国特有的各不相同的思想观和价值观。② 美国赞助者认为，艺术能够通过振奋精神给人以愉悦，艺术所含有的道德内容通过艺术富于感染力的形式会传达给观者。这是一种说教性观念，亦即美学的提升将引起道德的提升，认为好的艺术造就好的公民。而美国现代艺术要求观者知识丰富、感觉丰富、情感丰富，并知晓视觉语言，因为新创造出的艺术形式从其他知识水准上是不易理解的，对知识要求的特殊性无形中决定了对观者的选择性，相对于写实风格，纯抽象作品对于公众来说是极难理解的。因此现代艺术博物馆与现代艺术组成一种共生关系，现代艺术展览的视觉场更需要与现实隔离，以强烈的感性牵引力营造独特的审美氛围。

---

① ［美］南希·艾因瑞恩胡弗：《美国艺术博物馆》，金眉译，湖南美术出版社2007年版，第91页。

② ［美］南希·艾因瑞恩胡弗：《美国艺术博物馆》，金眉译，湖南美术出版社2007年版，第73页。

（二）芝加哥当代艺术博物馆：突破性展览视觉文化

当代艺术博物馆都有着自己比较独特的风格。芝加哥当代艺术博物馆是全美最大的多学科型博物馆之一，坐落在芝加哥市中心，邻近历史悠久的芝加哥水塔，在博物馆的空间设计上十分细致、用心，可以眺望密歇根湖景的雕塑花园，为参观者提供了极高的艺术体验。致力于当代艺术领域的研究与展示工作，它所呈现的突破性展览历来享有国际性声誉，通过油画、雕塑、摄影、电影和录像等多种艺术形式来记录当代视觉文化。芝加哥当代艺术博物馆是由德国建筑师约瑟夫·保罗·克莱胡斯设计的，以简洁、大方的几何形体为建筑的基本外观，配以十分显著的 MCA 标志使之成为附近最独特的建筑。当代艺术作品与芝加哥当代艺术博物馆的展厅浑然天成地结合在一起。博物馆的艺术品展览陈列是一个复杂性的设计，展览陈列涉及众多学科，例如心理学、博物馆学、建筑学、艺术学、传播学等，正如拜耶提出"展览设计是大众传播与集体努力和影响的力量与多种媒体的顶点。视觉传播的整合方式组成了一种引人注目的复合体；语言作为形象的印刷，图片、绘画、照片、雕塑物、材料和外表、色彩、光线、运动、影片等都是作为符号象征，所有有形的与心理的方法的运用产生了展览设计的强化和设计语汇"。馆长迈克尔·达林曾表示自己与其他策展人的不同之处在于不断地去适应环境，根据实际环境去传播当地需求的艺术理念。关于当代艺术博物馆的展品选择等问题都是由馆长进行挑选，应该充分了解向公众传播的理念应当是什么，好的艺术作品亦需要深刻的内容与强烈的视觉吸引力紧密融合。例如在芝加哥当代艺术博物馆中有一组灯光作品，需要一个独立的空间，博物馆分别制作了不同的三个小房间进行展示，既不影响其他作品的观感，又可以将其放在一个最佳的观看空间内。当代艺术博物馆不仅能够提供对艺术史有价值的洞察力，同时也是对我们人类自身的审视。艺术博物馆包含着人类精彩绝伦的想象力历史，同时能够为培养我们自身想象力提供场所。

当代艺术博物馆区别于传统博物馆的基本设计特色之外，在新的规划中还呈现着愈加"绿色"的有机性趋势。比如设置雨水过滤和净化系统、减少不可再生材料的使用、安装太阳能，等等。这种"绿色"有机设计是未来大势所趋。另外一个特点是以古根海姆为代表的"博物馆连锁"国际化、品牌化，以"文化带动地区经济"，也是美国商业精神在博物馆业的展现。总之，美国当代艺术博物馆学术界跟随业界发展，较早将研究视角引入传播、认知、交互、教育等领域，这些做法使得博物馆传播研究成果深入全面，实践案例丰富多元。

四、美国洛杉矶盖提博物馆

盖提博物馆坐落于美国加利福尼亚州洛杉矶市的布伦特伍德，是洛杉矶最重要的艺术机构之一，在 J. 保罗·盖提信托基金的支持下建成，是一个巨大的集艺术收藏、展览和公共教育以及专业研究于一体的体系。盖提博物馆总体规划及建筑群设计是由对现代主义建筑作出巨大贡献的著名建筑师理查德·梅尔（Richard Meier）所做。盖提认为艺术是一种启示，艺术能够通过振奋精神带来愉悦，而通过博物馆将文明发展脉络清晰展现，表现出鲜明的城市文化，这些元素都在博物馆建筑文化艺术传播内容与空间形式的结合中得到充分体现（图 2—26、2—27）。

图 2-26　盖提博物馆入口

图 2-27　盖提博物馆外观

（一）设计构思：视觉传达与自然和谐相依

盖提博物馆的设计在符合博物

114

馆基本功能的基础上，在空间、交通、组织形式上充分结合展示母体文化，形成了自身鲜明的美国特色。空间排列总体富有规律，利用建筑物的墙、柱、门、窗等有秩序地重复出现，产生一种韵律美或节奏美；同时盖提博物馆利用雕塑美产生一定的视觉变化，建筑本身的轮廓和造型具有雕塑的特征，石灰华石外墙与阳光形成对比，充分利用自然粗糙表面和人工切割光滑表面不同的特色，两种风格的鲜明对比构成了建筑物极富雕塑感的视觉冲击；博物馆入口处的深色雕塑和白色雕塑在阳光照射下极富光泽，增加了建筑空间的亲和力，并起到指示和标识作用。盖提博物馆的结构美还表现在内部结构力学与美学的结合上，力学原理技术体现在结构之中，四个厅圆与方的跨度凸显功能与审美的结合。盖提博物馆内的一层是一个完整的大厅，通过主通道形成前后左右方向、大小各异从属空间。弧形的楼梯与简洁的栏杆造型在圆形的大厅中成为空间的主体，使整个空间活跃起来。室内空间少量大梁无规则自由延伸，相互穿插；玻璃采光使得室外空间相互交融，设计空间的重要特点是增强观众的内聚力，同时通过空间处理形成相互流通，从属于空间并由楼梯与下面的护栏金属把手连接，正面窗户与天棚之间，窗框金属的小玻璃与大框体结构的虚实对比强烈。总之，这种融合空间的设计首先要从整体上把握其位置、格调与整体空间序列有机结合，之后进行空间模式的畅想与设计，这体现出当代博物馆公共空间设计不可或缺的理念：自然与和谐（图2-28）。

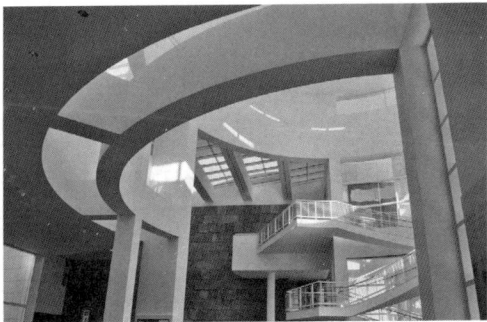

图 2-28　盖提博物馆圆形大厅

（二）空间特点：建筑与视觉审美旨趣相投

盖提博物馆所处的山峦环境安静隐蔽，内外空间交融流通。设计师将四个美术馆设计成相对集中又相互独立的东、西、南、北四个展厅，中间有喷泉和游客小休的中心庭院（图2–29），展厅内部明暗光线对比、导向合理、和谐统一的形式与内容显示出空间符号，充分考虑了参观者的感受，展示空间、展品与人的情感体验融为一体。各展厅由天桥、楼梯和过廊相连接，空间的转化自然而流畅，观众在看完一个厅后，可以间歇地回到室外环境中，让身心得到调整。连廊的设计遵循了整个博物馆的设计风格，走廊明窗也是方形大面积玻璃镶嵌，与方形的墙体相映成趣，颜色也有深浅对比。博物馆的空间特点在于一方面建筑和空间构成视觉美，另一方面建筑功能的审美部分则是装饰——作为建筑物的有机组成部分，装饰对创造建筑有着不容忽视的作用，它可以为建筑物增辉添彩、烘托气氛。盖提博物馆高大、通透而明亮的空间使人感到舒畅，而中庭内低矮的咖啡茶座空间加上丰富的装饰又使人感到亲切宜人。设计师灵活应用新材料与传统材料和周围环境融为一体，与室外植物恰当融和，带形窗使室内与四周窗外浓密的树林相互交融。门窗全部为白色，设计简洁，水平垂直线条

图2–29 盖提博物馆庭院（图片来源：盖提博物馆官网）

简单交叉，粗犷的墙体带给人一种简明的感觉，虽是博物馆，但却给人带来一种近似室外园林的感觉。博物馆外部庭院景观对公共空间也具有重要的作用，它是随季节与时间不断变化的，是有生命的，处在不断地生长、运动、变化之中的。设计师强调空间胜于实体的设计理念，针对视觉空间领域进行了整体设计的方法，依据季节设计的花园、观景台、远处的洛杉矶市景和海面构成虚体空间，中央花园是由艺术家罗伯特·艾尔文所创作，设计理念是以艺术花园形式所构成的雕塑，随季节而不断进行雕琢。

（三）形态特征：视觉秩序与形态紧密相连

当今建筑与博物馆呈现多元化的发展趋势，在遵循"形式随从功能"的前提下，力求探索"有意味的形式"渐渐成为众多新建和扩建的博物馆建筑的共同追求。盖提博物馆位于两条高速路通过的交通发达地区，自然环境优美的圣塔莫尼卡山上，铺展于两条山脊之上，它是将城市环境与自然环境的特质完美结合的优秀典范，场地周围大面积密集整齐的林地，借助山势将建筑体衬托得高耸挺拔。博物馆如同经典建筑流水别墅，可以让进入馆内的观众读出那些水平伸展的地坪，要桥、便道、车道、阳台及棚架，沿着各自的伸展轴向，向周围延伸，成为水平推力，集合在一起，让观访者的视觉秩序紧紧集结在一起，深深地印在人们意识之中，以其具象创造出一个不可磨灭的新体验。

盖提博物馆形态的特色之处还体现在观者视线的序列、起伏和转移都能都够因其空间设计而形成连贯多样的视觉线路，比如无论在室外步道观赏建筑，还是在场馆外的探出平台上，抑或是透过展馆的窗户，都能和外部空间的全部视野相融合。在二层展馆的露台上，基本不采用遮光的设计，楼梯扶手和台阶也是用了本身的岩石颜色和米白色，与远山形成和谐的风景线；同时，博物馆形态趋向复合化，把各种商业服务空间和娱乐空间纳入博物馆功能空间的设计与权衡之中，建筑师通过一个精心设计的中庭，来营造一种公共的休闲和交流的空间环境。

（四）体量分析：建筑造型构图形成视觉均衡

盖提博物馆整体建筑与四周山体、峡谷相连，场馆的组合形成的造型呈现出稳重的气质，在山下远望有两个主要通道，博物馆墙体强调混凝土可塑的荷重感，在视觉上产生的这种荷重感被光线及外罩粗麻外石材削弱，展现了建筑体型在景观中的隐喻角色。产自意大利的灰白色石灰华石垂直墙体和粗砌的混凝墙外装，包括博物馆白色长细的条窗削弱了外墙毛石的对比，形成若隐若现的阴影让观众在视觉上产生较小的偏差，中庭中溪水、围合、山石、建筑、结构与自然结合在一起，运用了几何构图进行空间处理，内外空间互相交融，浑然一体，空间处理与体量的结合取得巨大成功。同时在视觉上引起了兴趣的形状会渐次出现，博物馆外部景观、水溪可以说是一种正反相对的力量，巧妙地均衡组构而成建筑，充分利用了现代建筑材料与技术性能，以特殊的方式实现了当代博物馆建筑与自然的高度结合，提升空间设计新水平。大挑台也是显示博物馆体量的建筑元素，挑台通体由表面粗糙的石灰华石构成，十二根近三十米高的粗大石柱构筑起挑台大气舒适的空间。周围三面是博物馆的建筑；视线前方则是茂密树林和景观花园。

（五）材料运用：视觉形式与传播内容相互融合

阿恩海姆提出："视觉是高度选择的，视知觉从一开始把握的材料就是事物的粗略结构特征。"梅尔巧妙运用材料对空间起到重要的作用，将室外的流水与大理石、粗犷的岩石建筑和所有支柱形成具有象征性的内在含义，将室内外石料筑体水平性与支柱的垂直性产生对抗，所有室内水泥结构及混凝土水平构件贯穿空间，赋予盖提博物馆建筑最高动感和张力。

博物馆概念的外延带来其内容构成上的许多变化，并影响到博物馆建筑的设计。现代视觉艺术形式的表达方法更加多样，比如通过光、电等新型材料可以表达动态的、虚幻的空间。盖提博物馆的展厅采用了最先进的计算机控制的光照调节系统，馆内始终保持着明亮而柔和的自然光照，使绘画作品既有足够的观赏条件，又最大限度地保护作品不受紫外线的损害。当自然光线不足时，光照系统会自动进行必要的补充乃至完全使用最接近自然色温的灯光照明。设计充分考虑白日室外明光与室内作品照明的特点，以灯光做辐射光源，不仅满足了功能照明需要，更成为连接展厅内的作品与美国当代文化、城市形象和美国人民精神的纽带，通过盖提博物馆室内外灯光色彩温和的缓慢变化反映出建筑的宁静和过去历史的积淀。馆内为了其独特的建筑结构能显现出来，或为特定时期的绘画作品营造效果，还专门设计了定制化的照明方案。博物馆内部成功运用光作为营造虚体空间，比如以照明装饰弥补天花板的单一，改变规则的空间形象，改善馆内人流量大而形成的空间嘈杂状况。外部以光超越自身高度之外的个性化人文内涵，实现了盖提博物馆整座建筑历史积淀与现代设计的交融，使其成为洛杉矶城市名片。

（六）空间场景：与公众认知情感需求高度契合

盖提博物馆除了完善而严密的展厅陈列室，还设有家庭室、展览厅游戏、演讲厅、艺术资讯室等，培养观访者对历史文化和艺术的兴趣，帮助人们了解相关知识，这就需要空间场景的烘托。场景是公共空间情景中特有的构成单元，包含展品、光线、声音、界面的划分等多种元素和它们之间的相互关系。这种关系主要是内容和情景上的关联，以营造一种让观众参与体验的氛围。博物馆情景设计是以场景为基础的，设计师通过场景再造为展品创造一个适合的，有意境的"场"，通过这种"场所精神"烘托展品，创造感人的参观环境，比如建筑留白部分引起观者视觉的关注和心理的联想，在主观思维中产生出新的意向。在公共空间设计上，博物馆重视运用高科技媒介和灯光营造氛围、复原场景，提高观众的参与性，让访客体验内部环境、发挥创意设计出自己独特的作品等，这些都是现代博物馆必备的传播手段。

五、加拿大皇家安大略博物馆

加拿大皇家安大略博物馆（Royal Ontario Museum，ROM）创办于 1912 年，为加拿大安大略省政府立法并资助的公立博物馆，是加拿大最大的集艺术、文化与自然历史于一体的大百科全书式博物馆，也是北美最著名的博物馆之一，每年参观人数超过 100 万，拥有来自世界各地的藏品和自然科学标本近 1300 万件。它原来是多伦多大学的高校博物馆，后来转型为社会综合博物馆的典型代表，因此该博物馆既是艺术品、考古文物与自然科学的展示场所，又是一个重要的学术研究机构；具备国际视角，尤其以丰富的中国艺术品收藏闻名于世。

（一）外部视觉场：改扩建注重开放性、现代化以及便利性

加拿大皇家安大略博物馆位于多伦多市最繁华的市中心，又是在名品街，环顾其四周全是现代化景象，这座如多边形水晶石般的雄伟挺拔建筑与街对面古老的教堂形成鲜明对比；夜间璀璨的灯光使这座"水晶宫"更加耀眼夺目（图 2–30）。博物馆百年中进行过四次扩建，1914 年对外开放时是坐西朝东的三层维多利亚式馆舍；1930 年建造博物馆的东翼以及中庭；1980 年扩建后的南区研究和藏品中心以及北区的阶梯式展厅和花园；2005 年完工北区的水晶塔。① 在这四次改扩建过程中，博物馆越来越"平民化"，融入社区，融入公众生活，比如在建筑外观上，靠近街的这一面是现代的建筑风格，可是在建筑物的背面又是怀旧的建筑风格，因其是一座非常古典的建筑，外墙有着美丽精致的雕刻；而新型的博物馆在建筑上更加注重"地标化"，扩建的水晶塔如同卢浮宫的玻璃金字塔，古典与现代两种完全不同的建筑风格在博物馆得以结合。由丹尼尔·里伯斯金

---

① 沈辰：《众妙之门——六谈当代博物馆》，文物出版社 2019 年版，第 34 页。

（Daniel Libeskind）设计的新附属建筑被称为"Lee-Chin水晶宫"，是一座面积达17.5万平方英尺、屋顶用铝和玻璃覆盖的建筑，新建的两层主体结构中容纳了7个展厅，两个特别展区、新的餐饮区和一个新的主入口大厅，是丹尼尔标志性的棱角美学和水晶形状，既扩大展厅面积又发挥以观众为本的便利性功能，让公众更容易接近和享受。这个新兴的建筑为多伦多增添这个城市特有的建筑风貌：新老交汇，传统与超现代相融，历史风貌与未来感同在，白天展现着它低调质朴的优雅；华灯缀满城市时又以一种充满生机

图2-30　加拿大皇家安大略博物馆建筑外观（图片来源：加拿大皇家安大略博物馆官网）

与活力的姿态出现在人们面前，成为多伦多著名的地标。

　　21世纪博物馆的开放与包容需要关怀各类公众的体验，来博物馆不仅为了学习，或许有时就是来博物馆及周边喝杯咖啡，在休息区与朋友约会聊聊天，或许信步到展厅浏览感受一下艺术氛围，听一场博物馆组织的公众讲座；因此博物馆对打造公共区域（包括广场、花园、街区、商店等）非售票区更加用心，为公众提供更佳体验。2016年圣诞节前，加拿大皇家安大略博物馆重新开放了因2007年建设新馆而关闭多年的博物馆东门，直接与公交地铁站连接，为此博物馆还特别向市政府申请了第二个官方地址，以便于观众借助导航服务不会偏离。[①]外部视觉场一个非常关键的因素就在于公众的交通便利性，以及无障碍通道位置设计。

---

① 沈辰：《众妙之门——六谈当代博物馆》，文物出版社2019年版，第192页。

121

（二）内部视觉场：重视审美、多元文化的表达与呈现

皇家安大略博物馆是一所保存、研究和展示自然科学和人文艺术成果的综合博物馆。"水晶宫"由5座相互联结、自我支撑的菱形结构组成，基本上没有一个正角，倾斜的墙体塑造出独特的内部空间，体量较大，十字形的连廊穿过位于中间的"精灵屋"（Spirit House），明亮的窗户使室内充满自然光。整个内部视觉场，展览从展品选择到装饰细节，设计突出艺术性而不是历史感，即使文创礼品商店都按照美学形式陈列商品，充满活力和具有审美性。

博物馆展出内容可以分为两大部分：自然历史和世界文化。目前藏品已达60多万件，常设展厅陈列着约30000件展品。有30多个展示艺术、考古和自然科学的展厅，其中有17个世界文化展厅、10个自然历史展厅、2个动手实践发现展厅和4个临时展览空间。从人文到自然，策展者对中国馆和印第安人的历史都进行精细展览设计，还有罗马、拜占庭、埃及、希腊的文物和艺术品展览，各种文明的过去与未来展现加拿大的多元文化。一楼是亚洲馆和加拿大历史及当地土著文化馆，二楼是动物标本和人体科学展览，三楼是埃及、希腊、拜占庭、非洲和欧洲的艺术品展览，中国文物的陈列几乎占主楼第一层展览室面积的二分之一。其中特别珍贵的是从殷商王朝首都的废墟中发掘出来的甲骨，还有一座完整的明代古墓，是明代将军祖大寿的墓。所藏兴化寺壁画《弥勒佛说法图》，壁画长11.11米，高5.22米；博物馆一直收藏着世界顶级的中国文物，从玉器到陶器，从寺庙壁画到青铜器，蔚为壮观。

此外，伯吉斯页岩藏品堪称世界上产自加拿大的最大、最完整、最早的化石样本，对于说明五亿年前那场著名的寒武纪生命大爆发中动物的早期演变极为重要。冷冻组织是增长速度最快的藏品，它与几个生命科学学科交叉，跻身世界前十名。[1] 恐龙和史前生物展馆展品异常丰富，恐龙种

---

① 伯顿·K.利姆：《集自然历史、世界文化于一身的皇家安大略博物馆》，《自然科学博物馆研究》2018年第1期。

类和化石完整程度都令人赞叹，这是皇家安大略博物馆另一大看点。馆内还有鸟类馆，这里充满着无奇不有的鸟类标本，按顺序整齐的被放置在抽屉里，使游客可以清楚地找到珍奇的鸟类标本。在博物馆的另一处，游客还可以欣赏到昂贵闪亮的珠宝和金饰，其中一些还附有历史价值，非常宝贵。每个展品前面都有一个可控制的电子显示屏，可以选择观看文字或者视频进一步了解展品信息。

（三）虚拟视觉场：多感官体验和探索设计，精心设计临时展和巡回展览

博物馆最受欢迎的两个展厅分别是以儿童为中心的动手实践生物多样性展厅和探索展厅。这些展厅编排了一些节目，其特色是集成基于戏剧的各项活动以及主要由可触摸标本（也有一些活的动物）构成的多感官体验。皇家安大略博物馆内的伊顿剧院定期播放经典影片，提供学习中心的场地，观众可以使用供研究用的图书档案馆。楼上的动物标本（模型）和矿物展，动物标本展览有一个仿真的蝙蝠穴，配上蝙蝠的叫声和扇动翅膀的声音，观众如临其境带来真实感体验。

原创巡回展览是皇家安大略博物馆始终积极追求的一个领域。如"国王与法老"展览——皇家安大略博物馆与中国的南京和金沙遗址博物馆合作，共同展出了古代埃及与中国的珍宝，吸引了100万人前来参观。该展览宣传团队在展览前特别采访了展品的提供方获得丰富的宣传素材，其重点在于只有展品的收藏者才知道的展品背后的有趣故事，如展览所用的古埃及文物在20世纪初如何被安大略博物馆收藏、充满挑战的策展过程、高科技解读下的木乃伊等。近年来皇家安大略博物馆与中国文物单位合作举办多个中国文物展览，如以兵马俑为主题的"中国秦汉文明展"和以故宫明清宫廷生活文物为主题的"紫垣撷珍——明清宫廷生活文物展"等。无论出境还是入境，博物馆对临展和巡回展览的布置都非常细致、认真，研究性工作与前期观众调研深入，使其效果比常规展览精彩得多，也是带

来国内外观众量的一个重要因素。

21 世纪的前 10 年里，在加拿大遗产部文化遗产信息中心的大力推动下，加拿大对全国的博物馆和美术馆施行行政式宏观管理转为创建国家虚拟博物馆专业技术开发的主体，通过数字技术将全国 1300 多个博物馆和艺术馆串联起来，让全民共享文化资源。虚拟博物馆无论在文博机构和专业人员的参与规模、参与程度，还是在全民共享文化资源的可行性、高科技的引入、数据信息的开发和储存等方面，加拿大都处于世界领先地位。加拿大文化遗产信息中心也想方设法积极应对近些年全球博物馆数字化、虚拟化的发展趋势，如鼓励参与者合作研发更多的非营利产品；引进创意性思维方式；提供创意性工作的合作机会；努力在国际遗产保护数字化创新技术方面继续保持领先地位等。①

小　结

时代背景和社会大环境是形成博物馆视觉场的关键。在安定祥和、生活稳定的社会生态中，博物馆是一个实现艺术分享、价值对话和情感共鸣的空间，世界著名的博物馆里往往有来自很多国家的参观者，艺术品具备超越国界和超越时代的审美价值，可以净化心灵，化解矛盾，建立人类的同理心。世界发达国家的首都，博物馆的数量和规模正成为城市实力的重要标志，如中国的故宫和国家博物馆、美国华盛顿中心区的博物馆群、德国柏林的博物馆岛、日本东京的上野公园博物馆群等。在被誉为世界文化之都的伦敦、巴黎、纽约，当大都会博物馆或现代艺术博物馆（MOMA）、大英博物馆或维多利亚与阿尔伯特博物馆（V&A）、卢浮宫或奥赛博物馆有某个展览上演时，城市咖啡馆中、地铁站里、小酒馆前，人们谈论的话

---

① 张海云：《加拿大虚拟博物馆的运作策略》，《中国文化报》2011 年 11 月 19 日。

题中心会围绕着这些博物馆和展览。分析中外不同类型的著名博物馆可以发现，博物馆作为一种集体记忆的体现，其建筑外观、藏品、策划，以及与其他城市和国家元素互动的文化意义，使得博物馆成为树立文化自信、传播民族文化与塑造国家形象的重要媒介。

城市文化的底蕴和历史脉络也影响着博物馆的视觉场。《城市的精神》一书中两位哲学家用街头漫步和聊天的方式考察了世界最具吸引力的九大城市，论述了每个城市的精神是如何体现在各自的政治、文化和经济生活中的，在大城市的历史、文化和政治中探寻九种独特的城市精神，这些城市通过保有独特的精神而在全球化进程中保有独特的个性，给予在城市生活的人最重要的身份认同。在这些论述中，城市精神的体现很重要的方面就是艺术博物馆。作家、电影人、艺术家用不同的媒介描述城市，塑造一种媒介中的城市精神，而博物馆则更为综合地展现城市文化精髓，体现城市的内在精神，对城市更有凝聚信心与想象力的绝佳能力。目前许多世界著名城市的地图上都用大篇幅标注艺术博物馆的信息，在对旅游景点的推介中也会提供博物馆的详尽信息、艺术展览和著名展品，起到文化坐标作用。

随着新型生活方式的重塑，博物馆受到全球环境、世界格局、科技创新、社交媒介等前所未有的外界冲击。博物馆该如何培养受众视觉素养，并酝酿出更为新颖的认知方法？面对当下全球国际性城市趋同的现状，如何在更为广阔的文化语境下传播知识的同时仍保持独特性？[①] 从欧洲最早的奇珍阁到近代的沙龙展，再到现代艺术展现的"白立方"空间，以及之后注重观众参与展览的试验场、虚拟场，建筑、展览、展品构成的博物馆"视觉场"从物质形态逐渐转向抽象概念。

---

① 欧菲：《平衡与连结：博物馆变革时期的启示——2017首届香港博物馆高峰论坛摘要》，《中国文物报》2017年7月18日。

第三章　博物馆视觉场的传播价值指向

传播学"使用与满足"理论从受众角度出发，结合社会学和心理学分析受众接触使用媒介得到满足的行为，强调受众接触媒介的能动性，这个过程可以概括为："社会因素＋心理因素→媒介期待→媒介接触→需求满足。"[①]新博物馆学以受众为中心，传—受关系中受众的视觉感知、视觉素养、媒介素养和审美能力不可忽视。博物馆充分展示文物宝藏艺术珍品给后人，但是如果受众视觉素养和审美能力有限，文化艺术素养缺失，就无法真正感知和继承传统文化的精髓，影响对高品质艺术价值的感知力，对于文物承载的文化信息缺乏鉴别力和认同感。受众观展涉及感觉、知觉、表象、记忆、想象、情感、理解等多种因素，表现为一个动态的过程，需要学术引领、分众传播、公共教育、大众媒介等协同作用。

从另一个角度来说，受众对于信息的接收是主动性的选择，博物馆受众行为不断变化演进，视觉信息传播也是一个意义的协商与交换过程，博物馆受众不再是单纯的信息接收者，还是意义创造者，公共意识的增强使受众更愿意参与博物馆意义构建。阿尔多斯·赫胥黎在《观看的艺术》中提出的观看公式"感觉＋选择＋理解＝观看"和直观形象的"视觉传播圆圈舞"[②]说明，能够看清楚往往是能够想清楚的结果；马克思曾提出"艺

---

① 美籍以色列社会学家伊莱休·卡茨（Elihu Katz，1974）提出，转引自张冠文：《互联网交往形态的演化——媒介环境学的技术文化史视角》，博士学位论文，山东大学历史文化学院，2013 年，第 146 页。

② ［美］保罗·马丁·莱斯特：《视觉传播：形象载动信息》，霍文利等译，北京广播学院出版社 2003 年版，第 3—5 页。

术对象创造出懂得艺术和能够欣赏美的大众"①。受众的视觉感知总是建立在前视觉经验的基础上，每一次博物馆的观看活动都将形成视觉素养与欣赏经验的沉淀。纵观博物馆发展历史，从精英阶层的藏品柜到大众公共文化机构，陈列—观看的单一传播方式制约了受众的多元化需求，而当下受众参与博物馆视觉信息传播的行为越来越多样化，视觉信息传播逐渐回归人的本质需求。视觉场建构的目的和传播价值指向，是帮助受众获得艺术知识的同时获取内在审美经验、满足审美期待，继而提升自身生命的感悟，有利于受众构建起对博物馆的长久情感和文化认同。

第一节　博物馆受众的视觉感知

约翰·伯格"观看之道"认为，观看方式是由社会塑模、后天习得的，受众如何解码博物馆的视觉修辞元素，理解传播者的视觉表达与视觉隐喻（有些是展品本身的，有些是展览策划赋予的）涉及自身的视觉素养和文化积淀。博物馆参观是视觉经验积累和视觉素养提升的过程，具有愉悦的纯感官体验，比如马斯洛提出的"高峰体验"——"感受到一种发自心灵深处的战栗、欣快、满足、超然的情绪体验"②；也有受众从已确立的概念或符号的意义中理性观察展品和展览，即从熟悉的、自以为了解的文物展品中看见自己不熟悉的部分。

一、接受理论和积极受众观

受众是社会环境和特定媒介供应方式的产物。托尔森对文本的"受众"

---

① 《马克思恩格斯选集》第 2 卷，人民出版社 1972 年版，第 95 页。

② ［美］马斯洛等：《人的潜能和价值》，林方编译，华夏出版社 1987 年版，第 366 页。

和理解文本的过程做了深入的阐述："意义是从意义体系当中衍生而来的。处于特定文化当中的每个成员都有机会接触到这一意义体系。文本自身能够构建这些意义"。与此同时，受众"也能够带着预先具有的知识和期待来介入文本（意义的生产）……现代媒体消费者就是一个能够接触不同类型文本的受众，能够把这些文本相互联系起来，互为参照"。社会因素在受众的媒介选择、媒介使用、受众赋予媒介重要性等几乎所有方面，都具有重要的甚至是决定性的影响。[1]接受美学指出，接受者是一种创造力量、生产力量，而博物馆的受众在观看时会受到各种因素的制约，比如文化风格、个人的经验和记忆，或是流传广泛的相关影像和文本资料，甚至还牵涉到幻想、心灵遨游的文化技巧。20世纪新博物馆学强调"艺术品"与"受众"的关系，提倡非殖民化，使之更好维护自身的文化遗产，关注真正的跨文化差异，给我们提供了传播的研究新视角。好的展览是一种能激发受众兴趣又能解释资源意义的情感和思想的交流过程，互动就是一种与受众主体性的协商，是在知识教化与自我经验实践中架起一道可以跨越的桥梁。不同的受众在面对新事物时，因个体差异、心理特征及不同的生活环境，因此对于信息的认知方法、接受方式、处理能力和思维模式具有差异性。如有些受众更易接受视觉传播，对形状、颜色、图片、动画等敏感度较高；而有些受众更适应听觉传播，能够对声音刺激产生强烈共鸣；还有些受众更擅长通过触觉进行信息的接收和处理，可触摸的实体及设备更能够吸引他们的注意力。除了个性化特点外，受众能动性作用体现于利用何种媒体传播、在何种情形下、承载何种意蕴方面宽泛选项中做出审慎的选择，"注意力竞争"使得受众对视觉感知的重要性凸显：诉诸理性敌不过诉诸感性；诉诸文字不如诉诸视觉，使用直观形象、具有亲切感的视觉元素，是抓取注意力的一个重要手段。

在数字化时代，博物馆受众在内涵与外延上都有所革新，广义上受众

---

[1]　See McQuail D., *Audience Analysis*, Sage Publications, London, 1997, p.89.

涵盖了不到馆但通过多样化传媒渠道获取博物馆视觉信息的受众，这使得参观过程或者观看、参与媒介过程是静态与动态的结合，比如备受年轻受众喜欢的弹幕让观看视频节目成为一种集体行为，他人实时的观点想法与自己的观点碰撞，即时更新、随时互动，视频、音频、文字、图像等符号的立体呈现是博物馆文化传播中媒介交互技术的进化，实现了"大众叙事"。2019年播出的《国家宝藏》节目中，一把聂耳小提琴的出现让视频弹幕不断刷屏，有网友说"原来光看弹幕就能把人看哭"，"此生不悔入华夏，来世还生中华家"的价值理念直抵人心。这种新的媒介形式和内容生产方式重新塑造了博物馆，使得博物馆脱离原本的"展示"空间，形成一个虚拟"交流"空间，受众与博物馆可以沟通，进而形成"共建"；博物馆在与受众的互动中实现自身的"重构"。

巴赫金"对话理论"指出，真理是在不同主体"对话交际过程中产生的"[①]，随着媒介环境的变迁，博物馆正在运用数字媒介技术从"解释它们是谁"变成"它们与公众之间建立对话关系"，让受众也成为潜在的传播者，从单纯与展品的交互到受众之间、受众与还未到博物馆参观的人们之间互动共享。在博物馆中，除了受众与展品的对话，艺术讲座、艺术家与受众对话、各种公共教育活动，甚至诸如瑜伽、周末狂欢夜等娱乐活动都是建构集体空间的形式，吸引受众来艺术博物馆进行社交活动。基于受众本体论，策展人（传播者）要从受众考虑，"倾听"参观者的预期，为进行分众化传播准备。展览的前期策划过程将公共教育融入展览过程：情境的建构，展览作为思考方式，公共教育的意识贯穿到每一项活动中，寻找亮点项目为公众策展；展览叙事结果形成的视觉张力也有利于吸引更多受众与展品直接对话。博物馆提供了这样一个空间，使受众的眼睛得到锻炼去发现展品价值，形成视觉趣味；公众的文明水平在博物馆里是直观的呈现，

---

① ［苏］巴赫金：《陀思妥耶夫斯基诗学问题》，白春仁、顾亚铃译，三联书店1988年版，第160页。

提升公众对博物馆的文化依赖、在博物馆参观的文明行为需要引导。在社会文明进程中，博物馆能量的释放已经影响到社会教化和文明，关系到社会的和谐与公众的素养。

二、分众化传播与学术引领

福尔克对博物馆受众参观动机划分为"探索者、助学者、体验者、爱好者和补充者"[①]。博物馆的工作人员需要能够吸引具有高"文化资本"的专业参观者，同时为那些对某一学科知之甚少的非专业参观者提供一种"方式"，其影响力在于对科学知识的公共分享及对公众学习活动的支持。普通受众以休闲娱乐为需求，艺术爱好者以展览和观展体验为需求，亲子家庭以对孩子产生的教育为需求。高中生通过学校的组织观展，甚至把美术课平移到美术馆完成。还有大学生、研究生、留学生回来之后自发组织到美术馆参观。芝加哥当代艺术博物馆把艺术家及其实践成果引入芝加哥公立学校，切实将学校改造成为富有创意的艺术与文化思潮交流基地。就博物馆的视觉信息传播来看，受众可以分为普通受众和专业受众：前者希望通过参观满足休闲消遣和好奇探求的欲望，比如这件藏品是如何发掘出来的、如何流传至今、如何鉴定它的时代、它背后有怎样的故事等。而后者专业目的性强，无论是研究还是审美对于展品、展览等视觉信息和视觉场域有较高要求，希望可以获取专业资料和满足个人审美诉求。博物馆的传播体系应该是一个全方位、多层次、立体多面向的构架，针对这个内容构架选择不同的媒体渠道来进行呈现和推送，不同的内容深度面向不同的群体：如果参观者拥有先进的或专业的知识领域，他们会利用这些知识来理解他们所看到的东西，要求传播者为专业人士营造艺术博物馆更为安静

---

① Falk J. H. *Identity and the Museum Visitor Experience*, Routledge, 2009. 转引自赵星宇：《展览信息传播效率影响因素研究——基于山东博物馆7号展厅观众学习体验研究实例》，硕士学位论文，山东大学历史文化学院考古学专业，2018年，第152页。

专业的观看环境，展品（文物和艺术作品）是传播文化思想最好的媒介，有"一眼千年"和直达内心深处的启迪情感。视知觉理论勾画出参观者与视像之间一种非常纯粹的观看关系，在这类观看中，没有其他"杂念"的干扰。但是在现实的观看中，这种观看（布尔迪厄所说的"纯粹的凝视"）几乎是没有的，任何人的观看都在一定的场域内进行。从小的方面要受到观看环境及客观条件的限制（如与视像表征的距离、外部的光线、身边的其他观者等）以及观者自身条件的影响（知识水平、专业素养、性别、年龄、当时的心境等）。对专业观者而言，艺术家生平、时代背景、趣味时尚、美学思想、文本背后的作者所处的历史背景、思想脉络，以及概念、术语和范畴转换的考证，需要的是学养识见和视觉积淀。而对普通受众而言，则需要最大限度地提供以上内容的延展阅读以帮助构建阐释系统，如凡·高博物馆里的各种书信、草稿展示以及语音导览里的各种背景故事，创作的逸闻趣事，帮助受众理解作品。相应教育传播活动也不尽相同，如专业人士需要深度研讨会，普通受众需要普及讲座。

艾琳·胡珀－格林希尔将博物馆称为"反映世界面貌的极为重要的视角"——博物馆归根结底是一种形象化的文化方式，它通过对待物品时细致而系统的方式激发了创造性的研究。展品本身有着与生俱来的含义，但这种含义只有通过博物馆的展示方式才能显现出来。一位年轻受众谈到观看《国家宝藏》后的感受时说道："可以看出《国家宝藏》尝试在文物和人之间建立联结，拉近当代人与历史文物的距离。的确如此，当今现代文化通过各种传播媒介的发展以及中西文化的交流，围绕在现代人周围的都是源源不断的新信息，传统文化随着时间的流逝已经渐行渐远。当传统文化以综艺的外壳、记录的气质、文化的内核呈现出来时，大家的注意力也会转至此，让国宝文物'活起来'，不仅是观赏陈列品，而且让受众感受到'生命'的文化传承。"物品被赋予一种教导意义上的教育价值，这种价值就是以物品为中心的认识论的诞生。从根本上说，只有在参观者留意博物馆展品之后，对博物馆展品的估值过程才算是最终完成。① 基于新媒体平台的受众互动愈加频繁，博物馆与受众单方面联系将演变为受众共同的兴趣爱好圈子，受众联系将成为优势，也印证了接受分析中的"解释团体"作用。博物馆连接文化的过去、现在和未来。博物馆代表着文化的内涵和活力，博物馆的使命更应该是引领文化、激发文化的活性，让人们重新审视人类过往的一切发生以及个体与世界的关系。文化大众化需要精耕细作、久久为功。青年群体处在世界观、人生观、价值观形成时期，"博物馆年轻化"已经成为趋势，今天和明天的受众不同，相同的受众在不同的时间对同一文化资源的理解也不同，这对博物馆文化发展和树立民族文化自信都有极其重要的意义。

三、博物馆视觉优先性体现

博物馆视觉的优先性首先体现在直观性。"一眼千年"——参观博物馆成为绝大多数人一生中重要的文化体验之一。视觉作为一种特殊的话语形态，往往比抽象的语言更加具有直观性和表现性，更容易影响认识主体的思想、情感和行为。西方的视觉文化研究一直以来都是以关注影像文本和创作主体为主，直到英国艺术评论家约翰·伯格提出"观看的方式"，才将视觉文化关注的重点转移到观看主体一端。这一思想的提出从根本上动摇了视觉传播的主导权由生产者一方掌握的观念，解放了"观看者"作为文化生产者的主体身份。② 博物馆的"观看"同样存在这一转向，新博物馆学以受众为中心，布展策展理念转变，视觉信息通过一定的呈现方式，让文化物件可以被更多受众所接受。受众个体看得多，审美、视觉素养有所提升，在对艺术门类的欣赏中慢慢形成对文化

① ［美］史蒂芬·康恩：《博物馆与美国的智识生活，1876—1926》，王宇田译，上海三联书店 2012 年版，第 25 页。

② ［英］约翰·伯格：《观看之道》，戴行钺译，广西师范大学出版社 2015 年版，第 18 页。

艺术形式的认知，发现艺术技术方面有如此高的造诣，对文物产生热爱的情感，增强文化自信。《国家宝藏》节目秉持同样的宗旨，多方位调动受众的视觉观感，用故事演绎历史背景和对文物当代价值的阐释让受众更加自豪，"上下五千年"的文化自信植根于受众心中。而跨文化传播则是另外的效果，让异域受众通过视觉的柔性传播喜欢中国的文物，选取视觉符号，视觉叙事要针对当地文化。博物馆中人对展品的凝视，从某种角度来看可能只是一种视觉上的交流。约翰·伯格的"我们对它们知道得愈多，它们就离我们愈远"的观点十分耐人寻味，虽然我们对于物的研究越来越深，但目前来看这对于展览本身似乎没有那么大的作用：因为很多受众认为这些研究与自己的生活没有关系，忽略了视觉艺术的情感价值。

其次，博物馆视觉的优先性体现在情感性。文物和艺术品的尊严是通过博物馆精心的策划陈列展览来呈现的，在博物馆里受众可以欣赏到多样的艺术品，其场馆里陈列的多数珍宝构成了人类遗产，通过欣赏艺术品，受众从展品中能感受到艺术家倾注其中的情感。故宫博物院"《石渠宝笈》特展"汇集了院藏的晋唐宋至元明清的 283 件重要书画，展览时盛况空前，反映出公众对中国传统书画热烈的情感和关注度。在挪威国家博物馆里观看蒙克的《呐喊》时，视觉印象是从远处以极强的透视角度伸展，甚至从线条的曲折画面色彩中感受到震颤，给受众很强的情感体验；而作品视觉性背后存在着作者与受众跨时空、跨文化的阐释性互动关系。又如卢浮宫的镇馆之宝《蒙娜丽莎》，几代人、不同国家的观众都去现场观赏，唤起的情感却不尽相同。另外，公众走入博物馆、美术馆，在这种氛围里沉浸也是一种表达自己的方式，有利于新理念的滋长和创造性思维的发展。伽达默尔将图像艺术（指代绘画、雕塑和建筑这几种艺术形式）真实存在的共性标志为"时间中的一种直接的在场，同时还能标志着战胜时间"。一旦我们熟悉了它的语言，艺术作品就会超越时间拥有一种直接感染我们的力量。当人们看到或者听到它们时，有许多指引着我们的思考但我们却无法名状的东西，黑格尔称之为"绝对精神"，寓示着艺术获得了它永恒的在场。

最后，博物馆视觉优先性体现在展品的艺术和美学价值上。西方博物馆里，文物是作为艺术品展出的，受众通常从艺术审美的角度去欣赏，如在世界艺术之都巴黎，博物馆既独具风格，又紧密联系，受众几乎都可以找到自己喜欢的展品和博物馆，达到心灵的共鸣。法国博物馆在完善的收藏与保存体系基础上又在展示方式方面进行探索，让受众进入博物馆后不仅看，而且与展品、博物馆进行互动，产生关联，让生活与艺术水乳交融地联合在一起。视觉艺术不是高高在上的，而是需要人去欣赏的，因为欣赏者的眼睛才让艺术如此美丽。法国政府重视博物馆文化的重要性，每一任总统都重视博物馆建设，希望留下自己的痕迹，推动一种潮流，成立博物馆联盟，保持博物馆的不断发展，成为重要的公共教育基地。国家在法律上规定了各种文物古迹藏品的归属，博物馆管理者均有专业学院培养，基于深厚的博物馆视觉艺术底蕴，巴黎在任何时候都以她的文化软实力吸引世界人民。某些类型的博物馆、当代艺术画廊或文物古迹将要求或"假定"比其他人更多的先验知识，重点是引导受众通过活动和实验"发现"的过程。然而在其他的语境中，比如当代艺术强调的重点更多的是期待受众带着自己的想法和联想去体验。过于说教的"解读"有可能"关闭"一件艺术品在访客中引发的可能意义和思维过程的范围；它可能被指责说有一个"正确"的阅读，过度依赖文本解释会忽略艺术作品的意义，通过"凝视"主导才是博物馆观看的最佳方式。

总之，博物馆的丰富性、多样性和差异性，正构成一种新的文化业态，博物馆世界的奇妙以其丰富性而展开为一部人类的百科全书，通过博物馆受众能够了解世界历史、文化的衍变和艺术的发展，观看是展览与受众之间最为传统和主流的沟通形式，这要求受众具备一定视觉素养方能形成博物馆的文化依赖。

第二节 博物馆受众的视觉素养培养

一、博物馆受众素养的维度

根据布尔迪厄的观点，从美术馆或博物馆那种不那么具有自发性的氛围中获得快乐，是以人们能够享受合适的社会代码和社会意向为先决条件的。与娱乐场、电影院相比，进入博物馆既有知识信息收获又有精神愉悦需要的一定素质，而这种素质与参观频率又相辅相成，布尔迪厄曾经做过的调查显示，有些人从来不踏进博物馆，即使是免费参观。诸项研究揭示了这样的情况：审美的判断是与文化的独特性和狂热的象征性形式联系在一起的。他宣称，社会各群体调动自己的审美意向，既为了使自己有别于他人，又为了使自己的特征具有优越性。①20 世纪 90 年代，莫萨里斯（Messaris）提出视觉素养的四个核心目标：通过经验学习更好地理解视觉媒介，通过视觉媒介获取特定的认知技能，对于视觉文本生产和操作技术的认知和反思，以及美学素养的发展。②学习理论家将学习分为三大领域：认知领域、情感领域与技能领域，作者由此研究构建出博物馆受众"认知—情感—技能三维度素养培养"模式，如图 3-1 所示，中间部分为博物馆传播主体的策略。

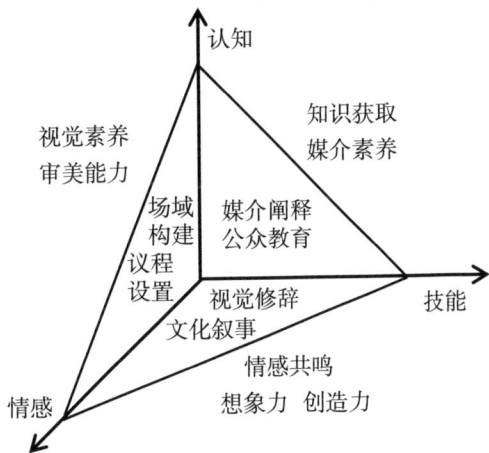

图 3-1 博物馆受众"认知—情感—技能三维度素养培养"模式

① [英]尼克·史蒂文森：《认识媒介文化：社会理论与大众传播》，王文斌译，商务印书馆 2016 年版，第 312 页。

② Messaris, P., *Visual "Literacy": Image, mind, and reality*, Boulder: Westview Prsess, 1994, p.3.

（一）视觉信息的感知与处理能力

看见是视觉的表象活动，看懂则是知性活动和理解过程，即发现和建立事物之间的内在关联。比如对一件艺术展品涉及艺术感知、体验，通过受众视觉感知、对视觉信息的处理，博物馆信息传播可以突破语言、文字媒介的传播局限，使参观者成为主动的、参与性的、批判性的学习者，以信息建构为核心，直观获取展品的意义指向。视觉素养包括视觉思维能力、评论鉴赏艺术品的能力、传递视觉信息的交流能力，以及将这些能力迁移至学习、工作、生活及人格中的能力。博物馆受众视觉信息处理能力同样是"描述—分析—解释—评价"的综合体现。

从国家政策的推动，到公立博物馆越来越深入的展览计划，乃至大众媒介的跟进，传统文化的复归与现当代艺术在公众文化生活中的关注已经是不争的事实。在这样的观展热潮中，一个普通的受众如何以自己的眼睛去认知和理解传统书画？首先应该回到最朴素的观看——凝视与思考，多去博物馆面对原作，从欣赏做起，再去学习如何提升视觉素养的方法。如中国传统文化艺术的复苏，源于"中国人对传统书画魅力的感受是会被自我唤醒的"。国外一项"作为文化活动的体验"研究调查结果分析发现[①]：频繁的艺术参与者经常强烈地表示，他们的主要动机包括"体验高素质的艺术，支持社区机构，获取知识，了解其文化遗产，以及获得情感上的回报"。频繁参与艺术活动的参加者，通常会更多地陈述他们强烈而且积极的体验，而且也往往更强烈地认为，艺术质量高就会更受社会的钟爱，所学到的新东西就多，其平台就更受欢迎，活动更会得到情绪的反馈，因而他们也就愿意再去。所以作为非艺术专业的受众，博物馆更加深入的探索动机和总结体验效果，探寻受众参观原因的变化以及不同学科之间的差异，通过设计各种参与式活动帮助他们提高媒介素养、视觉素养和审美素

[①] ［美］弗兰西·奥斯特维尔：《多元动机、多种体验与文化参与多样性》，王列生、张帆译，《文化艺术研究》2017年第4期。

养，使其除了获取历史文化知识外，还感受到"高素质艺术的体验和情感上的回报"，渐渐地就会成为博物馆的忠实受众，并批判性使用媒体，运用其建构自己的意义，习得博物馆媒介素养。

（二）对历史文化认知程度

博物馆面对公众时往往无法选择、分类其参观者，在展厅里徜徉的匿名个体充满了差异，知识输出的效果绝非由博物馆单方面决定，因此策展者更希望平衡"审美体验"与"教育体验"。在历史文化的脉络里涵育自我，博物馆关涉到一个民族共同体公共生活的构建、历史记忆的形塑和个体心灵生命的滋养。恩格斯曾提出："无论对一切理论思维多么轻视，可是没有理论思维，就会连两件自然的事实也联系不起来，或者连二者之间所存在的联系都无法了解。"①博物馆视觉信息的传播、传递、储存表现为人类文化生产及创造的不断积累，社会文明的持续演进。博物馆收藏是艺术品和文物价值确认的重要标尺，只有最具时代、民族、文化的典型象征意义，或具有唯一性和不可替代性的艺术流派及代表作品，才能进入博物馆收藏。从馆校联合项目"艺术星期五"的受众访谈可以看出，博物馆会带给学生强烈的审美感受：

学生："看到了许多美轮美奂的画，很震撼。之前没有接触过油画，今天上完课，感觉老师讲得很好懂，也很精彩。希望学校能够多多组织类似的活动。"

授课老师："每个孩子都表现出了对美术史探寻与求知的巨大热情。部分同学提出的问题和见解，很有深度与针对性，出乎我的意料。"

小学负责人："近段时间以来，学校一直致力于传统文化教育工作的探索与推进，尤其是在文化艺术领域，做过许多大胆而有效的尝

① 《马克思恩格斯全集》第20卷，人民出版社1971年版，第399页。

试。既拓展了孩子的文化视野，又激发了他们对创作的兴趣与热情。学校作为国家教育战略的一线战场，应当以此为经验，继续我们对文化教育事业的探索与推进"。

博物馆受众研究结果显示，小学阶段高年级学生能应付复杂多变的事物，有很好的处理技巧，可让他们表达思想和主张。博物馆不仅应成为孩子的第二课堂，还应形成持之久远的、让几代人相关联的一种文化依赖。所谓有批判性思考的人，就应该在历史和思想文化的资源里面去寻找和建构自我，在博物馆中既可以获得很多历史、艺术知识，还可以获得人文环境的享受，这也是社会认知和自我认同过程，社会价值形成与批评性思维的延续。

（三）媒介认知度与技能

问卷调查折射出人们参观博物馆基于不同的原因，而且更进一步的访谈获知，在差异性群体中，每次参观的原因也有动态变化的原因，同样的人可能会因为不同的原因并且表明对多种体验的愿望：比如和家人朋友一起参观更倾向于愉悦的体验，而个人参观则是获取新知识和静静享受艺术氛围的原因更多一些。进一步探索博物馆内部交互式媒介传播环境，互动设施的使用，避免走向娱乐化从而将受众的注意力从展览本身偏离向简单的感官刺激，而应该确保起到传递和制造知识的作用；展陈设计与媒介运用要注意引发受众的思考，运用提问、现场阐释、指导、现场分享等技巧打造个性化和关联性的参观策略。

人类社会的信息传播在媒介融合时代进入一个全新阶段。博物馆采用各种媒介技术越来越普遍，无论馆内还是馆外，都有各种科技手段，网络博物馆从根本上打破了美育训练流程中的时间、空间、技术以及物质资源上的束缚，使得审美感受力训练的可操作性得到极大提升。例如，卢浮宫网络博物馆就尝试将达·芬奇的《蒙娜丽莎》以高清晰度的数字格式制作成图片，在线浏览者通过下载工具软件，实现对画作的任意局部放大，这样就使得对作品的线条、色彩、光影、肌理、笔触的细节分析更切实可行。① 另外，还可以依赖自媒体获取博物馆的展览信息、阅读展评、与兴趣相同的网友讨论文物艺术品。

考察博物馆、美术馆外部社会传播环境对艺术类专业受众的影响，首先看他们获取展览信息的途径：除网络选项外，接近半数受访者通过订阅博物馆微信公众号来了解展览，再就是通过"亲朋好友"，即人际传播。这些说明对于专业受众，无论是线上还是线下，"专业的艺术圈"和口碑传播起到更重要的作用。而传统大众媒介如报纸杂志、广播电视对他们的影响微乎其微，只有很少的专业受众选择。在展览的推介中，专业受众需要更专业化的解读、更深层次的展览内容和艺术家评介，他们本身也具有对展览、展品评介的表达欲望。有些展览的策展人、参展艺术家就是他们的老师、同学，所以在传播过程中，他们可以作为"意见领袖"，对高校其他的大学生进行二次传播，借助校园网论坛、广播电视台、校报等媒体对博物馆、美术馆的热门展览进行解读、评介。是否参观博物馆以及获取相关信息的渠道结果显示，参观博物馆动机与体验，往往取决于更广泛的社会语境，即博物馆外部媒介传播渠道，而非博物馆内部孤立的媒介文本生产（展览的更新、展品的更换）以及参与式活动。所以要加大与博物馆外部大众媒介和新媒介的合作，拓宽博物馆外部媒介传播渠道，理解文化形式与更广泛社会文化环境之间的联系，立足于潜在受众何以参观展览、参加讲座活动、参与互动式体验、如何评介展览等特定类型博物馆文化传播的信息，以及他们所期待拥有的体验。参观博物馆后，针对受众设计深浅层次不一的参与模式和传播策略，运用网络、自媒体等多种方式将每位受众的个人体验串联起来，构建社交网络。②

---

① 李贺、霍美辰：《融媒体时代青少年媒介审美素养的提升策略》，《东北师大学报（哲学社会科学版）》2018 年第 3 期。

② ［美］妮娜·西蒙：《参与式博物馆：迈入博物馆 2.0 时代》，喻翔译，浙江大学出版社2018 年版，第 76、80 页。

（四）审美意识和鉴赏能力

审美思维既包括审美活动中直接显现的认知、情感、意志活动，又包括内在的关于美的联想、想象和审美观念的形成。审美教育所发展的感性体现于直观形式中的观念意识，从概念到形象、话语等直观形式，从而有别于理论形态，这种感性的观念意识又被称作"审美意识形态"①。美一直存在于我们的生活之中，但发现美、享受美的能力却不是每一个人都有的。比如观音像遭遇水泥补脸，清代西游记石雕被用化学颜料"美容"，摩崖造像生生变成了农家乐审美，类似的修复式损坏不胜枚举，既反映了文物保护工作的某些欠缺和失误，同时也暴露出整个社会对美育的忽视已造成相当严重的后果。这后果绝不仅仅体现在文物修复这一件事上，而是在我们的生活中随处可见。②从根本上来说，审美感知力的培养需要积累大量的审美感知经验。与传统的课堂艺术教学和实体博物馆审美教育相比，博物馆以视觉信息的方式将考古文物、各类艺术品、非物质文化遗产以文字、图像、声音、交互式体验的媒介承载方式展示，为审美感知教育集中提供了数量庞大的审美客体。普通受众可以通过努力修养自己，在博物馆中持续观看展览进行审美能力培养，也可以通过"古雅"对艺术有所探寻。视觉审美能够带给受众内容之外的感受，使受众与导视系统形成共鸣，促进视觉信息的传播。

美育学者杜卫曾指出："儿童和青少年感情充沛，往往有比较强的情感释放欲望，但是直接的情感释放不同于审美体验。所以教师应该引导学生对艺术作品进行反复的琢磨，也要注意让学生对自己的作品进行认真、细致的评价，使他们养成深入体味审美对象的习惯，这些对于促进学生体验能力的发展是有帮助的。"③这就意味着，如何培养学生更积极的审美参

① 杜卫：《美育三义》，《文艺研究》2016年第11期。
② 跃兴：《浓妆艳抹式修复背后的美育盲区》，《齐鲁晚报》2018年9月5日。
③ 杜卫：《美育论》，教育科学出版社2014年版。转引自李贺、霍美辰：《融媒体时代青少年媒介审美素养的提升策略》，《东北师大学报（哲学社会科学版）》2018年第3期。

与热情，以及培养学生在审美体验过程中欣赏、品味、创作审美客体的习惯将是情感力培养的主要议题。针对审美知觉力的培养，阿恩海姆曾研究指出："无论在什么情况下，假如不能把握事物的整体或统一结构，就永远也不能创造和欣赏艺术品。"①格式塔心理学对审美感知心理的整体组织性原则的强调实际上就是冈希里奇所提出的"审美图式"，"没有一些起点，没有一些初始的预成图式，我们就永远不能把握不断变动的经验，没有范型便不能整理我们的印象"②。可以说在某种意义上个体的内在审美图式就是审美知觉力的某种组织原则，它预先制约着审美知觉的作用方式和所建构的审美形式结构。审美图式的形成与发展与审美经验的广泛积累有密切关系，早在古罗马时期，文艺理论家——贺拉斯就提出"寓教于乐"的学说，用以揭示艺术的本质特征，即艺术中所包含普遍性的"真善美"必须通过明晰的个性化转化为个体感性可以直接接受的形式，艺术作品必须是形式与内容美的融合统一。

二、提升受众视觉素养的路径

20 世纪 80 年代，西方国家在高等教育中将视觉传播和实践类课程中大量引入视觉素养观念，展开视觉美学和视听修辞相关教育。视觉素养教育提升了整个社会对人文与艺术领域的认可和支持。19—20 世纪现代主义美学家提倡鉴赏者从日常现实生活中脱离出来，与美术作品保持适当的"心理距离"，以获得无私利目的的"美感经验"。20 世纪 60 年代后，一些学者提出"艺术经验"概念，提倡人们对美术作品的体验与日常生活以及作品产生的历史情境互相联系。③运用博物馆、美术馆提升受众视觉素养的路径有：

---

① ［美］鲁道夫·阿恩海姆：《艺术与视知觉》，滕守尧译，中国社会科学出版社 1984 年版，第 5 页。

② 参见 ［英］冈希里奇：《艺术与幻觉》，卢晓华等译，湖南人民出版社 1987 年版。

③ 钱初熹：《培养公民视觉素养的美术馆公共教育》，《上海艺术评论》2017 年第 6 期。

（一）受众观察与视觉趣味的形成

大众媒介的艺术评论、展览报道、艺术家访谈、艺术作品和艺术家的名望、声誉和作品中传达的艺术内容共同发挥培养受众的作用。常关注艺术博物馆展览信息、艺术评论、讲座的受众与不常关注此类信息的受众相比，对展览的解读自然差别很大。有文艺美学专家提出，"那些具有文学、理论或者哲学背景的人往往会更多关注'看出'，希望找到作品背后的深意。哲学家看艺术和物理学家看艺术各有不同，他们看到的往往是自己希望看到以及他们的知识结构规定了的能够看到的东西"①。从传播学意义上，这里哲学家和物理学家对艺术作品的解读可以有效验证"回响效果"理论，受众在进入艺术博物馆之前是被各种媒介、校内外艺术教育、艺术的灵感累积等"涵化"的过程，进入博物馆是带有文化心理选择的过程，所观看的结果实际上是由视觉习惯（比如审美趣味）、文化心理、观看经验积累等共同形成的理解力。大众媒介也会对受众有重要的引导作用。除了进入博物馆之前的媒体传播，讲座之后的电视节目录播、视频网站点播也是为大众普及博物馆文化艺术的重要方式，并提升视频节目的文化内涵。现代人与历史的、传统的文化之间存在着精神上的割裂和心理上的距离，而大众媒介具有积极的互动性和快速传播的网络特征。此类媒介呈现方式能够激发起人们对文物境遇和命运的关注，弥合历史和文化的割裂，丰富历史文化记忆。

艺术博物馆传播有时需要和拟态环境、分众传播结合起来。在看的行为发生的那一瞬间，也即在观看主体的视线投射到物体、人物或场景的那一瞬间，自我就立刻生成了。在其生成的刹那，自我的思维视角、个人修养、知识背景、生活阅历、审美趣味、政治立场、当时的社会规范，以及观看时自我的心理活动或思想感情等，都一并被带了出来，并以一种虽然

---

① 张文：《复调与交响——我院学者聚谈绘画的欣赏》，2016 年 11 月 16 日，山东大学文学院，见 http://www.lit.sdu.edu.cn/info/1008/3452.htm。

潜隐但积极主动的方式作用到看的过程中来。体验和感悟艺术的过程事关一个人的修为，即智力、道德和心灵的发展。对艺术或者文学体验丰富的受众对作品感受比普通受众强烈，比如著名作家肖复兴在巴黎奥赛美术馆面对米勒《拾穗者》受到的震撼感"如同弥漫的音乐一般，持久难散"，他对画面有这样的体验①：

> 《拾穗者》的画面都是静穆的，有着古典主义的风格，却和传统的古典主义不尽相同。它给予我的是现代的感觉，靠近的不是遥远的天堂或虚构的世界，而是有着泥土气息的地面，是真正的田野，不是涂抹鲜艳颜色粉饰后或剪裁过的田野。最初，我看到的是那种在田间艰辛劳作的农民日复一日的疲惫、沉沦，甚至无奈得有些麻木。后来，我看到，米勒画的农民是沉默的、隐忍的。他们的劳作既是艰辛的，又是专心致志的；他们的心里既是枯寂的，又是心无旁骛的。我会感到那来自最底层的情感，那种情感，既是脸朝黄土背朝天的，是艰辛的，又是与土地血肉相连的，是亲近的，是米勒自己说过的一种在艰辛劳作中所能表现出来的诗情。……米勒不是农民的代言人，他只是抒发了对农民和土地之间更为宽厚的感情和诗情。这种感情和诗情，便能够超越时代，而让我们后代人共鸣，那些画面中的农民，不仅是我们的父辈，也是同样在艰辛跋涉中付出过汗水也寄托着希望和诗情的芸芸众生的我们自己。如同米勒最喜爱的画家米开朗基罗曾经说过的一句话：我们大家只不过是慢慢地有了生气的土块。米勒用他的画笔，让自己这块小小的土块有了160年来长久不衰的生气。

视觉信息对人的情感体验和认知方式有着重要影响。如前述马斯洛曾提出的"高峰体验"，这段文字中"给予我的是现代的感觉""我看到""我感到""让我们共鸣"这些评述充分显示出作家丰厚的人生经历、敏锐的视觉观感和与之共鸣的情感体验。而同一幅艺术作品《拾穗者》出现在中

---

① 肖复兴：《我们都是小小的土块》，《齐鲁晚报》2017年4月19日。

小学生美术课本里，带给孩子们的体验远远不如给予作家的冲击力和感受力，正是因为孩子们视觉素养和人生经历的欠缺。意义往往透过观看实践从视觉、听觉和文本的再现世界中创造出来，受众透过"观看"，解读所理解的世界。观看先于言语，不仅是个人的经验，还包括受众与过去之关系的本质性历史经验，也就是说，求索给予生活以意义的经验，以及尝试理解历史，以使我们能在其中成为创造者的经验。① 国内艺术博物馆逐渐完善交互式传播活动，2017 年年初上海龙美术馆（西岸馆）结合该馆举行的"敏行与迪哲——宋元书画私藏特展"，邀请国内部分权威专家在上海、北京、杭州、广州等城市的高校和公共文化机构推出 7 场以宋元书画为主题的学术公益讲座，为公众介绍了宋元艺术的美学密码和宋元艺术发展的历史背景，将展览的影响力从博物馆有限的空间推向更为广阔的社会突破了展览本身内容的限制，在博物馆与公众的深度交流方面做了有益的尝试。总之，长期优质的公共教育活动所带来的形象推广，令博物馆可以逐渐形成较为成熟的文化传播方式、公众的普遍参与习惯和博物馆的品牌理念。

（二）面对青少年的馆校协同培养

从 2014 年开始，我国政府大力推动青少年走进博物馆进行学习，比如北京市要求中小学生每年去国家博物馆和首都博物馆至少两次，现在到国家博物馆参观的学生数量是全世界第一。② 在博物馆课程中，博物馆的教育价值主要体现在以下四个方面：第一，博物馆提供让儿童和代表历史的实物面对面的机会。第二，博物馆不仅有展示功能，也有很强的研究实力。展陈策划带来的不仅是美好的观展体验，更是精确严密的知识体系和思路。第三，博物馆提供了丰富的可能性，对非应试知识点的兴趣，在博

① ［美］约翰·伯格:《观看之道》，戴行钺译，广西师范大学出版社 2015 年版，第 44 页。
② 陈履生:《中国需要强大的博物馆文化》，《环球时报》2017 年 7 月 28 日。

物馆里能得到发挥。第四，博物馆展示的是多元视角，在童年阶段便开始学习用不同的视角来看世界。

国家博物馆采取了一系列传播方式整合，设立教育体验区，开发国家博物馆"中华传统文化——博物馆综合实践课"系列品牌，尝试引入"双导师制"，即：先在博物馆教师带领下到展厅完成现场观察的上半场课程后，再回到博物馆的"教育体验区"，由学校教师带领完成下半场的解析与互动课程。该教育品牌推出后，成为博物馆教育与学校教育科学长效对接的一个示范工程，在业内引起巨大反响。①国家博物馆除了这种常态化的文化传播课程，在世界巡展期间也在网络上同步设立虚拟展馆以及提供网络学习资源的下载。如大英博物馆百件文物展的参观计划书，设计优良，互动性强，图文并茂，既有美感又有引导意义；又如 2017 年 11 月 30 日秦汉文明大展结束后，国博的网站虚拟展览仍在以两种方式继续，在一定程度上弥补了没能到现场观看受众的遗憾。不过这种推广传播的先进方式在中国各城市间不均衡，由于教育资源的差异，博物馆教育在一些中小城市难以实现，这也反映了中国博物馆发展不均衡的特点，亟须地方教育部门联合当地博物馆加快实施相关政策，发挥博物馆作用。博物馆通过精神产品提供健全人格、学术品格、审美眼光、人格精神，今后博物馆在对大学生视觉艺术传播和教育方面仍有较大提升空间。

三、培养受众自我视觉养成

晋代画家顾恺之在《画论》中曾提出"迁想妙得"的概念，指画家在艺术构思过程中的想象活动，把主观情思"迁入"客观对象之中，取得艺术感受。比如突出中国传统文化中恬静平和、意境深远、趣味隽永的东方审美特点，打动受众的视觉观感，更重要的是引发受众内心的文化遐思和

---

① 丁福利：《博物馆教育的品牌建设之路》，《中国文物报》2017 年 6 月 9 日。

文化审美的感受。① 在博物馆美术馆学术界，虽然有一种声音是"不和游乐园争夺受众"，但是如果公众对具有知识本体职能、传播文化艺术的博物馆没有引起相当的重视，此现象仍然值得进一步寻找原因。电影院是承载视听表演艺术的大众媒介，游乐园富有更多的参与互动项目，图书馆是自主学习、思考的绝佳地，而博物馆则涵盖以上三种媒介场所的优势，在展览叙事和虚拟场景中可以形成"剧场"，在多媒体、VR、AR 技术等新技术手段下让受众积极参与互动，以及提供凝视、沉思和情感共鸣的艺术展厅，在吸引潜在受众方面发挥作用。

视觉素养教育的最终目标是培养和提升视觉文本的呈现和表达能力，这与我们的生活、工作密不可分。年轻一代所面对的工作环境是通过各种视觉形式建构起来的世界，每天工作的内容都离不开视觉元素和视觉技能。② 以视觉表征的方式将文物艺术品呈现在虚拟博物馆，形成视觉化、媒介化学习资源。南京师范大学视觉文化研究团队在张舒予教授的带领下，探索了"视觉、媒介、信息素养融合之教育实践"③，并且以优秀传统文化的视觉表征为途径进行了案例研究。虽然发源于不同的领域，但是随着科技、文化社会的发展，受众的视觉素养、媒介素养和信息素养已经开始相互影响、相互作用，三种素养的理念内核逐渐趋同，以适应媒介技术环境的复杂性。博物馆正是一种可以同时培养受众三种素养的场所，现代传播技术为博物馆展品、展览视觉表征实现提供了快捷而丰富的媒介可能，意义的生产和传播以前所未有的规模和速度进行着，以跨越时空的姿态不仅在相同的文化中传承，而且在不同的文化之间循环往复。博物馆视觉传播将提升受众知识建构、文化传承、素养培养多向发展。

---

① 岳鸿雁、李钢：《迁想妙得：基于认知理论的传统文脉在书籍设计的应用》，《出版发行研究》2018 年第 12 期。

② 周根红：《视觉素养教育：新媒体时代的重要议题》，《中国社会科学报》2018 年 8 月 23 日。

③ 肖婉、张舒予：《VMIL：视觉、媒介、信息素养融合之教育实践——以优秀传统文化的视觉表征为途径》，《现代远距离教育》2016 年第 5 期。

第三节 博物馆视觉信息的传播价值

以上两节内容主要是博物馆基于个体受众的视觉信息传播目的和理想效果；本节针对博物馆受众群体，将他们置于广阔的社会文化视野中探究博物馆视觉信息的传播价值，为建构视觉场获取社会影响因素。

一、创设文化信息的交换体系

在数字化媒介环境下，大众文化真正开始走向大众书写的文化，精英文化也逐渐开始寻求与大众文化传播途径相结合的方式，即前者的叙事方式必须能够融入后者的自我表达、自由沟通这一特性。与此同时，从信息的发布到信息的扩散，受众的参与性通常会直接影响到信息传播的效果，信息反馈的环节对于整个信息传播过程来说逐渐处于一个显著的位置。这为以传统展示——观看为手段的博物馆文物传播开辟了新的空间。在新媒介传播环境中，博物馆正在调动更加主动的受众。[1] 就博物馆对文物的传播而言，完全虚拟的网络空间是使得信息加速流通的重要渠道，也是增加信息反馈，及时与受众沟通的关键平台，它几乎可以无限制地呈现出各种信息和资讯。博物馆观看的客体是视觉内容，观看条件包括视觉场域与视觉媒介，主体是受众，应注意到受众对揭示和构建展品"文化意义"的热情和能力，激发公众学习和创造力：

> 我对国外传统与现代社会知之甚少，但并不妨碍我去欣赏和用自己的感觉去理解这些当代艺术家展示的色彩与画面，特别是现代艺术的手法，给我更大的想象空间，可以从看似不规则的画面之中，找到

---

[1] 曾一果、陈爽：《博物馆文物的数字化展示和传播研究——以台北故宫博物院为例》，《广州大学学报（社会科学版）》2019年第1期。

与想象中相吻合的切入点。带着这种理解的方式，在芝加哥当代艺术博物馆每次观摩与学习，都会给我一种全新的感觉。当代艺术大师的表达，与作家、评论家采用的表达十分相近，写实主义也好，魔幻现实主义也好，最终表达的人生是那些共性与差异，善与恶的表现方式，事实摆在我的面前，赞美抑或是批判留给观阅人评判，因为这不是标准，通过绘画的表达方式，可以了解艺术家内心真实想法，如同作家讲述故事也是自己的真实感受与观念。

从这段受众访谈中，可分析出博物馆的展品艺术价值不仅仅局限于创作者想要表达的内容，而且在于这些展品凝聚着用色彩和构图诠释对自然与人类社会的认知，每个人都可以有自己的理解，并从中得到启发。

媒介是表意的工具，通过表意过程建构意义，呈现给阅听者关于世界的图景。博物馆具有多种不同的意义系统，契合了文化取向的传播观，即"将传播看成共享意义和空间的建构过程"①。隐性内容则是隐喻性质的，即在艺术品和展览中隐藏的意识形态、价值观、精神能量、情感等内容，需要受众去意会，而且受众中也有各不相同的阐释群体，每个意义系统都需要单独阐释，不同受众获得的启迪相差巨大。博物馆是一种"代表地点和身份认同的地点"，同时也是这种集体记忆的"文化客体化"，在博物馆中总是有特定的文化产物被挑选出来，为了进行公开的保存和展示，并最终传承到后世。博物馆空间的展示总是显示着时间的绵延，展品的时间维度与特定的文化记忆相联系，参观者在其间的参观活动则作为某种集体性文化的回忆，汲取认同的资源，同时也进行个体的意义投射。博物馆媒介空间通过规制其间的展陈和参展活动，参与到特定的共同体对自己的历史与身份的讲述之中。② 与过去有所不同的是，在文化共享方面，国内外的

---

① ［美］劳伦斯·格罗斯伯格等：《媒介建构：流行文化中的大众媒介》，祁林译，南京大学出版社 2014 年版，第 21 页。

② 陈霖：《城市认同叙事的展演空间——以苏州博物馆新馆为例》，《新闻与传播研究》2016 年第 8 期。

博物馆、美术馆都把为公众服务放在了首要位置，文化共享已经成为一种文化自觉，获得的收藏品不再深藏于库房之中，而是基本上在第一时间与公众见面。国际和地区、城市间的文物巡展也成为一种趋势，艺术家的个展也面向不同的国家公众展示。如故宫博物馆近年来展示深藏宫中的珍贵文物，又如"茶马古道——八省区文物特展"通过区域间的合作，将"一带一路"的文化主题以及各博物馆之间的合作推向了与之相关的更宽广的领域。另外，博物馆打破传统观念的束缚，用以公众为中心的文化共享来促进博物馆的展示陈列，不仅充分利用馆藏资源，同时运用各种宣传手段让公众更加了解博物馆的特展和常展，吸引更多受众。如2020年意大利文化部发起"文化永不停"项目，包括教育、图书馆与档案馆、博物馆、音乐、电影和戏剧六部分内容。网友可以在文化部网站上，在线观赏博物馆的虚拟导览、雕塑3D模型、歌剧和音乐会等。该项目已覆盖意大利400多家博物馆与文化遗产的展览资源，这个数字还在不断增加。意大利文化部称其为"居家时期的文化艺术大餐，让人们在困难中仍能与艺术和文化相连"。据英国国家肖像馆馆长尼古拉斯·库里南介绍，该馆每年约500万的网络访问量中，有42%来自英国以外，"这些观众不一定能前来参观，却可以接触到我们分享的内容"。各大艺术机构开始思考，如何在实体运营之外拓展新的可持续的文化消费方式，吸引新受众。随着数字技术的日益成熟，人们对数字化展览的期望将会越来越高。

创设文化信息交换体系、文化共享理念促进了公共文化服务的均等化，在一定程度上减轻了"信息鸿沟"和贫富差距以及由此带来的文化艺术不平衡，保证了所有公众的文化权益。为了扩大文化共享，各博物馆、美术馆还加大了公共教育、宣传推广、衍生产品开发的力度，尤其是利用虚拟场域的大数据和互联网，引领虚拟参观和网络云直播，官方网站、官方微博、微信公众号都在文化共享方面做出努力，有的博物馆已经提出"无边界博物馆"的文化共享理念，文化共享促进"博物馆+"的时代变化。资金投入方面也进一步加大了对公共文化建设的投入力度，中国绝大部分博物馆作为公益性文化设施向社会公众免费开放，提供基本的公共文化服务；国家艺术基金则资助博物馆、美术馆走出去，将重要的馆藏送到省市博物馆、美术馆，将共享的理念通过馆际交流进行具体的落实，如国家艺术基金资助项目之"20世纪中国美术之旅：走向西部——中国美术馆经典藏品西部巡展"；又如国际间的文明互鉴，由山东美术馆承办实施的国家艺术基金资助项目之"一带一路——笔墨意象中国画名家海外巡展"，以艺术作品为本体，通过推进民心相通、弘扬丝路精神、促进文明交流互鉴、重视人文合作为目的多角度阐释，将中国本土的水墨语言、水墨故事讲给世界听，向世界展现中国艺术的独特风貌。

二、建立受众群体的文化认同

博物馆不仅仅反映文化身份，而且通过塑造来产生文化身份。博物馆是文化融合的重要标志、文化传播的平台，中西文明相互学习、相互借鉴、加深了解、密切联系。这个过程实质是传播，其情感传达借助很多让人过目不忘的展品和展览，进入受众的情感层面和价值层面。从视觉信息分析切入博物馆的传播领域，以展览、展品、展板等显性的传播内容为研究对象，深入探索博物馆视觉场域的营造及视觉传播信息策略，而在这些显性物背后的"文化"更具有隐性的特点，关涉到观看展览与情感传达、受众对艺术展品的文化记忆与文化认同、博物馆的集体记忆、运用博物馆传播民族地域文化等深层次内容。所有媒体展示中，情感传达与展示的关系、作品与受众表达的情感特征表达揭示了人与物的情感传达。比如笔者参与观察的中德合作"青岛新八景"展览，艺术家身处东西方的不同文化背景和双重语境之下，对青岛市与汉堡市洞察性的所思所感通过视觉艺术语言和当代绘画语言加以展现，作品既融入了古代中国传统的八景图创作思想、《梦溪笔谈》中所提到的"以纸附墙"的创作手法，又将当代艺术创作的理念渗透在每一个立面碎片中，在现代哲学层面对城市印象、城市记忆建构出视觉思维的独立认知思考体系，进行深刻的展示与确认。因为艺术家从小受中华传统文化的熏陶，在热爱本国文化的同时又不因循守旧，在文化自信的基础上，能够带着批评的眼光，对外来文化保持开放、积极的态度，从第一手的记忆出发，随机选择青岛的景色把受众带入过去的体验，再打碎这种印象直至进入未来。阿恩海姆在《视觉思维》中强调，在人的认识过程中"现在包含着过去"，即人们对事物的理解不仅仅基于瞬间经验，而是将过去的经验与现在的认知串联起来，如果帮助受众建立过去与现在的连接，展览的情感传达就要建立在共同经验之上。

中华文明的起源是多元的，经历了分裂与统一不断交替的过程，从祖先崇拜、礼乐制度到秦汉时期的统一措施，再到历代北方民族的汉化，支撑中华文明一直延续不曾间断的正是文化认同。从更宏观层面来看，集体记忆、文化认同与博物馆的关系密不可分，各国博物馆工作中努力强调和建构一种自身独特的文化属性和传统，并在此基础上确立自己的民族文化身份认同，以便与别国的文化属性形成区别。这种具有对抗全球化趋势的努力很明显体现出博物馆作为处于民族化、国际化和全球化思潮之间文化应力场的功能和地位[①]，以此扮演集体记忆的引擎角色。

"以受众为中心"已经成为当下国内外博物馆业界策展的共识，传播主体无法再将传播对象看作外在的、客观性的存在，而应将其视为与自身平等存在且息息相关的交往主体。传播对象的主体性同样规定和制约着传播主体的行为和效果，并赋予传播活动价值和意义[②]：

> 进入博物馆，可能我做足了功课，看得懂展览设计的起承转合，对展品本身和展品背后知识体系得有一个完整认知；也可能我在一件展品前感动到泪流满面，而其他展品在我眼里都如浮云；也可能我只是在博物馆提供的休闲空间里发了一下午的呆；也可能我只是来博物

①　刘宏宇：《呈现的真相和传达的策略：博物馆历史展览中的符号传播和媒介应用》，人民日报出版社 2016 年版，第 194 页。
②　周丽英：《论博物馆传播与受众认知关系的实质及其发展》，《博物院》2017 年第 3 期。

馆打了卡，发了朋友圈；更可能我只是奔着展览的周边文创来的……

博物馆为公众提供了一个有别于商场、剧院等其他休闲娱乐方式的公共文化服务空间。在这个空间里可获得的，除了知识之外，还有美的享受、心灵感悟和人际交流。

大多数受众来到博物馆是主动的、有主见的，有自己的观展议程，他们在文化背景、学习范式和情感感受上呈现出多样性。受众对信息并非全盘接受，而是有选择地接受，再结合自己的先验经验来理解对自己有用的信息，"再创造"鼓励受众对物品做出个性化的诠释，而且受众还可以将自己的理解用合适的方法表现出来。① 人们在成长过程中总会有意识或无意识地接受民族文化的影响，这便构成了期待视野形成的基础，因此受众有权利、需求、期望以及各自的体验偏好来使用博物馆和其他大众媒介，获得对地域民族文化的认识和认同感，博物馆的文化传播演变为多面向的循环往复，传播的目的是产生一种相互作用的意义建构。另外社交媒体和新技术还可以反映受众对地域传统文化的接受和折服，并且在实时讨论传播语境中建构起共同的价值观，同时进行地域文化特展的人际传播和口碑传播。② 受众还可以通过艺术家、策展人、评论家甚至游客的力量开展审视和讨论。展览的组织形式构成了一个时空交错、虚实结合的交流平台，促进公众与文物深度对话，更好地理解文物展品背后的历史体系、知识体系和价值体系。

博物馆是重建世界的一种方法，是记忆的一种形式。人类学家艾戈·科皮托夫（Igor Kopytoff）曾说："人类的思维中有一种与生俱来的倾向，总想将秩序强加到自己所处的纷杂环境之上，为此人们将环境的内容分门别类。"博物馆叙事正是以某种方式选取可展出的物品，以重建世界。当不同的文物和艺术品汇集于展示空间时，其单个文化属性与其他作品形

---

① 黄洋：《博物馆信息传播模式述评》，《博物院》2017 年第 3 期。

② 赵君香：《博物馆地域文化特展的媒介传播》，《遗产与保护研究》2018 年第 9 期。

成了某种程度融合、互动和互补的关系，这样重建的世界不是原始的世界和记忆，也不是对它们的复制，而是经由对物件的"选取"和对物件不同陈列秩序的"表述"之后对世界和过去的一种理解。① 无论是博物馆的"权力"，还是"秩序"，从传播学语境分析，涉及文化议程和展览内容的设置、拟态环境的创设以及视觉媒介的选择和呈现方式等。

博物馆明显属于世俗知识的范畴，不仅因为在博物馆中实践的种种科学和人文主义原则——艺术品保存、艺术史、考古学——而且也因为艺术博物馆享有作为社会官方文化记忆保存者的地位。和其他文化一样，西方国家也修建一些公开代表有关世界秩序、其过去与未来以及个人在世界秩序中位置的信仰场所。德国的"文化记忆"理论奠基人阿莱达·阿斯曼提出：这种记忆术的核心就在于"视觉联想"，也是"空间作为记忆术的媒介朝向建筑物作为记忆的象征的一步"。从这个角度来讲，博物馆可以被看作一种"记忆媒介"，它是记忆的空间隐喻，可以为国家、民族、地域记忆提供储存的载体以及流动的通道，博物馆、美术馆是受众在行走中获得信息、知识和情感满足愉悦感的场所，建筑空间、展陈空间都在建构着本地的文化叙事，将所要强调的文化意义和意识形态渗透其中，传播给受众，如中国国家博物馆是代表国家进行代表性物证收藏、保管、研究、展览、教育的最高机构。近年来，"复兴之路·新时代""真理的力量——纪念马克思诞辰 200 周年主题展览""伟大的变革——庆祝改革开放 40 周年大型展览"三大主题展览在社会上引起强烈反响，形成"国博现象"。价值观是直接影响人们对展品情感认同的重要因素之一，同一物品在不同的时空环境下呈现不同的价值情感，博物馆传播的核心价值是通过藏品来叙述自己的历史，展现文明和艺术的创造。

展示是连接博物馆与社会大众的平台，是将一系列不可见的知识、秩序与意义通过可见的物件呈现给社会大众的媒介。20 世纪 60 年代，强调

---

① 赵静蓉：《文化记忆与身份认同》，生活·读书·新知三联书店 2015 年版，第 227 页。

不同文化价值及群体利益的多元主义文化议题和博物馆自身伦理转向（以物为中心到以人或社区为中心）共同推动了博物馆展示的多元性与包容性。与过去一元性、单向性的上帝形象和教化模式不同，当下的博物馆展示强调社会文化的多重声音。① 如何展示和消费文化遗产的当代问题对于塑造未来几代人的社会情境至关重要。而博物馆展示什么，不展示什么，强调哪些要素，不仅涉及博物馆机构内部的偏好问题，而且还受社会文化背景的影响。博物馆应增强自身关注社会文化的能动性，拓宽展示的"可接触性"，让个人与群体在博物馆展示空间内实现平等参与。未来致力于社区和社会的发展，给予在对话中有所贡献的人发声，成为一个有意义的交流场所，也是一个可以休闲并且促进社会融合的地方。

三、提升受众群体的文化自信

每一种文明都延续着一个国家和民族的精神血脉，既需要薪火相传、代代守护，更需要与时俱进、勇于创新。博物馆运用自身独特的功能，为社会公众提供更加丰富多彩的精神文化产品，架起多种文化之间的沟通桥梁，承载着文化外交的重要使命。面对全球化的新公众，世界各地的博物馆机构增强联系，运用新方法实现超级联通，通过世界巡展，传承文化遗产和讲好文物故事。近几年，博物馆的角色完成了从社会文化表征到社会发展动力的转变，这几乎已成为国际博物馆学界的共识。博物馆同各种文化都有很强的关联性，彼此融会贯通、交流互鉴，不但有利于博物馆自身的提升，同时对于受众群体来说，可以保存文化记忆、阐释文化价值、传播文化意义、激励文化创造，提升文化自信。

联合国教科文组织第 31 届会议通过的《世界文化多样性宣言》提出，每个民族都有自己文化的发展空间和发展成果，文化的多样性如同生物

---

① 尹凯：《关注社会——面向未来的博物馆思考》，《赣南师范大学学报》2016 年第 4 期。

的多样性一样不可避免。习近平总书记曾指出，"让收藏在博物馆里的文物、陈列在广阔大地上的遗产、书写在古籍里的文字都活起来，让中华文明同世界各国人民创造的丰富多彩的文明一道，为人类提供正确的精神指引和强大的精神动力"①。基于受众群体的不同，要运用文化叙事策略讲好中国故事，传播好中国声音，传播好中华优秀传统文化；引进国外展览满足本国受众的精神需求，进行文明互鉴。据《中国国家形象全球调查报告2016—2017》基于对 22 个国家 11000 多个海外样本的调查显示：在海外受访者眼中，中餐、中医药和武术是最能代表中国文化的三大元素，而诸多中华优秀传统文化精髓与内核精神仍未被国外受众很好把握。博物馆最重要的视觉信息是展览，这是能够讲好一系列展品故事的基础；通过"文化议程"为公众梳理好信息，将展览内容和受众联系起来，吸引受众的注意力。由于展览的特殊性，通过引入"叙事"思维，使受众在叙事性情景构建中进行创造性构思，加深记忆、产生情感共鸣并获得深刻的文化体验。展览类型、主题、规模不一，通过视觉元素进行文化叙事的核心理念一致。传播学者指出："意义"比"信息"更适合描述传播的过程，即传播作为符号的活动，是一个持续不断地合作建构意义的过程。海外受众的兴趣点、"口味"、关注模式等，已经或正在发生深刻的变化：一个带普遍性和规律性的现象是，看过展览、听完"中国故事"并不是结束；相反，它仅仅是开始。海外受众会很自然地追问："为什么是这样？中国故事背后蕴含着什么样的逻辑和规律？"经由兵马俑这样的中国符号传播过程，不同国家的人民使用符号交换远古历史信息，不断生产共享意义，同时运用意义来阐释现实世界和周围的事物。"走出去"的展览形式为"讲述中国故事、传播中国声音"提供了宽广、自然而又立体化的国际舞台，提升了国家文化软实力、中华文化辐射力和影响力。群体与个体参与、故事与

---

① 习近平：《出席第三届核安全峰会并访问欧洲四国和联合国教科文组织总部、欧盟总部时的演讲》，人民出版社 2014 年版，第 17 页。

体验并行、写实与写意的有机融合等策略，让悠久的中华优秀文化"动起来"，使受众自然而然地感受到中华传统文化意蕴。

艺术史学家卡洛·邓肯（Carol Duncan）曾经提出，"从理论上说，博物馆是参观者获得精神提升的文化空间，然而它们又是意识形态的强有力的机器，举足轻重"①。展览具有一定的外交意义，文物展览在国际上早已成为"元首外交"的特殊形式，一个好的文物外展作为传播己国历史文化，甚至可以起到外交家无法起到的作用。国家元首和政府首脑们不但在出国访问时经常将参观对方国最有代表性的文化遗产和博物馆作为行程之一，借此向对方民众表达尊重之意，也能够直观地了解对方国家的历史和文化。如 2018 年 4 月，习近平主席以湖北省博物馆为"国家客厅"，会晤印度总理莫迪，敲编钟、看乐舞、赏文物，并把中国文博创意产品作为国礼赠送，再次成就了文物主场外交佳话。②2019 年中国国家博物馆的大展"回归之路——新中国成立 70 周年流失文物回归成果展"，全面展现了 70 年来我国流失文物回归的不凡历程与丰硕成果，从一个独特侧面讲述了中华民族从站起来、富起来到强起来的历史进程，有力地弘扬了爱国主义精神。文物承载灿烂文明，传承历史文化，维系民族精神。中国的博物馆通过各种国内外大展传承展示着中华优秀文化，见证着中国日益强大，激发着观众的文化自信情感。

习近平总书记高度重视博物馆工作，他说："一个博物院就是一所大学校。要把凝结着中华民族传统文化的文物保护好、管理好。"③随着社会的发展，国家对博物馆等公共文化设施免费开放的决策部署，使我国文化遗产更多地出现在公众视野，博物馆与社会环境、普通大众的互动更加密

---

① Carol Duncan, *The Aesthetics of Power: Essays in Critical Art History*, Cambridge University Press, 1993, p.19.
② 刘玉珠：《让中华文明薪火传之久远》，《人民日报》2018 年 10 月 31 日。
③ 中共中央文献研究室编：《习近平关于社会主义文化建设论述摘编》，中央文献出版社 2017 年版，第 188 页。

切。在新博物馆学的理念指导下，博物馆形成了以观众为中心的运作理念，精心打造具有吸引力的综合体验公众项目，彰显其公益性和教育性等社会服务功能。现阶段博物馆正从运用媒介"解释它们是谁"变成"与公众之间建立对话关系"，其功能已从局限于保存和展示文物，转变为既可以是学习中心、社区活动中心，同时也是人们思考和交流的场所，更加注重涉及观众感官、知识、美学及社会等方面的多层次体验。"流动博物馆"深入到乡村、学校、社区、部队等地方，广泛传播中华优秀传统文化，让文物所承载的民族记忆、文化价值、人文情怀植根于百姓心里；"孔子学堂"则通过各种青少年学习体验活动使博大精深的传统文化内化于心；"大学生进美术馆"让高雅艺术切实进校园，培育、提升青年人的审美素养。党的十九大报告指出，"要深入挖掘中华优秀传统文化蕴含的思想观念、人文精神、道德规范，结合时代要求继承创新"。中华文化源远流长，文脉相传，博物馆承载着传播中华优秀传统文化的历史使命，在不断赋予优秀传统文化新的精神内涵的前提下，与时俱进，不断创新，运用喜闻乐见的公众教育项目，进一步提升博物馆社会公共文化服务水平，使中华优秀传统文化"活"在当下，让文化传承产生源源不断的内生动力。

小　结

本章基于"受众中心论"的视角，从理论层面分析博物馆视觉信息传播的受众状况，构建出博物馆受众"认知—情感—技能三维度素养培养"的模式，以此从受众需求、受众行为和培养方式等方面对博物馆视觉场建构提出要求。

在文化研究领域，霍尔构建起一个新的话语体系，传播活动不再是简单的信息传递而是一种意义的生产与流通，意义通过语言符号呈现出来，经由媒介机构编码后传递出去，受众在接收的过程中结合自己的立场、专业、社会背景等因素来解码，形成对信息的独特理解。在博物馆的视觉场中，受众是重要的变量，与传播形态相互影响、相互作用。参照霍尔对受众解读的分类，对博物馆的视觉信息传播过程的分众化传播和媒介运用的选取，都具有指导作用（图3-2）。

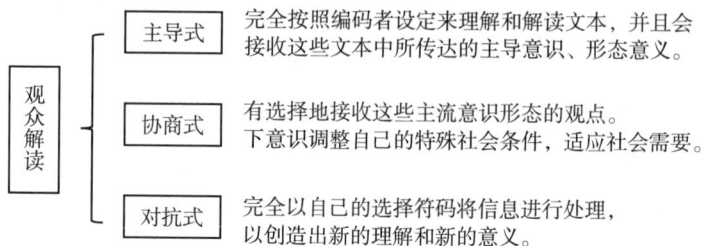

图 3-2 受众解读信息的方式（资料来源：霍尔《编码 / 译码》）

传统博物馆以物为中心，展品多以独立形式展示，此时的受众行为处于"凝视"阶段：受众获取博物馆的视觉信息不仅仅是观看，还牵涉到一连串认知上的工作，包括：诠释、评价、比较；具有足够的心智能力；如果是"凝视"，还牵涉到幻想、心灵遨游、发挥想象力的文化技巧。观者是以一个心理"图式"为参照进行解读的，"图式"来自观看的生理特点以及过去的视觉经验。

随着博物馆向以受众为中心的转变，博物馆应将受众视为意义的积极建构者；不同受众个体的文化素养、视觉素养和媒介技能对传播效果有所影响，应分众培养。对于受众群体，博物馆通过创设文化信息交换体系、多元文化环境和丰富的公共教育传播活动，提升他们的文化自信，加强公众价值认同。决定一个展览和活动成功与否不仅包括主题和展览脉络，不同时期受众的参观动机、兴趣点、期望值以及互动方式这些基于社会与文化的因素也同等重要。因此，博物馆所提供给受众的传播形态将从独立展品向环境创设、场景营造、交互式活动的阶段演进，吸引具有不同层次或不同类型的受众观看展览，通过视觉场里受众观看—思考，让博物馆与受众之间建立更有效的传播。

第四章　博物馆视觉场的物质形态

　　博物馆具有承载和传播传统文化、集聚人类文明、引领视觉审美的功能。物质文化遗产所呈现的是人的行动所造成的结果，是人的行为的物质性外化，并以产品或作品的形式保存下来，这件物质化的产品就成为其文化意义的载体，其间的信息可称为"物载信息"。[①] 这些文化遗产进入博物馆收藏后，并不是都能成为受众感知的展品，博物馆所收藏的"物"也不可能重现完整的历史和艺术，只能根据办馆方针窥斑见豹为公众展示历史或艺术的冰山一角。

　　视觉场"生产场"的构成关键在于物质展品以及建筑空间，传播物质形态包括真实物理空间和展品。展品是提炼视觉符号的基础，是构成展览叙事和受众视觉感知的重要元素，博物馆将受众对其体验与感知变为一种纯粹的视觉活动，即"观看"。作为一种以"观看"为主的场所，博物馆展品通常涵盖可见信息与不可见信息，前者有形状、颜色、尺寸、制造工艺和材质、重量等，后者包括所属文化类型、制作时间、发现时间、地点、曾经的收藏者和使用者等。

　　"以受众为中心"的博物馆议题越来越重要。受众希望达到能够全身心沉浸于观看、凝视艺术品的境界，但是没有一定的知识结构，他们甚至畏惧踏入博物馆，即所谓的阈值焦虑。人们走进博物馆，从对外观的印象到面对博物馆展品、艺术图像或者当代装置作品时，感受着建筑设计师通

---

① 严建强、邵晨卉：《非物质文化遗产与博物馆——关于当代中国非物质文化与博物馆关系的若干思考》，《中原文物》2018 年第 3 期。

过空间传达什么思想；博物馆强调突出展品本身什么价值；展品外形、造型、装饰、（材料）质感带来什么样的文化价值和审美享受；传播者通过何种方式为受众营造视觉场域、创新传播过程，采用什么样的展示方法。

面对以上诸多问题，首先需要从视觉场的物质形态入手，本章通过分析展品视觉信息呈现方式，进行内容、空间和活动的组织，聚焦不同时期、不同类型的博物馆建筑空间设计和展品案例，提炼引导受众进行视觉体验和意义解读的规律。

第一节　建筑空间场域引发受众想象体验

博物馆是一种体验性的视觉对象，主要体现为空间文本对象，是提供"观看"和"体验"的场所，价值在于启蒙精神、传达思想，通过让人们去观看、去感知，帮助他们对已获得的信息进行分类、等级划分以及格式化，形成自己的认知和思想。[1] 博物馆通过建筑空间保存记忆，拥有着各式各样的物质文化，并且通过典藏、诠释与展示等方法，保留见证人类文明的历程并书写历史，成为一个国家、一座城市的地标和文化殿堂。[2] 设计优良的博物馆往往从周边环境出发，利用现代建筑造型，将自然景观、建筑单体、城市背景和博物馆建筑内部功能、需求相结合，充分考虑室内外空间的交融与贯通，以其内质追求建筑对历史文化和城市的贡献。作为视觉场的物质空间形态基础，梳理欧美博物馆建筑空间的设计流变可以发现，社会的政治、经济、文化、科技状况为博物馆的发展创造了必要的条件；艺术创新为博物馆提供了思想观念和形式语言，为新风格形式发展提供了更多可能性；建筑师将自然、社会、艺术环境提供的观念和形式与自

---

[1]　赵君香：《视觉传播语境中城市博物馆的公共空间设计——以洛杉矶盖提博物馆为例》，《装饰》2015 年第 3 期。

[2]　姚安：《博物馆 12 讲》，科学出版社 2011 年版，第 i 页。

身思想、性格、审美情趣相结合，积极探索使得博物馆艺术得以发展实现。三方面的因素不是彼此孤立的，而是互相交织、互相影响的。

一、奠定视觉艺术的发展基础

博物馆最早作为"艺术与科学的圣殿"，体现博物馆的初衷及追求：国内外的艺术博物馆多从拥有大量视觉艺术藏品基础上发展而来，决定了博物馆的视觉优先性和艺术传播的重要性。追根溯源，博物馆与艺术发展的关系本质在于：第一，博物馆最重要的展品内容往往与艺术探索的历史一脉相承，故初期多采用艺术史编年体的展览秩序，如卢浮宫的大画廊。第二，博物馆自身表现形式多是基于视觉艺术，所以博物馆建筑本身就是艺术品，外观形式风格具有个性化的艺术表达。从传播环境来看，欧洲宫殿式建筑传统成为美国博物馆建设的灵感来源，首批博物馆如费城艺术博物馆、纽约大都会艺术博物馆和波士顿艺术博物馆都被设计成宫殿样式，华盛顿国家美术馆老馆、史蒂芬森学会的十多所博物馆以及全美三大艺术博物馆之一的芝加哥艺术博物馆，其风格都是受欧洲传统博物馆影响，包括内部偶柱、拱顶横楣的通道门设计装饰风格是美术古典主义的共有特征，但是这种给人以威严感的艺术博物馆适合精英阶层和百科全书式的艺术史展览。费城艺术博物馆是费城本杰明·富兰克林景观轴线的对景建筑和高潮部分，造型仿希腊神庙，正前方是富兰克林本人的纪念碑（图4-1）。第三，人们对于美好生活与自然之美的追求在一定程度上以各种艺术形式呈现。由此对美学与艺术的探索处于博物馆中心地位，博物馆渗透着艺术的思想，得益于艺术所形成的启示，并贯穿于博物馆

图4-1　费城艺术博物馆外观

图4-2　洛杉矶盖提艺术中心外观

建设与发展的各个阶段。自然之美体现于博物馆与自然环境的有机和谐，绿色的博物馆建筑风格，如具有美国 LEED 银级标识的洛杉矶盖提艺术中心（图4-2），坐落于优美的山峦环境之中，从建筑平面、外墙、窗户分格、室内光线，到展厅连廊、观景眺台、广场铺装，都体现着与自然环境有机融合，充分利用环境资源，空间利用率高，还具有灵活、不断生长、四季可变化的园林景观。

现代主义艺术是产生于 19 世纪末 20 世纪初的一种美术流派和思潮。在其影响下，20 世纪西方博物馆与艺术流派紧密相连，比如意大利，文化遗产展览跟随艺术思潮的更替观念影响了博物馆的发展趋势，对美学与艺术的探索始终处于博物馆的中心地位，而博物馆正是以艺术的表现形式无声表达对环境的深切关怀、对人类关系的探索思想，反映出对人与自然环境、人与社会环境的美学思考。如上所述西方博物馆起步阶段基本采用传统的建筑风格，欧洲的大多数著名艺术博物馆都是由皇宫改建，传统风格的博物馆样式深入人心。而现代主义艺术思潮出现后，对博物馆景观设计中的艺术思想、表现手法产生了影响，同时建筑师并没有忽视对自然和文化特色的吸收，表现为现代主义精神与地域风格特色的融合。现代主义文化主张历时的线性发展影响了策展理念，展览的叙事结构往往以时间轴为依据，历史逻辑线清晰有序。20 世纪 30 年代纽约市诞生了三大博物馆，使其成为一个重要的现代艺术中心，展示了美国人对现代艺术的热爱之情：一是纽约现代艺术博物馆（简称 MoMA，建于 1929 年），是当今世界最重要的现当代美术博物馆之一；二是惠特尼美国艺术博物馆（建于 1930 年），为美国激进的现代派画家们提供了展示平台；三是由弗兰克·劳埃德·赖特设计的古根海姆博物馆（建于 1939 年），致力于展示康定斯基的抽象派艺术作品和其他艺术大师的作品。① 世界著名建筑大师赖特的有机建筑始终坚持"与自然和谐共生"的设计理念，体现出中国哲学"有无观"与"天人合一观"，他的有机建筑理论可归结为两点：一是作为乡村之子对土地的深度感知，结合其对东方传统的天人合一建造哲学的理解形成的独具一格的环境伦理观念；二是其作为出生在美国的英国移民后裔，所具有的强调独特设计的卓然个性及支撑实现这种独特造型的近代工程技术。

20 世纪 40 年代到 70 年代，现代主义艺术逐渐发展成熟，视觉艺术特征表现为大量吸收许多新式语言，如立体主义、风格派、表现主义、超现实主义，世界艺术中心从欧洲逐渐转向美国，第二次世界大战后美国进入全盛发展时期，政治稳定和经济高速运行的社会环境使得美国博物馆事业获得了前所未有的发展，促进各种类型的博物馆和现代艺术展览形式发展成熟，并向世界各地进行传播，同时美国博物馆的发展离不开著名建筑设计师不懈的探索。从视觉设计角度来看，为视觉艺术提供丰厚资源，加以重新审视、不断比较、重新评估，为判断提供基础，博物馆起到首要作用。博物馆为公众培养美学趣味、安静地思考历史与艺术、接受艺术教育和个人探索艺术等方面提供了绝佳的地点，得益于建筑师充分重视博物馆功能应用，策展者提升整个博物馆的精细化设计。

二、塑造受众的多元文化环境

20 世纪 70 年代后，西方博物馆不断吸收新理念，在思想和形式上呈现多元化发展。此时人类社会面临的环境生态、资源问题突出，博物馆建筑设计师和展览策展者开始对现代主义思潮进行反思，解读探究大自然、生命以及人与自然的关系，不断吸收后现代主义思想，传统价值回归，生

① [美] 爱德华·P. 亚历山大、玛丽·亚历山大：《博物馆变迁：博物馆的历史与功能读本》，陈双双译，译林出版社 2014 年版，第 47 页。

态多样化与环境意识对观念作用的强调，特有的世俗性、大众化对博物馆产生了影响，使得博物馆设计形式、造型语言呈现多元化发展。后现代艺术思潮对西方博物馆产生了影响，如形成了极简主义、大地主义等一大批流派，为西方博物馆提供了形式语言和造型手法。由于工业文明对人类文化和自然环境的破坏，自然和文化成为设计中关注的两大主题。如旧金山金门公园里，加州科学馆和迪洋美术馆（De Young Museum）两座名师名建筑毗邻而居、隔墙相望，且阴阳互补、对立协调。科学馆由高技派建筑大师伦佐·皮亚诺设计，他将原建筑纳入新建筑之内，用生态兼具高科技特征的大屋顶统一，老建筑被改造为非洲动物展厅。主要展示内容分别位于两个球体内，球体之间运用大型通高悬索结构休息厅作为三个重要展示内容之间的调剂和过渡。著名的"馒头形"绿化屋顶，得益于旧金山的气候条件，生态效果极好（图4-3）。迪洋美术馆与灵动明亮的科学馆相反，建筑师赫尔佐格·德梅隆运用打孔铜板包裹整幢建筑，光影如同日光穿透树叶映照的亮斑，若干细棱形的庭院尖锐枯寂，充满东方禅学氛围，使人很容易沉下心来欣赏展品，立于一隅的平行四边形扭转造型的观景塔，陡然耸立，透空的外表减轻了塔体的沉重感，显得特立而和谐，经过规划后的景观呈现出丰富的多样文化及层次（图4-4）。

从社会环境来看，政治、经济、文化、科技的发展推动了博物馆实践领域的不断发展，后现代主义理论提倡平等主义的多元文化主义：

图4-3　加州科学馆外观

图4-4　迪洋美术馆外观

表现在传播内容方面，一些具有地域性、独特性及丰富历史文化价值的民族、民俗文化和文物受到了重视；就博物馆美学而言，后现代主义是一种思维方式，这种思维方式对博物馆学（特别是陈列的手段、藏品的研究、博物馆的建筑艺术）的发展产生了重要影响，此时博物馆作为历史、艺术和文化的载体，审美观已经超越了艺术的界限，渗透到社会的各个层面。另外，后现代主义强调共时和多元的发生状态，强调历史的多元性质和文化的相对性，使得策展理念更新，博物馆打破编年史的传统，把世界史看作人类文明的传记，其中每一种文明都

图 4-5　法国卢浮宫玻璃金字塔外观

图 4-6　美国纽约古根海姆博物馆

是等值的和同时代的。博物馆管理者拓展自身的经营理念，扩大收藏品范围，在不影响博物馆自身形象的同时，更多地迎合大众的口味和欣赏水平。以纽约古根海姆博物馆为代表的美国博物馆较早地开始将现代、当代艺术作品广泛纳入博物馆的收藏范围，最早在博物馆业引入和运用"文化产业"概念并获得巨大成功。① 现代社会新建博物馆设计越来越讲究亲民性，如在现代主义影响下卢浮宫增添玻璃"金字塔"，观众的参观线路显得更为合理与多元化（图4-5）；现代化风格以及后现代风格建筑作为新建的艺术博物馆居多，如古根海姆博物馆（图4-6）。总之，无论是自然环境还是社会环境，多元文化正是博物馆存在和发展的起点与归属，博物馆的根本宗旨

———————

① 陈杨：《浅谈后现代思潮对博物馆学的影响》，《文物春秋》2009 年第 3 期。

和共同使命在于保护和传承人类社会的多元文化及多彩环境。

三、创设受众感知的视觉场域

博物馆参观涉及受众视觉、触觉和听觉的复合行为，即多感官交织式感知环境。从视觉传播角度来考察空间设计，静态的视觉传播方式包括场馆外部及庭院设计，亦包含展览规划布展设计、宣传图式和视觉导向标志等；动态的传播方式涵盖观者亲历博物馆大厅、连廊、展厅的空间感受，外部或内部烘托气氛的视频场景等有秩序的视觉形式，体现出设计师通过合理而构思巧妙的设计，增强观者的审美体验。① 展品本身、展品的选择与展览等方面都或多或少地反映出视觉文化的多元复杂信息，如何实现良好的传播效果，其中有一个理论关键点是"视觉场域"问题。罗戈夫对布尔迪厄"场域"理论直接借鉴，将之运用到对视觉文化现象的分析之中。在他看来，视觉场域"比之图像传播或关于表征性质的问题的范围，是一个更宽阔的领域"。受众在博物馆中欣赏、凝视、解读艺术品时，会受到空间感、规模、传声效果以及光线的要素影响，有些甚至会出现展品原有内涵的错位，与艺术品的原境相比，原来在教堂里的古典大师之作被安放在一个崭新的基座上，博物馆对其形式的掌控、表现力使其呈现出拘谨的美学特征，隐去了其原有的宗教和文化内涵。视觉场域涉及艺术家所在时代及地域的场景还原、艺术语境营造；解构的相似性以及不同的艺术形式如何调动受众不同的感官以更好理解和解构作品，在这种间性的视觉场域中，观看作为一种行为的意义凸显出来。当代视觉文化的转向，其主要标志正在于从观者主动的"凝视"转向了表征对观者的"吸引/强迫"。博物馆对藏品的选取类似于"机械之眼"进行了第一次过滤；策划展览时，

---

① 赵君香：《视觉传播语境中城市博物馆的公共空间设计——以美国洛杉矶盖提博物馆为例》，《装饰》2015 年第 3 期。

运用各种高科技手段将受众所看到的图像世界打破真实与虚构的界限，通过艺术品的原境营造、场景还原，创造一个仿真世界，则是帮助受众理解艺术家对当时所看、所想、所描绘的"拟态环境"。还有一种"场域特定艺术"（site-specific），艺术家在创作时将环境考虑在内，比如 19 世纪有些作品在现代博物馆的呈现方式得以接近古典——泰奥多尔·席里柯的《美杜莎之筏》，这幅巨型画作曾于 1819 年沙龙展上正式展出，他希望国家能买下来并收藏于卢浮宫，因此卢浮宫的大画厅就成了画家创作时考虑的环境因素。威尼斯的弗拉里教堂里提香的《圣母升天》画面构成与教堂哥特式的穹顶相映成趣，艺术与建筑水乳交融；而另外一个艺术场域里，戈雅的作品画面上形成一个华盖，在和谐统一的气氛中，具有错视效果的建筑是众多传统天花板装饰风格中的一种，戈雅让受众相信壁画中的场景是教堂建筑的一部分，效果相当震撼。这样的艺术创作已经与环境建筑密不可分，如果移去他处，空间感、规模、光线这些要素必然失去韵味。在观看的现实情境中，由视觉媒介的嵌入所建构的不同的时空情境构成了不同的"视觉场"。正如米尔佐夫所说："视觉文化把我们的注意力引离结构完善的、正式的观看场所，如影院和艺术画廊，而引向日常生活中视觉经验的中心。我们的态度因具体情况而有所变化，诸如我们是去看电影、在家看电视，还是去参观美术展览有所不同。"[1]

博物馆的空间场景要与公众认知情感需求高度契合。博物馆情景设计是以场景为基础的，设计师通过场景再造为展品创造一个适合的拟态环境和有意境的场域，通过这种"场所精神"烘托展品，创造感人的参观环境，比如建筑留白部分引起观者视觉的关注和心理的联想，在主观思维中产生出新的意向。在公共空间设计上，博物馆重视运用高科技媒介和灯光营造氛围、场景的复原还有受众的参与性，让访客体验内部环境、发挥创意设

---

① ［美］尼古拉·米尔佐夫：《什么是视觉文化》，转引自曾军：《观看的文化分析》，山东文艺出版社 2008 年版，第 142 页。

计出自己独特的作品等，这些都是现代博物馆必备的传播手段。①

四、营造视听感知的想象空间

马歇尔·麦克卢汉（Marshall McLuhan）将博物馆展览定性为"冷媒介"，因为受众需要主动地参与其传播过程，受众并不仅仅是展览的阅读者，同时也是关于被感知的内容的文本的生产者。所谓审美主义立场和实用主义或者理性主义仍然渲染着有关在艺术博物馆中学习本质的争论，如在美国博物馆教育期刊发表的一篇文章里，作者就有关艺术知识与审美经验发表了声明，批评博物馆专业人员把太多的重心放在"增强参观者的艺术家知识，他们的艺术是在怎样的历史、社会、政治和文化语境中创作出来的和它们与当代社会的相关性"。她呼吁关于一种博物馆体验重要性的认识——本能的快乐，超能量的吸引力或者反感，自由联想的反应，即美学的、情感的体验。她将理解与欣赏之间的区别，作为艺术学习的模式归结于欣赏的另一方面。从上述观点可以看出受众"想象"和"参与"在博物馆视觉信息传播中的重要性，因为博物馆的文化传播同时是一种价值分享，价值共同体的强化；艺术传播是一种联想性的传播，艺术可以是美丽的、激动人心的、唤起灵感的，同时又是一种思想更新的手段。博物馆包含着人类精彩绝伦的想象力历史，同时能够为训练我们自身想象力而提供场所。展品的视觉呈现要与展厅做到形式与空间的合理统一，注重平面、立体和空间构成；展品的色彩与光线对比和谐。灯光辅助对于提升展品视觉效果十分重要；注意通过背景提升展品的质感与量感，如巴黎罗丹博物馆的"拜伦灰"背景墙面，虽然几乎是深灰，但在灯光下衬托着岩石白的雕塑作品却显得格外温暖，增强气氛。如在阿姆斯特丹的凡·高博物

---

① 赵君香：《齐鲁文化传播媒介的创新研究——以博物馆、美术馆为例》，《人文天下》2015 年第 5 期。

馆内，没有任何文字资料的纯净雪白的墙壁符合最低要求的审美观，一切表现的是画家作为一位天才被浪漫化的肖像，这些肖像按时间顺序排列可以论断，后现代博物馆在某些时刻表现得更为自省。[①] 博物馆自开放之日起，将凡·高作品与现代艺术作品的收藏、研究、展览，以及科学材料的制作与普及等多项活动融为一体。除了作为一个"博物馆"所应具有的功能外，凡·高博物馆还从理念上传达凡·高的思想。博物馆禁止拍摄照片，反而更能让受众珍惜近距离观看原作的时刻去用心品味，语音导览、展厅图片细节介绍、多媒体展示等与受众交互的设计都很优良，尤其语音内容融合大量书信内容以凡·高自述其创作灵感和理念，受众欣赏着200幅原作和数百幅素描、书信，它们把凡·高从荷兰的生活环境和对农民的描绘、自画像的灰调子到加入少量色彩，再到大胆用色的画风发展过程展现，再搭配语音讲解和背景资料，渐渐使受众走入艺术家内心深处，触碰到他热烈纯真的精神。受众离开博物馆时，情感体验往往伴随着"认知结构的更新"——正如邓肯所言："受众在离开博物馆时会带有一种启蒙的感觉，或者是一种精神上被滋养、更新的感觉。"[②] 电影《至爱凡·高》运用大胆而又合理的想象去展现凡·高生命最后一段时光的创作故事和与之相关的各种人物关系；各种视觉传播手段都帮助受众将博物馆的历史文化从展品器物的"视觉观看"到"信息获得""心灵启迪"再到"艺术想象"。

　　越来越多的现代博物馆受后现代主义的影响，增强开放度，许多作品本身也需要受众的参与和建构想象，共同完成艺术展示。博物馆基于展品的传播正是为受众营造出凝视思考的纯粹视觉感知环境，并积极促成受众的想象建构。

---

① [美] 珍妮特·马斯汀编:《新博物馆理论与实践导论》，钱春霞等译，江苏美术出版社2008年版，第6页。

② [美] 卡罗尔·邓肯:《仪式的文明化：内观公共艺术博物馆》，王文婷译，见中央美术学院网站，http://www.cafamuseum.org/exhibit/newsdetail/1742。

第二节　视觉信息的物质内容呈现与阐释

公众对博物馆的理解是作为一个真理的供应者和一个受尊敬的"文化权威"，具有文化议程的引导作用。此外在欧洲，藏品往往曾是富人和权贵的财产，它们与历史事件和时代有关——要么是西方世界，要么是"异域"的人民。因此，他们带着"传统"的权威，这进一步证实了机构的权威。①19 世纪、20 世纪之交的世界博物馆公共化潮流中，以物品为主导的认识论让博物馆第一次成为知识生产的载体，成为创造和整理知识的重要场所。突出表现是借助物品的能量，博物馆通过传递出一种条理清晰的世界观而获得了权威地位，这种世界观长期以来也是支撑人类社会知识领域的权威秩序。如果将博物馆作为媒介形式，那么它与图书馆、学校一样是文化再生产链条中的一环，是某种意义上分享"文化图式"的机构，甚至被视为"权力的场所，仪式纪念碑，作为权力景观的一部分，用来记录国家历史上所采取的巨大步骤"。"通过设计好的空间路径，参观者会在博物馆体验过程中不知不觉地将国家的价值观与信仰内化。"② 从受众角度来看，受众对博物馆的尊重不仅止于敬畏感，还有对藏品重要性以及博物馆所提供藏品知识本体、合法性的尊重，以及在博物馆中体验到不同于传统教导式的、对文化的、真理的学习机会。博物馆知识本体地位和学术影响力不言而喻，受众通过观看展品学习知识，进行现代社会认知模式的培养，习得如何通过自己的感官和思维能力去认识世界。

---

① Julia D. Harrison, *Ideas of museums in the 1990s, "Heritage, Museums and Galleries"*, An introductory reader, Edited by Gerard Corsane, Routledge LONDON AND NEW YORK, p.41-57.

② ［美］卡罗尔·邓肯：《仪式的文明化：内观公共艺术博物馆》，王文婷译，见中央美术学院网站，http://www.cafamuseum.org/exhibit/newsdetail/1742。

一、学术支撑：策展定位与知识信息权威性

知识、真理的权威性是受众对博物馆的第一层面认知，这源于博物馆视觉信息的原真性和对藏品的学术研究。展品是博物馆传播文化最重要的视觉形式，典型的博物馆藏品无不具有深刻的象征意义，凸显视觉符号的艺术和审美价值。很多文物由于特定的个人、族群或国家具有特殊情感价值，一些特别的器物经过历史沉淀后已不仅仅具备使用功能和审美价值，而是会逐渐转化成为某种符号，传达出特定的文化意义、历史事件及人物事迹等，这些藏品的内涵信息通过视觉展示与受众兴趣点进行情感和认识上的联系。多元文化的综合博物馆展示往往反映不同文化的历史价值和社会意义，即注重展品"背后故事"的文化阐释；艺术博物馆则根据藏品本身的艺术性和视觉价值策展，强调器物的形态、美感；历史或民族志的博物馆更多将藏品当作一种象征符号，展览的信息和叙述更为重要①，发掘出展览这种非文学形式、多元化综合型信息传播媒介中的叙事行为特征，有时美学维度与实用维度之间的缺失可以通过民族志资料和收藏者行为过程等信息进行补充；介绍世界上其他文明的展览，目标应该在于引导受众以平等、宽容的态度去看待异域文化，了解他者的生活，理解不同的习俗与艺术形式，进行文化相似性及差异性的分析。总之，博物馆类型呈现多样化趋势，明确其性质和定位，从各方面构建一个多维度、个性化文化综合体，展品是重要的立馆之本。

汉斯·贝尔廷在《现代主义之后的艺术史》中提到，博物馆是作为艺术史的"盟友"而存在的，它意在呈现艺术发展进程的某种理想视觉秩序。在博物馆中，不同时代的作品来到现在同一平行时空，如果观者不了解其所指涉的意义和知识，就会从客观上造成一种非历史化、平面化效果。借

---

① Chris Whitehead, *Visiting with suspicion: recent perspectives on art and art museums, "Heritage, Museums and Galleries",* An introductory reader. Edited by Gerard Corsane, Routledge London and New York, p.98-112.

助展品阐释和策展的叙事性建立起它与原始语境之间的联系，博物馆本身可以成为一个富有创意的阐释框架。① 比如布展时有意识地引入历史视野，让同一时期或流派的作品并置，使得观者以比较的眼光看待艺术品之间的关联。从这个意义上说，博物馆重在文化沟通并非区隔，提供的不单是视觉上的愉悦，更赋予观者智性上探寻的潜能。学术是博物馆发展的原动力，从学术研究到科普应用，都要明确博物馆自身的学术定位，比如大英博物馆论证人类史的真理：文物所揭示世界文明之间的紧密联系，展览"以物述史"来启迪人们思考自身与人类创造物之间微妙的关系，加强自身藏品价值开发的同时，展开与当代受众之间的联系。从欧美博物馆发展史来看，传统意义上的博物馆收藏艺术品和具有重要历史及美学价值的物品，迎合主流文化中阶层富有阶层的口味，推崇精英主义，偏重于西方艺术史的研究。以巴黎为例，卢浮宫—奥赛博物馆—现代艺术博物馆为受众提供了完整的西方艺术发展过程，同时也反映出博物馆视觉秩序的变迁：18世纪以前布展沿装饰线讲究对称和大小相近，依照美学标准、根据作品色彩、反映情感等进行分类；18 世纪布展方式兼具教化功能，或按照作品的时间、画家的类别、表达的主题、功能分类；18 世纪晚期，维也纳艺术史博物馆等展馆首开先河，由艺术史家负责规划展品，折射出西方人对分类编目的渴望，希望分门别类地划分事物，以某种顺序归置好，再进行研究、解读。而后现代的艺术博物馆布展则由艺术品来决定，"提供另类的思维方式"、不同的文化议程才是博物馆艺术品、空间和叙述与受众之间终极的关系。在沃尔特·本雅明（Walter Benjamin）看来，这里的物品继续保有了自己的"光环"，甚至被赋予了一层原本没有的光环。博物馆为其中的物品提供了一种使之得以保有自身权威性的环境，在博物馆物质场的传播形态中，物品的真实性得到了裁定，人们所看到的是由物品呈现的历史过程。通过学术深入研究展品，揭示物件背后不可见的信息、潜在的

---

① 李素军：《重新审视博物馆的"纯真"性》，《中国社会科学报》2018 年 6 月 21 日。

视觉秩序展现给受众。

信息过载与数据革命的飞速步伐唤起了人们对稳定性与永恒性的欲望。身处"博物馆情感"中，人们存在着一种设想，即博物馆是中立、无争议的空间。英国人如果被问到如何来描述博物馆，绝大多数人都会凭空想象出国王与王后、盔甲与武器的意象。博物馆通常被认为是用来教育下一代的所有机构中最值得信任和最客观的。为了获得文化精髓，对人们来说，至关重要的一点应该理解到，博物馆不仅仅是反映文化身份，而且是通过塑造来产生文化身份。传播体系中艺术概念的兴起同代表物的整体和所有机构是同时发生、紧密相连的。在博物馆可以观赏艺术作品，视觉重新燃起新的创造，那些可以传承的知识形成一个链条。① 米歇尔·福柯（Michel Foucault）的创作为研究博物馆历史提供了一个极好的根据，福柯的文艺复兴知识被人文主义者的愿望冠以特征，通过追求普遍知识来理解世界，人们通过发现物体间隐藏的关系从而获取知识，福柯通过规则的隐喻捕获了现代知识的本质。这些知识产生了现代的或"有规律""有秩序"的公共博物馆，最著名的案例就是卢浮宫。

中国博物馆发展同样认可博物馆作为知识本体的职能：如我国故宫学提倡跨学科研究，要求从单体文物研究的思路进入哲学化的思维方式，即强调联系与发展，进入美学化的思维方式即导向审美与评赏，进入历史化的思维方式即注重社会与背景，并且扩展到对其他学科的认识，防止孤立地看待文物，并防止"碎片化"。② 被视为艺术博物馆的中国美术馆将学术标准视为美术馆发展的根本，通过专业的学术标准选择艺术家、策划展览，通过展览影响公众，是美术馆服务社会的立身之本。而积攒文化财富、保护文明遗存，通过艺术的方式引导大众享受生活则是美术馆的历史

---

① ［法］雷吉斯·德布雷：《媒介学引论》，刘文玲译，中国传媒大学出版社 2014 年版，第 65 页。

② 徐婉玲：《故宫学的发轫与建构——郑欣淼先生〈故宫学概论〉述评》，《人民政协报》2018 年 7 月 2 日。

担当。总之，博物馆一般都具备公信力的艺术品收藏机制，只对具有很高艺术价值、历史价值和文化价值的艺术品进行收藏，包括具有时代、民族、文化的典藏象征意义或具有唯一性和不可替代性的艺术流派及代表作品。

二、历史意义：文物类展品视觉信息的传播

《巴拉宪章》(*The Burra Charter*) 将文化遗产分解为"物质构件"与"文化意义"两部分，前者是文化遗产的物质属性，可以直接观察；后者是文化遗产所蕴藏的文化内涵，无法直接观察到，需要通过专家来揭示与实现可视化。在视觉场的物质形态下，欣赏实物展品是受众参观博物馆的主要动机，博物馆里文物展品与绘画类艺术作品相比，其背后的故事、器物的视觉表征、视觉隐喻更为重要。如秦始皇兵马俑博物馆里场面宏大的秦俑军阵，秦兵马俑个体塑造生动，面貌不一且神采飞扬，形态多样身份明确，视觉形象传达出秦代的兵种、兵器和军队编制等丰富的历史信息。兵马俑自从被发现以来，一经面世就引起国际社会的兴趣，以其为主题的展览成为最受欢迎的项目之一，其原因在于对中华文化的历史性解读和表述需要，对秦文化在中国历史上重要性的认可。比如大英博物馆曾经筹备了两年多的时间，成功举办《中国秦兵马俑展》；美国大都会博物馆也以"秦汉文明"作为重要的引进特展吸引了几十万受众参观。又如山东地区新石器时代的遗存十分丰富，文化发展谱系脉络清晰，反映这一时期的文物展品，从远古蛮荒到定居农业，从粗糙的打制石器到工艺精湛的玉器，从简单的粗制陶器到精美绝伦的蛋壳黑陶，从各种角度映照出当时的生存状态和山东地区辉煌的史前文明。以山东博物馆的镇馆之宝之一蛋壳陶为例，为龙山文化的一种

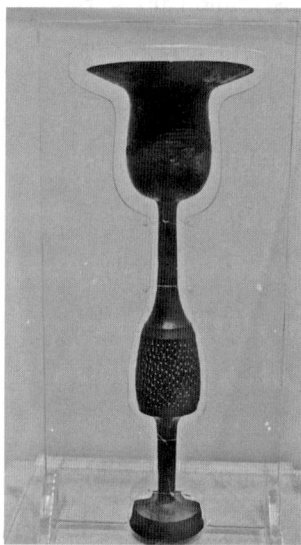

图4-7　蛋壳陶

代表作器物，制作精致、造型小巧、外表漆黑黝亮、陶胎薄如鸡蛋壳，是一种专为礼仪用的器皿（图4-7）。

蛋壳黑陶杯中以高柄杯和豆最为典型，其造型规整秀丽，工艺精巧绝伦，透过种种精细的视觉信息，受众凝视后会产生自己的思考：当时这种高端器物的生产或许被特定阶层垄断，耗费如此的人力、物力，去达到一种极致，究竟是出于什么样的目的？其轻薄的胎体、精致的造型和高超的制作工艺代表了史前制陶业的最高峰，受众感到惊异的同时联想到龙山文化的鼎盛、科技工艺发达程度和极高的美学艺术价值，对其文化意义和历史价值也有所认知。

而另一镇馆之宝鲁国大玉璧1977年出土于曲阜鲁国故城战国墓（图4-8）。玉璧是祭祀天地的礼器，代表礼制文化的最高境界，此玉璧为目前战国玉璧中形制最大的一件，两面都是三层纹饰，内外蟠螭纹，中间谷纹，器形规整，琢磨精良，是山东博物馆大厅穹顶玉璧的原型。很多人一进大厅就被穹顶玉璧所吸

图4-8　大玉璧

引，寻找该展品，博物馆巧妙地运用视觉空间环境进行了展品的内容呈现，引导受众观展路线，传达出齐鲁文化精髓。在一些场合中，一件展品并不能传达给受众很多信息，但当他们形成一个系列就能有效反映出某种现象的历史演变过程。在符号学视角下可以将博物馆中文物的视觉信息传播进程理解为一种符号进程，该进程也能被作为对博物馆展示内容的编码和解码进程来加以理解，参考斯图亚特·霍尔的文化研究理论中的编码和解码学说，其中展品就是被作为文本来处理和分析的。当博物馆中的建筑空间、展品和全部展览建构手段都被作为符号的处理的同时，符号学分析原则上研究的是"（编码和解码）讯息的可传播性和可理解的条件"，以便

那些赋予意义并且在博物馆传播经验中唤起特定见解的编码能够在传播中被发现和确认。展品的功能性和意义的符号学传播是通过不同的博物馆展示形式得以完成的，这些展示形式又是基于特殊的叙事方案和符号学感知方案的。博物馆学者乔娜·舒尔兹（Jana Scholze）在其博士论文中总结了四种主要的博物馆展示形式：分类、年代、场景和复合。她将这四种展示形式界定为理想形式，在博物馆实践中它们很少以其纯粹形式出现。在大型的常设展览中它们多数以混合形式出现。① 作为记忆的客体或载体，比如人、事或物象，又如图片、档案、物件、博物馆、仪式等，由这些可见的实体性符号来承载一段历史。经由主体的移情和投射，这些符号在记忆行为发生之前，就已变成了具有先验的情感结构的"形式"或"意象"，"是从图式中检出部分的一种手段，是在重建过去的刺激和情境中增加多样化机会的一种手段，也是克服按年月顺序的编排来呈现的一种手段"②，它对记忆的最大帮助就是增强我们处理距离情境的能力。相比前述的空间、仪式和物件，符号已经是进行了升华的记忆媒介，如"中国文化遗产"的标志来源于金沙遗址的"太阳神鸟"金箔图案，太阳崇拜在古蜀时期十分昌盛，并具有自己鲜明的特色。

感觉是受众对展品视觉形象的直观描述，而知觉则是受众对一系列的感觉输入进行加工，通过符号解码、视知觉理论指导从心理层面获得展品和展览的意义解读。博物馆作为实体性的媒介，其藏品或是以藏品为主体的展览，都是让受众可以直接感知，受众可以面对面看到展品的外在形态、结构质地、图形色彩，这种可感知性增强了视觉信息的权威性和可信性。比如太阳神鸟金饰的整个图案似一幅现代剪纸作品，线条简练流畅，极富韵律，充满强烈的动感。此器构图凝练，是古蜀人丰富哲学思想、宗

---

① 刘宏宇：《呈现的真相和传达的策略：博物馆历史展览中的符号传播和媒介应用》，人民日报出版社 2016 年版，第 11 页。

② ［英］弗雷德里克·C.巴特莱特：《记忆：一个实验的与社会的心理学研究》，黎炜译，浙江教育出版社 2000 年版，第 287 页。

教思想的体现，是非凡的艺术创造力与想象力和精湛的工艺水平的完美结合。即使再逼真的复制品、精细的电脑画面都无法代替博物馆环境里直接面对展品感知灵韵的神圣感。历史和考古研究具有鉴古知今、以史资政的诠释作用，展示、揭示过去辉煌的同时，从观看者和研究者最熟悉的日常切入，引导博物馆受众反思现实，比如战国杜虎符在古代军事上的意义启发了现代密码学；云梦睡虎地竹简的法律条文在当下的意义；银雀山汉墓竹简的军事意义等。受众以自己的经验、态度和情感、意志带入博物馆的展品媒介文本的方式，解读"创造"出文本的意义。

三、情感符号：绘画类展品视觉信息的传播

以绘画展品为例，艺术家运用物理性介质重新再现世界、解构世界、建构世界并完成一个全新的视觉秩序，画面秩序感是一种高度提纯的视觉语言，能够带来更为直观的视觉体验，秩序感的变化引起受众视觉观感的变化。苏珊·朗格所谓"艺术是人类情感的符号形式"，形式的自身传达在于其所引发的感受和情感。从作品之维分析，对绘画作品解读主要围绕以下问题展开：画家选择了什么题材；他到底画什么；为什么用这种方式展现；为什么用系列性的表达方式；艺术图像的内在结构如何。哲学与绘画之间的呼应：眼睛不仅仅是眼睛，看要胜过"看"本身很多。从语境之维分析，作品与社会呈现何种关系；在何种程度上体现时代的文化变革；对艺术流派的意义如何；作品在当今时代的意义和价值。从读者之维分析，更多的是审美观照问题，即审美主体与客体之间所发生的最为直接的联系，这个过程远不止于视觉观看，又兼以明显的心理活动，即通过视觉观赏把握事物本体的、终极的意义。

就视觉表征而言，油画有别于其他绘画形式的地方，在于它能表现所绘物品的质感、纹理、光泽和结实的感觉。它明确画出实物，受众观看仿佛可以用手触摸。尽管画中形象仅是平面的，但其引起幻想的潜力，却远

远超越雕塑，因为油画能借着画中物件的色彩、纹理和温度，充塞画中空间。各式各样的媒介在画布或以其他的形式营造出不同的肌理效果，原作中静谧冷凝直透画背（颜料），受众可以从中追溯画家当时挥毫作画的情景，不同材质让每个观看的个体受众获得了各自独立的视觉和触觉上的体验：触觉仿佛受抑制、静止的视觉，从而缩短画家作画和我们看画之间的时间距离。

看的优越性，在很大程度上缘于人类对视觉理性的认识，英文中"理论"（theory）一词就来自希腊动词"看"（theatai）。① 视觉的理性功能使看并非指视线被动、机械地接触对象，更恰切地说，看应当是一种有意识地选择和寻找。尤其在经过视觉文化转型后的当代社会，观看作为一种视觉思维，就和以往的"说话"一样，无疑具备理性的高度。② 阿恩海姆提道："知觉活动在感觉水平上，也能取得理性思维领域中称为'理解'的东西。任何一个人的眼力，都能以一种朴素的方式展示出艺术家所具有的那种令人羡慕的能力，这就是那种通过组织的方式创造出能够有效地解释经验的图式能力。因此，眼力也就是悟解能力。"③ 将绘画转变成一种个人的想象力，一种表现个人风格的特征，素描记录的是视觉经验，而油画的艺术表现是将所看到事物的各个面向以旁观者的经验观点来组合，并且强调一个观点就是"能见度"。④ 访谈一位油画家时，他谈到自己的感受："我经常去美术馆，看可以打动自己的画，现场观看西方油画尤其是边角特别有'笔触感'，让我会产生一种激情。比如到俄罗斯冬宫看到一些油画，人脸虽然扁平，专业人士会研究画家的创作，边角会看出色层来，我特别仔细反复观看这种细节，能看出画家的'铺色'激情。"

---

① ［美］威廉·巴雷特：《非理性的人——存在主义哲学研究》，杨照明等译，商务印书馆1999年版，第77页。

② 赵静蓉：《含混暧昧的他者》，《东岳论丛》2015年第1期。

③ ［美］鲁道夫·阿恩海姆：《艺术与视知觉》，滕守尧译，中国社会科学出版社1984年版，第56页。

④ ［美］约翰·伯格：《看》，刘惠媛译，广西师范大学出版社2015年版，第110页。

对博物馆展品而言，许多艺术作品本身就具有调动受众多种感官的内容，如卡拉瓦乔的经典之作《琉特琴演奏者》就是范例，鲜花、花瓶、水果、乐器、乐谱这些静物为画面增强了味觉、嗅觉、视觉、听觉等感官上的美感表现，使画面栩栩如生，富有诗意。[①] 再如挪威艺术家蒙克的作品《呐喊》（其中一幅藏于挪威奥斯陆的国家美术馆），尖叫声巨大，从远处以极强的透视角度伸展，让受众感觉到呐喊声已经使画面色彩震荡。如果走进与国家美术馆相隔不远的蒙克就读过的奥斯陆大学，了解这位艺术家的成长经历，就会发现在视觉性的背后，存在着作者与作品、作品与读者、读者与读者跨时空、跨文化的阐释性互动关系，而涉及这三种关系的包括作者所处的历史、文化、社会、经济、政治等诸多非视觉的语境因素。在奥赛博物馆欣赏莫奈的《日出·印象》，从视觉到嗅觉、触觉，印象派作品摆脱精准绘画系统，呈现变幻万千的光与影；雷诺阿描绘的《舞蹈课》类似摄影抓拍的动态瞬间似乎让受众也在内心起舞；马奈《草地上的午餐》等经典作品都调动起受众多感官充分感知，沉浸于艺术的氛围里获得美的启迪；橘园美术馆专门为《睡莲》设计的展厅使受众全身心投入意境。诸如此类艺术展品的视觉传播，显示出视觉场域的重要性。

符号研究者认为，文化生活的核心是符号，过去习得、印在接受者记忆功能中的主观感受形式——形象、理解和感情因为符号而活跃起来。观看某个特定的标志时，受众在某种程度上是个符号学家，寻找自己某些确立的概念或符号的意义，甚至以"对抗的符码"为解读策略，激发话语斗争，抵抗编码过程中赋予符码的意识形态意义。从符号分析的角度来看，传统艺术作品强调的是图像或艺术符号背后的所指，如《最后的晚餐》的精美构图和绚丽色彩所蕴藏的宗教伦理意味。现代博物馆的视觉环境下，展品、展览不再以单一、静态型文字、图片所定格，而是诉诸视觉、听

---

① 陈芸:《图像里的音乐符号——论文艺复兴时期绘画艺术中音乐符号的视觉性表征》，《美术观察》2017 年第 10 期。

觉、触觉多重感官之下的表征性符号与推理性符号的双重使用。美国艺术批评家阿瑟·丹托提出，"阐释"具有某种把实物变成艺术品的效能。现在展览的释展人都是有意识地构建文本，用以向公众展现作品本身无法揭示的东西，装置和阐释成为关键，但是常常会反映出视觉文化研究中的许多焦点问题。如传统媒介中的文字作为高度概括的抽象说明，对艺术展览和艺术背景的介绍有重要作用。2017年5月清华大学艺术博物馆"从莫奈到苏拉热：西方绘画之路"特展——通过展示51件西方经典绘画作品，力图还原1800年至1980年这180年间西方艺术的发展脉络，对比中彰显艺术的演进。此次展览非常注重展览的文字介绍，每个单元主题都附有这一时期以及这一风格产生的背景及特点的说明文字，以语言文字符号呈现的视觉信息帮助受众理解展品背后不可见的信息。高水平的策展非常需要专业精准的文字说明，近年来博物馆留言簿、官网留言、讨论区里常常出现针对展板文字说明的质疑，其中不乏真知灼见；对于受众而言，审美培养普及和进行视觉素养训练都是他们进入博物馆观看展览的动机之一，同时观展前后视觉素养的提升对展览的深度理解相当重要。博物馆视觉信息传播策略还有通过展出艺术家创作草稿、合理设计语音导览、将创作作品时的工作室模拟还原、作家居住区域做成图板。柏拉图在"洞穴隐喻"中，提出了"灵魂的眼睛"的概念，灵魂与眼睛也具有相似性或同构性，"人的灵魂就好像眼睛一样。当他注视被真理与实在所照耀的对象时，它便能知道它们了解它们，显然有了理智"①。受众通过观看—凝视—想象—探究—体验过程，才有可能发现作品独特之处和艺术风格，获得视觉满足感和心灵审美体验。

艺术通感是通感在艺术创作中的具体体现。20世纪60年代后，现代艺术、后现代艺术形式多元化带来传播内容的变化，博物馆也通过新的表现形式来赋予受众更多的观赏和诠释作品的空间，并与受众形成互动

---

① 曾军:《观看的文化分析》，山东文艺出版社2008年版，第65、92页。

关系。自 20 世纪 60 年代起，为了推翻当代艺术以前的惯常模式，装置以一种或多或少沉浸于环境中的形式变得普及化：作品成为总体知觉的配置，让观看者投入声与光的震动的物理经验中。这些作品契合一种观点，即我们的视觉和听觉是对真实的一种诠释：用我们的眼睛"观看"，但用我们的大脑才能"看见"，同时对可触知的空间和时间的不同标准做出反应。在这样的展览中，艺术家和策展人引导了受众观看的途径和观看的方式，使得展览通过对于声音、园林、视频的交叉使用与处理，引导受众进入图像与现实不断相互转化的空间中行走。在空间、物理和心理层面，给参观者以冲击，进而与建筑空间产生交流。弗莱认为象征主义者的信念中包括了万物应和的观念，对他们而言，这一预言正在抽象艺术中得到验证。他们将色彩的自由，不管是作为构成的色彩还是作为韵律的色彩，都视为艺术创造过程中一种重要的新自由。① 运用跨界通感的艺术传播策略可以创设新的视觉传播环境；运用恰当的艺术通感策略可以更好地传播视觉信息，使受众获得多重共鸣的体验感，达到艺术欣赏最佳效果。在人类艺术发展的历史长河中，音乐与视觉艺术紧密联系，人们以歌唱、奏乐、舞蹈、绘画等方式表达内心真挚的情感，从而推动艺术的演变和发展，形成人类文明历史文化遗产的重要内容。如山东美术馆举行的"跨界体验活动——'弦动我心'名画名琴名曲欣赏"，英国著名大提琴演奏家乔纳森·毕切尔先生和小提琴演奏家都对绘画作品尤其是后印象派作品有着深入的体味和理解，演奏前后阐释出自己对绘画作品的欣赏和选取该作品时自己脑中浮现的色彩、线条、画面元素，音符随之跳跃变换。看似以音乐表演为主，却让身处美术馆的受众闭上眼睛去想象着莫奈、毕沙罗等画家的印象派作品，大提琴、小提琴、钢琴演奏的名曲与名画相得益彰，视觉与听觉形成共鸣。艺术跨界创设的拟态环境和以音乐为媒介手段，即使没

---

① ［英］罗杰·弗莱：《塞尚及其画风的发展》，沈语冰译，广西美术出版社 2016 年版，第 167 页。

有亲历过法国巴黎奥赛美术馆，没有亲眼见过那些著名的后印象派绘画作品，也能让一般受众对印象派绘画的朦胧感、大自然光影的变幻、打破写实风格的绘画变革理解提升，艺术欣赏的过程成为提高审美能力和想象力的过程。"美术馆沙龙"项目以知识研讨为主题，同时注重吸纳其他艺术元素，配合诗歌朗诵、音乐演奏，探讨其他艺术形式与绘画的相通性，使得沙龙风格多变、妙趣横生，如古代中国的文人雅集，以各种媒介之博雅传播艺术之神韵，向受众提供了跨门类的审美选择和全方位的感官体验。

综上所述，博物馆里的"凝视"不只是观看，还牵涉到一系列感官体验及认知上的活动：包括诠释、评价、比较；具有足够的心智能力和感受能力，每当看到某个符号立即联想到它指涉的意涵。人类接触环境之际辨识能力最强、最受信赖的视觉感受作为博物馆信息传播中的统筹，将视觉媒介积极融入策展与传播中，形成受众可感受、感知、调动想象力以及充分利用的融合传播模式。

第三节　从隐喻到意义的艺术展视觉传播

上节主要探讨可见文物造型和经典艺术的具象视觉符号如何传播，那么对于展品相对独立、抽象难懂的现代艺术展如何通过视觉隐喻等方式反映其内在信息？隐喻是视觉修辞方式之一，隐喻表达是基于相似性的跨域映射，是在彼类事物的暗示之下感知、体验、想象、理解、谈论此类事物的心理行为、语言行为和文化行为，可以把似乎毫无关联的事物联系到一起。在博物馆视觉场域中，从真实而具体的物质或者艺术品到抽象有意义的展示，这种重构过程与视觉传播密不可分，比如采用诠释策略展示文化内涵、隐喻内容，又如通过大众媒体焦点报道引发展览话题传播进而形成舆论效应等。相比大众历史文化艺术经验丰富、容易引起情感共鸣的展览，如"第五届世界摄影大会摄影展""为奥体加油——城市巡回展"以及焦波的"俺爹俺娘"摄影展览，那些专业性强、较为小众、隐喻意义深刻的作品展览往往对视觉解读方式依赖性更多，博物馆运用各种传播方式更能影响受众的理解和意义建构，本节以"重构——基弗在中国"展览为例进行探讨。

一、当代艺术的视觉信息传播

"重构——基弗在中国（济南站）"由山东美术馆、德国贝尔艺术中心联合主办，于 2017 年 12 月 12 日至 2018 年 1 月 20 日面向公众开放，是山东省展出的为数不多的国际一线当代艺术家的大型巡展。展览期间受众 10 万余人，参观团体达 50 余场，有近千人为展览留言。安塞姆·基弗打破常规的鲜明的创作手法，来源于德国历史、北欧神话、诗歌、音乐等诸多元素的创作灵感，灵智结合、融会贯通的恢宏风格，为中国当代艺术的发展提供了重要的借鉴意义。20 世纪 80 年代末 90 年代初德国新表现主义被介绍到中国，对中国当代艺术的发展产生了重要影响，新表现主义在画面中呈现出的冲击力、激情影响着中国艺术家。在全球化与多元化的时代思潮中，文化之间的交流、融合与吸纳已成为世界艺术文化发展的必然趋势。但是鉴于基弗作品中富含隐喻色彩，该展览需要观者有很多背景知识，从艺术传播角度来看并不是常规意义上吸引大众的展览，而且此展览属于机构藏品展，除了分为几个大的系列之外并无太强的叙事性，为此山东美术馆运用多种视觉解读的融合传播方式，包括虚拟展厅、网络直播、互动参与创作活动、分众化传播以及德国策展人和专家的解读、文章、画册等帮助受众理解。

（一）受众对展览的视觉感知

从传播内容上来看，展品的内容特质是展览的核心，材料的丰富和对质感的追求也是基弗作品的特点。展览展出了 1982 年至 2015 年基弗创作的 60 件代表性作品。这些作品突破材料的边界，异质材料的大量运用形成具有强烈视觉冲击力的肌理效果，极具前卫性，是从视觉到文化、从视觉到想象、从表层视觉媒介到隐喻意义的作品。展厅外视频中他曾谈到自己在选取材料的时候通常用能给他内心带来触动的灵感和思考，"柏拉图认为一切物质都是理念的反映。我觉得在物质中存在着精神，我并没有在所有物质中发现精神，但是在铅、稻草等物质中有，艺术家所做的就是把这些物质中的精神发掘出来。"从这段话中可以获取他的创作思想、传播作品的理念和隐喻的主旨意义。基弗作品具有反思历史的特性，所以既属于当代艺术作品，又具有博物馆收藏与文化传播的历史价值，他的作品规模宏大，多是为博物馆创作。"我很了解历史，所以当我看到风景的时候，我不只看到纯粹的景色，还有战争和历史的痕迹。所以风景对我来说不是纯粹的风景。"第二次世界大战在他的作品中留下了很深的影响，他时常对于自己民族的黑暗历史进行反思，并运用油、丙烯、树脂、稻草和纸在亚麻布上进行创作，即寓示易碎的、短命的材料和德国的典故进行创作。山东美术馆采用传统与虚拟媒介配合此次展览，展厅也根据作品做了很大调整，灯光、温度、湿度等都精心设计。在文本阐释与绘画的关系方面，文本在这里并没有喧宾夺主，而是一种对于绘画的补充与升华，让观者直面作品所提出的问题，思考道德伦理问题，特别是去思考在战争、暴行和灾难从未间断的今天，个人该如何定位，该如何行事和构建自己的世界。

为了进一步探究受众参观美术馆时对展品、展览和环境的视觉体验，笔者对部分参观"重构——基弗在中国"展览的受众进行访谈和留言汇总，运用质性分析软件 ATLAS.ti 生成关键词词云（图 4–9），提炼出较有代表性的意见深度分析。

首先要帮助受众构建知识背景，进行视觉信息的深度解读。如有受众留言："展品可以供欣赏，但布展应当考虑受众的感觉，特别是绘画展览，作者与受众的认识各自带着自己的思维和生活痕迹，如果想让展品起到文化艺术交流的作用，应当考虑说明文字的设计（包括位置、大小、颜色），展览不是为了营造气氛，而是要交流，要交流首先要有达意和明白的陈述——展品介绍，这是展览的老问题，若山东省美术馆能带头改进，则更能起到文化交流的作用。"反映了受众对视觉信息的获取诉求。

基弗展是一个专业性很强的展览，其作品中充满了隐喻色彩，而且还有跨文化差异，不了解美术史

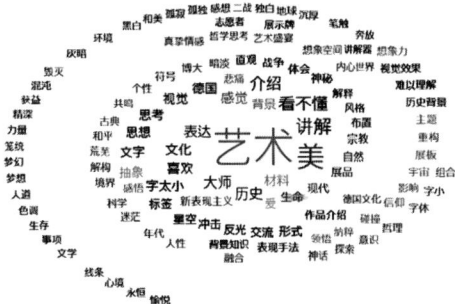

图4-9 "重构——基弗在中国"展览的受众访谈和留言汇总关键词词云

和综合材料作品特点的受众面对大师作品很难看懂。很多专业受众对这次山东美术馆的基弗大展期待已久，甚至有很多从外地艺术院校赶来的师生观展、听讲座、听策展人在展厅里讲解，共同讨论作品，也提出了很多视觉传播的意见和建议："我是一个学美术的学生，虽然对基弗的作品还看不太懂，但我在其中隐约看到了诗与痛，还有无尽的思索。"从展品感知，诗与痛是受众所领悟的作品内涵隐喻意义并引发思考。专业受众面对自己不熟悉的创作流派和艺术作品，同样需要背景知识和作品介绍，为了学习和研究，他们对美术馆提供辅助的专业阐释的需求、对布展的整体环境要求、美学表达方式甚至比普通受众更为强烈。如艺术学院的学生留言说："虽然本人是美术专业的学生，但是对画的鉴赏能力很弱，自己也意识到了这个问题，所以希望通过多看大师的作品提升自己的眼力，希望在不久的将来能够更深层地了解绘画。也很感激基弗大师的画，虽然很多表达我不是很懂……"

美术馆自身要加强对藏品和展品的学术梳理，通过梳理深挖其艺术主题，策展时不仅有展品原作呈现，也可以同时展出部分文献、实物资料，将传播内容体系更加立体化，满足不同受众的需求。比如在留言词云中，"看不懂"的受众占有相当大的比例，有受众留言："作品文字阐述字号实在太小了，作为年轻人都得探进前半身才勉强能看到。展馆里有多少展

览，需要简单的指引手册，这么高大上的作品展览，如果只有现场的摆放并无其他配套手册，对于不了解基弗的学生来说无疑是走马观花，毫无收获。"而另外有受众表达了不同的意见："艺术不一定要懂得，只要看到后有感觉就很好。"当代艺术展往往存在作品解读的多义性和开放性，有些创作者期望受众参与到作品解读中建构自己的意义。在阐释作品与给受众留下想象空间之间的平衡是策展人需要认真把握的。就此问题笔者访谈了美术馆的两位策展人和德国汉堡大学一位艺术史教师，他们认为，希望受众并不仅仅看到基弗对"二战"的反思，还要注意他看到的人类自身的问题，德国学术界对基弗研究会从更广阔的文化意义、哲学意义、艺术家的意义去反思。欧洲的艺术史是连续的，不停出现新的形式，每次都会引起思考。"我们所谓的'看不懂'是因为对我们来说，一下子出现很多新的形式，产生语境上的'看不懂'，而策划展览的目的还是希望给受众解读作品的空间，参与意义的建构。"好的展览应该是带有"问题意识"：不强行建构意义，但是通过视觉场域的对谈将问题传递给观众去思考。

基弗展览期间，展厅外大厅的大屏幕上一直在循环播放基弗的工作室情景、基弗准备各种综合材料、创作时的视频，也有接受采访时的创作理念表达等，吸引了很多受众驻足观看，现场访谈时，很多受众对该视觉传播方式表示受益良多，背景视频使得他们对作品的理解、思考更加深刻。媒介的独特之处在于，虽然它指导着我们看待和了解事物的方式，但它的这种介入却往往不为人所注意。① 博物馆美术馆中体现麦克卢汉的"媒介即信息"——和最基本的媒介文本展品一样，每一种媒介都为受众欣赏、思考、表达思想和抒发情感提供了定位。正如策展人所期望的，对于充满了隐喻意味的基弗作品，"看懂"并不是观展的唯一目的，而是让受众感受基弗的作品"解构、组合，通过独特的艺术手法展现于世人，艺术性、观赏性皆为上品，为现实提供更多的创作灵感"。或者通过思考艺术家创

---

① ［美］尼尔·波兹曼：《娱乐至死》，章艳译，中信出版集团 2015 年版，第 12 页。

作意识后，化作自己的知识再去建构新的知识体系。

(二) 当代艺术展的视觉符号

国际展览往往具有超越作品本身的意义，要构建有利于受众认知的文化语境。基弗的作品晦涩难懂，他在画作中大量使用了材料和符号，它们具有内在的文化和特定的象征意义。一些受众长期习惯参观器物定位型展览或者以审美为主的经典艺术品展览，对获得理性的、多义性的、开放性的展览信息尚没有培育出必要的期待和鉴赏习惯。从受众留言分析中看出个体受众依托多种阅读样式（解码、阐释、释义等）获得不同的形象观感，基弗作品对于普通受众来说较难理解，如何向大众解读作品的政治见解？如何克服中德文化差异让大众理解基弗？基弗作品来源于历史、战争、民族、集体性意识、文化、神话、诗歌、音乐等诸多元素，他不断用作品试图重新唤起那些被遗忘、被涂改、被有意回避的记忆，反思战争中的问题，想要告诉世人不能忘却历史的悲剧，具有全球化时代意义和跨文化传播国际巡展展览内涵。德方策展人开幕式进行"基弗的生活与艺术"专题讲座，将基弗的工作室场景和作品分析融合在一起讲述，从基弗几幅代表作品的创作背景入手，和大家分享其创作理念，并在展厅里基弗作品面前分批次进行现场导览，分析作品中错综复杂的材料背后的意义以及反复出现的符号的象征含义，解读每幅作品背后创作的故事，阐释了作品与作品之间的关联，使受众在晦涩宏大的主题面前，了解到基弗作品的精神实质与所反映的时代主题，从而唤起受众对相关事情和历史的记忆。德国艺术评论家海因茨—诺贝尔特·约克斯以"安塞姆·基弗——一位来自德国的画家"为题举办讲座，受众与约克斯就艺术家与基弗之间的关系、如何去比较不同风格艺术家之间的艺术创作、作为普通受众如何去欣赏基弗的艺术作品，以及目前传统绘画材料和综合材料绘画表现力进行探讨。基弗作品对德国文化与历史的深刻反思，对人类存在的终极追问，这些深刻又宏大的思想"内核"引导受众思考当下问题，如一位受众的留言写道：

作为西方画家的基弗遗传继承了德国古典哲学的精神特质，天生有对抽象艺术的理解力，所以会过多地运用象征的艺术创作理念，对于更习惯于直观性和表达生活感受的人来说，自然难以共鸣。基弗的艺术的诞生，是伴随战后德国经济的崛起，当然也有随之而来的社会躁动和问题提出。所以他用自己民族的习惯和手法去表现这一切会感动自己的人民。我们只去看表面的创作技法，各种杂物的制作综合，画面和立体物的组合构成，多种材料涂抹的粗糙肌理，给我们的美院专业者们以新奇，纷纷效仿大师，而放大自己。当然儿童的天真心灵更容易被有趣外观吸引，于是幼儿园美术班的墙壁上也出现了表现主义的作品。

对展览视觉形态再造信息理解方面，再造形态的内容与形式可以通过实践获得。"我们的手艺——山东美术馆探索体验手工坊"推出了"大师临摹课"，在展厅内直接面对国际大师作品进行临摹，对孩子进行艺术普及教育，打消他们对"大师的神秘感和距离感"，寓教于乐，艺术启蒙和体验培养孩子们的感受力、认知力、审美素养。对大众运用艺术通感活动拓展与深化博物馆视觉传播效果：视觉艺术与表演艺术多维度跨界互动，邀请歌唱家、音乐家、诗人在展厅进行了现场艺术表演。演出内容丰富、形式多样，以特有的方式展现了对基弗艺术风格的解读，多感官的审美享受与体验式阐释、精彩的画作与美妙的音符相得益彰。作为基弗展览的收官活动，赏析会以德国音乐、文学和诗歌的艺术方式，多视角、多维度地解读基弗及其艺术作品，既有助于更多的艺术爱好者去深刻解读和挖掘基弗作品中所蕴藏的历史背景与文化土壤，更是对促进东西方文化交融切实有效的推动。

（三）展览的大众传播环境

大众媒体通过对展览的广泛传播，吸引公众前来参观。开幕前后国家级和省级媒体密集报道，并且多采用了现场报道、深度报道和网络视频直播的形式介绍展览，形成预热，展览期间对基弗作品开展专家解读、评论，有的异域文明展提取器物或者艺术家最具有叙事性的精美纹饰用在宣传展板的装饰，营造氛围的同时也将展览核心信息展示给公众。如中央美术学院美术馆基弗作品展览期间设计制作了便于携带的 CAFAM 知识卡，联合艺术机构专门开发了语音导览，辅以二维码，利于受众个人观展。山东美术馆则印刷了专业的展览画册，官网、官微各种现场直播活动，数字展厅、实体空间与虚拟空间充分互动，融合媒介运用达到最佳效果：官网提供实用性、引导性、全面性的信息，为受众提供博物馆大而全的图景；官方微信公众号可以作为内容库，对展览和活动有深度需求，适合解读文物背后的故事，为读者提供延展性阅读；微博则是一个短平快的社交平台，具有时效性，目的是与公众建立一对一的人际关系，调动公众兴趣。同时，本次展览社交媒体也发挥了重要的宣传作用，微信朋友圈、各种艺术群分享着展览信息和观展体验。媒介环境具有动态性特征，博物馆内外形成良好的互动，大众媒介有理性客观的艺术批评，对展览的专业深度点评，以及对大众的视觉素养提升策略，使得无论是专业人士还是普通大众，都能充分享受这次展览带来的史诗般的厚重情感满足，以及近距离观赏领会德国表现主义艺术。

二、视觉艺术隐喻转换与触发

对隐喻意义的作品理解伴随着理性与感性、主体与客体、现实与联想的转换。这一类型展览，文化环境、思维模式、语言习惯差异都影响着受众观展，视觉信息阐释的主要目标是消除或减少展览与受众之间的文化障碍。作为历史印记的图像在意识形态与社会文化等外力的作用下，被糅合成一个指涉特定时代的文化与政治的"在场"符号。[1] 借助视觉隐喻这

---

[1]　李京：《从政治秩序确立到政治记忆刻写——对〈人民日报〉1949—2017 年国庆头版图像叙事变迁的探讨》，《新闻界》2018 年第 1 期。

一表征手法，一个时代的文化记忆、意识形态和社会惯例被悄无声息地植入图像表层叙事，成为隐藏在图像表层的文化政治密码。[①] 当受众面对这种视觉叙事和视觉隐喻的作品时，Scott 发现视觉劝服过程中的一种心理现象：面对图像刺激时，受众总会本能地调用完全情感化的启发性认知机制，如果这种暂时的情感是无意识的，经由特定传播策略的改造，会产生一种"特殊性的自反思维（Sustained Reflective Thinking）"以实现图像符号与文化意象及价值信仰的无缝转化。[②] 专题艺术展览既是对艺术作品的集群式展示，也是展览本身作为艺术作品的展示。艺术作品与作品内蕴信息互相阐发、相互补充的"互文"，对艺术潮流或者艺术现象有深入揭示或传播，受众与作品的"共鸣"，使展览所针对的问题显现。

艺术提供的不仅仅是欣赏，更重要的是引人思考，"最完美的艺术不可能与现实叠合，艺术具有超越性"（哲学家阿罗尔络）。这是超越现实的精神，也是感知未来世界和全新精神的一种方式。基弗作品隐喻的寓意极多，又来自德国，对普通受众而言理解作品有难度：我们所观看的结果实际上是由在场的人、权力关系和心理暗示形成，一是意识形态、文化心理（习性）、权力话语、视觉习惯的影响——从小到大的视知觉教育使得人的眼睛在视觉上有惰性，有自己的审美趣味，而基弗的作品却不是"那么美"，他运用了很多废墟上的残片，刻意用灰色、棕色作为总调子形成一种忧郁的气质，大量的铅元素的使用以及拼贴等，都给普通受众的视觉以挑战。二是艺术史的上下文语境，今天我们虽然进入全球化语境进行视觉文化研究，但是仍然存在着一些无法共享的视觉经验。基弗作品被解读为"新表现主义"，而策展人在开幕式当天却反复强调其实是"新写实主义"——基弗本人通过作品反思"二战"历史，以及之后的德国社会。美术馆具有生长的意义——受众要参加意义的建构，而不是依据自己的视觉

[①] 周宪：《视觉文化的转向》，北京大学出版社 2008 年版，第 82—85 页。

[②] Scott. L. M, "Images in Advertising: The Need for A Theory of Visual Rhetoric", *Journal of Consumer Research*, Vol. 21（1994），pp.252-273.

习惯对某些元素"视而不见"。比如访谈美术馆收藏部策展人，他说："基弗以现象学的角度对待现实主义，他看到的人类自身的问题，受众对基弗研究可以从更广阔的文化意义、哲学意义、艺术家的意义去进行。"丹纳在《艺术哲学》中提出品读艺术品的三要素——种族、环境与时代，基弗展作为一次特殊的专业展览，其多种媒介传播策略和以此引发的博物馆大众传播问题，都对受众的意义建构具有研究价值。三是诠释性理解[①]和广泛对话，伽达默尔在诠释学的发展过程中，首先选择欣赏艺术和理解文化的经验作为突破口，认为欣赏艺术品，一如理解世上所有事物，不应该是单方面的判定和投射，而应该是广泛的对话。[②]视觉叙事策展逻辑应从当代文化嬗变的视角，观察引导受众应用叙事的视觉思维去发现思考隐喻的意义。

从普遍认知来看，"以受众为中心"的博物馆实践一方面将令人生畏的博物馆环境或文化变得更加舒适与自在；另一方面则旨在将深奥的、专业的、晦涩的、隐藏的知识变得易于理解、可以接受。缺少知识或情景信息，即使那些讨人喜欢的、易于识别的、简单的物件也变得难以理解。对于大部分人来说，当代艺术极为深奥与晦涩，博物馆与艺术家交流时所用的深奥语言并不一定适用于更为广阔的社会群体。因此，提供阐释型介绍非常必要，阐释离不开信息，但信息不等于阐释，阐释是基于信息的关系建构；首要目的并非说教而是启发。全球化时代同样的跨文化国际展览越来越多，一方面将公众视野拓展到全球景观，思考全球时代的共性问题；另一方面当代艺术强调的重点更多的是期待受众带着自己的想法和联想去体验，对艺术作品的意义可以感受与阐释，不一定与艺术家契合，有一种不断深入挖掘和意义协商的过程。

---

① Hans-Georg Gadamar, *Truth and Method*, New York: Crossroads, 2004.

② 沈辰、何鉴菲：《"释展"和"释展人"——博物馆展览的文化阐释和公众体验》，《博物院》2017 年第 3 期。

小　结

本章分别从视觉信息空间构成、知识本体的内容，对博物馆的视觉场的物质实体形态建构、不同物质展品形态的视觉信息呈现和当代艺术传播环境进行阐述，基于"受众为中心"的物质形态的场域构成（如图4—10所示），结论如下：

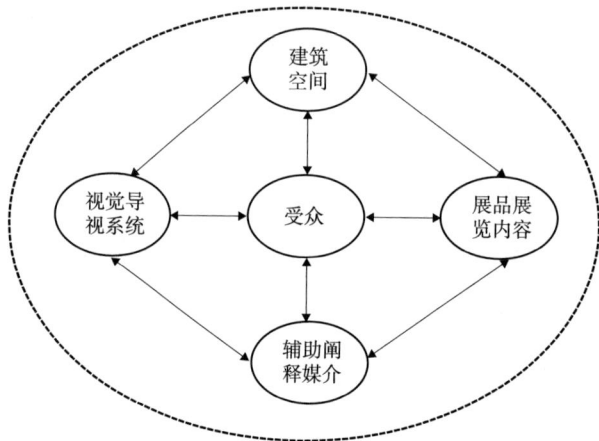

图 4-10　博物馆视觉场的物质形态

"以藏品为中心"和"以受众为中心"，或者说"物人关系"的讨论成为博物馆学界一个关键议题。如果说博物馆是一个大众媒介，那么社会结构的变动必然是理解从"关注藏品"到"理解公众"这一转向的切入点。普遍意义的社会理论在一定程度上解释了博物馆理念的嬗变。发展之初，博物馆与受众是二元分离的主客体关系。在这种传统的主客体关系中，博物馆传播的内容往往具有既成性特征，一旦做出展陈，就会被固化下来。观众走进传统博物馆，意味着走进了一个既定的文化场域。受众对博物馆建筑空间的感受是参观博物馆的第一印象，受众参观时感觉像一座神圣的殿堂，象征着国家的权力、学者的学识和艺术家的天赋。①受简约主义、极简主义影响，博物馆风格是将设计的诸多元素简化到最底限度，以极简的方式表达人们对空间环境在感情与理性上的双重需求。此时观众需要在博物馆里找到一片真正属于自己的思考空间，此时受众需要在博物馆里找到一片真正属于自己的思考空间，双方置身于一组有系统的、从未间断的实体关系中，受众看见的一切物质，在某种程度上是被传播者建构的符号，有些符号起到了隐喻的作用，"凝视"指"论述性决定"，是社会建构而成的观看或"审视方式"，是人们透过观念、技术、渴望、期待的滤镜进行诠释、评价和比较，受众看见某些符号就能够联想起指涉的内涵。

在这个阶段，现代和当代艺术博物馆面临的最大挑战是场景的缺失。艺术体验基准的特有环境是白色立方体空间，这种方法剥离了物件的场景和意义，切断了观众理解它们的可能性。因此，此阶段在物质形态的视觉场里，博物馆与观众是单向度的主体与客体关系，受众观展主要是"凝视式"：是博物馆主体给予和受众被动接受的不对等关系，是"观"与"被观"的静态关系。

博物馆发展至今，从传播内容上说，任何一种材料都可以进入博物馆保存，包括动画、广播、电视、照片、电影、生态环境、装置等；同时，随着受众的需求发展，博物馆本身的性质发生了显著改变，要设法吸引受众主动参与，运用各种媒体生动呈现与展示，博物馆也进入第三次革命提出的"参与式博物馆"，积极改善受众的参观经验。与受众参与交互行为对应，具有包容性、对话、参与特征的博物馆视觉场的传播活动形态彰显出其重要性。

---

① [英]约翰·厄里、乔纳斯·拉森：《游客的凝视》，黄宛瑜译，格致出版社、上海人民出版社2016年版，第172页。

第五章　博物馆视觉场的活动形态

作为视觉场传播活动形态的重要组成部分，展览基于物品及其辅助元素，在一个预定的空间内呈现，并使用特定的诠释技法和学习次序，目的在于传达及沟通其概念、价值和知识。① 在传播学的视角下，博物馆展览是大众传播的一种方式②，是信息的多向交流③，也是博物馆作为文化传播机构最重要的传播模式。④ 博物馆界有"信息定位型展览"的提法，本书借鉴这种定义，将展览看作博物馆传播呈现价值的视觉信息内容，同时也是记忆或符号的凝固，展览的内容和形式共同构成了展览所讲故事的"文本"，策展人会更加注重展品背后的文化意义以及这些意义之间的逻辑关系，"在结构主义叙事学的框架下，叙事行为的直观性和感染力满足博物馆媒介对文化信息的感性表达，而结构主义的逻辑性维护了博物馆媒介对理性和秩序的深层次追求"⑤。本章以博物馆中最常见的地域文化展览如山东博物馆考古山东、万世师表——孔子展、古罗马展、三星堆特展为案例，探索展览视觉形式和内容的视觉修辞、传播过程中的视觉隐喻、视觉叙事，来阐述如何实现精神层面的展览主题，如何体现观念、信念、价

---

① ［英］帕特里克·博伊兰主编（国际博物馆协会和联合国教科文组织共同编撰）：《经营博物馆》，黄静雅等译，译林出版社 2010 年版，第 137 页。

② Robert Hodge and Wilfred D' Souza, "The museum as a communicator: a semiotic analysis of the Western Australian Museum Aboriginal Gallery", Perth, in E. Hooper-Greenhill（Ed.）, *The Educational Role of the Museum*, London and New York: Routledge, 1999, p.53.

③ 曹兵武：《教育还是学习，这是一个问题》，《中国博物馆》2015 年第 2 期。

④ 包东波：《大众传播视觉下的博物馆功能初探》，《中国博物馆》2012 年第 1 期。

⑤ 刘佳莹：《叙事学视角下博物馆的媒介优势》，《东南文化》2010 年第 2 期。

值、态度和审美等，反映历史发展变迁规律，建构共享意义。再有，通过案例探究传播者如何将陌生的异域文化在不同的国家和城市中有效传播，运用中外视觉文化符号的共同性与可理解性满足海外受众对多元文化的需求。

随着时代发展，博物馆依然是文化传播的"主体"，受众则成长为相对成熟、独立、自主意识得到极大提升的认知"主体"。因此需通过博物馆的视觉场创意活动、人际传播、教育活动为受众实现参与互动的意愿，探究传播活动形态与受众参与行为的关系。

第一节　文化自信：地域历史展览视觉场文化叙事

视觉叙事即诉诸视觉的、偏重于用图像、影像讲述故事，在博物馆展览中，视觉叙事指通过策展，传播者运用多种视觉元素（视觉空间、灯光、色彩构成），有秩序有议程地摆放展品，讲述阐释展品承载的文化故事。在艺术学和影视创作领域，故事是人的情感进行交流最好的载体，具体而言，视觉叙事可以分为两个部分，即叙述和故事，或者是"讲什么"和"如何讲"。博物馆展览是将专家学者对于古代遗迹、遗物的研究成果用专业且通俗易懂的方式分享给公众，既是在传递知识，也是为公众讲述历史故事。展览的内容设计也就是故事内容的编写，在展览中讲什么故事，怎么讲故事，可以概括为展览的视觉叙事，包括叙述主体、叙述的时间结构、叙述语言。

一、地域文化展览视觉信息特点

展览类型很多，其中无论是常展、特展还是巡展，地域文化展览占据博物馆展览的很大比例，它们大多以"保存社会记忆"为核心，浓缩着城市地域文化发展的历史轨迹。关于本地历史叙述的基本陈列往往以信息表达为主，展品围绕主题服务，视觉信息特点主要表现在博物馆的仪式化、文化记忆和接近性。

（一）地域文化展览视觉信息的仪式化

美国新博物馆学者马斯汀曾将博物馆的四种原型分为圣地、市场主导产业、殖民化空间和后博物馆，一种极有代表性的历史综合博物馆本身就是由古典皇宫、王室城堡、大教堂、名人故居发展而来，其建筑、内设、物品等都具有时代场景与记忆元素，受众置身其中观赏浸染民族文化，体验文化仪式，感受地域韵味。在欧洲这一类型的博物馆多由世界著名建筑师设计，有的建设时期多达数年，气势恢宏、金碧辉煌，具有杰出的装饰艺术水平，收藏品也是集国家民族之艺术精粹，人物肖像和历史油画代表着当时最高的艺术造诣，体现出王权专利主义的奢华富丽。它们发展成为现代的公共博物馆和艺术殿堂后，仍保留仪式化特征，深受教堂、宫殿以及古代庙宇建筑的影响：列队行进的道路，可能包括了不朽的楼梯、戏剧性的灯光、如画的景致以及装饰性的壁龛，这些产生了表演性的经历。[1]"仪式经由模式化和序列化的言语和行为构成，是一种文化建构的象征交流系统，需要借助一定的媒介表征与维系。"[2]另外，庄严的城堡氛围也符合贝格尔和卢克曼提出的"象征意义体系"：凝聚性结构同时也把昨天跟今天连接到了一起：它将一些应该被铭刻于心的经验和回忆以一定形式固定下来并且使其保持现实意义，其方式便是将发生在某个时间段中的场景和历史拉进持续向前的"当下"的框架之内，从而生产出希望和回忆。[3]从这一文化视

---

① ［美］珍妮特·马斯汀编：《新博物馆理论与实践导论》，钱春霞等译，江苏美术出版社2008年版，第13页。

② ［意］马里奥·佩尔尼奥拉：《仪式思维》，吕捷译，商务印书馆2006年版，第37页。

③ ［德］扬·阿斯曼：《文化记忆》，金寿福、黄晓晨译，北京大学出版社2015年版，第6页。

角出发，参观时受众听到很多神话和历史传说，引发对过去的认知。在这里常常有些仪式化的展演，或者现代风格多媒体的剧场，通过叙事性将受众代入回忆文化的方式，在想象中构建了自我形象，并在世代相传中延续了历史文脉。如欧洲的王宫每天仍在广场举行庄重的换岗仪式，配合现代城市见不到的高头大马以及威武骑士，在乐队伴奏与人们的欢呼声中一丝不苟地进行着展演；动静之间与屹立数百年的王宫博物馆共同展示的是对一个文化意义的传承和现时化形式，让当下的受众深刻感受到博物馆承载历史发展以及人类生活延续的痕迹，理解历史流变的逻辑与原因。

（二）地域文化展览视觉信息的记忆性

地方博物馆展出的文化遗产很多时候是关于对过去的记忆和重新体验过去记忆的一种经验传承，博物馆是借助物品来形成一个可以被实现、被理解以及可传递的认识空间，改变宏大叙事视角，关注焦点集中于该地域人们的生存状态，由承载着"过去"的小物件所建构的空间带有一种令人尊重和敬畏的力量，这就是博物馆之所以为博物馆的"光晕（aura）"[1]，从这个角度来看，它是一种无形的符号，只有当这种记忆与公众有关联，公众才会感受到触动。例如首都博物馆"读城"系列展览就采用了类似的视觉叙事策略突出北京人文生活。社区博物馆发展可以用"文化授权"来阐释，即提供地方居民的活动空间，并以其眼光与角度传译博物馆的内容。在挪威的哈当厄尔峡湾，世界各地参观者通过高山列车参观峡湾自然风景，漫长的冰期中融冰、石头与冰川经过数百年时间共同作用形成如今弗罗姆山谷和奥兰德海峡所看到的美景。乘高山列车观景归来，走进博物馆，那段艰辛的建造历史就以各种艺术化方式呈现出来，还有最早以及发展过程中的列车原型，博物馆藏品与地方文献、民间风俗互相引证。通常一个社会群体共同拥有对过去的记忆，人们对地域文化和历史文化的留恋

---

[1]　赵静蓉：《文化记忆与身份认同》，生活·读书·新知三联书店 2015 年版，第 228 页。

会促使他们参观名胜古迹、博物馆，将文化记忆、精神信仰和艺术追求延续下去。文物以物质形式保存着历史、文化艺术信息，集体图像记忆将记忆从一种主观意识活动转向了印迹、形象或符号类的客体，这种文化建构与视觉表达方式在博物馆较为普遍。沙伦·麦克唐纳对 19 世纪博物馆在民族国家构建中发挥的文化认同作用做了简要概括，认为博物馆的展品和建筑是文化的表征和"对象化"，而文化是民族的表现方式，博物馆将这些物品集中在一起，自然被看成是民族认同的表现。① 每个国家、每个城市博物馆的地域文化展览往往会带有很强"集体记忆"和"文化认同"策展意识，从展览的题目、场景还原、展品摆放、展览展线具有文化议程，如浙江博物馆的"越地长歌"、安徽博物院的"皖风徽韵"、香港历史文化博物馆的"香港故事"等都是根据各自地域历史文化资源特色将各个历史时期的重点，用时间线进行串联，体现一个地区历史变化的基本脉络，布展以地方通史的陈列方式来讲述，地市博物馆以最显著的展厅展示地域文化史，以传承文化记忆，这种文化记忆"包含某特定时代、特定社会所特有的、可以反复使用的文本系统、意象系统、仪式系统"②，构成民族文化认同的精神纽带。如首都博物馆有"城市记忆：百姓之家"展览让北京市民可以寻觅到昔日吃穿住行常用的"老物件"；深圳博物馆将深圳市如何从一个小渔村发展成国际大都市的波澜壮阔过程展现出来，展厅里有体现深圳创业精神的孺子牛，有体现深圳城市文化的口号提炼，有来自全国各地五湖四海的普通创业者、建设者成长为深圳新市民的平民视角运用。新博物馆学实践试图与受众之间的交流更加民主化，其目标不是提供权威性的宏大叙事，而是关注日常生活、个人故事和传记，以便呈现多元的记忆。③

---

① 沙伦·麦克唐纳、尹庆红：《博物馆：民族、后民族和跨文化认同》，《马克思主义美学研究》2011 年第 2 期。

② ［德］扬·阿斯曼：《文化记忆》，金寿福、黄晓晨译，北京大学出版社 2015 年版，第 51—56 页。

③ 户晓辉：《民主化的对话式博物馆——实践民俗学的愿景》，《民俗研究》2018 年第 3 期。

（三）地域文化展览视觉信息的当代性

大城市有博物馆，小城镇也都有自己的博物馆，有藏品、有文化，也有历史，成为文艺的、公众聚集的"社区文化中心"，融入日常生活，文化变成新一代的基因。博物馆是一个时空综合体，许多受众有"穿越时空隧道"的观展感受。巴赫金（Bakhtin）曾提出，"空间和时间标志融合在一个被认识了的具体的整体中。时间的标志要展现在空间里，而空间则要通过时间来理解和衡量。这种不同系列的交叉和不同标志的融合，正是艺术时空体的特征所在"①。从这个角度，地域文化展的时间维度(历史脉络)与空间维度(博物馆展示空间）的设计策划共同构建了展览的视觉叙事性，也影响着受众的观展体验。还有一个特点是与当地受众的接近性，如首都博物馆持续项目"读城——追寻历史上的北京城池"和第二期"读城——发现北京四合院之美"是以普通市民生活为中心的展览，突出了北京的人文生活，开幕式分为"晨曲""情趣""梦想"三个篇章，通过老北京晨练的情景再现、四合院的诗情画意以及对未来的美好憧憬，呈现了四合院在不同时空绽放的魅力。②17 件老物件和 200 余件来自受众的展品让受众感受到浓郁的生活气息，而且以青少年为核心受众的理念和创作模式，打破博物馆传统的观展体验，多渠道多角度吸引青少年最大限度地参与其中，在体验中探索学习，培养其主动观察、勤于思考和善于创新的综合能力。刘易斯·芒德福论述"博物馆的使命"：艺术和社会历史博物馆的本质意义在于它能够将记忆从其原先依赖的文化中分离出来 ③。一方水土养一方人，每个城市的发展都会产生自己的文化特质，作为城市物质载体的博物馆记录了这座城市在不同历史时期的社会变革。从博物馆定义的转变来

---

① ［俄］米哈伊尔·巴赫金：《巴赫金全集（第三卷）》，白春仁、晓河译，河北教育出版社 1998 年版，第 274 页。

② 丁薇：《读城：四合院的前世今生》，《中国艺术报》2017 年 7 月 19 日。

③ ［美］刘易斯·芒福德：《城市文化》，宋俊岭等译，中国建筑工业出版社 2009 年版，第 476 页。

看，其中的重点转移和问题意识的变化包括："从物到人"，人的因素在逐渐增强并且得到越来越多的强调和重视。人们越来越认识到，博物馆的中心不是物，而是文化，博物馆是人与物、人与人发生文化对话的场所①。综合地域文化展览视觉信息的仪式化、记忆性和当代性，元素建构如表 5-1。

表 5-1　展览组织系统的模式元素建构表

视觉信息特点	仪式化	记忆性	当代性
视觉场的元素	场景；情境	物件；媒介	媒介；虚拟现实
视觉叙事策略	代入；回顾；体验	视觉修辞；关联；讲故事	对话；融合；互动

二、地域文化展览视觉叙事策略

许多主体展览都有一个基本的叙事线索，一个故事可以将所有展品或所有可感受到的因素联结和联系起来，使受众获得更丰富的体验。关于叙事作品的单元罗兰·巴特认为："叙事作品的功能覆盖层要求一个中继组织，其单位只能是一小群功能，我们在这里将称之为一个序列。"②也就是说事件作为叙事作品的基本材料，可以简化为一系列连续的动作程序。我们把这些连续的动作程序称之为序列③。叙事作品的单元随着馆际交流日益频繁，一些博物馆策展时突破单一的文化视角，将两种地域文化或者异文化放在同一空间中对话，引导人们从多元文化视角来审视自己的文化传统。2016 年，"永恒之城——古罗马的辉煌"在山东博物馆开展，展示大量罗马帝国重要建筑，还通过大量 3 D 图像和多媒体的穿插进行场景还原。2017 年，"太阳的传说——三星堆·金沙遗址出土文物菁华展"特展

---

① 户晓辉：《民主化的对话式博物馆——实践民俗学的愿景》，《民俗研究》2018 年第 3 期。
② 参见 [法] 罗兰·巴特：《符号学美学》，董学文、王葵译，辽宁人民出版社 1987 年版。
③ 张秋：《独白的美学——叙述学视野下的王家卫电影》，《电影文学》2008 年第 11 期。

在山东博物馆开展，通过"三星伴月、金沙遗珍、凤鸟之裔"三个篇章，讲述古蜀传说。这两个特展分别来源于意大利罗马、四川成都巴蜀古国三星堆遗址，代表着不同的地域文化，在特展中根据展览文物、艺术品的文化艺术内涵均采用了多种视觉叙事策略（图5-1）。

2018年11月，建设历时5年的孔子博物馆在曲阜开馆试运行，首批2000多件文物入驻。① 经过了长达10年的酝酿和设计，确定了"景仰、对话、洗礼"的展陈理念和叙事逻辑，通过场景、儒家文化故事表现孔子思想和精神力量。

图5-1 展览内景实例图（图片来源：山东博物馆）

（一）代入与回顾：进行场景还原、情境创设和视觉修辞

展品作为地域文化的载体，进入异域或者异乡会失去原境的意韵，所以如何最大程度还原再现地域环境是视觉叙事的首要任务。情景再现方式局部还原历史现象，同时采用各种视听材料进行深度诠释与阐述。走进"永恒之城——古罗马的辉煌"展厅，迎面而来的是浓郁的古罗马风格装饰以及简洁明了的布局，尤其标题背后纵深感极强的巨型广场画面给予受众极强的历史代入感，旁边的墙上有一个大型彩色图板时间轴，对比中国和世界同时期重大事件，进行知识传播。展厅内微弱的灯光构筑起一座穿越历史时空的隧道：每个单元部分都配有大景深的巨幅建筑图像、建筑构

① 肖家鑫：《走近孔子博物馆》，《人民日报》2018年11月27日。

件和人物雕像，尽可能还原古罗马人民在近五百年历史中诸多生活场景。为了让受众感受更加深刻，展览综合运用巨幅大景深高清实景图片做背景来衬托文物，立体图标、图示图表、动态多媒体历史场景再现等方式，通过虚实相辅的方式，让受众获得更加生动的现场体验感，更好感受罗马帝国巅峰时期辉煌的文化艺术成就以及社会的风貌。仪式不仅指宗教程序、节日庆典的展示等制度性行为，还包括有意识形态的传播、情感融合、身份认同等功能的行为。① 此次特展增设了罗马集市和罗马广场，通过罗马士兵、罗马的艺术家表演给受众带来了一种全新的视觉效果，这样的仪式传播是符号权力集中运作促成集体记忆的最佳场域，受众更加深刻地体验了古罗马时期的鼎盛局面。孔子博物馆最重要的视觉中心是序厅，置身其中孔子和山的形象通过照明变化在乳白色书墙上慢慢呈现，半透明、乳白色、犹如白玉石般质感的书墙，展示了儒家文化的厚重。灯光照明发挥营造氛围的作用，设计了可发光和多媒体星空顶棚两种视觉效果，通过多种艺术方式和高科技把序厅塑造成一个庄重、肃穆、纯净的空间。彼特·弗格在《沉默之物》中总结了两种表述物件的方式，或者说是两种展览修辞，即艺术展览（aesthetic exhibition）和场景展览（contextual exhibition）。艺术展览往往着重于审美体验而忽视作品的背景信息；历史文化类的场景展览偏向于教育理念而出现过度阐释的危机。因此，弗格认为未来的博物馆设计者应该从如下方面入手来化解这一危机：通过开展受众研究，尽可能地了解受众的思维结构和期望；促进文字说明向视觉阐释的过渡，生动形象地呈现事件场景。② 视觉场建构也要综合两种视觉修辞方式。

灯光、色彩都是视觉修辞叙事的重要元素。受众感知对灯光照明尤为

① 马萍、潘守永：《从"仪式性"看纪念馆的"文化展演"空间实践》，《东南文化》2017年第2期。

② Peter Vergo, "The Reticent Object", Peter Vorgo.ed, in *The New Museology*, London: Reaktion, 1989, pp.48-52. 转引自尹凯：《目的感：从〈新博物馆学〉一书重思博物馆价值》，《博物院》2018年第3期。

敏感，展览要讲好故事，灯光的氛围营造很重要，如果灯光能够为故事情节做好铺垫，就能吸引受众，引人入胜。古罗马展厅整体照明调暗，聚光灯聚焦到大理石雕塑和文物上，受众如同置身于辉煌壮丽的古罗马遗址之中。孔子博物馆序厅以"大哉孔子"为主题，通过光的运用，以书墙为背景的孔子像温润如玉，激发受众对孔子的景仰之情。"三星堆·金沙遗址出土文物菁华展"进门处，是灯光聚焦的太阳神鸟背景，图案向四周顺时针喷射出十二道光芒的太阳，呈现出强烈的动感，象征着光明、生命和永恒，而其前方则烘托着转动的古代巴蜀国人形象，既动

图 5-2　古代巴蜀人形象

态感十足又充满了神秘性（图5-2）。展厅出口前大屏幕播放着数字动漫故事片《神树的传说》，以三星堆博物馆的镇馆之宝"青铜神树"为主角，片中的金乌形象则取材于三星堆神树、河姆渡骨匕、华县泉护村彩陶、反山玉冠状器和马王堆帛画等众多文物，对实物文化艺术魅力充分领略后再次从故事片中获得美的升华与对历史的深度回顾。另外，视觉修辞的另一重要策略是色彩运用，加拿大安大略皇家博物馆在策划兵马俑展览时，设计师运用七种颜色展现中国古代的"战国七雄"，运用橙色表达中国汉代的"黄土、黄河"等地域文化元素，而秦国统一后，选用了厚重庄严且具有权威性的黑色，将中国汉代—战国—秦国的发展脉络清晰展现给异域受众。山东博物馆"中正仁和——走进养心殿"序厅运用大红色、金黄色的视觉修辞来凸显皇家气派（图5-3）。进入展厅，正殿中高悬"中正仁和"匾，匾下是皇帝的红木宝座，前方设有楠木黄缎套案桌。场景色调与展品色彩协调，受众如身临其境。南京博物院"法老·王——古埃及文明和中国汉代文明的故事"展览将展厅空间划分为两个左右对称的板块，分别

图 5-3 "中正仁和——走进养心殿"序厅

以红、蓝两种颜色为基调来营造汉代文明和古埃及文明的神秘氛围。①印度文物展视觉修辞手法可以金色为主色调，点缀以极具印度特色的朱砂红作为装饰，同时注重印度宗教的元素运用，营造宗教的庄严神圣感。

（二）静赏与动览：实现契合地域文化内涵元素的传播叙事策略

静态视觉符号以自然存在的样态记取中华文明和传统文化历史的印记，传达我国博大精深的文化内涵。静态视觉符号看似静默无言，却承载着厚重的文化印记，无论古罗马展还是三星堆展，静态雕塑实物与动态视频背景结合，互相衬托。展板的单元标题"三星伴月、金沙遗珍、凤鸟之裔"也可以视为静态元素。标题引经据典，对仗工整且朗朗上口，简洁的文字蕴涵深厚的文化底蕴和优美的旋律感，具有视觉听觉上的双重美感。古罗马展览在成都金沙遗址博物馆展出时，采用不同艺术形式把传统与时尚结合，比如制作了大型的罗马彩灯。受众除了室内的静态展，同时也可以欣赏室外动态、立体展示手法，而且形成东西方文明之间南北对峙、东西对话这样交流的格局。策展方还以三个不同主题的图片展展示从古罗马人的衣食住行到他们的建筑艺术，进行联展，呈现出动态的叙事性，挖掘他们如何通过丝绸之路所进行人类文明的交流和互动。

对巴蜀地域民族元素的传播，如果透过只言片语的神话传说与文献记载，可清晰地看到古蜀文明是一支与中原文明有着千丝万缕的联系、但又镌刻着自己鲜明印迹的地方文明。其中眼睛是象征太阳的一种符号，三星堆林林总总的眼形器物表达了古蜀人渴望了解未知事物、渴望认识未知世

---

① 李林、陈钰彬：《国际性临时展览的跨文化阐释方法初探》，《东南文化》2019 年第 1 期。

界的美好愿望，青铜面具眼球突出被认为是一种人类追求更远观看的独特艺术表达。展览对此以静态传播为主，静默无声的眼睛似与现代受众进行跨越千年的交流，触动现代人的心灵，让人叹为观止。此外在静态神秘的氛围中，展览可以加入多媒体动态图版，如青铜璋展示柜里陈列一件薄薄的展品，其上方图板形象展示着"青铜持璋"四个小人像：第一个黑色立体展示，后面三幅图则以三个侧面的简体画生动呈现，构成动态连环画，让受众观察认知这种器物的使用情况。"太阳崇拜"实物玻璃展柜的旁边是太阳纹饰图案，进一步将实物进行抽象化。神鸟图案是环绕着太阳飞翔的四只神鸟，体现出自由和团结共赴的寓意，反映了先民对美好生活的向往，对神鸟的展览运用多媒体进行动态展现，富有灵动逼真的传播效果。由此可见，一件或一组展品的价值在于它背后所隐含的文化背景，正是这种文化背景内涵赋予了展品信息一种真实性和直观性。展品信息的最大化是在一个逻辑性的结构中实现的，正如符号之于它所隶属的文化系统。[1]图像、图形及图案符号、展览说明视觉文本及实物等重新建构形成新的视觉叙事，受众在静赏与动览中想象、移情等作用产生虚拟事件时空的体验感，对古罗马、古巴蜀国地域文化进一步认知。[2]

三、地域传统文化意蕴的呈现方式

综合地域文化展视觉信息特点与视觉叙事策略，透过文物展品的可见信息，支撑地域文化特展中民族文化的基本思想、民族文化精神和民族魂，伦理内涵和审美意蕴等抽象概念如何进行视觉呈现？展览策划要融物于景，还原地域文化的视觉场景，将场景作为博物馆和各类陈列的一个有机组成看待，认识到场景与其内在文化的一致性，明晰场景艺术和方式及

---

① 刘佳莹、宋向光：《博物馆的媒介优势——结构主义叙事学视角下的博物馆展览试析》，《博物馆研究》2009 年第 4 期。

② 赵君香：《博物馆地域文化特展的媒介传播》，《遗产与保护研究》2018 年第 9 期。

其效果，使得受众强烈受到博物馆环境的影响，包括建筑、气氛、味道、声音，以及对这个地方的感觉。策展者还要注重挖掘藏品的地域文化内涵，注意地域文化风格的延续，增强受众的情感共鸣。

首先通过场景营造与展品组合等方式为受众视觉认知理解的观赏"小空间"。例如三星堆文化无论是太阳崇拜，以凤鸟为图腾，还是以牙璋为重要礼器，这些旷世神品以强烈的艺术个性和鲜明的"人与神"色彩，生动反映了古蜀先民"人神互通""天人合一"的神话和宇宙观，向世人诠释辉煌的古蜀文明。古罗马作为西方文明的发源地，"罗马精神""罗马艺术""罗马雕像""罗马建筑"乃至古罗马城邦、罗马建城的传说都让参观者充满了期待，异域特色文化展览本身就符合受众求新求变的审美诉求。其次，反思空间和故事体验形式为地域文化意蕴呈现开辟了新路径，形成展览空间的视觉秩序。实地调研中，受众反映出一定程度的"博物馆疲劳"，尤其是热门特展，时间短而受众多，博物馆一定要注意休息区的配置，通过适当的过渡减轻受众疲劳。美国水晶桥艺术博物馆为了使受众专注于艺术本身，不会在新空间里把时间浪费在寻找路线上，在各个走廊之间设计并规划了多个空间，称为"反思空间"，引入小规模的科技媒介，让受众放松反思，阅读有关艺术、建筑和自然的一系列书籍，更好理解展品内涵。该馆还开设了数字标签试点项目以改善用户体验、实现博物馆目标。国外许多博物馆的中庭、天台、连廊等公共空间被设计成环境优雅的咖啡厅、创作室或阅览室，可供受众阅读、反思和聚谈，借鉴国外经验，特展时可以放置古罗马及中国古代历史文化的相关书籍画册，播放电影或者纪录片片段，设置儿童涂鸦区，让受众从"视觉"进入对历史文化的省思，自由融入艺术的想象空间。① 比如孔子博物馆第三个核心展项"洗礼"，就是通过图书馆载体来实现，让受众在阅读中思考。博物馆运用闻名于世的藏品包括明代以来直至 1948 年的 30 多万件孔府私家文书档案、宋代以

---

① 赵君香：《博物馆地域文化特展的媒介传播》，《遗产与保护研究》2018 年第 9 期。

来 4 万多册善本古书等现存典籍资源打造世界上最全的儒学典籍图书馆。最后，文化认同的形成与族群凝聚需要成员拥有共同的记忆、分享的故事、共鸣的情感，许多博物馆都将历史场景以故事形式呈现。叙事展览以空间、媒体、藏品和故事交织成复杂的、高感官的体验，在连续变化的实体空间里给予受众"沉浸感"。实体空间形态是展览区别于其他叙事媒介的重要特征①，选择典型展品并将它们按照内在逻辑关系呈现，汇聚有关精美文物的游戏设计，让广大受众在多元文化的碰撞中感受古代文明的非凡魅力。同时利用转换空间区域，或让受众进行角色扮演和故事演绎，调动多感官克服单纯的视觉疲劳，利于对参观节奏与旋律的把握，提升受众的兴趣和丰富观展体验。

中国传统文化属于典型的高语境文化，在高语境文化中，较多的信息或由社会文化环境来传递，或内化于交际者的思维记忆深处，人们对交际环境的各种微妙之处较为敏感。相较于西方文化，中国传统文化含蓄内敛，讲究意会默契，自有一种"言有尽而意无穷"的深沉典雅。儒家思想是中国传统文化的核心，也是抽象的高语境文化，山东博物馆通过常展厅"万世师表"展览来阐释：分为圣乡寻根、天纵之圣、金声玉振、儒行天下四个部分，用全面、详尽、科学的资料还原孔子和儒家思想的真面目；展览大量运用了多媒体技术、动画展示技术，受众可以在光与影所营造的互动娱乐之中，体悟圣贤的智慧。以受众的体验为核心，对《圣迹图》原作进行了全新的诠释，挖掘其中所蕴含的艺术神韵和儒家思想，加深受众与传统儒家思想所产生的精神共鸣；采用问答的形式和浮空投影技术，再现了孔子杏坛讲学与众弟子回答的场景（图 5-4）。博物馆光影重铸的圣人之路、上古先贤的智慧带给受众民族历史文化的震撼。受众自然而然追思圣人先哲，浸入传统文脉，在整体性的环境交流中，传统文化价值理念、伦理道德、文学艺术等层面的交流与传播触及了最深层次的精神交

---

① 许捷：《空间形态下叙事展览的构建》，《博物院》2017 年第 3 期。

图5-4 "万世师表"展览内景（图片来源：山东博物馆）

流，如果此时再亲身体验祭孔大典、封禅大典这样的活动，更会让人领略六艺之神妙、文化之魅力。

地域文化展览使高语境文化以各种实物展览外化于形，运用蒙太奇手法进行展览视觉叙事，以沉浸体验活动使受众将文化内化于心。例如展览"读城——发现北京四合院之美"从北京四合院的格局型制之美、色彩装饰之美、秩序规矩之美、生活情趣之美和记录创意之美来突显中国传统文化之美，感受那属于四合院的怡然情志。总之，受众对中国传统文化理解越深，越希望在观看展览中了解更多的故事细节，博物馆运用逻辑条理、趣味、沉浸感、节奏感的叙事方式策展，可使得传统文化意蕴自然呈现，同时意趣空间的文化性也在涵养受众审美提升。

第二节　文明互鉴：国际跨文化展览的视觉场活动

联合国教科文组织大会第31届会议通过的《世界文化多样性宣言》提出，每个民族都有自己文化的发展空间和发展成果，文化的多样性如同生物的多样性一样不可避免。基于受众群体的不同，运用文化叙事策略讲好中国故事，引进展览满足本国受众的精神需求，展览的视觉修辞、叙事结构和传播策略具有独特性。

一、柔性视觉传播中国故事

2015 年 10 月发布的《紫禁城宣言》①，形成全球博物馆界未来发展的共同行动纲领，全球博物馆将以文明对话为桥梁，增进跨国界合作、跨区域互动、跨文化交流以及跨种族理解。文物作为中华文明源远流长和生生不息的实物见证，伴随着国家对博物馆政策的支持与互联网新媒体的发展，国际传播生态发展态势良好，博物馆与社会环境、普通大众的互动更加密切。改革开放 40 多年，1000 余项文物展览走向世界，国外受众超过 1 亿人次。文物的历史内涵和价值融入新时代发展，彰显博物馆的当代文化价值和中国文化自信，国际展览成为国际舞台彰显文化影响力的"金色名片"，向更多国家展现出真实、立体、全面的中国。

对文化多样性认识的深化使得许多博物馆的有识之士认识到"呈现多元文化价值才是博物馆核心价值之所在"，不同文化元素与本土碰撞创造了一种新的文化形态、生活方式、表现方式，因此，在全球化语境下，文化传播不仅要在展览层面"走出去"，更要在效果层面上"走出去"②。2014 年为庆祝中法建交 50 周年，法国"汉风——中国汉代文物展"由两国元首题写序言，为使法国受众更好地了解汉代历史文化，运用大量辅助手段呈现"汉风"主题，比如"文物带你看中国"动态演示、悠扬厚重的汉乐、汉服演示讲解及艺术家进行汉字书法表演等。2016 年，中国文物交流中心主办的"丝路瑰宝展"在拉脱维亚国家艺术博物馆之里加美术馆成功举办，展览呈现出不同文明之间彼此交融、共同发展，揭示多元文化交融共生、不同文明相互影响的历史脉络。同年国家文物局牵头举办了"天涯若比邻——华夏瑰宝秘鲁行展""绵亘万里——世界遗产丝绸之路展""兵马俑：秦始皇帝的永恒守卫展"等多项出境展，积极讲好"中国

① 《〈紫禁城宣言〉在京发布》，《人民日报（海外版）》2015 年 10 月 20 日。

② 南京市委外宣办：《对外文化交流可持续发展实现路径探析》，《对外传播》2017 年第 5 期。

故事"，弘扬中国文化，将中国文化独特的艺术语言和文化风格在异域人文土壤中发芽。

艺术史学家卡洛·邓肯（Carol Duncan）曾经提出，"从理论上说，博物馆是参观者获得精神提升的文化空间，然而它们又是意识形态的强有力的机器，举足轻重"[①]。展览具有一定的外交意义，如2018年4月，习近平主席以湖北省博物馆为"国家客厅"，会晤印度总理莫迪，敲编钟、看乐舞、赏文物，并把中国文博创意产品作为国礼赠送，再次成就了文物主场外交佳话[②]。2013年以来，中国文物出境展览累计250多个，文物入境展览130多个，践行文明互鉴，推动各国相互理解、相互尊重、相互信任，展现中国的艺术审美和历史意蕴，从全球视野介入来审视中国文明，探究中国文明与世界其他文明之间的交流和联系。

二、异域文化激发文明创想

近年来，世界级博物馆加大了来中国展览的力度，仅2016年9月至2017年7月，国家博物馆、上海博物馆、香港文化博物馆就举办"卢浮宫的创想"、大英博物馆"100件文物中的世界史"、美国莱顿收藏的"伦勃朗和他的时代"等大展；清华大学艺术博物馆新馆开馆即展出达·芬奇手稿；省级博物馆也联合展出"永恒之城——古罗马的辉煌"世界巡展。2018年国家博物馆举办"无问西东——从丝绸之路到文艺复兴展"谱写丝路精神；另外波兰、捷克、阿富汗等"一带一路"参与国来华举办各类文物展，越来越多的世界名作艺术品进入到中国艺术博物馆展厅，东西方文明互相映照，共通互鉴，实现文化交融。

这些展览案例在文明交流互鉴策展方面都体现出包容性和平等性，共

---

① Carol Duncan, *The Aesthetics of Power, Essays in Critical Art History*, Cambridge University Press, 1993, p.19.

② 刘玉珠：《让中华文明薪火传之久远》，《人民日报》2018年10月31日。

同点在于巡展符号的共通意义、选取受众非常熟知的艺术博物馆合作或者
艺术家；同时又各具特色富有多样性：卢浮宫展览的策展目的不为展示珍
品，卢浮宫著名展品非常多，八百年变迁史见证着法国从革命到发展的整
个历程。这样展览就超出仅以展品为主的意义，将世界四大博物馆之一的
卢浮宫带入中国公众视野，更好地传播了法国乃至欧洲的历史文化。大英
博物馆展览，强调用一百件文物串联世界史，顺着这个思路，这些生动的
历史遗物向我们讲述世界历史中的故事，既符合考古学通过遗迹遗物去复
原历史的思维逻辑，对受众来说也是一个生动亲切的叙事口吻，使受众可
以领略文物所揭示的世界文明之间的紧密联系。体悟不同文明对话和相互
尊重的重要，感知不同文明之间的相互融合与影响，展现了不同文明之间
平等、交流与互补的事实，为实现全球和谐与繁荣贡献智慧和力量①。清
华大学艺术博物馆选取达·芬奇手稿作为这个世界瞩目的大学艺术博物馆
开馆大展，充分展现中国的大学与西方著名大学的艺术博物馆一样作为多
维度的文化资源空间，在教学科研校园文化建设以及社区文化服务中都具
有重要作用。展览精选了达·芬奇在自然科学、数学、军事等六大领域的
研究与探索。古罗马世界巡展的特色在于选取古罗马历史长河中一个阶段
的诸多生活场景，展现罗马帝国从公元前 1 世纪到 4 世纪的宏大遗址。营
造了拟态环境的"场景还原"与现代多媒体的"叙事路线"，通过多层面、
多视角、多立场的观看，引发受众有关社会历史图像的精神能量。山东博
物馆展览时特意在相邻展厅展出历史同期的《山东地区两汉文明展》，鲜
明的汉代元素营造出汉风浩荡的亲身体验。两个展览通过展示汉朝与古罗
马时期的文化瑰宝，展现出各自不同的文化特质和彼此的融汇交流，体现
这两大文明对人类的贡献和对东西方文明的影响②。近年来此类世界著名
博物馆或者艺术中心到中国各大城市的博物馆进行巡展，为中国的文化艺

---

① 薛帅：《到国博，感受英式视角下的"浓缩世界"》，《中国文化报》2017 年 3 月 3 日。
② 李志臣：《中西文明对比两项大展济南开幕》，光明网，2016 年 7 月 26 日，http://di-
fang.gmw.cn/sd/2016-07/26/content_21140834.htm。

术生态环境带来了生机与活力，博物馆往往采用对比展览、艺术通感、网上虚拟展览等新的传播方式扩大受众面，帮助受众在短时间内增进对西方文化艺术的理解。

"请进来"的展览进行本土地域文化融合策展，从展示"物品"到重视策展的整体理念，探讨当代文化议题与本土价值，满足受众期待视野，获得新的审美体验，同时适应了当下人们追求变化和新异事物的心理特点。异国博物馆展览还可以注入新的元素，引导受众反观所在地域的传统历史文化，以做出对比性体验及历史发展脉络中的关联体验，体现当今时代全球格局下中国文化自信和积极借鉴各种文化之所长的姿态，在世界文明互鉴互赏中获取意义价值。

三、国际展览跨文化视觉传播策略

当下跨文化传播领域的研究往往聚焦于各种文化之间的异同，借鉴跨文化传播的理论研究，注重"文化模式"差异影响，让丰厚的文化内涵在国际文化传播中借助国际展览与多媒体的配合展示其历史价值与艺术魅力，在视觉环境、视觉秩序、策展布展、媒体宣传、符号的意义阐释方面要做到以下几个方面。

（一）视觉修辞与叙事语境结合，形成中国展品在异域文化空间的融合

博物馆建筑实体为鉴藏艺术品的活动创造条件，营造特定的氛围。新博物馆理论家普莱茨奥认为"所有的博物馆将它们收藏和保护的遗物送上舞台，博物馆采用戏剧化效果来增强对它们收藏的展品的历时性信仰"[1]。

---

① ［美］珍妮特·马斯汀：《新博物馆理论与实践导论》，钱春霞译，江苏美术馆出版社2008年版，第35页。

展览从策划到布局尤其要注重环境与氛围相协调、情景与内容相统一、故事与理念相配合，让受众在欣赏中国精美展品的同时，得到中国文化的熏陶，展示的情境性缔造仪式，形成了受众对中国历史与文化艺术的基本设想。从传播渠道看，在作为主流文化机构的国外博物馆举办中国文物展览，可以凭借其强大的融资能力、成熟的市场运作、高水平的策展、专业的宣传手段，最大程度地发挥中国传统文化的传播力[1]。国际上著名的"百科全书式"博物馆、收藏有中国文物的博物馆、东亚文化圈的博物馆应成为举办中国展览的重点。比如"敦煌莫高窟：中国丝绸之路上的佛教艺术展"由敦煌研究院和美国盖蒂保护研究所联合举办，在美国洛杉矶盖蒂艺术中心举行。展览分探索石窟遗址、珍稀文物展示和多媒体体验呈现三大部分，共展出 3 个莫高窟原大复制洞窟，展览首次将 3D 立体虚拟实境运用于博物馆展览中，受众可通过大型全景投影身临其境体验盛唐时期第 45 窟的立体影像[2]。这次展览还使用了多类型的展品，如文书、绢画、织物；应用多种媒体手段增强受众体验感，无论是时间、空间还是视觉、体验，都是敦煌文化精华的浓缩与集中。讲述中国故事，要先融入环境，用当地人能够理解和接纳的方式来讲述，通过精准解码的语言体系，诉诸生动形象的视觉语言与符号系统，才能有效提升对外传播中国历史故事和中国文化的亲和度、感召度和认同度。佛教艺术对欧美受众而言充满了神秘感，依托敦煌莫高窟这样举世闻名的文化遗产，在洛杉矶盖蒂中心这样一个巨大的集艺术收藏、展览和公共教育以及专业研究于一体的艺术中心进行巡展，符合创始人 J. 保罗·盖蒂"艺术是一种启示"的理念，同时成功讲述了中国历史文化故事。天津博物馆"丝绸之路文物精品大展"以楼兰古国为背景、以沙漠驼队为标志物；"海上丝绸之路文物精品大展"则

---

[1] 庞雅妮、曹音：《异文化背景下中华传统文化的传播——"来自丝路之都的唐代艺术"展策展方案分析》，《文博》2017 年第 2 期。

[2] 甘文：《中国丝绸之路上的佛教艺术展在美国洛杉矶盖蒂中心举办》，《中国文物报》2016 年 5 月 10 日。

巧妙运用蓝（大海）、白（浪花）、金（宝藏和流通货物）三个主体色调营造展示氛围，模拟情景再现。① 这些视觉修辞手法与博物馆展厅空间有机融合，缩小展览与受众的心理距离。

在一般文化遗产研究中，文化空间是作为一种表述遗产传承空间的特殊概念。② 中国博物馆巡展是到异域博物馆中重新构建一个时空综合"文化空间"，环境创设既要符合当地的文化接受度，又要最大限度展现我们国家悠久的文化历史和民族艺术风格。当代文化巡展开展的场所常常选取展览地最著名的博物馆，或者有地方特色的博物馆、美术馆、民俗馆等空间，因其环境本身就具有文化的"雅"和艺术的"神"，又有参观人数的保证，充分为巡展活动营造出最佳空间。以加拿大安大略皇家博物馆"紫垣撷珍：故宫明清宫廷生活展"为例，在展览层次方面，设计师认为，这个展览应该首先给受众一个很大很空旷的空间，让受众在展览的前一部分（前朝）有一种肃然起敬的感觉，仿佛真正置身于故宫之中。但到了后宫的展示部分，展厅使用比较柔和的灯光和布景，营造出一个有家庭氛围的场景，使前朝和后宫形成一个鲜明的对比。

（二）运用当地受众所感知的视觉符号，激发受众对中国的视觉想象

不同的文化体系决定了不同的感知和思维方式，运用"求同存异"原则构建中华优秀传统文化与异文化有共享意义的展览主题。博物馆的文化传播是一种价值分享，价值分享的过程是价值共同体的强化，世界巡展中，往往民族文化艺术更受欢迎，早在 2008 年，上海刘海粟美术馆在加拿大推出了"戏墨·墨戏：中国水墨戏画展"，获得了意想不到的成功：展览先后在德国、乌克兰、新加坡展出，其间还在中国台湾展出一次。陈履

---

① 康慧丽：《论"文化自信"和"文明交流互鉴"视域下的陈列展览》，《天津博物馆论丛2017—2018》，科学出版社 2018 年版，第 212—213 页。

② 单霁翔：《民俗博物馆建设与非物质遗产保护》，《民俗研究》2014 年第 2 期。

生曾分析这个展览成功的经验主要取胜于传播内容：首先这两种具有悠久传统的艺术方式结合，中国绘画表现方式的独特性加强了题材的中国符号的表达。二是展览从艺术本体的深处对戏曲题材与绘画语言的关系作了富有意味的探讨。三是选择最具有代表性的画家，形式风格不同，艺术语言多样。四是展示了丰富的相关性，以别致的展陈方式使展览具有很好的观赏性，而且还通过运用灯笼、皮影、剪纸等其他艺术形式，丰富了展厅的戏曲氛围，更进一步加强了中国特性。五是通过展览带动了中国戏曲画史的研究，也带动公众对中国戏曲的关注。① 从博物馆世界巡展的案例看，传播内容涵盖面广且愈加深化：走出去展览的作品既要能代表中国艺术的高水平，以多维立体的角度展现出华人艺术家最高创作水平，又要考虑到政治外交、民族、宗教信仰与规范禁忌等因素，考虑到其他国家与民族文化所持有的思维方式。作品选用面临更多层筛选，作品能构建严肃又有活力的氛围，最重要的是作品画面在空间里要"隐"的同时，还要对主题精神有足够"显"的文化力量。既有中国古代文化和思想智慧的传播，又有弘扬当代民间对传统艺术文化的传承，让国外受众感受到不一样的气息。观展移步换景中，受众眼睛里看到的和脚下走过的，都承载着东方文化历史信息。比如法国社会有一种浓郁的中国文化氛围，中国文物在法国进行巡展，法国人眼里的中国文化是非常精巧感性且细致的，无论是中国绘画、古建筑，还是瓷器、古代服饰、饮食、茶艺等。他们还被中国古代的智慧、中国神话中的神奇动物（比如龙）所吸引，丰富了法国人对于中国文化一种神秘的想象。在法国的巡展策展中，运用受众的这些需求和想象讲述中国故事，将受众的碎片化描述和认知形成系统完整的中国文化脉络，再形成口碑传播，借用国外受众之口讲述中国故事，使其由传播客体转变为传播主体，更加贴近国外受众所思所想和认知模式，更易为国外受众接受认可。

---

① 陈履生：《中国文化既要"走出去"又要立住脚》，《文艺报》2010 年 9 月 27 日。

颜色是由色彩和意义相结合的非语言符号，不同文化对颜色有不同的感知与偏好，人类将这些看法投射到日常生活、艺术创作和意义建构中，也是展览中的重要视觉元素之一，色彩对于博物馆而言，更是塑造其自身价值、诠释其内在空间性格的重要手段。跨文化的视觉传播要注意展览地颜色的象征意义和联想空间。

（三）调研目标受众视觉偏好和心理接受期待，引起受众的情感共鸣

基于受众需求市场的策划方式，受众对于展览的期待，是认知程度的多寡而非仅仅是物质性的堆积，对目标受众的接受期待和价值偏好要有准确定位。据北京师范大学开展的"外国人对中国文化认知与意愿"年度大型跨国调查，在中国艺术形态类别方面，认知程度居前三位的国家是俄罗斯、法国、土耳其。整齐划一的对外传播战略无法满足多样化的国外受众需求，需要系统性细分国际受众，对特定地域受众的心理诉求和行为习惯展开针对性调查，在中国文化海外推广上采用国别差异策略，如对法国民众可以加大对中国艺术的传播。比如"来自丝路之都的唐代艺术"（又名"唐都遗珍"）文物展于 2016 年 4 月至 7 月在澳大利亚新南威尔士艺术博物馆成功举办，将唐代文化置于丝绸之路畅通所带来文明交流互鉴的大背景下去展示和诠释唐代文化的开放性和包容性，让一向以国际化、多元化和包容性而自豪的悉尼市民，很容易形成一种精神上的沟通和情感上的共鸣，并进而形成对长安以及唐代文化的认知，从而实现了策展的目标，实现了展览的价值。[①] 从中方立场来说，该展览的主题设定与中国"一带一路"倡议契合，不仅传播文化，也发挥了文化外交的价值。另外富有浓厚地域特色、展现民间文化艺术的内容容易引起共鸣，山东博物馆"多彩生活——山东杨家埠木版年画展"在德国展出时，其形象、直观以及蕴涵的

---

① 庞雅妮、曹音：《异文化背景下中华传统文化的传播——"来自丝路之都的唐代艺术"展策展方案分析》，《文博》2017 年第 2 期。

民风民俗、生活气息、人文精神和审美情趣让受众赞叹，年画表现手法概括性和象征性强，其浪漫主义和夸张形式具有视觉传播优势。

在中东欧国家对中华优秀传统文化的实地调研中发现，越来越多的波兰人、捷克人和匈牙利人对中国文物感兴趣，当下年轻海外受众对中国持有更积极的态度和多样化的看法。随着中欧人员的互通，可以通过民间组织建立更活跃的社团和组织，在欧洲当地建立对话机制，通过举办一些中小型展览来主动设置中国议题传播中国文化。另外，为实现文化符号传播的有效性，实现精准传播，策划展览选取展品时，博物馆首先要在现有资源与受众需求之间找到契合点；同时也要掌握受众的知识层次，设计有趣味的故事线以及生动通俗的说明文字；其次要帮助设计师设计更加合理的参观路线以及更为人性化的互动装置，使博物馆受众的观展体验更佳。"100 件文物中的世界史"巡展，主办方考虑到很大一部分受众是学生群体，在官网上提供了专门为此展览开发的《9—12 岁使用的学习单》（experience-project）免费下载，有音频，有图文，有延伸思考问题，有互动活动，让这个年龄段的受众最大限度获得展览的接受期待。

（四）通过讲述中国代表性的神话或历史故事，从宏观宣传转向微观叙事

兵马俑是我国考古界乃至整个世界考古界最伟大的发现之一，在秦代之前、之后的中外历史上，均未发现这样高大写实的陶俑造型，出土以来一直吸引着无数人的目光，历次海外展出都极为轰动。2007 年在英国展览时吸引了 170 万人次观展；2010 年在加拿大安大略皇家博物馆举办的兵马俑展览是全球影响力比较大的一个展览，反响强烈。根据受众调查，真人般大小的秦兵马俑无疑是展览中最受欢迎的展品，而且大多数参观者希望能在展览中看到更多的秦兵马俑。秦文化在中国历史上的重要性使包含秦兵马俑的秦代文物展览或秦汉文物展览成为体现中国古代文化的极好载体。纽约大都会博物馆举办的"帝国时代：中国秦汉文明"特展策划 7 年

之久，是 2017 年全美国规模最大的中国传统文化展览，展出包括兵马俑等 160 多件文物精品，3 个月期间吸引了 35 万人次受众。大都会展览结束之后，中国国家博物馆在原来基础上进行重新策划与布置，根据中国受众的需求增加展品，最终推出博物馆的年度大展——"秦汉文明"，基本涵盖了新中国成立以来有关秦汉时期的重要考古成果，通过对文物的深入解读和相关拓展内容的展示，全面展现秦汉时期中国的辉煌发展。文化遗产不是多么深奥玄虚的东西，很多时候就是关于对过去的记忆和重新体验记忆的经验传承。从这个角度看，它是一种无形的符号。但只有当这种记忆与公众有关联，让公众感受到触动，文化遗产保护才有影响力，能感染大家。博物馆藏品是文化遗产的一部分，如何让藏品走进公众心里是博物馆永恒的命题。[①] 例如该展览中的"瓦当"有战国晚期的葵纹瓦当、云纹瓦当和涡纹瓦当，当受众与秦国大瓦当进行对比观看时可以想象当时秦国建筑的宏伟；透过汉代铜镜"中国大宁，子孙益昌"的撰文可以感知人民渴望和平与安宁的心愿；而来自印度的海蓝宝石以及紫晶多面体珠饰显示出秦汉时期中国与其他文明间的交流和联系。国际展览中的每一件展品都精挑细选，承载着政治、经济、文化的历史信息和审美价值，从展品的微观视角和展览叙事折射出中国历史脉络和古代文明。

以上案例都是借助中国对于世界特别有吸引力的历史文化，用文明古国的文化遗产作为传播中国声音的符号，无声地讲述中国故事。"外国人对中国文化认知与意愿"调查显示，长城、竹子、和谐是国外受访者认知度最高的三个中国文化符号，而昆曲在国外的认知度则较低。[②] 中国独有的艺术形式水墨画运用墨色再现对象时所充满的灵气，凭借墨的浓淡传达事物本质，与西方绘画元素反差很大。获得国家艺术基金项目支持的山东省美术馆 2018 年国际交流巡展项目"一带一路——笔墨意象中国画名家

---

① 沈辰：《构建博物馆：从藏品立本到公众体验》，《东南文化》2016 年第 6 期。

② 杨越明、藤依舒：《十国民众对中国文化符号的认知与偏好研究》，《对外传播》2017 年第 4 期。

海外巡展"，以艺术作品为本体，展现水墨艺术。为进一步达到交流传播效果，设计了提问、采访及作画等互动交流环节，让受众亲身体验中国水墨艺术，将中国本土的水墨语言、水墨故事讲给世界听，向世界展现中国艺术的独特风貌。

（五）文化叙事结构多采用关联性和对话式，实现文化沟通和文明互鉴

20 世纪中后期以来，巴赫金的对话理论对西方人文学科产生了重要影响，渗透在社会生活、人文认知、审美创造等诸多学术领域，对话也贯穿于不同时代、族群、民族和国家的思想和行为活动中。在跨文化传播实践中，对话式传播是一种理想的有效传播方式。[①] 如果国际展览与当地的地域文化和艺术形式烙印有效结合，形成两种文化风格对比或同一时代呼应而相得益彰的展览，时代感中融合多元文化元素，可以取得更好的传播效果。比如国家博物馆"无问西东——从丝绸之路到文艺复兴"展览结合近年来对于"丝绸之路"研究的大量史料和学术成果，以中西文物对比展示的全新视角向中国受众呈现"丝绸之路"这一古代东西方经济、文化交流要道的历史。展览探讨问题的角度，不仅从以往西方艺术对中国艺术的影响入手，更从一个特殊的视角审视中国艺术对欧洲文艺复兴的影响。[②] 还将不同时代和社会文化背景及不同视觉传达媒介的展品，基于表现主题的内在一致性在同一个空间交汇展览，形成两种视觉和文化的对视。

詹姆斯·克利福德曾论述到博物馆的使命时注意其联络工作——通过文化和政治交流，架起多种文化之间的沟通桥梁，进而突破任何社区控制的局限，这样博物馆才算真正开始解决对话、联盟、不平等和翻译中

---

① 孙英春：《跨文化传播学》，北京大学出版社 2015 年版，第 334 页。
② 焦俞萍：《"无问西东"：诠释千年丝路盛景》，《中国艺术报》2018 年 6 月 22 日。

的困难。① 在传播效果上，根据文化传播"维模功能"，文化圈对外来文化起选择作用和自我保护作用；学者们在总结传播效果时，也注意到"中国传统文化内涵的丰厚程度在国际文化传播中有着双刃剑效应，深厚的文化底蕴使得中国文化独具魅力的同时，巨大的文化差异也成为国外民众认知中国文化过程中的巨大障碍"②。有学者将国际传播中传播主体与客体之间概括为触达、感知、吸引、互动的过程，四个阶段逐步递进、不断深入。③ 在博物馆文化认同作用的研究上，沙伦·麦克唐纳认为博物馆的展品和建筑是文化的表征和"对象化"，而文化是民族的表现方式，博物馆将这些物品集中在一起，自然被看成是民族认同的表现。④ 文物展览还需进一步注重议题设置，挖掘中国传统文化中宝贵的文化元素，提炼民族符号，突出中国实践、中国和合理念对世界的意义，运用概念导向的主题展示来诠释异文化，重新从多向度来组合文物的原始脉络和意义。博物馆具有独特的文化联动作用。即使在当代艺术极为发达的欧美国家，中国古代藏品和书法水墨等艺术展品、富含神话和历史传说元素的文物也会引发观众对全人类文明起源的认知。运用图像与生俱来的柔性传播优势来影响人们的认知系统，强化展览的对话能力，以展览诠释考古成果，成为讲述中国故事、传播中国声音的重要路径。

四、展览视觉文化叙事模式

博物馆视觉叙事时应寻找合适的诠释方法以呈现多元观点，尊重受众的主体性，引导他们进行自由的思考和学习，用多视角的叙述方式和多类

---

① ［美］爱德华·P.亚历山大、玛丽亚·亚历山大：《博物馆变迁》，陈双双译，译林出版社 2014 年版，第 1 页。

② 杨越明、藤依舒：《十国民众对中国文化符号的认知与偏好研究》，《对外传播》2017 年第 4 期。

③ 胡邦胜：《从认识论看国际传播的主要特征》，《理论视野》2017 年第 10 期。

④ 兰维：《文化认同：博物馆核心价值研究》，《中国博物馆》2013 年第 1 期。

型的视觉表达平衡集体的普遍性和个体的差异性，视觉柔性传播方式更利于跨文化传播。

博物馆"物"与符号性媒体一个重要区别是，其蕴涵的信息、文化意义深藏在物质可见信息的深处，将其可视化，变为展览策展的核心。不同类型的专题展览具有不同的展览理念和受众群体，陈列语言的构建要根据展览定位的不同进行具体分析，其表达能力与展览成功与否息息相关。策展逻辑从当代文化嬗变的视角展开，通过拓展文物、展品的纵向横向联系，构建文化脉络。

地域文化展和跨文化国际展，都是时空综合体的体现。过去的世界不可还原，但是对过去文化的记忆却可以通过博物馆展览叙事得以"重建"。关于博物馆传播与集体记忆的研究，伊丽莎白·亚克尔认为"博物馆展览正在成为一种新的交流和传播类型，搜集到的东西、呈现的故事和将它传递给公众的方式能够保留或者遗忘人类的某一部分文化，形成记忆，并且决定了什么是历史性的文化象征"[1]。如何在有限的空间中呈现异域文明的神秘与美丽？如何在请进来的展览中呈现与本地域文化的相通之处，给受众带来穿越时空的愉悦感？在全球范围内，博物馆作为群体生活秩序的认知空间，起到了"规范有用知识和构筑具有民族国家群体意义的集体身份"的作用。[2] 同时使本国文化走向世界，也是一个国家该有的文化标签和文化自信。近年来随着"一带一路"的建设带动，跨文化交流、对话式文明等理念得到国际社会的广泛响应，省市级中心城市的博物馆国际展览增多，研究者也对阐释方法、传播效果进行研究，如李林、陈钰彬构建了如下阐释模式，直观展示出展览跨文化传播的重要元素和关键环节（图 5-5）。

---

[1] Yakel，Elizabeth，"Museums, Management，Media and Memory: Lessons from the Enola Gay Exhibition"，*Libraries & Culture*，Vol.35，No.2（February 2000），pp.281-304.

[2] 徐贲：《全球化、博物馆和民族国家》，《文艺研究》2005 年第 5 期。

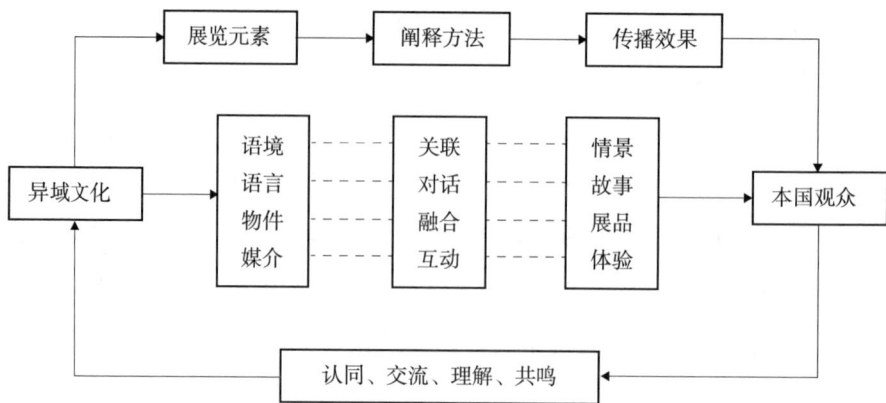

图 5-5 国际展览的跨文化传播阐释图示（李林、陈钰彬）①

跨文化国际展览多选取具有视觉传播优势的文化遗产，从具象文物中创造和提取易感易记的文化艺术元素，如具有独特造型符号和笔墨韵律的中国书法、具有传承赓续的视觉形象和造型格式的中国剪纸、具有中华民族认同感的文化标识蚕桑丝织、以皮制或纸制的彩色影偶为展示形象的皮影戏，以及水墨艺术、年画民俗艺术等。运用柔性传播的视觉形式，从具象形态到抽象的"中国风"文化符号，从本土传承到走向国际展览，切准海外受众的内在文化诉求，通过中外元素碰撞以及视觉场景对接，在体育、文艺世界性赛事或演出中进行文化遗产元素的视觉性构建，展现多元文化之间友善平等的对话姿态，使得受众在视觉记忆中了解、喜欢、认同中国。

第三节　参与交互：视觉场的人际传播和创意活动

互动是为了修正沉思和自我意识，将感官和信息联系起来的不可见的、认知性的活动；新媒体是一种新型的身体、情感、心理组织方式，具有互动性与即时性。针对博物馆中流行的新媒体，评价有好有坏：倡导者

---

① 李林、陈钰彬：《国际性临时展览的跨文化阐释方法初探》，《东南文化》2019 年第 1 期。

认为新媒体是一种民主化、大众化、有效性的方式，怀疑者则认为新媒体威胁到博物馆藏品的原真性、传统知识来源的权威性，使博物馆陷入庸俗化和娱乐化倾向。美国博物馆学学者妮娜·西蒙结合建构主义教育、体验经济、人际交往等学科的知识，构建出"参与式博物馆：迈入博物馆 2.0 时代"的博物馆学理论体系。① 参与式博物馆是博物馆发展史上的一次革命，这种传播形态下，受众在博物馆不再是被动接受和消费馆方制作的内容，而是主动创造和建构自己的内容，并与他人一起分享和探讨。参与的目的是既能满足受众对积极互动的需求，又能完成博物馆的使命，推广其核心理念。据调查，互动参与是年轻受众喜欢的博物馆传播方式，但也有一些受众喜欢看静态展览，沉浸于个体与展品之间的互动，无论哪一种互动参与方式，参与式传播策略是博物馆与受众的"黏合剂"，将文化机构愿景、策展者理念引向相关的、多元的、动态的、能引起共鸣的参观环境中。比如互动装置是对传统说教式展览的一个有力补充；多媒体技术帮助受众获得与展品高度关联的经验；志愿者则增进受众与展品之间情感沟通；传播展示小组的任务就是与受众搭建一个桥梁，帮助受众从现有知识和经验，跨到博物馆希望受众获得的知识与经验。

一、创建对话：受众接受与意义协商

受众与展品的互动属于人内传播方式，强调受众对于展品的理解、情绪与记忆。受众与展品的关系是被纳入展品与空间的关系本身的，而作品只有在被受众"直面"时，它的在场才被包含进审美体验中。如受众站在《麦田里的乌鸦》油画面前，凝视那样深蓝色堆砌的沉重浓郁的天空，凌乱狂野的稻草，快速飞过的乌鸦，或许可以感到一丝烦闷或绝望，从而理

① ［美］妮娜·西蒙：《参与式博物馆迈入博物馆 2.0 时代》，喻翔译，浙江大学出版社 2018 年版，译者序，第 10—13 页。

223

解凡·高在他最后一段时间里的感想。而站在《天使报喜》这样的作品前，受众或许感到气定神闲、心无旁骛，即使不相信艺术的"救赎"能力，在博物馆内凝视某件感动受众的艺术作品时仍会感到"心安"。艺术作品的审美价值并不是客观的，而是与读者的价值体验有着密切的关系。作为观者的角色参与，"文艺复兴时期的观者在关注和分析人物身份的行为表现方面具有非凡的洞察力"①。在解读作品的时候，应引导审美主体思考，画中的人物相信什么，关心什么，有什么体验，需要怎样研究才能找到现在未知的东西，从而更好地理解画中的人物和凝结在画中的情感，了解艺术家的观点和视角，才会有更多感触和感动。总之每一种展品独特的物质特征和符号特征都带有一种偏向，艺术展品更适合静态性的感知偏向；历史类展品更适合通过动态演示来提供背景介绍、进行场景还原，所以具有时空、政治和内容偏向；博物馆内部的多媒体文本具有动态性的视觉特征。为了增强博物馆视觉传播的有效性，陈列展品可以采用动静结合的展示方式，以免受众在单一的视觉中产生"博物馆疲劳"；或者运用同类主题、不同时代展品"并置"，或者运用充满动感的静态雕塑穿插，以传播内容的变化取得视觉变化的观看效果。

约翰·福克（John H. Falk）对受众及其身份满足的研究表明，受众选择和享受博物馆体验是基于他们思考和强化自我概念的感知能力。受众有时对信息解读跃跃欲试，纠结于是否要看说明文字、是否与馆方互动，博物馆采用"拉取内容"策略强调受众自身搜集信息的主导角色，受众就有了参与的动力，从被动接受到主动寻找，进行意义建构。如泰特现代艺术博物馆的宣传册规划了"心情路线"，荷兰国家博物馆里的语音导览会提供不同的参观路线供受众随机访问，对每一件给定的展品都能够从足够多的角度解析出海量内容和信息库，受众面对着参观的开放式探索过

---

① Tim Shephard, *Echoing Helicon: Music, Art and Identity in the Este Studioli, 1440-1530*, Oxford University Press, 2014, p.9.

程，通过检索机制找到自己感兴趣的内容，主动融入自身体验、惊喜的发现、知识内容建构和情感的满足。如今，博物馆的功能已并非局限于保存和展示文物，同时也是人们思考和交流的场所，甚至有学者提出"博物馆研究重心的变化——作为情感和感官体验之地的博物馆"和"建构主义的博物馆"①，并且认为最佳的展览是与受众创建对话，享受参观过程带来的愉悦感。视觉经验属于关系经验：观者必须与客体互动，才可创造客体的质量，反之亦然。同时，视觉始终处于多重模态（multimodal），即视觉经验发生之际，还伴随着听觉、触觉及口语等经验。当今博物馆受众视角的评估也采用"互动体验模型"为主导的方式，可见博物馆在新的发展阶段更加注重涉及感官、知识、美学及社会等方面的多层次体验。如何将多种感官运用到展览中并激发受众的直接经验，不同类型的博物馆传播方式有所不同：爱德华·亚历山大认为，历史博物馆起源于自然史博物馆和艺术博物馆。从肖像画、全景画展示到文化史展览，历史博物馆内的受众与藏品关系发生了转变——从观看到参与互动。②19 世纪末，重回乡土的现代化反思孕育了历史博物馆新形态，1891 年，阿图尔·哈赛柳斯（Arthur Hazelius）在瑞典斯德哥尔摩建立了斯堪森露天博物馆（Skansen Open-air Museum），主张将历史文物放在原有文化背景中进行展示，再现过去人们的生活，具有深度的多感官体验式活动给受众留下回忆和情感，其实更是一座穿越回归北欧历史时代的文化记忆场所。美国在 20 世纪上半叶建立了一系列露天博物馆，也是通过互动体验了解过去。

上海思南露天博物馆以技术与感觉的多重链接，呈现了一种城市叙事的全新方式。梧桐树、建筑物、鹅卵石墙面、弄堂门口赫然悬挂着标注为"思南露天博物馆"的二维码，一边看展品、触摸展品，一边听着手机

---

① ［美］爱德华·P. 亚历山大、玛丽·亚历山大：《博物馆变迁——博物馆的历史与功能读本》，陈双双译，译林出版社 2014 年版，第 308—309 页。

② ［美］爱德华·P. 亚历山大、玛丽·亚历山大：《博物馆变迁——博物馆的历史与功能读本》，陈双双译，译林出版社 2014 年版，第 120 页。

里的语音介绍，游走于博物馆。二维码敞开的是一个虚拟空间："博物馆模式给了我们一个很好的了解、解读过去的机会。"新媒体通过符号拼贴、时空重组，创造了一个前所未有的"思南公馆"，一个鲍德里亚拟仿意义上的城市幻象，上帝之眼的"假器观看"成为普通大众的视觉感知。① 有研究者指出，思南露天博物馆"预示着视觉叙事的体验模式正在日益代替文字叙事的智性模式"，这表明博物馆发展历程中一种"全新的景观叙事"②。在移动网络时代，思南露天博物馆最具特色的是"体验"。当一棵树、一堵墙、一栋建筑都标示了二维码，小广场中央设置了大屏幕，形形色色的新技术如"真实虚拟电影院"、VR 摄影机等随时嵌入实体空间，思南露天博物馆已然是一个被技术信息流贯穿的物质场所。③ 现阶段公众正从大众化活动向充满审美和文化意义的活动过渡，博物馆功能更加多元与开放，已不仅是简单的收藏陈列场所，而是作为整个城市环境的有机部分、作为公共文化空间而存在，成为市民生活的一部分，让公众领略真正的历史、文化、艺术和科学。

二、创意活动：交互传播与意义建构

人们参观博物馆一般要沿着策展人的规划路线看展品，而在展品前逗留时间的长短、欣赏的认真程度、接受艺术知识的程度、情感启迪的程度等却因人而异。因此传播者（策展人和艺术博物馆布展方）通过创设交互式活动帮助受众参与，提升视觉解读能力，实现受众与艺术品的深层次对话、情感共鸣尤为重要。

---

① 孙玮：《镜中上海——传播方式与城市》，《苏州大学学报（哲学社会科学版）》2014 年第 4 期。

② 于晨：《从上海"思南露天博物馆"项目看城市历史文化风貌区发展的可能性空间》，《城市》2017 年第 2 期。

③ 孙玮：《从再现到体验——移动网络时代的传播与城市文脉保护》，《探索与争鸣》2017 年第 9 期。

（一）公共艺术视觉传播：注重受众视觉体验与文化感知

2013 年英国博物馆协会"博物馆改变生活（Museums Change Lives）"报告指出，博物馆改变公众生活，他们丰富了个人的生活，有助于建立坚实而有弹性的社区，并帮助创造一个公平、公正的社会。而反过来，通过公众的创造力和能力将会极大地丰富博物馆的内容。① 以美国北卡罗来纳州两所著名大学的艺术博物馆为例，一进入北卡罗来纳州大学教堂山分校阿克兰（Ackland）艺术博物馆，古典质朴的空间阻隔了世俗喧嚣，给人静穆感，左右通向不同展厅，如果向前穿过过道，视觉正对的前方也有宽大的中世纪展厅，而且这个厅常常用来开展公众活动，有针对公众的绘画创作和艺术系老师讲解的博物馆之旅。这些活动有效利用空间，很好地营造了艺术接受的氛围。杜克大学纳什（Nasher）艺术博物馆利用其现代化典雅空间举办很多公众活动，甚至还承接婚礼和举办会员年度酒会活动，充分显示出博物馆多维度的文化资源空间，真正把博物馆作为公众的活动场所，以各种方式吸引公众接受文化艺术的熏陶。要使博物馆变得不可抗拒，唯有和人们的生活息息相关才行，"博物馆要去关注那些人们不得不面对的事情，即便是负面的、消极的事情。有时生活不是完美的，艺术也一样。博物馆并不是一个脱离现实世界的机构，博物馆要做的是提供一个思考的平台，激起更多讨论，让更多人的声音被听到。聚焦当下公众关心的事情、关注社会的不平等，才能获得受众的信赖与关注"②。艺术博物馆与当代创造力的紧密联结不仅展示年轻艺术家们的作品，同时还要考虑到其规划设计能够鼓舞那些艺术家们（还有受众）去重新思考，重新校准以及追求卓越。不少艺术家也在自己的作品中体现出对于博物馆策展、收藏和陈列所进行的参照，他们都或多或少将博物馆本身作为一种媒介和形式语言来予以实践。

---

① 《博物馆改变生活——如何提升博物馆的社会影响力》，弘博网，2015 年 11 月 16 日，见 http://www.hongbowang.net/news/yj/2015-11-16/3736.html。

② 施晓琴：《博物馆公共教育：创新与人才是关键》，《中国文化报》2016 年 12 月 11 日。

（二）运用实验性的活动创设交互式视觉传播情境

国外很多博物馆正在不断用更有创意的方式利用自己的资源，与更广泛的机构合作。有的博物馆提供"测试游戏"式的选项，受众在一个巨大的投影屏幕前回答问题，没有参与的受众可以在其旁边以旁观者、助手或伙伴的身份进行辅助性参与，引导受众在博物馆内有人际交互的社交体验。美国丹佛艺术博物馆为增加受众参与度，会在展览中推出一些实验性的互动项目，明确要求参观者参与创造活动，或者召集社区受众集体完成一件事情，邀请人们做以前没有做过的事情，大家可以通过共同完成任务增进沟通；或者是艺术家与公众互动、参与作品创作；另外还有设置社交目标——观展时的探讨、欣赏和形成新的对话。为受众营造出与著名大博物馆不同的安全舒适体验：将沙发放在展品前，用平板电脑自助选取乐曲播放，营造出精致的环境；运用创意想法给予受众一些惊喜的体验，让受众能够驻足观看艺术品。同时还为每一个展览设立"诠释规划师"，团队之间互相沟通，根据受众反馈调整。美国旧金山亚洲艺术博物馆"围绕兵马俑特展的公共艺术活动"，从开幕前的宣传，由演员扮演兵马俑，与公众互动寻找"兵马俑"，到用其他手段，如图像、动漫、多媒体等在展览中实现传播者和受众互动。该案例获得了美国博物馆协会的推广宣传奖。①

国内也在这方面做出了很多探索，国家博物馆 2018 年"真理的力量——纪念马克思诞辰 200 周年"主题特展设置了宣誓区，吸引了很多单位集体参观者，带着党旗重温入党誓词获得庄严的仪式感；还采用了与大众媒介合作的"朗读亭"，受到观众喜欢，他们积极进入视频、音频采集设备齐全的亭中朗读录音，旁边的大屏幕上播出大学生声情并茂朗读马克思主义经典著作的画面，吸引了很多旁观者，形成了不同受众多维度的

---

① 赵君香：《齐鲁文化传播媒介的创新研究——以博物馆、美术馆为例》，《人文天下》2015 年第 5 期。

参观体验；故宫馆外项目的拓展充分利用馆藏资源，打包成不同的特色项目来广泛传播故宫文化。对当代博物馆而言，以平台为基础的体验、受众参与的活动和创意表达围绕着展品这种媒介文本展开，传统的珍宝柜展示方式已不能满足时代发展的需求，交互体验式展示形式将是博物馆展示的突破性改变，它将受众从被动角色转换到在互动体验中欣赏和思考、社交的双向主体模式中来。总之，博物馆应该考量受众究竟可以从与展品的互动中获得怎样的经验，探讨如何将内容并入这个经验之中。展示规划者需要知道受众已知道什么，同时也要明确地知道博物馆最终希望受众获得什么，最常用的是将展示设计成多重层面的：不同的人重视不同的交互活动和传播方式。

三、诠释讲解：交互过程的人际传播

上述的展品和体验都可以视为社交实物，即能带动博物馆里的社交体验，同时也是受众之间交流的内容所在。讲解基于人际传播方式，具有直接传播、随机挑战、可控性特点，可以使受众专注于相关视觉信息、背景知识故事的了解。博物馆的志愿者则是一个特殊群体，他们可以作为"意见领袖"，在讲解中融入对视觉造型、艺术、历史、文化、考古的积累和见解，实现两级传播与人际互动。与社交实物、语音导览、手机扫描二维码阐释等媒介传播方式相比，他们在面对面导览中会鼓励受众与实物产生较深的个人关联、激发受众间围绕实物和观念产生对话、给博物馆策展者提供有关实物和展览的反馈及有用信息。作为博物馆里的二级传播者更具有情感传播的因素，用专业性、爱心与公益之心搭建起博物馆与受众之间的桥梁，让越来越多的受众更加深入地了解博物馆，认识历史文化。从受众访谈中获知，因为遇上一名优秀志愿者使受众成为博物馆的常客，因为志愿者讲解的丰富精彩延长了参观时间的案例比比皆是。访谈时受众希望理想的博物馆有"经验、学识都比较丰富的志愿者和工作人员引导讲解"。

揭示出自然和文化资源背后蕴含的意义一直是解说最重要的目的，它面对的挑战就是要激活受众的思维，让他们尝试自己去揭示这些意义而不仅仅是被动接受事实。当前博物馆里讲解员岗位定义的外延不断被打破，他们不再是简单的文物展览导览员，同样应是博物馆教师、多媒体技术人才、新媒体运用专业人员，才能更好起到博物馆的文化艺术传播者作用。比如笔者实地观察发现，山东博物馆一名资深志愿者讲述"夏商周序厅"时，对每一件展品都力图做到拓展和延伸不可见信息，让受众既能横向了解文物形态、纵向了解历史发展，又能知道它所体现的当时的社会结构和社会思想。另一名志愿者在古罗马大展展厅，讲述中融入很多西方文明史的故事，尤其是将罗马众神与希腊神话中的众神联系起来，对许多英语术语、人名如数家珍，还能对古罗马各时期建筑风格、艺术样式加以分析，从建筑（体育场、博物馆、图书馆）、法律、共和体制、艺术几个方面讲到古罗马文明对世界的影响，为什么罗马称作"永恒之城"等。优秀志愿者可以起到"诠释人"的作用，专业讲解可以让受众获取更多的相关知识，对艺术史、艺术品领会精髓、让策展人的意图传达得更深刻。中央电视台《国家宝藏》节目第一集中，故宫志愿者提到服务中感受着"心灵的高峰体验"，富含人际传播中的情感因素。每位志愿者都有自己的职业背景、人生阅历、知识积累与艺术修养，这种特殊的人际媒介传播方式比语音导览器更加受到受众的认可，受众常因此延长了博物馆的观展时间，观展质量也因为讨论、提问、互动而获得提升。另外，志愿者团队也走出博物馆，到乡村、学校、社区、部队等地方跟随着"流动博物馆"展品去讲解，这种馆外传播方式符合群体传播的特点，为博物馆文化传播做了有效的补充与延伸。志愿者作为"意见领袖"是两级传播中的重要角色，在博物馆传播中具有影响一般受众态度的能力，同时将媒介环境理论中的感知环境、符号环境与社会环境集中起来发挥作用。

交互过程的人际传播还体现着"互动仪式"：即两个或两个以上的人聚集在同一场所，不管他们是否会特别有意识地关注对方，都能通过其身体在场而相互影响；人们将其注意力集中在共同的对象或活动上，并通过相互传达该关注焦点，而知道彼此关注的焦点；人们分享共同的情绪或情感经验。① 这种人际交互是潜在的，互相影响，也是博物馆视觉场中的较为独特的方面：观展的其他受众会成为视觉元素之一。异域受众一个带普遍性和规律性的现象是，看过展览并不是结束，相反仅仅是开始，海外受众会很自然地追问：故事背后蕴含着什么样的逻辑和规律？不同区域的受众通过"物—精神—体验—传播"加深彼此间的认同；不同国家的人民使用符号交换远古历史信息，不断生产共享意义，同时运用意义来阐释现实世界和周围的事物。博物馆视觉场建构要支持每个类型受众的参观需求，通过展品的外观找到与展品更深的关系，关于指导和内容的阐释是为了激发所有受众的好奇探究心，在专业知识和大众知识之间构建桥梁，提供多元多层级的展览叙述、多视角解读，用充满趣味性的表达唤起情感，寻求一个平衡点满足不同受众的需求。博物馆是一个讲故事的地方，在进行视觉叙事时应寻找合适的诠释以呈现多元观点，尊重观众在诠释中的自主性，多视角叙述方式平衡了集体的普遍性和个人的差异性。

小　结

在博物馆转型期，受众不再是被动地接受传播的客体，而是更加趋向对等的关系。20 世纪 80 年代末，观众研究和博物馆的变革浪潮导致了历史博物馆和科学博物馆的转向，博物馆受众要求更多的信息，希望博物馆提供缺失的场景，重视物件意义的叙事，想要了解"缘何一件艺术品如此重要"——它背后的故事是怎样的？地域性的文化背景如何？跨文化展品更希望了解异域的风土人情。因此，与受众所处地域同时代的展览并置，

---

① ［美］兰德尔·柯林斯：《互动仪式链》，林聚任等译，商务印书馆 2009 年版，第 86 页。

可以满足受众从熟悉到陌生的新奇感。博物馆大众化后，配合展览的公共活动及创意传播形式增多：博物馆传播者关心展厅内的受众体验，并且邀请受众共同参与完成博物馆的体验活动。基本展陈之外的社教活动和体验活动更是开展得风生水起，在博物馆传播活动中所占的比重越来越高。这些活动的出现说明博物馆突破了以知识传播为主要任务的传统理念和认知，开始关注观众的文化体验、身心感受和审美需求，观众则在获得知识的同时，也能设身处地地感受区域文化和人类文明的魅力。

博物馆最重要的视觉信息是展览，通过直观的视觉效果来激发受众对展品隐形信息的理解和感悟，这是能够讲好一系列展品故事的基础。博物馆的视觉场中，展览通过不同的陈列设计形式还原展品的原生环境，展览的内容和形式都影响着受众的感官体验，进而主导着整个观展过程。展陈设计通过色调、光线、陈设和装饰等形成视知觉动力系统，将展览内容和受众联系起来，吸引受众的注意力。由于展览的特殊性，通过注重情境构建、引入视觉叙事，情景交融、情景相生，使受众在叙事性情景构建中，进行创造性构思，加深记忆、产生情感共鸣并获得深刻的文化体验。展览类型、主题、规模不一，但是通过视觉元素进行文化叙事的核心理念是一致的。传播学者指出："意义"比"信息"更适合描述传播的过程，即传播作为符号的活动是一个持续不断地合作建构意义的过程。[①]

此阶段，受众开始通过交互、参加活动获取意义。博物馆参观是涉及视觉、听觉、触觉（主要指交互性的媒介互动）的复合多感官交织式行为，受众倾向于把感觉、经验转化为视听感受和思维过程，并调动心理、意识、理性思维将与展品、展览、多媒体等有关的视觉文本编码的符号激活，解码获得的意义由此产生。博物馆创造新的更好的观看意境，利用不同艺术的特长进行"组合"达到审美效果，受众和文物艺术品之间既可以有趋于纯粹的审美直观，也可以有调动心灵阐释意义的参与关系，文物超

---

① 孙英春：《跨文化传播学》，北京大学出版社 2015 年版，第 47 页。

越单纯的视觉表现进入记忆构建与价值认知的层面。志愿者、讲解员、策展人、创新性受众互动活动将受众感知组合在一起，将博物馆凝视这一独立、静态的受众行为适时转化为讨论、协商、对话、交互、共同认知与情感共鸣的参与行为，使博物馆成为社区文化中心和大众学习场所。

第六章 博物馆视觉场的虚拟形态

前两章分析了博物馆的视觉信息传播环境、展品展览的视觉呈现形式、视觉场传播物质形态和活动形态的构建，除了面对面的直接传播，还有什么方式可以使受众与博物馆的视觉信息建立联系？博物馆视觉场受社会因素和大众文化的影响有何变化？2018 年国际博物馆日的主题是：超级连通的博物馆：新方法，新公众，旨在使博物馆全面融入社会生活。媒介融合时代，博物馆视觉信息还表现在通过媒介间接转述的图形、图像化的信息内容，比如博物馆的交互信息屏、动态视频、数字藏品虚拟现实展示、博物馆影视节目、虚拟博物馆、移动媒体所承载的视觉信息。让文物藏品活起来，体现在文物的呈现与视觉展示方式创新上，博物馆的静态信息展示转变为媒介上的动态符号，传播方式变化后，主客体发生变化，受众从博物馆传统的理性主导"静观"向以注重体验的感性主导转变。

博物馆视觉现代性在某种程度上是通过视觉媒介实现的，受众对其进行视觉消费而形成独特的视觉体验和观念变革，是传媒科技与社会要素之间的历史互动。视觉转向意味着观看（看、凝视、扫视、观察实践、监督以及视觉快感）与各种阅读形式（破译、解码、阐释等）是同样深刻的一个问题，视觉经验或"视觉读写"可能不能完全用文本的模式来解释。[1]博物馆运用图像符号来传递视觉信息，意味着视觉传播过程进行得更加活跃；这一类型视觉信息的产生加速了展品视觉信息的传播效率，拓展了传

---

[1] ［美］W. J. T. 米歇尔：《图像理论》，陈永国、胡文征译，北京大学出版社 2006 年版，第 7 页。

播时空，触及了更多潜在受众。

博物馆视觉信息在新媒体时代出现了很多新的传播特点，媒介运用使得博物馆视觉场发生了迁移：从真实场到虚拟场，从静态场到动态场，从静观到交互，媒介和博物馆在这样一个时代天然有了联系和沟通。本章从内外部媒介环境入手，从博物馆展示的虚拟环境、媒介方式、博物馆数字化形态对视觉信息传播功能的影响、电视媒介对信息的重构来研究数字时代的博物馆视觉艺术及文化呈现，探求博物馆视觉场的传播虚拟形态建构、受众行为发生的各种变化以及发展前瞻。

第一节　博物馆视觉场的媒介形态演变

传播新形式对空间、时间和人类感知等方面的根本性影响是马歇尔·麦克卢汉提出的主题。他的著作阐发了新的媒介技术所带来的一些最为深刻的变化，所提出的"媒介即信息"观点坚持探究技术媒介影响人类感知的方式，构成了面对今天媒介研究最重要的理论问题。[1]"媒介即信息"实质上重新界定了信息的形式和内容之间的关系，除展品、展览承载着博物馆文化外，数字网络时代，媒介技术也为我们重新认识博物馆提供了新的视角和框架。伊尼斯则希望寻求一种媒介与文明、社会之间的平衡，通过这种平衡来解决媒介所导致的偏向问题。美国当代传播学家亨利·詹金斯所提出的"参与式文化"是参与式博物馆的理论来源之一，主张公众利用网络或是其他媒介手段参与到文化的创造、分享和传播中。另外一位美国当代著名的互联网思想家克莱·舍基认为，参与式文化"实际上是一种同义反复，文化中很重要的一部分便是参与——聚会、活动和表

---

[1] 谢清果、杜恺健：《媒介环境学派与"技术决定论"关联的再思考》，《现代传播（中国传媒大学学报）》2018年第2期。

演"。他非常注重大众的主动性，并在互联网平台找到自己的理念之所在，运用媒介技术把文物资源融入人们的社会生活，用更多超越时空的方式实现博物馆视觉信息的传播与再生。

一、博物馆视觉信息典藏与传播的新场域

文化 / 技术共生论认为，人类文化是在人与技术或媒介间持续相互依存、相互影响下不断发展的，林文刚教授认为媒介环境学"旨在研究文化、科技与人类传播之间的互动共生关系"，研究媒介系统，"重点是传播媒介的结构冲击和形式影响""还关心媒介形式的相互关系、媒介形式与社会力量的关系以及这些关系在社会、经济、政治方面的表现"①。博物馆的展品在历史形成发展过程中，同样体现出技术、文化存在着互动共生关系，主要表现在以下方面：

第一，从视觉信息的生产方式来看，新的技术创造了新型的文化遗产。许多文物与当时科技发展密切相关，如故宫藏品"中华第一古物"石鼓、王希孟的《千里江山图》卷以及有着"瓷母"之称的各种釉彩大瓶，曾侯乙编钟、贾湖骨笛反映出音乐形式的创新，国宝从文化、艺术与物质的角度展现中华民族传承数千年的历程。艺术品领域，媒介发展给艺术家的创作带来新的灵感和探索，比如因为颜料的发展使得印象派画家可以走到户外作画，根据观察和直接感受表现微妙的色彩变化，同时把这种自然现象的原理运用到绘画中去，强调画家对客观事物的感觉和印象，主张艺术上的革新。中国传媒大学张晶教授在对艺术媒介的阐述中，提出"媒介感"概念，即艺术媒介是连通内在思维和艺术创作的外化的唯一通道，是在艺术家感悟、把握外在世界、引发创作冲动时的基本功能，与艺术家的

---

① ［美］林文刚：《媒介环境学：思想沿革与多维视野》序，何道宽译，北京大学出版社2007年版，第1页。

审美情感产生互动作用。① 艺术家对客观现实或者脑中"幻象"产生"惊异"时，他会考虑用什么媒介表达出来，传播内容的灵魂能否通过媒介传达出来；在传播内容上，观念影响与艺术材料受科技影响，加之新媒介的出现，这些因素共同促进当今博物馆发展历史上不断丰富发展的语言形式，出现了当代媒介特征的视觉艺术，为博物馆的受众提供了新的视觉感受，人类审美活动走向了多元化。当代新的媒介样式作品不断增多，多媒体化表现形式多，呈现了多样化叙事，很多当代艺术家运用摄像机、虚拟影像和互动等方式阐释对艺术的思考。即使是传统文化遗产，也可以通过当代观念艺术注入，利用科技和媒介来使其生成新的意义：比如 2017 年威尼斯双年展的两位当代艺术家和两位非遗传承人合作呈现作品，用当代视觉艺术创作的观念与形态，结合传统皮影的样式语言讲述了《白蛇传》的故事。这种数字艺术展在丰富展览表现形式、提升受众新颖的视觉体验之外，传播者要注意是否能够增强知识、信息的传播和有效输出文化内涵。

第二，从视觉信息的保存方式来看，新技术可以延长文物藏品的生命。历史上，受制于技术手段，许多艺术品的保存和展览受到了限制，也影响了博物馆向普通大众开放传播的力度，如法国拉斯科洞穴凭借大量栩栩如生的动物壁画享有"史前西斯廷"之称，但因旅游开发过度对洞穴造成破坏，早在 1963 年这一古迹就已向游人关闭，同时需要对洞穴所处的拉斯科山整体进行封闭保护②。2018 年 9 月 2 日拉丁美洲最大的自然历史博物馆之一巴西国家博物馆惨遭大火，2000 多万件藏品仅剩 10%，被烧掉的藏品包括美洲最早的人类头骨，200 年的工作、研究、知识付之东流，今后只能在数字博物馆上看到这些珍贵的文物，消防安全保护设备的先进性和数字典藏技术对于博物馆生存与发展至关重要，数字化技术成为防止文化遗产遗迹"从人类记忆中被彻底删除"的关键工具。早在 20 世纪世

---

① 张晶：《艺术媒介续谈》，《现代传播》2014 年第 8 期。

② 张曼：《法国"高仿"拉斯科洞穴壁画将向游客开放》，《光明日报》2016 年 12 月 11 日。

界著名的博物馆就已经注重文物数字化典藏，当今博物馆都重视文物从实体到虚拟的转化，将各种有保存价值的实体或非实体资料，经由数字化技术加以保存和利用，既是向虚拟展示转化，也是一种对文物进行批量管理的手段。实现了数字化典藏，才能使博物馆的文化产业功能、社会教育功能、文化学习功能、文物的价值创新有更好的发展。

第三，从视觉信息展示的方式来看，新技术开创传播的新场域。信息技术构建的数字化场景能够使得博物馆视觉信息历史复原，从静态转为动态化演示，并且将时间维度纳入现实空间。新媒介的出现和传播方式的增多跨越了时空距离和人的地位，此时人作为有独立意识的传播主体，将机器、科技等工具运用为发展的一部分，而并非被它们所控制。在信息传播过程中需要时也可以采用更多的辅助和诠释手段，展览中的现场复原、情景营造等，都是为了信息更丰富的表达与更容易的接受和体验。① 比如美国纽约大都会博物馆成就数字化所赋予的艺术共享时代，在官网或馆外平台即可轻易触及馆藏。另外，来自人机互动、互动设计、教育技术、媒体研究等领域中的研究者们很多都是将博物馆当作一个场地和背景、媒体平台，通过网络来叙事的形式随着技术的发展而不断深化，利用新媒体信息技术将场景本身设定为信息的一部分，从交互式身临其境的空间到多故事、多场景的移动叙事方式，使用者可以不同程度自由地掌握故事的进度。一系列关于线上线下展览制作的研究提供了许多可供选择的视角，拓展文物的外缘部分，视觉信息传播更加多元化、立体化，数字化之后的文化遗产不但凸显珍贵性，而且进行延伸性设计后，文物展示还多了一种在虚拟世界的艺术表达，实现了从真实场到虚拟场的传播。

回到文化/技术共生论，媒介技术是手段，视觉信息传播的理念才是关键。博物馆在展示相应作品时，也面临着如何通过媒介空间、传播方式

---

① 曹兵武：《作为媒介的博物馆——一个后新博物馆学的初步框架》，《中国博物馆》2016年第 1 期。

和传播策略去还原艺术品的内容灵魂，更大程度帮助艺术家阐释出艺术价值，甚至让受众获得新的解读，衍生出当下的意义，唤起受众的想象力，才能达到伽达默尔提出艺术生产论中"精神能量生产与传递的对话过程"①，实现博物馆传播视觉场的意义。

二、融合媒介下视觉信息的传播方式转向

（一）视觉媒介运用构成动态化的陈列空间

博物馆通过各种媒介的隐喻进行文化传播，科技的更新换代为博物馆参观体验和互动提供了支撑，博物馆从传统的说教式展陈向多样化、复合型、互动式的方式转型；信息网络时代博物馆的视觉环境和媒介环境发生了巨大变化，微信、微博、短视频、APP等众多交互媒体平台加速了博物馆的智慧化发展。传统观点认为游览者应该对艺术作品进行无干扰的、个人的、智性的以及精神的体验，但有的虚拟展览介入了艺术体验，挑战了传统观点：公众还可以充当虚拟的"策展人"，可以创建一座虚拟博物馆，按照自己确定的主题开展"藏品征集""借展"及"陈列"等一系列活动。而且参观者的"步行"借助博物馆的新媒体技术利用终端大大丰富了其实现自主观看的渠道，也增强了受众解读展品的能力，参观者主体性问题因此而凸显出来。②

对于博物馆内部媒介环境而言，技术对媒介变迁起到重要的推动作用，博物馆走向现代化转型：如多感官理论、互动参与理论运用于沉浸式体验、虚拟现实技术、博物馆网站、博客、社交媒体、网络直播、慕课等。媒介融合程度越来越强，VR技术的发展成熟使虚拟博物馆越来越多。

---

① ［德］伽达默尔：《言辞与图像——"如此的真实，如此的充满存在！"》，孙丽君译，转引自孙丽君：《伽达默尔的诠释学美学思想研究》，人民出版社2013年版，第317页。

② 陈霖：《城市认同叙事的展演空间——以苏州博物馆新馆为例》，《新闻与传播研究》2016年第4期。

美国学者瓦莱丽·凯西指出，新技术在推进博物馆作用于文化记忆的心理和社会效果方面起着先锋作用。从作品角度来说，科技发展为艺术创作注入新的活力，跨媒体的创新形式出现。比如受众可以参与到艺术作品中成为作品的组成部分；再如有的作品成为总体知觉的配置，让观看者投入声与光的震动的物理经验中。这些作品契合一种观点，即我们的视觉和听觉是对真实的一种诠释：用我们的眼睛观看，但用我们的大脑才能看见。我们同时对可触知的和空间—时间不同标准做出反应。总之，新媒体语境下博物馆展示功能得到拓展；视觉艺术的场域更为逼真，受众的视觉审美体验更加愉悦。比如孔子博物馆圣迹图设计了36幅比较经典的孔子的圣迹故事。通过交互技术，受众可以详细了解每一个故事，孔子的一些学说，论语里一些经典的语句，都可以通过一些交互来进行更详细的了解。数字影片在博物馆、考古遗迹、美术馆中讲述文物故事、艺术家创作作品的过程。有些当代艺术展览的展品创意需要受众参与，如"无所容行——美国艺术家当代绘画作品展"中，美籍华裔艺术家任敏教授、美国硅谷高级工程师张寒松博士共同研发的世界首例交互式虚拟绘画展示装置，该作品长达12米，"水墨交互"装置以计算流体力学为基础，能实现受众与画作进

图6-1 交互式虚拟绘画展示装置

行实时互动。受众作为能量源，能够参与作品的再创作。比如当受众经过这个装置的时候，画面上的水印与墨迹会随着受众移动快慢、人数多少的感应而产生流动和变化，画面也会变得更有趣（图6–1）。

(二) 数字化资源的共享扩大视觉信息传播范围

博物馆数字化概念提出已有十余年，伴随着数字技术的不断升级，传播层面的多媒体化、交互性与传受关系上的更加多元化与自由。数字技术改变了博物馆管理藏品、研究、策展和与观众建立关系的方式等，数字化符号打破了观看的局限性，传播者用现代的方式和眼光去再现当时的文物，为传统文化赋予现代意义；受众也需要更有参与感的数字化产品，如凡·高美术馆推出的"凡·高课程"与哈佛艺术博物馆的"包豪斯特别收藏"在博物馆线上教育领域打开了新的视野。另外通过以"Google Cardboard"——这种透镜、磁铁、魔鬼毡以及橡皮筋组合而成、可折叠的智能手机头戴式显示器，提供虚拟实境体验或其他虚拟现实设备，用户还能够360度远程欣赏博物馆的作品并聆听讲解。谷歌文化学院引领人们更加靠近艺术和文化，使得受众近距离地观看无法亲自看到或者已经被毁坏的艺术作品。

麦克卢汉认为媒介能够塑造人类对时间和空间的认知，进而影响人的感知方式。互联网交往实现了感官平衡的回归，电子媒介之前的媒介都是对人局部器官的延伸，人的感官总体处于不平衡状态，而互联网交往中可以充分调动视、听、触、思考多种感官，协调发挥作用，达到部落化时期感官的平衡，这是在时空拓展后新的范围内的平衡。如"数字故宫"是以数字文物为基础，以信息化方式管理、保存、展示、保护文化遗产和服务公众为目的的一项系统工程。一是受众借助虚拟现实技术深度参观养心殿，甚至可以看到实物展看不到的细节；在"数字多宝阁"将故宫珍藏精品旋转、放大、缩小；通过虚拟现实技术可以逼真地走进三希堂，甚至可以"把玩"琳琅宝物；还可以通过虚拟现实眼镜"走"到养心殿的房顶上，看看藻井上方放置的符板。二是故宫系列的APP应用通过现代科技使博物馆学术研究与数字展示彼此促进、互为表里，为受众带来一场审美与认知、娱乐与鉴赏的多元文化体验。

（三）移动互联网与社交媒体的综合运用

博物馆文化传播的新流派主张提供他人在线分享的体验，受众成为展览不可分割的一部分。泰特美术馆总馆长在演讲时说，"数字技术让我们和艺术互动的方式既可以很随意，也可以很深刻。有几百万人在社交网络上关注泰特美术馆，对我们的博客和 YouTube 视频发表评论。近年来，我们给受众提供了直接向艺术家发问的机会，也鼓励他们绘制数码图像，并将它们投影到泰特现代美术馆的墙上"[①]。数字通信技术通过手机应用丰富了受众的参观体验。受众不断变化，如何找到新方式与他们产生联系、如何吸引他们参观实体场馆或领略数字体验至关重要。传播者尝试运用新奇的方法来增强趣味性和个性化叙事：虚拟现实 VR、增强现实 AR 技术被认为可以激发出体验者强烈在场感，并在他们学习的过程中有效地引发情感反应；从受众与展品合影的"自拍"中征集到用户生成内容将受众评论、反馈、点赞，分享到社交网站；运用 APP 在移动设备上使用的便携性和观感，使之更受追求深度参观体验的游客的青睐；台湾奇美博物馆管弦乐的各种乐器以实物和虚拟视频的方式展示在参观者面前，受众一方面可以参与、感受、观察实物原作，另一方面可以同时欣赏虚拟演出，实现独特的感知体验。从博物馆学角度来看，这个展厅给我们提供了一个基于感知心理学的未来博物馆案例。

（四）媒介的议程设置对视觉信息传播的影响

波兹曼在《娱乐至死》中提出"媒介即隐喻"[②]：他认为媒介用隐蔽而

---

① 尼古拉斯·塞洛塔：《21 世纪的泰特美术馆是一个新型思想"共同体"》，转引自《艺术新闻》2016 年 3 月 6 日。

② ［美］尼尔·波兹曼：《娱乐至死》，章艳译，广西师范大学出版社 2004 年版，第 13 页。

强大的暗示来定义现实世界，除了现实环境外，我们还生存在一个由语言、技术和其他符号组成的媒介环境中，媒介环境塑造了我们头脑中的图像。媒介环境是由大众媒介，特别是主导性传媒所组成的媒介矩阵所塑造的，社会文化在其中生存并不断演化，一种媒介矩阵塑造一种类型的社会文化。博物馆与一些文化景点一样，之所以吸引有些受众前来，是因为他们有一定的心理预期：或是获得未知的知识，或是从参观中获得快乐体验，或是亲身感受到来自展品本身唤起的文化艺术意识……而这些预期心态是在进入博物馆之前通过口碑传播、电影、电视、报刊、文学作品等等大众媒介以及网络社交媒体传播获得或者强化的，即社会认知研究中的基模：基模会导致受众有选择性地注意、感知、理解和记忆大众传播的信息；基模蕴含着感情会先入为主地影响人们对某一特定信息的态度和倾向性。① 博物馆影视节目有效为受众形成视觉认知，影像作为视觉信息的感性特征使受众进入传播者预设的话语框架，例如《国家宝藏》播出之后，河南博物院的受众量比平时增加了大约三分之一，湖北省博物馆的参观人数也是成倍地增长；博物馆官方网站、自媒体、社交媒体发挥着议程设置的功能，展览信息发布、展品解读、专家展评和大众点评等为受众提供"想什么""如何看"等信息。社交媒体的受众参观评论、视频网站弹幕、留言、微博讨论，使得观看体验一直延伸，整个视觉信息传播的过程得以拉长和创新扩散，对博物馆视觉信息传播效果增强起到积极作用。

三、"互联网 + 中华文明"行动下的云博物馆

为了加大对互联网的运用力度，国家文物局公布"互联网 + 中华文明"行动，内容涉及数字化展示与云教育服务、VR 数字体验馆、慕课、皮影动漫、面向异构资源的文物知识图谱深度构建与应用、文物情景剧优秀剧

---

① 刘海龙：《大众传播理论：范式与流派》，中国人民大学出版社 2008 年版，第 187—196 页。

目网络征集与展播等多种媒介形式博物馆文化传播。新媒体时代，"互动"与"沉浸"是博物馆视觉传播的关键词，但是与社会其他大众媒介无论是哪种形式的合作，博物馆首先要保持自身的主导地位和独立性。选择正确且合适的制作方来共同商讨合作项目，对影视节目的内容和游戏设置合理规划，明确合作范围和加强审核，在整个合作过程中，既要保证内容的真实性，又要保障博物馆和藏品的安全，确保博物馆形象不受损害。"互联网＋中华文明"行动计划实施扩大了社会渠道；AI博物馆计划构建中华五千年文明智慧网络传播矩阵。与过去博物馆将 IP 形象直接转化为文创产品有所不同，博物馆建立了系统的品牌形象，运用更加系统的发展思维，通过广泛的主体连接推动文化价值。故宫博物院 2020 年首次采取网上直播的形式让公众"云"游故宫，网友观众达 3000 多万人次。全世界各地博物馆、纪念馆、艺术馆都拨"云"见物、见艺，音乐家"云"端献演。这些让文化走出深宫、走出馆藏、走近大众的创新举措，也是促进博物馆文化传播的一种有效方式。

全球多家博物馆和文化遗址都推出了虚拟游览项目，方便参观者"云上"游览。2020 年 5 月欧洲博物馆组织网络对全球 41 个国家的 650 多家博物馆进行的问卷调查显示，在接受调查的博物馆中，60%都增加了数字手段的运用。将"互联网＋公共文化服务"的理念深入运用到博物馆的策展、服务、传播、管理领域中，而不是博物馆仅仅利用互联网技术的简单相加，互联网技术进入博物馆，开放馆藏，传播互动，公共文化服务面临巨大空间。媒介生态及媒介形态的不断变化，决定了媒介文化的变动性。在这个过程中，除了媒介自身和其受众对于媒介文化的形成和发展产生作用之外，还有其他一些因素发生着作用，比如技术，比如社会发展的力量。[①] 博物馆联合各种力量输出公共文化资源，通过跨界合作，令博物馆在更广泛的人群中引发关注，博物馆全媒体、立体化传播，不同媒体形

---

① 刘明洋：《融合趋势下的新媒介文化建构》，《中国出版》2016 年第 4 期。

式承担不同功能，延展内容的广度和深度，多元传播让博物馆变得"接地气"。博物馆自媒体应针对不同目标群体确定风格，运营团队可以充分利用对后台用户数据的分析制定或调整策略，积累经验，并不断寻求新的方式来完善传播机制。

　　虚拟现实技术促使博物馆创设出集视觉、听觉、触觉于一体的虚拟环境，如图 6-2 所示，浙江大学翟俊卿、毛天慧以哈佛自然历史博物馆的展品个案，借以"5W 传播模式"构建基于虚拟互动的场馆展品信息传播模型。

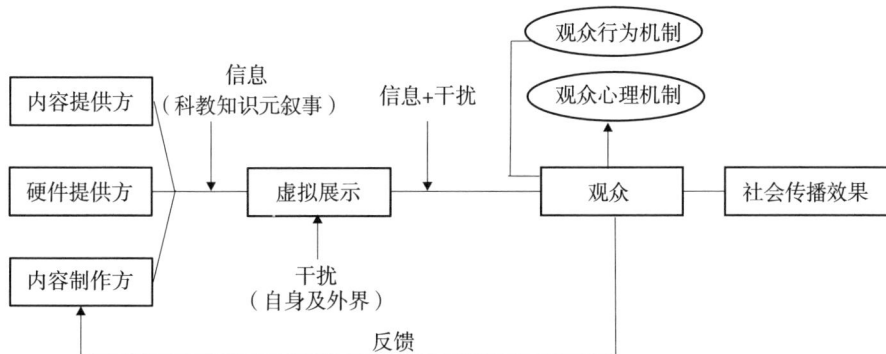

图 6-2　基于虚拟互动的场馆展品信息传播模型 ①

　　虚拟现实技术使得博物馆信息的传播方式更丰富：先进的动态影像、沉浸式的体验特征、丰富的交互作用成为博物馆进行创新与传播的重要手段。虚拟互动展览可以使受众从传统对"他者"文化的静态观展感知，转变为主动浸入参与展览，将知识建构成个人体验性的认知，更好实现信息传播的目的。

---

①　翟俊卿、毛天慧：《基于虚拟互动的场馆展品信息传播模型构建——以哈佛自然历史博物馆"生命进化之树"虚拟互动展品为例》，《中国电化教育》2018 年第 4 期。

第二节　博物馆视觉场的大众文化建构

一、电视节目构筑博物馆虚拟叙事新空间

近年来，文物博物馆类型电视节目迎来大爆发。电视媒介的视觉叙事特点和媒介美学特征在于，虽然激起受众感受是虚幻的，但是充满了想象力，受众在一个具有文化认同的想象空间里通过对符码的象征意义解读来获得对意义的感知。当前博物馆界与社会各界广泛合作，增强对博物馆的宣传，吸引新受众，与大众建立起更通畅的联系；借助电视媒介将博物馆从专业精英阶层推向老少皆宜的大众媒体进行传播，无论是信息知识传播，还是情感意义的接受，构筑博物馆新的叙事空间。

而当今媒介融合及跨屏传播时代，视听符号的艺术感染力和视听震撼力是其他传播符号难以比拟的，传统文化内容再生产以及创新性转换与视听传播具有密切关系。如《故宫》运用电视专题片形式来弘扬中华文明博大精深的文化、永恒的文化精神象征，受众在影视媒介中对博物馆同样留存神圣、权威的印象；《我在故宫修文物》运用人文纪录片形式来叙述故宫文物修复的匠心和精神；《上新了·故宫》则运用电视节目打造故宫文创的优质口碑。博物馆最重要的视觉信息——展品与展览都是视觉艺术形式，电视节目的影像同样是视觉艺术形式，创作者需把握此相通的视觉符号元素，结合一定的叙事技巧，给受众以历史文化信息和意义的解读。二者相通的另一特点在于博物馆与电视台都是向大众传播知识的载体，且以知识文本内容取胜。因此，国内外许多著名的博物馆与影视、游戏行业开启跨行业的新合作，如《博物馆奇妙夜》系列影片，利用更多媒体资源，提升社会影响力。当前博物馆相关的影视节目已经大致发展为以下几种类型：

（一）宏大叙事、视野广阔、庄严肃穆、国际传播的纪录片或节目

此类型节目以《故宫》（2005）、《当卢浮宫遇见紫禁城》（2011）、《国脉——中国国家博物馆 100 年》（2013）为代表。《故宫》等纪录片的特点为专业精良的制作团队、资深的专家顾问团体、优质精良的技术设备和手段、主流媒体的宣传与表达等，往往借鉴电影拍摄的理念，偏重画面的影像传播效果，审美形态庄重威严，画面充满视觉冲击力。博物馆是一个巨大的隐喻，在博物馆所呈现的时空里，它收纳被艺术体制得到认可的作品，也规定受众观看时的审美态度。当人们登堂入室，立刻被召唤祛除一切日常的因素，以一种肃穆而纯粹的心态去面对精心陈列的艺术品，用重新组织的感官系统开启美的历程。这种由博物馆营造的审美仪式感、观者面对艺术品时的惊异感、被唤起的民族文化认同感，被充分运用到具有宏大叙事、拍摄精美、制作优良的纪录片中，当我们观看《故宫》《当卢浮宫遇见紫禁城》时，仿佛游走于千年文明的场域，唤起心灵共鸣，激发文化自豪感。

（二）小切口展现中华文明大主题，传统文化以现代方式叙述

此类型节目以《台北故宫》（2009）、《我在故宫修文物》（2016）、《如果国宝会说话》（2018）为代表。这些纪录片具有婉约清丽的风格。这一类型节目既将中华优秀传统文化生动性表达、进行现代化创新性转换，又积极运用多种新媒介形式，叙事风格平和自然，形式以解构和幽默为主，符合中国当代微视频传播、碎片化学习、生动性表达的时代情境，与媒介融合的时代背景密不可分，电视也要更适应互联网时代的碎片化传播方式，让受众快速充电，了解文物背后的文化意义，形成信息和意义多重维度的解读与判断。与此同时，纪录片创作向平民视角贴近，具有彼此共融的共鸣式体验。

（三）互动参与性、人文地理、大众宣教类的知识探索益智类节目

此类型节目以 2018 年春节期间中央电视台少儿频道播出的《赢在博

物馆》、中国教育电视台 2015 年 3 月推出的《博物馆之夜》和北京电视台卡酷少儿频道播出的《爱上博物馆》为代表。另外，网络直播平台芝麻学社 2017—2018 年推出的《十万少年漫游世界十大博物馆》也是此种类型，只是将播出方式由电视媒体改为网络媒体，同样有演播室嘉宾解读和博物馆现场导览，并且互动方式更为直接灵活，穿插问答、弹幕留言等备受青少年受众欢迎。这些节目与注重青少年美育及博物馆教育的社会大环境有关，在新博物馆学的理念指导下，博物馆形成了以观众为中心的运作理念，精心打造具有吸引力的综合体验公众项目，彰显其公益性和教育性等社会服务功能，博物馆更加注重涉及观众感官、知识、美学及社会等方面的多层次体验。

当然，值得注意的是，以上类型的纪录片或者电视节目并不是取代式发展，而是多种创作形式和视觉传播策略并存，探索中呈现良好的发展态势，对博物馆外部视觉场建构、构筑双重视觉叙事空间起到重要作用。

大众媒介能够快速反映公众对文化艺术的需求，引导公众心理、公众注意力，甚至成为能够左右社会舆论的主导力量，成为博物馆外部视觉场的重要组成部分。但是，博物馆展览的知识生产与大众教育一直以来都是作为社会机构的博物馆的核心追求，当传统的注视与沉思理想瓦解后，有关展品的发现之旅已经转向"体验"，即一种心灵深度上的沉思，同时是一种"里程碑学习"，即在博物馆参观中，我们自身的知识、观念由于受到展览所激发的情感，以至于在今后的很长一段时间中都不断地回味，在不同的场景下再现以唤起我们新的思考。博物馆场所中的同行者与陌生者，这些"他者"的主体的存在，与展览一起将博物馆体验变为双重的——互动与沉思、社会交流与个人学习。① 而影视节目基于视听符号的内容生产，蕴涵着制片人、编导、摄像、编辑等创作团队的再加工过程，引导受众，消解了在博物馆内部行走观看的自主性，受众更多的是被动接受、产

---

① 尹凯：《人文与理性：博物馆展览的诗学与政治学》，《现代人类学》2015 年第 3 期。

生共鸣。当观看这些节目的电视受众走进博物馆观展时，是否依然感受到文物国宝的大气磅礴，是否能体会到主持人解说词中的深远文化意境？是否能在博物馆里与文物的距离感下感受到展品的亲近和生动？编导的思想、文案的升华、摄影的水平、创作团队的配合决定了文物的视觉呈现；是在博物馆直接观看原汁原味的"展"，还是经过艺术加工之后更能够让受众获得审美满足和意义建构？根据两者不同的媒介特征，电视媒介传播博物馆视觉信息应注意以下几个方面：

（一）知识传播的准确性和价值观的传播

博物馆受众对看到、听到、感受到的信息、知识、体验进行理性、逻辑地加工提炼，通过理性思辨的过程，达成对知识、价值、态度、情感的认同。博物馆里通过实物展示形式所传达的视觉信息是其他信息符号传播方式所不可比拟的，但静态化的欣赏需要一定的知识储备。如为保证内容专业性，作为传承中华民族国之瑰宝文化文明的知名品牌电视栏目《国宝档案》为保证高水平制作，专门聘请了十多位顶级文博专家成立了顾问组，对节目中文物的选题、历史知识、文物知识把关，并提供咨询服务。① 博物馆学界要辩证性地看待博物馆与大众媒介结合的问题，严肃性与学术性、专业性与大众文化的平衡。

博物馆传播可以让受众直观面对真实的文物，认知层面效果好；但是如果上升到价值形成层面，电视纪录片或者文博类综合节目中主持人与专家的解读传播效果会更好：如对于历史博物馆来说，引导受众思考为什么会发生历史事件，文物背后的历史文化背景是什么；对于艺术博物馆来说，如何激发受众对艺术的兴趣，培养艺术想象力，这些内容都可以通过人文性、艺术性的纪录片展现出来。大众媒介与博物馆合作，要同样表达

---

① 何丽：《电视冷门节目高收视的成因分析——央视中文国际频道〈国宝档案〉引发的思考》，《新闻战线》2017 年第 2 期（下）。

对中华优秀传统文化的关切和了解。博物馆文化的爆红得益于推广的专业机构权威性高，如国家级电视台在黄金时间播出有关博物馆的纪录片或者综艺节目，众多社会力量积极参与博物馆 IP 资源的开发，也提供了强有力的社会资源与技术。《国家宝藏》导演于蕾说："我们并不以文物的级别和精美程度为选择标准，精神价值是我们最看重的，我们想要挑选的是背后充满了人文精神和中国人的情怀的国宝，要有着很强的故事性，并且在今天还影响着我们。"[①]通过观看节目，受众对民族文化、传统文化的认知度和认同度都在提高。

（二）创作理念的先进性和媒介渠道综合运用

在视觉传播方面，受众在博物馆观看展览时，由于大多数展品是固定性的摆放，受众不能多角度、全方位地看到展品的特征；而通过高清摄像机拍摄，上下左右旋转的拍摄方式，受众可以看到一件器物的六面体、内部情况、纹饰图案的细部特征。微纪录片《如果国宝会说话》选取的都是在中国历史发展中对文明进程有推进或改变作用的文物，而且用到了很多全新的技术，如三维扫描全息数字采集技术、全息存拓技术等。跨文化传播纪录片《当卢浮宫遇见紫禁城》以诗意化的方式呈现，在构建文化中国形象时运用了语言与图像相结合的戏剧表现手法，彰显了创作理念的先进性。电视节目符号运用时，视觉修辞被纳入传播体系思考，修辞学关于受众对信息有何需求，他们如何理解信息等。在受众的审美期待视野方面，电视受众如何从被动接受到主动参与？文物博物馆综合类节目采用创设问题域或者设置悬念—交互活动设计或者探秘—结果呈现，"作者式文本"提供一个动态的实体，吸引、鼓励、邀请读者参与文本建构，使得受众在解读过程中创造属于自己的独特意义。如《国家宝藏》充分调动起受众的

---

① 《豆瓣评分 9.3 分，〈〈国家宝藏〉凭什么这么火？〉》，搜狐网，2017 年 12 月 5 日，见 http://www.sohu.com/a/208762987_771042。

参与积极性，不仅仅是欣赏的视角，而是对每件国宝的了解力求深度专业，才能甄选出最珍贵的宝藏。从视频网站的留言来看，许多受众既有对每一件国宝分析透彻的赏识，亦有难以选择定夺的犹豫，查找资料，到博物馆亲眼看这些节目里展现的国宝，进一步了解其来龙去脉和历史未来，参与互动中很好地实现了知识传播的效果。

纪录片《我在故宫修文物》摄制组运用新媒体的传播作用，推出适合自媒体传播的短视频系列，将每一集缩短为三五分钟，以修复师的故事为中心加以剪辑，为了更加贴近网民的欣赏习惯，选择年轻的剪辑团队进行制作。这部纪录片与以动漫为主导的"二次元"文化视频网站具有精神上的契合度：素朴的人间烟火气息，专属于文物修复师从容修行的场域，在素材组合、形成的过程中打造了一个开放式的空间结构，受众与故宫之间不再有因历史的厚重而产生的距离感，而是彼此共融的共鸣式体验。①《国宝档案》栏目 2010 年开通了官方微博，每天保证更新，同步发布节目预告信息和节目视频；2013 年开通官方微信平台，发布国宝文物资讯，发布历史传奇故事和手机用户、微信网友互动，通过新媒体互动吸引了年轻受众。博物馆的动态陈列与多媒体展示可以借鉴电视纪录片，将情景再现、三维动画、讲解方式作为展示的辅助媒介传播手段，甚至将相关的文物视频循环播放，让受众多方式欣赏展品。

（三）考虑不同受众的视觉认同感

关于受众问题，北京大学宋向光教授提到："国家宝藏"热播现象引发博物馆人需要认真考虑自己的"受众"是谁？电视综艺节目受众与博物馆受众是同一群体，还是不同的群体？博物馆受众群体的构建、维系的主要策略和方法有怎样的特点？"担任过大都会艺术博物馆馆长的菲利普·德·蒙特贝罗曾批判道，'我们应该把自己同所有形式的娱乐明确区

---

① 宗戎：《纪录片〈我在故宫修文物〉的跨媒介生产与消费》，《中国电视》2017 年第 12 期。

分开，而不是与其争夺受众。我们必须强调的是什么让我们与众不同，并利用这些差异，尤其是真实的体验与艺术的美妙'。"① 约翰·费斯克的媒介文化理论把多义性看成是电视文本的必然要求，他认为电视节目能否取得成功在于它的文本能否满足不同受众的需求，能否为受众提供不同的解读空间有关。他强调电视文本无法完全控制叙事意义，真正影响文本意义的是电视受众的多种解读——文本和读者一起构成叙事意义。提高受众的视觉认同感，还要关注内容类别更为广泛细致，以锁定新媒体时代更为分散的目标受众；在技术美学风格上提升画面；从主流宣教性、教育性视觉修辞语言到大众文化消费时代的话语系统，既要有契合点，又要有引导。

二、自媒体对博物馆受众的影响

博物馆除了与大众媒介一样注重媒介文本的准确、知识领域的厚重丰富性和传播过程的客观性外，内容生产者、供给者、传播者还要积极拓展自身的传播力，运用高质量的传统媒体如图书、博物馆期刊、大众报刊中博物馆的展讯展评等，适时引导社会热点，增强公众对博物馆的关注度，注重为受众提供真善美享受、价值观培育以及构建想象共同体的展览内容。按照美国传播学者拉斯韦尔的观点，大众传播在传承文化遗产功能中扮演了"知识的传播者"这一角色，而运用电视媒介传播博物馆文化和历史文化，其内部嵌套着两个叙事系统：博物馆文物自身的故事，以及媒介对前者进行新"故事化"塑造的过程。② 对于大众，博物馆的文化传播形成馆内馆外媒介有效结合的传播系统：大众媒介创设博物馆文化传播的社会大环境，吸引受众走入博物馆，发挥出视觉传播长效而深层的社会、文

---

① 宋向光：《博物馆与综艺》，新浪博客，2018 年 2 月 26 日，见 http://blog.sina.com.cn/s/blog_53bcdb030102yuyh.html。

② 吴静：《〈国家宝藏〉：基于媒介的新故事化策略》，《艺术评论》2018 年第 5 期。

化和心理影响。① 各地博物馆里暑假期间参观的中小学生络绎不绝，"为一座博物馆赴一座城"，博物馆也逐步成为普通大众的休闲场所。

很多与博物馆相关的视频采用融媒体传播，它是把广播媒体、电视媒体、互联网媒体的优势进行整合，互为利用，在功能、手段、价值上全面提升的一种新的媒体运作模式。② 节目启动开播后，与全国百余家媒体合作精心提炼宣传亮点，按照计划有条不紊地释放宣传信息，使节目逐步升温。传播渠道除线下各大平面媒体、电视媒体外，还利用微博、微信、抖音等新媒体积极组织线上活动，实时与受众、网友保持互动，优质的电视资源加上全方位、高效的传播手段使得博物馆在短时间内达到最佳传播效果。③ 博物馆的各种衍生品提供了丰富的文化资源，网络购物的兴起使得故宫博物院、苏州博物馆等开办了淘宝店铺，博物馆文创产品具有深厚的历史文化底蕴，借助网络平台进行纪念品的宣传和销售，扩大博物馆文化传播的范围。博物馆的 IP 授权实现了直观有效地与年轻受众沟通交流，除了"把博物馆带回家"的各具特色文化创意衍生品外，精神层面还有 APP 形式，如在国家博物馆"伦勃朗和他的时代——美国莱顿收藏馆藏品展"中，喜马拉雅为精选展览中的 25 件展品制作了导览语音，让受众观赏艺术品的感受、经典艺术作品与现代人精神上的契合交流一直延续下去。博物馆 APP 的出现不仅满足了当代受众足不出户就可以体验博物馆的需求，还为受众提供了可视化、可选择的精准服务，在更新博物馆信息传播模式、拓展博物馆信息传播空间等方面起到了重要作用。如名为 iMuseum 的 APP，从"如何参观一个博物馆"到世界各地的重要展览以及个人订阅城市的巡展推送，这种智能方式营造的虚拟视觉场在移动互联网时代起到随时随地传播博物馆信息的作用。

---

① 赵君香：《从多元文本到意义建构——运用媒介文化理论解读〈国家宝藏〉》，《青年记者》2018 年第 5 期（下）。
② 刘朔：《媒体融合背景下电视台如何做好节目内容创新》，《新媒体研究》2017 年第 22 期。
③ 郎昆：《央视综艺：引领文化综艺新潮流》，《电视研究》2018 年第 2 期。

博物馆的视觉信息传播效果可以达到三种程度，首先是将博物馆及展品的视觉信息完整、清晰地传播给受者，使博物馆的潜在受众能关注信息、记住信息，能从电视节目中获取知识，即信息层次；其次是通过视觉叙事传递出来的信息使受者在情感上认同或者改变受众的观念，对博物馆及展品产生兴趣，即态度层次；最重要的是潜在受众在感性、理性认识之后，采取行动前往博物馆，走进真实的博物馆，即行为层次。新媒体时代盛行的浅度阅读模式对传统文化具有的完整性、逻辑性和想象力的文本进行了解构，以新媒体技术为核心的传播形态总是无法回避文本碎片化的困扰，而简洁轻快的信息接收习惯也在冲击人们接触传统文化的方式，《如果国宝会说话》正是其"不降格"的追求与后期不懈的文化价值发酵。①以此激活中华民族共同的文化记忆，增强受众文化自信。信息时代凭借新兴的技术支撑，其传播、阐释的影响力，文化与消费价值却不仅仅限于博物馆真实的视觉场，IP 衍生品、影视动漫、游戏等系列下游产品链，在虚拟视觉场中继续强化和重塑受众的认知意识和深层社会文化观念。近年来，伴随着国家对博物馆政策的支持与互联网新媒体的发展，我国文博行业更多地或被动或主动地出现在公众视野，很多话题事件成为社会焦点，媒介生态发展态势良好，博物馆与社会环境、普通大众的互动更加密切，同时也预示着博物馆将面临更加复杂的社会关系：如何与其他大众媒体互动、如何处理危机公关事件、如何在借助社会力量发挥博物馆核心职能的同时更具创新力和保持独立性、如何把握娱乐尺度等都是博物馆需要注意的问题。

三、从多元文本到文博节目的意义建构

大众文化研究领域的理论家与实践者约翰·菲斯克的媒介文化理论以

---

① 张桢希：《国宝"反差萌"，忍不住因惊喜而喝彩》，《文汇报》2018 年 1 月 25 日。

媒介文本为载体，以媒介受众为核心，以媒介体验为旨趣，通过强调媒介文本的多义性、开放性、互文性，关注媒介受众的主体性、能动性、创造性，推崇媒介体验的狂欢、快感和抵制，开创了媒介文化质朴而审慎的研究路径。中央电视台播出的大型文博探索节目《国家宝藏》恰是采用多元化的大众媒介文本，融传统访谈、小剧场、纪录片、现场展示等多种媒介艺术形式于一体，多角度、多侧面地讲历史与文物；节目同时具有积极的互动性和快速传播的网络特征，注重受众媒介体验，引入诸多娱乐化的呈现方式，吸引年轻受众，引起观众对博物馆、对文物、对节目背后延伸出来的传统文化的关注，一经播出便获得好口碑与高收视率的双丰收。目前学术界对该节目从形式创新、叙事学、使用与满足理论、艺术教改、品牌定位策略等角度进行探讨，鲜有运用媒介文化理论视角研究节目，本文运用约翰·菲斯克的媒介文化理论，结合电视节目创作理论，从文本内容、文本形式、媒介表达三个方面来探讨该节目的成功之处。

（一）深厚而丰富的媒介文本内容

媒介文本是指带有明显的吸引受众意图的客体，对菲斯克来说，媒介文本主要是指以电视文本为代表的大众文本。《国家宝藏》囊括了一批中国顶尖综合博物馆，九省九馆里 27 件国家珍宝，节目内容让观众感受到"一眼千年"中日日流淌、从未褪色的文化自信。

1.播出时机佳。近年来国家对传统文化越来越重视，2017 年年初颁布的《关于实施中华优秀传统文化传承发展工程的意见》，强调要塑造民族文化自信。国家级博物馆代表着国家和民族身份的认同，华夏文明源远流长，表现中华文化强盛和引导民族自豪感的设置可以在节目中多处看到。第一集故宫博物院展现的《千里江山图》刚完成新中国成立以来第一次以全卷展开形式展览，引发观众的观展热潮和媒体热议，意犹未尽之时观看《国家宝藏》，在大屏幕上多个角度观看此 11.9 米的画作，了解其创作过程和背景故事，满足了受众的审美期待。

2.涉及范围广。总导演于蕾说："我们并不以文物的级别和精美程度为选择标准，精神价值是我们最看重的，我们想要挑选的是背后充满了人文精神和中国人的情怀的国宝，要有着很强的故事性，并且在今天还影响着我们。"首期节目故宫博物院的三件国宝——"中华第一古物"石鼓、王希孟的《千里江山图》卷以及有着"瓷母"之称的各种釉彩大瓶让观众感受到震撼，三件国宝从文化、艺术与物质的角度展现了中华民族传承数千年的历程，呈现出华夏文明的宏大叙事，加上国宝故事背景、历史影像的回顾，无异于一次恢宏的博物馆特展。

3.文化内涵深。以上海博物馆的三件文物为例，大克鼎作为上海博物馆的镇馆之宝，也是中国首批禁止出国展览的文物之一，它承载着的绵延至今的华夏之礼，让所有观众都自豪不已。但更让人心灵触动的，无疑是著名书法家潘祖荫的后人潘达于女士在战乱动荡的时代中，以生命守护这件大克鼎的事迹。商鞅方升是"商鞅变法"中秦国统一度量衡的证据，秦国标准的一升容积。朱克柔缂丝莲塘乳鸭图是来自南宋的缂丝作品，展示出中国丝绸艺术的巧夺天工，精美展示和感人故事体现出文物如何浓缩中国传统文化的过去与现在，并以最前沿的目光展望着未来。其余博物馆推荐的都是极具地域特色及学术价值的珍贵历史文物。

约翰·菲斯克倾向于解读媒介文本的开放性、多义性、相对性和不确定性。根据菲斯克的观点，如果一个媒介文本的话语符合人们在特定时间里去阐释他们社会体验的方式，那么，该文本就会流行起来。《国家宝藏》选择的媒介文本涵盖中国的九大国家级博物馆顶级国宝，突出审美的交流维度的特质；同时采用的其他媒介文本形式（如故事演绎、现代传承）又适合受众理解他们社会体验所使用的话语，从而为受众意义建构奠定了坚实的基础。

（二）现代而多元的媒介文本形式

约翰·菲斯克尝试建立不同于法兰克福学派的大众文化理论，倡导积极快乐和随意休闲的大众文化理论,试图在大众文化研究中的精英主义和悲观主义之间做出一种超越。《国家宝藏》节目的火热也反映了博物馆正在向更加广泛的公共教育、社会大众走近,与博物馆内各种媒介的升级换代相配合,形成馆内外的媒介传播体系。

1. 恢宏大气又有冲击力的视觉呈现。节目从博物馆"文物"入手破题文化综艺,用镜头语言带领观众走进博物馆,文物纪录片注重画面的艺术效果——文物怎么拍才好看,镜头怎么动才有视觉冲击力,如《千里江山图》近12米的巨幅长卷,惊艳世人、气势磅礴的青绿山水在央视的舞台上高清晰地呈现在大屏幕上:随着镜头徐徐移动或渐变,画面上峰峦起伏绵延,江河烟波浩渺,气象万千,壮丽恢宏,而细节部分也充满着生趣,唤起受众对壮美山河的期待眷恋之情,给人极强的审美满足感。在上海博物馆"朱克柔缂丝莲塘乳鸭图"特写镜头中,红叶白鹭,绿萍翠鸟,蜻蜓草虫,双鸭游乐,白鹭鸟神情精灵剔透,一雌一雄双鸭优哉游哉,中国丝绸的巧夺天工在其中体现得淋漓尽致。另外,现场采用最先进的"冰屏"技术,借助灯光舞美打造历史的四维空间,在光影变幻的视觉景观中展现五千年文明,综合运用视听语言、多感官语言、可交互语言等更轻松地描述与阐释文化遗产。

2. 剧场形式与流量明星形成多元媒介。明星小剧场是节目中娱乐性最强的环节,每期三位明星会扮成历史人物直接上演一段"基于历史合理虚构"国宝故事,第一集故宫请来王凯、李晨、梁家辉变身"国宝守护人"以带动不同的明星粉丝群观看节目。菲斯克把媒介文化的"迷现象"视为"工业社会中的大众文化的一个共同特征,它本身是大众文化的一部分",但"该种大众文化与一般比较'正常'的流行听众的文化既相似又具有明显的不同"。剧场形式的情景剧是一种沉浸式体验方法,让观众在参与过程中不断互动、思考,在听觉、视觉、感觉中不断地涌现出具有创造力的想法;主持人和嘉宾在前世故事的演绎中不乏诸多网络流行词,明星气质也与所守护的国宝相符,如备受青少年观众喜爱的优秀主持人何炅惟妙惟肖的表演和湖南话的"长沙窑、大唐造"让人在笑声中记住了长沙窑青釉褐彩诗文执壶。

3.电视与网络的媒介融合。电视节目热播的同时，爱奇艺、腾讯视频、央视网、优酷网站同步播出，《国家宝藏》成为用户群为"95后"至"10后"的视频弹幕网站、哔哩哔哩弹幕视频网的一家"流量大户"；作为历史/真人秀节目，在豆瓣网上的评分高达9.3分，各社交媒体获得大批粉丝青睐，朋友圈里许多人分享点赞，众多网友还为此节目制作了大量的"表情包"，在社交网络中火速风行。节目不仅使得主演的明星们频现"微博热搜"，连节目中出现的国宝文物杜虎符、《阙楼仪仗图》、贾湖骨笛等也成为"网红"刷爆网络。通过这些创新的媒介融合形式，从文物的各个小切口嵌入现实民族意识，让摆在博物馆里的珍宝通过各种现代化传播媒介"活起来"，契合了新技术以分享和互动为核心的特质。以此看出媒介融合背景下费斯克媒介文化理论的走向：赋予大众更强参与感和文化生产力。

（三）注重受众参与体验的媒介表达

注重受众是约翰·菲斯克媒介文化理论的重要观点，他在《理解大众文化》一书中宣称：受众是文化生产者，而又是文化消费者，他使媒介文化研究从"精英话语"过渡到"大众话语"。《国家宝藏》节目一改过去文博类节目的传者权威性，而在各个环节重视"积极的受众"，让观众参与进来，在每期节目开始张国立与现场观众的对话"我们是一个年轻的节目，有多年轻？——上下五千年"，每件国宝讲述完之后守护人宣读誓词，极富仪式感，传递着节目的宗旨，唤起在场观众的一种共同的认知与共鸣，如致敬、怀念、敬仰、认同的氛围，从而实现从受众知识的获得到意义的建构、情感的共鸣和想象共同体的构筑。

1.观众对国宝的选择权。故宫600年之际，故宫博物院联合8大国家级重点博物馆以《国家宝藏》为题举办了一次特展——每个博物馆只选出一件宝藏入驻特展，交予民众甄选。这充分调动起受众参与的积极性，不仅欣赏，而且对每件国宝的了解力求深度专业才能选出最珍贵的宝藏。从视频网站的留言来看，许多观众既有对每一件国宝分析透彻的赏识，亦有难以选择定夺的犹豫，从查找资料到去博物馆亲眼看节目里展现的国宝，进一步了解其来龙去脉和历史未来，运用社交媒体聚合讨论分析答疑，参与互动中实现了知识传播的效果。

2.国宝与受众建立起联系。菲斯克认为，在大众文本的辨识力中，与日常生活的相关性是最为核心的。每一件国宝都与当下甚至未来产生着关联，才会吸引现代受众，相关性是由每一个特殊的解读时刻所决定和激发的特质。《国家宝藏》的"国宝守护人"，多个传奇故事，透过节目的核心元素能够看出导演尝试在文物与人之间建立联结，拉近当代人与历史文物的距离，以前看起来高高在上的文物历史也多了份人情味和亲切感。现代景观社会各种"奇观"炫目却难以静心，思想容易扁平化。此时让现代人有更多机会近距离接触、感受这些文明的宝藏，有利于形成自己的文化观念、审美趣味，让心灵和生活都更加丰盈；更有利于涵养时代的文化水位，让时代和社会都更加丰厚。这些国宝引发的今生故事涉及音乐形式的创新（曾侯乙编钟、贾湖骨笛）、中国创造（长沙窑青釉褐彩诗文执壶）、密码学（杜虎符）、动漫展示传承传统文化（宋人摹顾恺之《洛神赋图》）、法律的发展（云梦睡虎地秦简）等。

3.充满体验感的媒介表达。菲斯克提出，"媒介体验"指的是浸润于媒介文化之中，通过与媒介对话来体验当代消费文化，以大众的身份参与到社会和文化变革之中。大众媒介扩大了博物馆传播的程度和范围以及速度，引导大众舆论，成为博物馆吸引受众的消费制作者。另外，多维度选择国宝演绎者同样是注重受众的表现，如专家团队坐镇负责国宝的学术解读，提升节目内涵；明星守护人应对不同的受众需求更多担当起"意见领袖"角色，通过演绎前世故事进入传播者的行列；今生守护人则涵盖文物的挖掘者、修复者、保护者、捐赠人、传承者、志愿者等多种角色，讲述一个个真实的与国宝相关的故事，展示出国宝的深层次内涵让受众充满敬意，受众在感性基础上进行理性思考，建构意义同时实现情感升华。

第三节　博物馆视觉信息传播发展前瞻

随着技术的提升与创新，博物馆中除了观展，还将成为尖端科技的孵化器。

据美国博物馆联盟趋势观察，博物馆可以利用人工智能处理越来越庞大的数据，并为博物馆创新提供新方向，如英国泰特美术馆的人工智能项目分析时事新闻快照和博物馆收藏与档案图像之间的共同点。5G 数据通信速率提高，博物馆需要思考在何处以及如何部署虚拟和增强现实工具，最新的通信技术可以将以前版本的作品通过智能设备展现在观众面前。5G 时代将改进增强现实体验，移动电话网络的扩展宽带意味着任何连接设备都能够"看到"博物馆，虚拟访问博物馆将更加普遍。作为新时代博物馆的数字化发展，既是视觉展示方式的拓展，又是受众覆盖面的扩大，媒介技术发展体现人性化，人工智能的应用可以帮助博物馆传播者处理数据，并为博物馆创新提供新方向。

一、科学技术带来视觉信息的人文传播

媒介环境学派第三代代表学者保罗·莱文森在其 1979 年的博士学位论文《人类历程回顾：媒介进化理论》中首次提出了媒介进化理论，从人的视角看待媒介总体的进化发展路径，对媒介进化的源动力给出了答案，即推动媒介进化的根源是人的选择。[①] 在媒介的发展进程中，媒介的发展

---

① 吴瑶：《媒介环境学视域下的数字阅读研究》，博士学位论文，华中科技大学广播电视与数字媒体专业，2016 年，第 115 页。

是不断趋近于符合人性需求的形式，存活下来的媒介是能够适应人类某种内在生理特性需要的，这种走向就是媒介演化的"人性化趋势"。人类通过明确地、有意识地运用理性在媒介的发展过程中充当进化的尺度与目标。① 从整体来看，莱文森相当肯定媒介技术进步中的人的主导因素，技术是人的智能对外部世界的整理。从 20 世纪 80 年代开始，欧美博物馆开启了一场变革：不再只把文物当作中心，而是开始强调对人的关怀，注重参观者的体验和感受。在博物馆文化传播中，越来越多的博物馆把科技运用到优化参观体验中，除了一些大众传播时代典型的教育型设备如大屏幕、海报、语音导览、数字影片，各种体现人文关怀的科技应用层出不穷，让受众的多重感官被全面释放，视觉、听觉、触觉等感官在参观过程中共同作用。博物馆馆藏旨在促进人们理解世界各种文化间的相互关系，有助于将世界当作一个整体来理解，尤其是理解人类文明，人性化因素还体现在藏品的跨时空传播。技术手段的使用有利于产生一种全新的视角来发现博物馆藏品之间的联系，使藏品部门、策展人和研究人员不再是孤立的个体，遍布全世界的学术团体可以建立起联系成为"学术共同体"，加强博物馆和图书馆、教育学习机构以及外部环境的联系，拓宽社交范围的同时强化了异质文化间的接触频率，改变了人们认知世界的方式。运用博物馆媒介技术将藏品的高清图上传互联网，在不同文化群体间搭建起沟通的平台：通过数字媒介生动形象展示本国藏品，使得地域传统文化由民族走向世界，人们以开放的心态全方位地接收异地文化，更好审视文化差异，实现文化间的融合和民族间的文化认同。

当下展览充满了各种创意，影像技术以非真实的姿态重新建构故事，运用动漫形式虚实交映提升视觉传播效果。新媒体环境对信息传播方式的改变，数字化场景让历史的重现，都使得展览愈加生动有趣，也调动起受

---

① ［美］保罗·莱文森：《莱文森精粹》，何道宽译，中国人民大学出版社 2007 年版，第34 页。

众对传统文化、美学价值、信息意涵的关注和理解。比如博物馆的策展方利用新媒体信息技术将场景本身设定为信息的一部分，拓展文物的外缘部分，尝试激活传统文化中的内容和人物，甚至以现代化的编剧手段调动受众的积极性，使沉浸式、游戏式的传播效果变为可能。① 博物馆沉浸体验环境包括情景再现、景观沉浸、虚拟现实、生活史、影院体验等，借助技术产生身临其境的震撼与共鸣。总之，要让文物"活起来"，博物馆与信息技术的融合是必由之路，通过各种具有吸引力的方式，使受众贴近历史、民俗、传统、地域与工艺。如今和未来的博物馆更是科技的集合，运用更多的互动空间，营造沉浸式环境体验场所探究故事，以理解不同的进程与现象，同时也引领受众更加贴近规划的目标。

当公立博物馆对自身形象表征模式做出策略性变化时，其选择往往更鲜明地响应了当时文化结构对特定公共视觉性的需求。而这种选择其实正是视觉体制的表征博弈结果的反映。从我们国家博物馆的发展历程看主要表现在：20 世纪 80 年代以国家形象塑造及阶级教育为主旨的说教型视觉性；20 世纪 80 年代末 90 年代初开始占主导地位的知识型视觉性；2005 年后，展馆—观众协商期，这一时期形象表征的重点倾向于形象体验化，主要包括形象的景观化、平面化、三维数字化等多种表征途径；2010 年前后开始萌芽的娱乐型视觉性。②

二、物质场与虚拟场传播形态融合转换

为传承文化以及普及大众的审美，作为文化机构中流砥柱的博物馆越来越重视新媒体平台发声，博物馆不再是致力于展示过去的一座神殿，而是一个面向未来的、充满生机的机构，它的社会价值在于为公众提供平

① 曾一果、陈爽：《博物馆文物的数字化展示和传播研究——以台北故宫博物院为例》，《广州大学学报（社会科学版）》2019 年第 1 期。

② 周宪：《当代中国的视觉文化研究》，译林出版社 2017 年版，第 346 页。

台，让信息传播开来。博物馆不但拥有自己的传播渠道，也会在外部广告上投入一些资源，以吸引更多的受众对美术馆和艺术的关注。① 智慧博物馆给受众带来更智能化的体验，以全景为信息载体，从博物馆的空间外观到内部结构、展厅布局、展品细节等完成深度完整的视觉表达，从而实现线上随时浏览虚拟博物馆，使之成为永不落幕的展览。应建立整合一个文物信息共享平台，以实现传播价值与传播能力最大化。

视觉有在直观中把握事物本质的能力。"现代图像叙事中，与传统的图像叙事所不同的是，艺术家所采用的语言更多的是通过暗示、隐喻、引导、语境缀接、图像迭代等表达形式。"② 新媒体视觉文化开启了由美术、电视、电影、网络等共同构成的影像时代，特别是年轻一代受众从小浸泡在影像文化构筑的图像化生存方式中，博物馆需要利用影像视觉文化的传播效果，通过展品数字化方式发挥对受众审美价值的引领作用和大众视觉素养的培养。新技术拓展可以使博物馆的视觉传播实现"碎片化、交互性、分众化传播和受众沉浸感"；基于新媒介技术环境的"参与式文化"概念，即新媒介普及使"普通公民也能参与媒介内容的存档、评论、挪用和再传播"③。而全息媒体最重要的不是虚拟，而是所有的真实现实与虚拟现实是相通的，成为全新的全现实融合态。技术的进步、工具的丰富极大地改变着表征的视觉文本形态，对于视觉表征的方式方法具有拓展意义，使之从一元化走向立体的多元化。俄罗斯冬宫博物馆开始利用 5G 对大量历史记录和文化宝藏的数字化与虚拟存储，文物的虚拟体验可能会对保存文物的方式产生重大影响。全球的博物馆专业人员应该能够使用该技术以更高的准确度相互协作。

物质场与虚拟场融合转换过程中，影响因素及子因素也发生了变化，见表6–1。

① 梁腾：《变革中的博物馆何为?》，《中国文化报》2018 年 5 月 27 日。
② ［德］马丁·海德格尔：《林中路》，孙周兴译，上海译文出版社 2004 年版，第 139 页。
③ ［美］亨利·詹金斯：《融合文化：新媒体与旧媒体的冲突地带》，杜永明译，商务印书馆 2012 年版，第 14 页。

表 6-1　博物馆虚拟场中影响视觉场变化的因素

主要因素	影响主要因素的子因素
传播者	传播主体的多元化；受众群体的变化（多元化、年轻化、需求多样）；博物馆的场域拓展；传播媒介多样性；运用虚拟展示的理念转变。
接受者	受众组成结构多元化；主客体身份的转换（受众也可以成为传播者）；博物馆视觉内容的性质及传播者身份；视觉素养；媒介素养；传播媒介的社会影响力；拥有的传播媒介和技术；社交网络人群组成。
媒介	文物展品的图像化；视觉修辞和叙事方法；视觉符号编解码；文创产品设计方法；抽象化提取法；虚拟博物馆的网站设计；传播者的媒介素养和拥有的技术；博物馆的 IP 授权情况；传播策略；媒介覆盖面。
内容	传播资源（文物是否允许拍摄和发布；授权情况；博物馆之间可共享的数字化资源等）；情景化、故事化的转换设计；媒介可承载的形态；受众接受度；地理环境；博物馆自身品牌传播力；社会文化氛围。

　　一个新的载体不会取代先前的载体，但是却可以为其增加新的可能性。同样的，各种媒介运用到博物馆的视觉信息传播过程中，虚拟的视觉场不会取代真实的物质视觉场，而是相互交错、相互融合。根据马莱兹克传播模式原理，传播者编码目标的确立是信息传播的出发点和归宿，因此要明晰虚拟场的编码目标和新理念，提高传播内容新的受众群体的针对性，辩证运用虚拟场，有效整合各种因素。

三、辩证运用虚拟场进行视觉信息传播

　　对于博物馆的知识传播，人机交互方式可以实现对科学知识的客观传播，基于虚拟现实技术的人机交互媒介具有沉浸性的特征，感知系统的沉浸往往包括受众在视觉、听觉和触觉上的沉浸；行为系统的沉浸则体现在虚拟互动展品对受众表达系统（如行为和语言等）的影响。[①] 结合可视化技术运用，传播效果优于传统的展示方式。而且传播内容的叙事角度发生

---

① 翟俊卿、毛天慧：《基于虚拟互动的场馆展品信息传播模型构建——以哈佛自然历史博物馆"生命进化之树"虚拟互动展品为例》，《中国电化教育》2018 年第 4 期。

了变化，人机交互多以受众视角为第一人称的叙事场景，符合当下"以受众为中心"的传播理念和未来发展趋势。但是为了拉近和受众之间的距离，增加受众体验，一些博物馆过度依赖数字技术，没有在深入探讨文物本体的价值内涵上下功夫，也就无法真正将博物馆的资源转变为视觉场的组成部分。数字化文物并不能真正替代文物本体，而只是本体的延伸，文物艺术品的价值在于它本身蕴藏的历史、艺术、科学、情感等，并且不可再生。从受众角度，技术虽然高度发达，但是现场观看原作的经验与通过网络屏幕、手机屏幕所观看的图像经验相差甚远，仅仅观看经过图像转换的艺术作品，存在着压缩原作和艺术经验失真的危险。① 谢宏声将这种局限于图像经验的艺术经验界定为"复制品经验""二手经验"，只是视觉经验的组成部分。② 充满视觉体验感的媒介表达：菲斯克提出"媒介体验"指的是浸润于媒介文化之中，通过与媒介对话来体验当代消费文化，以大众的身份参与到社会和文化变革之中。③ 大众文化对精英文化的传播效率和价值提升具有举足轻重的影响，即约翰·费斯克"大众性是文化研究的一个必然焦点和追求"的观点。同时，符号论美学家卡西尔认为"艺术可以被定义为一种符号语言"，电视艺术影像符号化的视觉词语通过超越现实时空的画面构成，以意象化的语言委婉表达，有效实现了博物馆文物国宝主题视觉叙事。

　　数字化时代，博物馆从最开始的收藏炫耀意义下的奇珍室发展到展示教育意义的大英博物馆、卢浮宫，再到现在注重体验分享作用的网络、数字、虚拟、智慧博物馆，媒体的数字化拓展是为博物馆注入活力的必要选择。问题是精致的文本背后是否具有相应的经典意义？技术的绚丽是否意味着内容的精彩？归根结底创新技术是手段而非目的。同时，数字多媒体

① 周伟业：《视觉艺术传播图像化历程及其反思》，《现代传播》2014 年第 7 期。
② 谢宏声：《图像与观看》，广西师范大学出版社 2012 年版，第 238—239 页。
③ 陈芳：《文本、受众与体验——用媒介文化理论解读"新媒体电影"走热的现象》，《东南传播》2011 年第 8 期。

介入博物馆形成多元叙事发展，以促进受众认知提升为目标，以受众体验为核心，但使用中要保持审慎性态度，适合诠释，警惕博物馆运用多媒体展示的娱乐化倾向。视觉信息传播要注意传播媒介和传播类型，使用整体互动模式（包括人际传播系统、大众传播系统和网络传播系统）不仅充分考虑传播系统与外部世界的复杂联系，而且重视传播过程中各种因素共同构成的整体关系以及人类传播的全部现象。声光电技术手段要谨慎使用，更多以对文物自身价值的彰显以及人文关怀的细节呈现，博物馆界近年来推进数字化博物馆、智慧化博物馆建设，展陈理念和手段都有很大提升，但也存在过度使用现代科技技术手段的现象，乍看丰富多彩，久看则削弱了文物影响力。任何一种技术发展都具有双向性。在通向虚拟次元的道路中，似乎存在着一个反作用力，让受众回到现实中，对于博物馆来说，这种反作用力就是现场感。与展品的面对面交流，身体与博物馆空间的接触，这种生理上的真实感是任何虚拟场都不能取代的，甚至数字化趋势会让受众产生更强烈的愿望——重返博物馆、走进博物馆，探寻文物展品的价值。

小　结

雷吉斯·德布雷的"媒介域"理论体现了布尔迪厄的影响，为处理媒介技术架构和其社会、文化影响提供一个理论前提。一个媒介圈就是一个复杂的动态生态系统，它是通过并围绕一个起作用的简单媒体重新组建而成的。[①] 该理论提出传媒系统的技术特征是理解每个时代象征系统的主要线索，这一观念启发我们，博物馆视觉信息的展览系统是在工业时代、在

---

① ［法］雷吉斯·德布雷：《媒介学引论》，刘文玲译，中国传媒大学出版社 2014 年版，第 98 页。

印刷媒介占据主导地位的时代建立起来的，因而在传统的展陈、传播系统中，占据主导的观念是以理性主义为中心的教化、教育过程。新的媒介环境下，特别是基于移动网络的社交媒体时代，博物馆的视觉信息传播要更加强化以博物馆为中介的身份认同、社区团结。

新的媒介环境下，博物馆视觉信息传播发生了现代性转向，视觉场从物质场域向虚拟空间迁移，形成了物质场与虚拟场混合呈现；视觉表达由专业性表达向大众化、创意化表达转变；受众也发生了"在场"与"不在场"的转换。

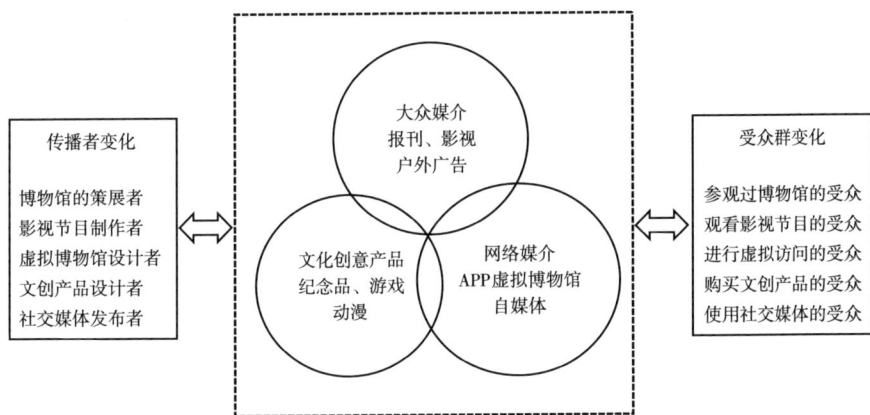

图 6-3　博物馆从物质视觉场到虚拟视觉场的转变

如图 6-3 所示，博物馆视觉场虚拟形态具有以下特点：

1. 主客体的变化：互联网技术的逻辑是去中心化，实现了任何人不受地域和时间限制观看虚拟博物馆，因此传播者群体和受众群体都发生了变化，从原来博物馆内部场域中扩展到社会多领域，而且赋予新的受众群更大的自主权，受众群能够参与建构意义并激活自己的文化记忆。

2. 媒介域的跨界性：博物馆的媒介涉及大众媒体、网络新媒体和文化创意等领域，彰显博物馆 IP 的价值。媒介为博物馆的视觉信息传播提供了现代框架，现代媒介借助技术手段让受众的参与感和分享感大大提高；文化创意产品将受众对展品的关注力、文化记忆和形式融入视觉载体。

3.形成多重叙事空间：博物馆有两个层面，一是实体的博物馆，通过可感知的物理元素呈现，另一个则是将博物馆实体空间及内部组成元素转变为符号，由文字、声音、影像再现的博物馆，即媒介建构的虚拟空间，既有静态呈现，也有动态演示，还有沉浸式的交互感知，是真实与虚拟交织的视觉场表达。

4.视觉信息的符号化：相对于博物馆内部场域中的实体器物，虚拟场中视觉信息演变为图形、图像或者创意符号。技术在"看"的这两个层面都有着积极作为，或者说，这其实形成了两套"视觉技术系统"。就第一个系统而言，技术可以拓展和丰富人们"看的技艺"，这形成第一种视觉技术，即延伸视线的视觉技术，为主体提供一个固定的"看的框架"。

此阶段受众期待的是提供给他们有意义体验式的陈列展览，特别是沉浸体验，而不是一般的感官刺激，展览向着艺术化、人性化、数字化等方向发展。博物馆沉浸体验环境包括情景再现、景观沉浸、虚拟现实、生活史、影院体验五种路径。沉浸式环境体验的基本假设是观众能够借助技术手段产生身临其境的震撼与共鸣，这种全方位的、时空俱在的"真实感"点燃了受众体验的热情。博物馆在不破坏展厅空间视觉效果的前提下，通过可移动科技的方式提供阐释信息。很多博物馆开始关注沟通技术和传播效果，吸引年轻一代的受众，如多媒体与展品并置，为展品提供场景，艺术家利用便捷导览、手机客户端APP、电影短片等设备向观众讲述展厅设计过程中的所思所想，释展人揭示展品故事，受众需要的所有信息包括在语音导览或博物馆官网上。总之，虚拟的视觉场受社会因素、文化氛围和技术架构影响更大；虚拟现实、大数据、人工智能、云计算、可视化科技为真实世界的博物馆传播者注入力量，数字时代要求博物馆以全新的媒介角色、传播方式回应受众的期望和诉求，受众更加自主地获取视觉信息，理解、享受博物馆。

第七章　基于个案的博物馆视觉场现实图景

本章进行博物馆的田野调查和个案分析，以对前述视觉场传播形态进行验证。为了从受众视角进一步摸清博物馆视觉信息传播的基本情况，了解受众群体对博物馆传播信息获取、情感体验和媒介使用情况，从马莱兹克传播场的四要素——传播者、媒介、受众和环境调研，归纳视觉信息的传播影响因素，作者在近五年实地调研和参与式观察中外博物馆的基础上，于 2017 年 3 月至 2018 年 5 月向山东省艺术类专业与非艺术类专业受众、五所小学发放调查问卷近 2000 份；对博物馆、美术馆馆长，策展人、博物馆志愿者，受众，流动博物馆的授课教师，文物博物馆学、艺术类专业学生等近 30 人次进行深度访谈、组织座谈会；收集了官网、微信公众平台、网络媒体（大众点评网、马蜂窝网和去哪儿网）2016 年 7 月至 2018 年 7 月两年里受众（均为参观后撰写）对山东博物馆、山东美术馆的评论 500 余篇，山东博物馆官网留言近 200 条；并以研究者和志愿者双重身份参与了山东美术馆公共教育项目实施，进行了为期两年的博物馆田野调查和公共教育项目"艺术星期五"的行动研究。现状调查运用了混合研究，即在资料收集、资料分析和推论各个研究阶段，包括了定性和定量方法。

研究选取的案例博物馆主要是山东博物馆和山东美术馆。如同中国多个省博物馆情况，两个省级场馆已经成为城市的文化地标，进行文化艺术收藏展览传播。山东省博物馆馆藏文物 21 余万件，尤其以陶瓷器、青铜器、甲骨文、简牍、汉画像石等最具特色。新馆 2010 年 11 月 16 日正式向社会开放，更名为山东博物馆。具有反映山东地域文化特色的基本陈列体系的七个常设展览、十一个展厅；每年还举办 20 个左右国内外的专题展览。

山东美术馆新馆于 2013 年 10 月 12 日正式对外开放，位于济南市区主干道经十路东段，属于艺术博物馆。单体建筑面积在全国位居第一，共分五层，总面积 19700 平方米，实际可用展线 1763 米。建筑主体是以正方体为代表的城和以正方体变体为代表的山的巧妙融合，顶层的天窗设计象征着泉，将泉城济南的特色融入其中，成为山东富有时代和文化气息的标志性建筑，近年来举办了许多令人瞩目的国际级艺术大展。

第一节　视觉信息的传播场元素

一、视觉场的内容分析

博物馆参观存在受众匿名、年龄职业分布广泛、参观时长和内容较为个性化等特点，运用问卷调查和访谈来了解受众观展体验都有一定的限制，而媒介演变对博物馆受众的"他者分析"日趋重视。互联网将以口头语言为载体的口碑传播转变为以文字、图片、视频等为载体的具有综合表现力的网络口碑，受众对于网络口碑并不仅仅停留在接纳阶段，还会结合行动实践形成的观点，与网络社交媒体的"意见领袖"一起在创新扩散过程中发挥着关键作用，形塑潜在受众的态度，影响他们的参观行为。作者根据研究需要选取博物馆官方网站、大众点评网等旅游社交类网站留言样本进行内容分析。

（一）山东博物馆官方网站：2017年6月—2018年7月有效留言172条

从篇幅字数来看，留言中100字以上的留言只有23条，占比13%；留言最多的不到300字，特点是言简意赅，内容有获取资料、咨询参观及展览、保护文物提供线索、有意捐赠藏品、针对服务管理提出建议、纠正核实展板或网站内容、感谢博物馆服务、推广文化产品、展览内容分享感受等。目前国内外博物馆、研究者越来越重视受众留言反映出来的问题，除了改进工作、反馈给策展者和管理者相关来自受众的思路、进行博物馆理论研究外，受众留言还起到了二次传播的作用，如中国国家博物馆对"复兴之路"展览的受众留言精选，出版了由700多条留言组成的《中国梦从这里起航——中国国家博物馆"复兴之路"基本陈列受众留言选录》，分篇章展示了各行各业受众参观之后的感想表达。透过受众视角，可以反观博物馆环境、展览、展品、服务、教育、志愿者、媒介等方方面面的问题。

（二）大众点评网：2016年7月—2018年7月两年间有效留言229条

相比官方网站，旅游社交类网络媒体上对博物馆的评论形式活泼，图文并茂，且篇幅普遍较长，内容含量丰富。在大众点评网"休闲娱乐"频道的"文化艺术"分类下，点选"博物馆"选项可以获取博物馆的基本信息和用户评论。进入"山东博物馆"点评页面，可以看到不少受众在参观后撰写的心得体会和游记攻略，包括从自己对展品的喜爱、对博物馆进行整体评价、表达自己满意或不满意的体验，等等。所有这些评论都是用户在参观后主动撰写发表的，博物馆方面没有权限去删除、修改这些评论，也无法对其进行编排和组织。相比较而言，博物馆官方网站上的留言因为有工作人员很快回复，所以以咨询(展览时间、参观时间、文物捐赠鉴定、工作岗位或志愿者招聘、如何获取展览图片版权等)、热心受众提出意见和建议为主，而大众点评网留言更多的是个人表达，语风活泼，有很强的情感倾向性。

（三）马蜂窝网受众留言：2017 年 8 月 15 日至 2019 年 2 月共有 355 条评价；其中好评（305 条）、中评（44 条）、差评（6 条）、馆藏丰富（33 人提及）

相比较上述两大类旅游网站网络文本，博物馆官方网站上的留言因为有工作人员很快回复，以咨询（展览时间、参观时间、文物捐赠鉴定、工作岗位或志愿者招聘、如何获取展览图片版权等）、热心受众提出意见和建议为主，绝大部分留言者有姓名和职业，语言风格理性，注重问题解决；而大众点评网、携程网、去哪儿网留言更多是个人表达，语风活泼，运用大量的形容词、感叹词、网络用语表达情感倾向性，推介分享特征更为明显。

（四）需要分析的问题：视觉场的真实空间与虚拟空间建构

1.受众留言的高频词集中在哪些方面？受众对山东博物馆 / 山东美术馆的视觉环境整体印象是什么？博物馆的建筑空间会给受众带来认知的改变吗？

2.受众对山东博物馆展品展览的总体视觉体验如何？他们认为哪些方面更好？哪些展览更加吸引受众？有哪些因素影响他们的情感和态度？

3.博物馆视觉媒介如 VR、AR、LED、多媒体展示等起到什么作用？

4.山东博物馆和山东美术馆的视觉场空间构建元素及视觉信息传播特点。

首先将山东博物馆 / 山东美术馆网络留言样本分别复制到文本文档，使用 ROST Content Mining 6.0 软件对文档进行分词和词频统计，经筛选获得有意义的高频特征词（主题词）及频次，然后选取前 50 位高频词，用以初步了解受众对博物馆的视觉形象认知和情感倾向（见表 7-1，括号内是该词出现的频数）。

表 7-1　山东博物馆和山东美术馆网络文本主帖前 50 位主题词和词频分布

网站项目	视觉空间	展品内容	展览内容	服务
山东博物馆	环境（257）展厅（124）大厅（31）馆内（29）建筑（22）设计（21）穹顶（12）场景（8）震撼（18）大气（14）气派（11）宏伟（7）	展品（303）动物（102）文物（60）标本（37）镇馆之宝（22）佛像（21）竹简（15）汉代（22）画像（13）壁画（13）青铜器（12）瓷器（10）孙子兵法（9）	养心殿（30）考古（25）艺术展（12）鲁王（10）特展（9）孔子（9）造像（9）汉墓（8）画像石（8）	讲解（66）免费（53）志愿者（15）
山东美术馆	环境（58）展厅（17）设计（16）氛围（9）艺术气息（7）安静（6）	展品（63）作品（41）画作（10）	艺术展览（32）摄影（19）卡什（11）	

　　为了减少质性数据分析中研究者的主观性，提取原始资料中受众留言关键词形成核心概念，同时进行了文本挖掘，作者构建了"山东博物馆受众留言高频词词云"（图 7-1、图 7-2）：

　　从主题词及词频和词云可以看出，外观建筑高频词"宏伟、气派、震撼、大气"表明山东博物馆给受众留下深刻的视觉形象，外立面灰色花岗岩、正上方中央穹顶如泉涌的半圆形包含的视觉信息把山东的山水特色揉进了建筑元素中；"氛围、艺术气息、安静"表明美术馆给受众的视觉印象，两个场馆建筑意境、风格和特点首先建立起受众对齐鲁文化的主体认知。从受众对

图 7-1　携程网、去哪儿网受众留言词云

图 7-2　大众点评网受众留言词云

图 7-3　建筑与文物对照图（图片来源：山东博物馆）

环境即视觉空间的重视也看出，受众来博物馆并不仅仅是看文物、展览，而是将其作为休闲的公共文化场域。受众参观行为可以用两个词来概括：一个是"主动的闲散"，另一个是"文化逛街"①，博物馆犹如商业街，各式展柜里琳琅满目的展品就像商店的橱窗，受众先被橱窗吸引，才会进店选购。进入博物馆，大尺度的空间、大台阶展厅仿似雄伟的泰山、背景墙为泰山主题壁画浮雕，把整个空间引申为齐鲁文化的设计主题；中央顶部则为绿色的玉璧，很多受众因为受大厅穹顶的"玉璧"吸引而先去参观其文物原型所在"鲁王厅"大玉璧（图 7-3）。

而关于展品展览视觉内容，可以发现当前博物馆呈现大众化趋势，比如"动物、标本"词频高于考古文物，结合词云中的"孩子""逛"等高频词，博物馆的常展"非洲野生动物大迁徙"和特展"精灵湿地——山东鸟类标本展"非常受欢迎，据现场观察，该展厅讲解志愿者经常运用讲故事的策略惟妙惟肖地表演，将受众代入非洲野生动物的环境里，同时设问互动激发受众想象力，表现出博物馆策展布展、主题活动叙事性特征的重要性。再有，从展览类目的高频词发现，博物馆特展比如"养心殿"更吸引受众，VR 体验区排队体验；美术馆的摄影大师尤素福·卡什（陈淳焘藏品）摄影原作

---

① ［英］罗杰·迈尔斯、［英］劳拉·扎瓦拉：《面向未来的博物馆——欧洲的新视野》，潘守永、雷虹霁译，北京燕山出版社 2007 年版，第 85 页。

展仅仅一周展览时间，就吸引了很
多受众前来观看，并且写了详细的
参展留言，巡展反映出多元文化的
吸引力。在媒介应用方面，如山东
博物馆里的汉代画像艺术展、佛教
造像艺术展、鲁王之宝以及万世师
表展厅，受众更希望运用语音导览
器或者手机扫描二维码形式进行自
主设置观看时间与节奏（图7-4）。

二、视觉场的受众分析

依照第三章博物馆"认知—情
感—行为"三维度，并且加入探究受
众参观目的的"动机"维度，作者
沿着"阅读和诠释留言文本—构建
类目—编码文本片段—分析—呈现结
果"的质性文本分析过程进行受众
分析。在进行一次编码即开放性编

图7-4　展览场景展示图（图片来源：山东博物馆）

码时可看出这些留言多是描述性、情感色彩浓厚的信息，"地方""博物馆"
等名词说明"是什么"，即看到了哪些博物馆的视觉信息，词语使用也表明
了属性、关系和喜欢，形容词、副词"很多、免费的、不错"等即"怎么样"，
动词"感觉、喜欢"等表达对某种视觉信息的正面或负面评价。运用扎根
理论"能够帮助研究者提出扎根于本土现象的一系列观点"原理①，经过开

---

① ［英］凯西·卡麦兹：《建构扎根理论：质性研究实践指南》，边国英译，重庆大学出版
　社2013年版，第11页。

放式编码（将数据与资料概念化的初始过程）、选择性编码、主轴式译码，作者在编码过程中一次编码采用随机编码的方法，将资料导入 Nvivo11 软件，边阅读边进行编码，选取有意义的语句作为编码的节点。一次编码后对编码节点浏览后发现，节点可以归纳为参观目的、感知价值和感知态度等类别，进而这些类别又可以进行细分，探究受众对山东博物馆视觉空间印象 / 视觉内容观感 / 视觉秩序持积极或消极态度原因。

表 7–2　山东博物馆和山东美术馆网络文本主帖选择性编码表

一级节点 主类目	二级 节点 次类目	参考 点 频次	词汇举例	节点举例
参观动机	审美 素养	13	故事和历史、 了解汉代文化	每次去一个新城市，我喜欢去那里的博物馆好好看看，特别是省会博物馆，那是一个省的故事和历史
	休闲 娱乐	12	文艺气息、消夏、春暖花开、逛逛	静音清趣，春暖花开的时候逛逛馆子
	知识 获取	29	做功课、 了解地域文化	了解一下生活了二十多年的地域文化
	亲子 教育	48	孩子、暑假、 假期	值得带孩子玩一下，空间大、舒适卫生，孩子跑起来、玩起来也不担心
感知态度	视觉 环境	87	大气、宏伟、磅礴、靓丽、震撼、穹顶、天圆地方、金碧辉煌、气势恢宏	建筑大气，尤其是大厅顶部的绿色玉璧，很有历史气息和一种神秘感，非常喜欢，里边的休息场所和硬件设施都不错
	视觉 媒介	25	幕布背景、实体标本、光音效果、小动画、放大镜	幕布背景、实体标本、光影效果配得相当不错
	视觉 内容	157	生活场景图、车马出行图、历史典故图、神话传说图、生产劳动图、乐舞百戏图、亭台楼阁图、奇禽异兽图、汉画像石、玉石围棋、生肖坐像、珠宝配饰、玉玺方印、精雕细刻的玉器、四羊方尊后母戊、三星堆文化、佛像、动物	馆藏有不少国家级的文物，如东平汉墓壁画、《孙子兵法》竹简、颂簋、郑燮双松图轴等十分珍贵 除了镇馆之宝外，还有常规展览和不定期更新的各种展览。各楼层分别展出了古代石刻、书画艺术展、化石、各朝代文物展、非洲野生动物大迁徙展等，藏品数量非常多 展出的都是齐鲁文化精粹，同属于国家级别的瑰丽宝藏

续表

一级节点 主类目	二级 节点 次类目	参考 点 频次	词汇举例	节点举例
感知态度	视觉 秩序	49	有条有理、标注、清楚、路线、历史时间顺序、参观顺序	场内的分场馆挺多，分类很清楚。最值得看的是汉代画像石和佛教造像艺术两大展厅，安排在一楼第一、二展厅，顺着指示牌很容易就找到了
	标识 系统	27	导语、标志、标注	展厅很多，路线合理
感知价值	情感 体验	40	顶天立地之感、历史名人谈话、波澜壮阔、思想、情绪、渲染	馆藏物品，确实是和山东人一样憨实内敛，看似平淡，但实则价值非凡，很有观赏学习的意义
	审美 感受	92	光彩熠熠、栩栩如生、精美、惊艳、生动、神奇	激烈地传递着汉代的浩瀚澎湃，让人心生向往
	文化 认同	71	历史悠久、历史气息、齐鲁文化、源远流长、文明历史、汉代艺术、历史积淀、浓墨重彩、见证、清代、由盛转衰、继承、华夏文明、博大精深、人文知识、历史韵味	各种历史与人文知识都可以在此铺展开来，各种思想与情绪也可以在此渲染开来 去旅游必去的地方是当地博物馆，去过很多博物馆，见过很多属于当地文化源流的文物古迹，千姿百态有着不同的亮点，而我内心最有共鸣的却是从小看到大的鲁文化 孔子文化、大汶口文化、龙山文化，有齐鲁国太多故事，汉代石刻画像是重要馆藏
	意义 获取	30	不虚此行、研究价值、学习价值、历史价值、了解历史、值得学习、传统文化、博大精深、受益匪浅	很多破损的痕迹也让人惋惜，不过越是这样，我们越要深入地了解中国传统的文化，不能让老祖宗的智慧失传
参观时间	参观 时间	58	小时	认真逛需要 2—3 小时
管理与 服务	文创 产品	11	文创产品	空间利用率低，文创产品也有待开发，而且离市里有点远
管理与 服务	语音 讲解 数字化	35	导游、导览、语音、数字化分馆	没有导游讲解学到的知识大打折扣。自助讲解器缺乏自动感应功能，还要手动输入代码，需要改进。数字化分馆直接触屏，想看哪里看哪里"明代瓷器展"微信语音导览感觉很方便，非常贴心。希望如有可能将其普遍化，其他展览也有如此方便的线上导览

续表

一级节点 主类目	二级 节点 次类目	参考 点 频次	词汇举例	节点举例
	志愿者 服务	26	志愿者、服务人员	重点文物标记不清，比如那几个镇馆之宝不好找。展区解释语标记不清，很多字看不见

通过对以上几大类问题的梳理和选择性编码（见表 7-2），结合作者参与式观察博物馆的田野笔记可以发现这些问题虽然来自不同的传播层面，但是却存在一定的内在联系，分析与探讨这些联系，能够使最具普遍性的问题得以凸显，从而为解决对策提供着力点。① 为了让问题之间的关联性得以全面呈现，作者进一步提炼为四个维度进行主轴性译码（见表 7-3），以探究在不同资源类型中所存在的具有相关性与普遍性的问题。同时，通过广泛参阅其他博物馆受众留言文本发现，受众参观博物馆时的影响因素通常具体表现在感知、对展品符号的理解、展览的叙事解读、媒介使用、志愿者讲解和管理服务等方面。

表 7-3　受众留言的主轴式译码表

核心范畴	评价条目与类别	原因分析
视觉感知（态度） 受众感知与体验	建筑外观形式震撼 视觉空间恢宏或优雅 展厅受众分布不均匀 环境秩序的不完善 特展受到受众欢迎	硬件设施提升，场馆的建筑具有视觉优先性，建立主体认知。随之而来的管理服务细节——"以受众为中心"的理念没有深入人心；特展吸引更多受众，而常展厅宣传不够，还要突出地域性特征
视觉符号（阐释） 受众对展品、展览的理解、接受与意义建构、情感共鸣	1. 知识内容的传播个别有误 2. 部分受众的符号转译困难 3. 部分媒介形式的误用 4. 阐释单一希望增加二维码 5. 展览的背景叙事不足 6. 地域性展品和展览期望	传播者：多学科门类融合不够；对博物馆知识本体与学术研究不够重视；忽略与文化艺术思潮的结合度；文物藏品的阐释方式需要更加个性化和分众化 受众视觉素养需要提升；认为有的展览与自己的生活没有关系或者不熟悉背景

---

① 谢梅、何炬：《四川省博物馆资源开发利用的问题与成因——基于扎根理论的分析》，《当代文坛》2014 年第 11 期。

核心范畴	评价条目与类别	原因分析
媒介形式（体验）大众参观博物馆的意向、频次和获取信息的情况	1.新展览的宣传力度不够 2.博物馆对外形象品牌塑造，自主开发文创产品少 3.大众媒介对博物馆传播广度和增强力度，比如《国家宝藏》播出后的观展效应 4.博物馆展览引进来传播策略实施，世界展大受欢迎 5.简牍制作小动画受到欢迎	博物馆与大众媒介的合作仍在磨合，博物馆受众与大众媒介受众不是完全重合，依托大众媒介吸引潜在受众进入博物馆后，媒介形式发生了变化，受众的适应性需要培养。媒介的议程设置发挥强大作用。博物馆的品牌建设和品牌传播未能引起重视，文创产品是很好的品牌符号——"把博物馆带回家"。新技术主导的阐释视频讲解更适合年轻受众。受众重视展品的视频直观讲解
人际互动（社交体验）：博物馆—传播主体，受众—认知主体	1.对志愿者讲解员更高要求 2.观展过程受众需要互动。 3.博物馆管理者与受众的关系发生了变化	博物馆走向大众化，文化中心、社交中心功能增强，需要营造和谐的人际环境，让观展成为既让个体获益又使群体愉悦的人际交互体验。传播分众化使得对讲解要求更高，专业性与普及性兼具
管理服务	1.自动取票机；刷身份证 2.受众关注周边交通、停车	博物馆大众化吸引更多受众，外地旅游者专程来博物馆参观，关注交通便利

综合从受众留言总体分析，随着国家文化战略的实施，博物馆的传播将越来越走向普通大众，与熟悉事物和经验建立关联的展品和展览受到欢迎，或对异文化展览的新奇感，同时他们对观看环境质量的需求提升，博物馆为受众提供休闲服务。公众对博物馆的理解和需求内容及服务质量，是与社会发展状态与文化传统有密切关联的。当前藏品利用率低，对展品背后的信息挖掘和解读的深度不够，展览内容的知识性、趣味性有待进一步提升；现代科技手段和新媒体的应用不充分，展览传播能力有待进一步提高；资源共建共享机制有待健全；服务措施有待丰富。

另外，持续观察发现山东博物馆官方网站对受众留言回复很及时，对问题给予详细解答；同时还能够通过及时回答问题让浏览网站的潜在受众们更加了解博物馆的日常工作。官网、微信公众号、大众点评网的留言也起到了二次传播的作用，其中进行专业评述的网友起到了"意见领袖"的作用，带动更多受众走进博物馆。

三、视觉场的媒介分析

山东博物馆微信平台建立于 2013 年，"品味山东博物馆"微信公众号的内容含量大，编排形式错落有致，图文并茂，语言表达生动活泼，有时科学普及知识采用严谨风格，有时诗情画意地描述展览，有时以"鲁小博"语气"卖萌"播报，适应不同受众的品位。山东博物馆近年来充分发挥数字媒体优势，开展多样化藏品展示，微信导览、藏品数字化专题、展览APP 等内容让公众通过新技术、新方法对博物馆有了更多认识。选取"走进 5.18，约会山东博物馆"这条公众号内容作为样本，截至 2018 年 12 月 9 日，阅读量 6246，点赞 252。共留言 90 条，最大 156，从与视觉信息传播相关 10 条表达框架及修辞特征分析受众的情感倾向（见表 7-4）：

表 7-4 "走进 5.18，约会山东博物馆"部分留言

项目　网站	留言主题及关键词 （括号内为该留言点赞数量）	表达框架 及修辞特征
山东博物馆官方微信公众号"走进5.18，约会山东博物馆"	参加齐鲁大讲坛与省博相遇；省博的奥秘与韵味仍旧捉摸不透；考研选择博物馆专业；想参透承载中华上下五千年古老文明载体（156）	认知；理性
	省博是经十路上亮丽的风景线，距离学校最近的公益好去处，经常听齐鲁大讲坛（114）	感知；理性
	参观"万世师表"孔子展览，对孔子一生钦慕不已。即将去曲阜读研，很高兴研究儒家文化，相信中国文化必将历久弥新（92）	认知；理性
	每次去省博都被大厅震撼，感官体验超棒；多次观展都收获满满；印象最深的是《太阳契丹——大辽文明展》，展品奢华神秘（82）	感知；理性
	大学专业为陶瓷艺术，老师经常带去省博看展，非洲野生动物展每次必逛，喜欢非洲产纪念品（70）	认知；理性
	每学期都要去省博好几次，四年没有错过一次新展。坐在报告厅台阶上听报告依旧津津有味；古朴大气的博物馆外面是有着川流不息车辆的经十路，恍如隔世。博物馆的魅力（54）	感知；感性 （文化记忆）
	在省博鲁王厅做过志愿者，很开心把知识分享给感兴趣的朋友们（50）	感知；感性

续表

网站 项目	留言主题及关键词 （括号内为该留言点赞数量）	表达框架 及修辞特征
	每次去省博都被惊艳到，亲手触摸到了千年之前的温度（高古玉）（48）	感知；感性
山东博物馆官方微信公众号"走进5.18，约会山东博物馆"	第一次参观省博是在小学，特别兴奋，对新鲜事物很好奇，虽然只是过眼瘾，并不懂其中蕴含的历史和文化。初中周末自己去博物馆一整天，拍照片。大学看各地博物馆属于当地文化源流的文物，千姿百态有着不同亮点，内心最有共鸣的却是从小看到大的鲁文化。所学专业、业余爱好、审美偏好都从与省博结缘说起（30）	感知；理性 （文化记忆；文化认同）
	恢宏的大厅，丰富的展品，贴心的服务，优美的环境；展厅中文物和高科技展陈方式相结合，展厅外精彩的教育活动，互动性十足，体验感超棒！是我和小伙伴的周末打卡圣地，期待更精彩！（8）	感知；活泼

对部分留言进行语义分析可以了解受众的关注重点：

（一）视觉场域的感知与态度

视觉空间："超喜欢山东博物馆大厅顶部中央悬贴的墨绿色玉璧，晶莹剔透、美轮美奂。玉璧中间为透光部分，自然光倾泻而下，营造了一种逾越时空、亦真亦幻之感。""整个展厅没有一个很大很广范围的灯，全部都是一幅画搭配着一束光，给人一种安宁而又阴郁的氛围，之所以会用这样的灯光来营造氛围，应该与展厅所展画作及画作主人有关吧！"

视觉媒介："除了画作与作者的相像之外，还有一幅画令我印象十分深刻。那是一幅油画，画的主体是一个小丑的面具，左上部分是一盆颜色鲜艳的花，右边则是放着一瓶红酒和一支装有少许红酒的高脚杯，而小丑面具则是斜靠在画中。与其说这幅画给我印象深刻，倒不如说是这个小丑面具给我更深的感受，因为在看到这幅画之前，我同大家一起观看了潘玉良生平经历的短视频。在视频影像中，我便多次看到那个面具，这一前一后的观赏，让我有了一个大胆的猜测……"充分表达了媒介对视觉内容的呈现和阐释的不可或缺性，帮助受众建立相关性，对展品蕴含的深层不可见信息通过突出某一视觉元素表达出来。

受众与文物、绘画作品的互动："有时来了不为别的，就静静驻足在文物前，却仿佛用无声的语言在与历史对话；深切感受着厚重的历史氛围。这种感觉无法用语言表达。"

"在李翔的《母亲》中，我真真切切地看到一个鲜活的人，一位普普通通的母亲，所以说，中国画也同样能画出油画所能达到的境界，且它更能表现中国人所具有的独特的中国情怀。"

对志愿者人际传播的肯定："记得当年佛教造像展里面有位志愿者阿姨，给我讲了济南开元寺的佛教造像的迁移以及馆内的舍利塔，阿姨的专业博学令我至今对她甚是想念。"

（二）受众参观动机与行为

体会多样化、多层面视觉传播内容："从刚上大学的初识，就被你的文化底蕴彻底折服，第一次去大开眼界，让我认识了山东的历史故事。达·芬奇自画像那次，人山人海，队伍都排到了经十路上，仍然抵挡不住我们的热情，这是与世界最接近的一次。还有圆明园兽首的展览，历史跃然于我们面前，四尊兽首向我们诉说着第二次鸦片战争的故事。还有永远保存的非洲野生动物展馆，生动地展示了动物的形态，也是对青少年来说少有的科普展馆。虽然固定展馆的文物不会变，但是每次去都有不同的心境，我现在是一名小县城的老师，也和我的学生们介绍过，希望他们能放开眼光，去拥抱外面的世界。"

（三）参观频率与建议

理性批评与建议："每到一个城市第一时间就会去参观博物馆，了解当地的历史。山东地大物博，历史厚重，但是相较于其他知名博物馆很多地方都有差距，作为齐鲁大地的子民真心希望山博可以再完善，真正体现山东特色，展现山东魅力。诚挚地提出建议。""'几面'误写为'己面'，望以后不再出现这种问题。""图片请调色，有的偏黄了。"

小结：博物馆视觉优先性体现在受众对建筑空间、展览展品和媒介展示的感知、态度和参观行为上；受众对博物馆的正面评价远大于负面评价；视觉信息传播效果受到展览的场景性、叙事性因素的影响；当前的受众越来越主动建构意义，积极采用各种媒介传播方式，作为行走中置于媒介环境中的受众，他们比影视、报纸杂志等传统媒体受众更加全身心、多感官、深层次体验展品的文化艺术内涵；通过新媒体博物馆和受众建立了更密切的关系和良好的互动，博物馆能够快速获得受众反馈，展览的细微失误会被及时发现和修正，从而建立起完整的传播过程。作者在现实调查、访谈和观察中，发现不能仅用教育背景去区分受众，不乏热爱博物馆、美术馆非艺术类专业的受众，如在山东博物馆的"爱鲁博"志愿者群和微信公众平台粉丝群里观察发言，各行各业、专业不同、年龄不一的受众对博物馆文物国宝、历史文化知识如数家珍，通过对话交流来倾听受众基于自身认知的回应，还需要通过访谈、田野笔记研究受众与展品、传播者与受众之间的关系。

四、受众与博物馆关系分析

博物馆可以看作一个社会系统（具有社会环境、社会身份和社会关系组成要素），受众进入博物馆后建立起新的社会体系，博物馆的叙事结构是一个为单独作品赋予意义的框架。进入博物馆后，有这样几组关系：受众与展品（以及背后的创作者或者生产者）、受众与管理服务者（传播者，包括讲解者、志愿者）、受众与策展人、受众与受众。诸多的文本和理论都隐藏于这个展示空间背后并取决于博物馆空间，它们共同构成了一套强大的叙事体系。研究中田野调查材料包括：

1.部分实地调研博物馆的官方资料，包括馆区导览图、展览介绍、媒介说明；

2.对样本案例博物馆实地走访照片视频、观察、体验和项目的反思田野笔记；

3.对传播者、馆长、受众、管理者、志愿者、公共教育项目参与者访谈记录（表7-5）；

4.对山东博物馆官网、官方公众号、志愿者微信群的发言浏览、搜索、体验；

5.对山东美术馆"重构——基弗在中国"国际巡展受众留言、大众媒介报道分析。

表7-5　本研究受访者和访谈情况资料整理表

受访者类型	访谈人数	访谈时间	访谈形式
传播者（馆长、策展人、艺术家）	6	2017.4—2018.6	座谈会；深度访谈
受众（专业类；非专业类）	40	2016.4—2018.6	座谈会；追踪访谈
志愿者（博物馆；美术馆）	10	2016.4—2018.6	座谈会；深度访谈
公共教育项目策划者、执行者	6	2017.4—2018.6	座谈会；追踪访谈
博物馆、美术馆媒介传播实施者	2	2018.5—2018.6	深度访谈

（一）对山东美术馆访谈文本的词性分析（见表7-6）

首先对访谈文本采用NLPIR大数据语义智能分析系统进行数据处理，运用"关键词提取""批量分词""语言统计"功能。其中，新词发现、关键词提取功能根据特征权重对选出的特征词语进行降序排列。该工具采用中科院标准的汉语词性对照表，具有较强权威性。v代表动词，n代表名词，vn代表动名词。

表7-6　山东美术馆访谈文本词性分析

词语	词性	权重	词频	词语	词性	权重	词频
艺术	n	66.82	162	传播	vn	10.58	16
当代艺术	n_new	37.04	23	思想	n	10.55	12
山东美术馆	n_new	32.51	29	国家	n	10.54	8
观众	n	30.00	41	雕塑	n	10.53	11
作品	n	29.42	64	作为	v	10.53	8

续表

词语	词性	权重	词频	词语	词性	权重	词频
文化	n	28.00	45	表现	v	10.53	8
美术馆	n	27.81	63	欣赏	v	10.53	8
展览	vn	25.60	39	思考	vn	10.50	16
艺术家	n	24.95	34	历史	n	10.50	12
基弗	nrf	24.34	5	数字化	vn	10.42	11
中国	ns	22.84	28	开展式	n_new	10.37	3
艺术星期五	n_new	22.29	9	呈现出来	n_new	10.37	3
艺术博物馆	n_new	22.14	14	参观展厅	n_new	10.36	3
博物馆	n	20.30	34	美术学院	n_new	10.36	3
策展	n_new	18.85	18	抽象艺术	n_new	10.36	3
创作	vn	18.56	27	艺术素养	n_new	10.36	3
视觉艺术传播	n_new	17.71	3	水墨交互	n_new	10.19	2
时代	n	15.28	17	老师	n	9.88	12
志愿者	n	15.26	16	大学	n	9.71	10
视觉	n	15.12	19	中国姿态	n_new	9.70	2
传统文化	n_new	14.69	9	可能	n	9.64	7
公共教育项目	n_new	14.55	2	理解	v	9.60	10
青岛	ns	14.37	16	看到	v	9.59	8
活动	vn	14.23	17	展出	v	9.59	8
公共教育活动	n_new	13.80	2	审美	vn	9.55	9
美术馆公共教育	n_new	13.80	2	感受	v	9.51	7
城市	n	13.56	12	方面	n	9.50	9
媒介	n	13.48	12	观念	n	9.45	8
绘画	n	13.32	14	学术	n	9.45	8
社会	n	13.31	13	展示	v	9.45	10
精神	n	12.52	13	探索	v	9.38	8
进行	vx	12.51	12	形式	n	9.34	14
受众	n	12.48	13	方式	n	9.23	11
空间	n	12.35	15	哲学	n	8.62	9
传统	n	12.19	19	美术	n	8.58	9
讲座	n	11.53	11	解释	vn	8.56	7
世界	n	11.53	13	感觉	n	8.51	8
项目	n	11.52	13	学生	n	8.47	6

词语	词性	权重	词频	词语	词性	权重	词频
专业	n	11.50	10	引导	v	8.47	6
体验	v	11.44	14	电影	n	8.47	6
展厅	n	11.41	15	媒体	n	8.47	6
意义	n	11.18	16	关系	n	8.40	7
生活	vn	10.64	11	出现	v	8.40	7

传统艺术注重形式，而当代艺术则注重时代、社会语境以及对新观念的阐释。从权重排序上，"当代艺术"排在第二位，反映出受众群对此类展览的需求，彰显多元内容是博物馆的生命力之所在，也使得策展者重视对当代艺术展览的引进，因此当代艺术的"水墨交互""基弗作品"展都受到欢迎。"媒介""数字化""体验""活动"等文本中常出现的词语显示，即使在以静态绘画作品、雕塑等艺术品为主要传播内容的美术馆，传播者和受众同样关注运用媒介以及注重体验性。

（二）对访谈文本的语义网络分析

根据对传播者、管理者、策展人和艺术家访谈记录的解读和编码，作者通过 ROST 中的语义分析工具生成两组语义网络结构图。社交网络图有助于直观反映各个交往节点之间的关系，网络要素之间关系越紧密，节点之间的联系就越多。语义网络分析根据节点的分布情况来揭示词对之间的相关关系与紧密程度，以及词对的指向。需要特别强调的是，语义网络分析并不能表示节点之间存在因果关联。

1. 传播者的访谈、座谈会记录

馆长：山东是传统文化比较深厚的地方，除了传统文化，我们还想在当代艺术方面做些工作，包括引进国外的当代艺术展。另外，我们还想推广本土艺术，以山东美术馆为平台，将中国水墨做些国际推广，所以我们的目光不仅在于地方，而是国际化。媒体、数字媒体的重要性，山东美术馆正在建设数字美术馆，计划一年多到两年内把该项目做成。英国艺术家：数字化影像还是数字化的创作方式问题，两者兼具，线上展示的只是一个空间而已，欧美比如英国、德国一些国家，不再专门特别谈论"数字化"概念了，因为到了"后数字时代"，互联网包括线上活动，已经成为必备，以至于艺术家不再专门提"数字化创作"。

经聚类分析，将同一话题维度下的词汇聚集在一起，梳理出这些词之间关系的紧密程度。两个词组成一个词对，其中，一个词对出现的次数越多，就表示这两个词之间的关系越密切。传播者策展人更多提及"形象""艺术""空间"等字眼；如图 7-5 所示，中心的"感觉"与历史、文化、展览、展出都有指向性，说明在传播者一方，期望受众进入博物馆这样有特别氛围的环境，更多地去切身感受展品、展览带来的精神提升，唤起情感共鸣。

比如访谈一位艺术家时，就大众到博物馆欣赏作品，他认为：

> 艺术品的欣赏还是需要"仪式感"的，比如将画裱好放在画框里挂起来，放在美术馆展览，作品展示的形式非常重要，三分画，七分裱，环境更重要。我更偏向于艺术创作，越来越重视大众，如果别人喜欢我的画我就会很高兴。以前感觉"艺术服务于大众"是不可能的，现在感觉虽然现实差距，但是现在有艺术传播的项目，天时、地利、人和，艺术媒介融合，馆内外生态体系和谐，真正将资源整合起来，受众就不是被动地去看展览，而是经过引导自己愿意去美术馆，精神上有需求了，审美诉求也强烈了。

当代艺术家、创作者在作品创作之初将受众需求纳入创作理念，期望对大众的审美能力有所提升，同时也希望运用大众媒介来引导和培养受众。访谈山东美术馆馆长，他表达出清晰的"本土化、当代性、国际化"定位：

> 山东的文化地位在中国很重要，是中国传统文化的重要发祥地，孔子哲学体系重要的发源地，是传统文化比较深厚的地方，山东美术馆做的展览在全国也有一定的启示意义，所以我们正在计划从学术定

位上明确要做什么。除了传统文化，我们还想在当代艺术方面做些工作，包括引进国外的当代艺术展，如 2017 年的基弗展和 2018 年的吕佩尔茨雕塑展。另外，我们还想推广本土艺术，以山东美术馆为平台，将中国水墨做些国际推广，所以我们的目光不仅在于地方，而是国际化。

近年来，山东美术馆承担了多项国内外大展，与此同时，自主策划了展览"生态——山东当代艺术研究展"。该展览以"生态"为主题，从山东本土区位出发，一方面回顾、梳理本土当代艺术的发展，显影艺术家在已有生态下的态度和作为；另一方面曝光当下的艺术样貌及艺术家如何主观能动地介入生态并进行主体生态构建，寻找在实践中出现的生动而富有活力的表现，期待和探寻未来的可能性。从策展人角度，山东美术馆始终坚持"学术为先"的理念，践行"植根齐鲁、联动省域、放眼世界"的高标准策展之路，将当代艺术引入济南市，让受众能够欣赏世界级大师们的作品，感知创作造诣思想。受众更多的是关注美术馆的环境、服务和巡

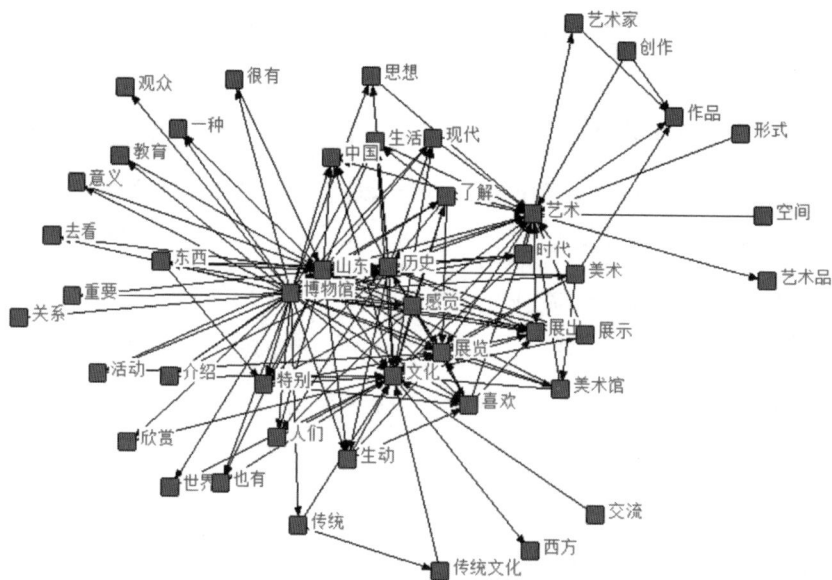

图 7-5　传播者的访谈、座谈高频词聚类图

展。在现实中,人们在某种程度上不断地"误读"展品,搅乱或抗拒博物馆的线索;或者他们根据自身的一切历史和心理意外,有意识地或者无意识地主动发明他们自己的节目,反映了受众自身的观展议程与传播者议程之间的辩证协商关系。基于建构主义,受众的每一双眼睛都有自己的经验、文化、经历选择,展览的表征从诞生之日起它的意义就不再受博物馆的绝对控制了。相机也好,眼睛也罢,博物馆应接受这样一个观念:希望受众能够理解展览想传达的意义,但也捍卫每一名受众对展览进行自我建构的权力。

2.受众与博物馆的关系

从受众与博物馆的关系来看,根据社交媒体(大众点评网、马蜂窝、去哪儿)、官网、微信公众平台受众留言进行编码生成了社会网络分析图。从图7-6中分析可以看出,很多受众都会提到用身份证刷门票的便捷、穹顶壮观、展览震撼(反映出博物馆宽大舒适的空间、更大众化的展览吸引受众、展览的场景营造、多媒体以及异域自然文化都吸引着受众;

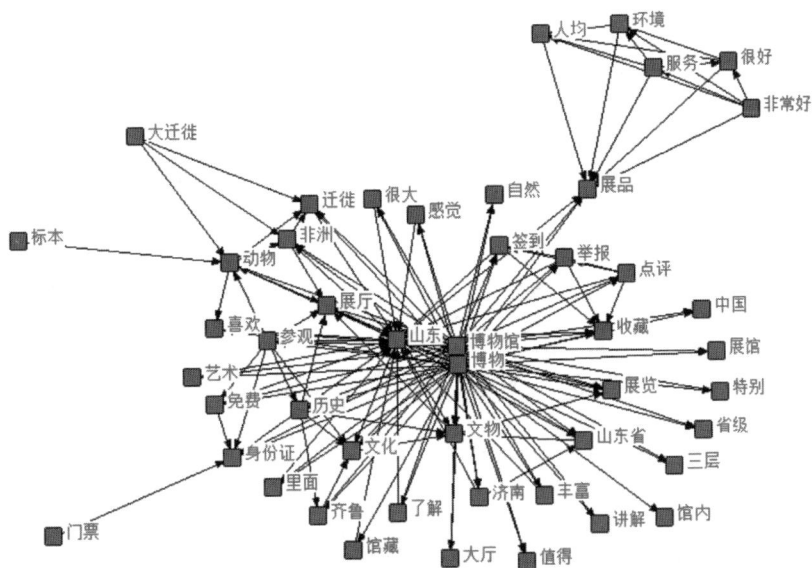

图7-6 受众留言高频词聚类图

博物馆已成为公共文化体系的一部分）。还有一些节点启示，建筑天圆地方、大气磅礴，进入后大厅恢宏、穹顶壮观，这是山东博物馆重要的空间议程，还有仪式化的柱廊和台阶、平台，让受众进去以后有一个参观前的净化。对博物馆特展评价虽高，但是也有反映缺少山东地缘特色展览，揭示多元文化展览对受众影响较大；对于路线设计一致好评，觉得设计合理、高效便捷，体现了视觉导向系统设计优良，展厅公共空间舒适。从传播的内容来看，艺术博物馆策展人的意图往往是通过展览旨在将人文主义精神通过艺术家的技艺，转化为含有精神与情感温度的图像，变形为纯粹的视觉词语。那么对于普通受众群体来讲，就要能够理解艺术家的视觉语言表达，领会到图像蕴含的精神，又能认知与思考。观众对艺术作品的意义可以感受与阐释，不一定与艺术家契合，有一种不断深挖掘意义的过程，超验的体会。

第二节　视觉信息传播的影响因素

博物馆视觉信息的传播效果问题与传播环境、传播过程和传播媒介都密切相关。绝大多数媒介的传播过程是一个与时间性相关的过程，即它们都会有前后的次序，符合人们的日常认知习惯；而达到展览效果很重要的另一个因素是受众的反馈，即检验环节与评估手段。了解空间形态下的认知特点是帮助策展人和博物馆管理者更有效进行策展布展，选择更适合的传播媒介，对展厅空间设计、展览进行调整与优化，使展览在动态调整中更符合受众的要求。综合分析上一节的社会网络图和归纳访谈笔记，通过主题分析和类型构建，提炼合成两组社会网络关系图中与主题词"博物馆""受众"有密切关系的因素，有共同影响博物馆和受众的主要因素，也有对两者各自影响的不同重要性的因素。选择排序在前面的四个共同因素以及排在前十位的因素，合成绘出图7-7，由此通过分析整体而直观的要素关系获得博物馆受众感知与参观体验的结论。

从图 7–7 可以看出，作为信源的博物馆传播主体与作为信宿的受众共同关注的要素"历史文化""地理位置""展馆环境""展品安排"，分别对应着博物馆的内容生产、建筑空间、视觉秩序等内涵意义。另外，博物馆和受众还有各自关注的重要因素：围绕博物馆的要素有与视觉信息内容相关的"布展活动""布展周期""展品安排"，博物馆作为传播主体非常关注"持续不断的内容生产"，隐藏的含义在于传播者对于文化议程的设置、对于受众的价值强化和想象共同体的构建。另外，关注的因素"基础设施""展馆特色""地理位置""展馆环境"都显示出，博物馆是一个与时间性、空间性都有关的大众媒介，博物馆的认知是在空间形态下展开的，是受众在特定空间中通过行走与站立交替运动进行的，他们的认知与所处的空间形态有密切关系，因此博物馆的地理位置、建筑空间、场景营造和管理服务对于能否吸引受众前往很重要，同时充分展示了博物馆从权威性的文化机构已经演变成为重视大众可及性的公共文化中心。"智能设备"因素显示博物馆已经充分认识到新媒介技术的作用并且积极进行传播方式的拓展。

再从受众方面分析，"开放时间""免费参观""出行方式"是受众所关注的文化消费问题，很多受众提到"凭身份证领取门票"，说明我国博

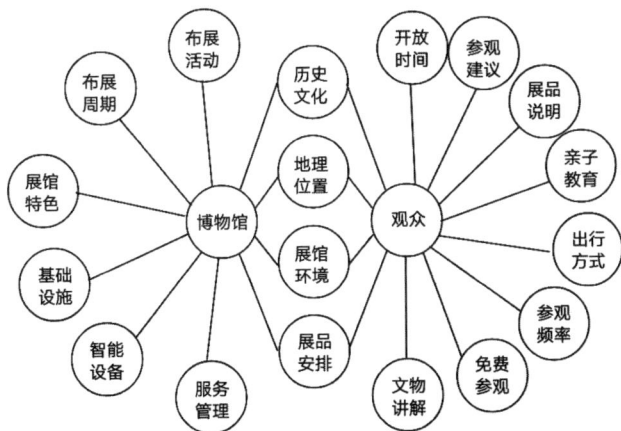

图 7–7　博物馆与受众的关注因素图

物馆免费开放政策真正起到惠民的效果，吸引了很多之前从没有进入博物馆的受众，而且他们会关注到博物馆的位置是否交通便利，享有博物馆资源是否具有便捷性，隐藏的内涵在于受众的体验特征之一：人和博物馆、目的地之间的交互影响。"亲子教育"是很多受众提到的主题，"遛娃"这样的词汇很多，符合博物馆参观动机中重要的"获取知识"和"休闲娱乐"，同时彰显出对下一代大众素养的培养是受众对博物馆的重要诉求。"参观建议""文物说明""文物讲解"是视觉信息传播过程的重要影响因素，如何规划参观路线、辅助阐释展品和展览都是受众非常关注的问题，也决定着展览是否能够达到传播效果。

图 7–8　受众调查——理想的博物馆/美术馆核心概念词云

为了了解受众对博物馆的参观期待，作者选取经常在博物馆或者美术馆上课、参观和进行各种公众活动的美术学院本科生及研究生进行了开放性问题的问卷调查、访谈，探求受众视界理想的博物馆，以此综合探寻影响受众对博物馆视觉信息获取效果的影响因素。选取 180 份开放性问题作答的问卷文本进行词频分析，并运用质性分析软件 ATLAS.ti 处理数据，生成上面的词云（图 7–8）：词频数最高的为"丰富""美""体验""高科技""互动""舒适""讲解""空间"。

依据马莱茨克模式中的四大要素，具体分析后得出以下主要影响因素：

一、建筑空间建立主体认知

博物馆建筑风格及内部空间装饰风格本身就传递着艺术信息，是媒介传播的一种特殊表达形式，当受众走进古典主义风格或现代风格的博物馆，对展览和展品的心理期待已经从空间传达的氛围中感受得到。展厅的空间设计也往往与作品相协调，背景音乐是给予受众多感官浸染艺术品的媒介方式。山东美术馆的建筑植根于齐鲁大地深厚的历史人文内涵，建筑师确立了以"山、城相依"为概念、从三层的具有山形特征的形体逐渐切削过渡到五层方形的基本构思。山东博物馆宏伟厚重，气势恢宏，山东美术馆现代典雅明快、以米白色为主的空间设计加上观展时的背景音乐，带来多种类型艺术通感的享受，给受众留下深刻的印象（如图7–9）。内部是多层级的公共空间系统。展览空间的布局上将近现代艺术与当代艺术的展览同层设置，并分别围绕两个中庭空间行程闭合的环形流线。许多受众表达了对环境的诉求："理想的博物馆文化氛围足够浓厚，有较整洁环境和舒缓音乐，有周全热情积极的志愿者。""空间较大，人流在其中疏密皆有序。灯光不易过亮，营造较为静谧的环境。各类展品有序摆放。""应有休闲的氛围，静谧的休息室，干净的环境。"山东博物馆2018年进行的为期8周的观众满意度问卷调查显示，在参观过程中，博物馆的展品及布局、博物馆的建筑物最能给被调查

图7–9 博物馆建筑环境实例图（图片来源：山东博物馆 作者自摄 山东美术馆）

观众留下深刻的印象，选择分别占比 38.94% 和 27.36%。① 博物馆、美术馆是受众身体参与、在行走中获得信息、知识和情感满足愉悦感的场所，建筑空间、展陈空间都在建立受众的主体认知、建构本地的传统文化叙事，将所要强调的文化意义渗透其中，传播给受众。

博物馆建筑融入建筑设计师的美学思想与艺术表达，需要考虑周边环境景观。中国选址新建、翻修重建的博物馆如何达到视觉认同，融入地域文化对建立受众主体的认知非常重要。山东省博物馆作为文化的载体与媒介，承载着丰富的历史内涵与鲜明的地域理念，建筑的外部造型是建筑由内而外传达其灵魂特性的载体。以方与圆为设计的基本要素，取自中国传统文化中对世界的认知，方形中矩，圆形中规，天圆地方。入口的柱廊阵列，力图强化文化博物建筑所特有的浑厚坚实的艺术效果。这种坚如磐石、稳如泰山的造型特点，传达出山东厚重的文化积淀和坚韧不拔的精神特质。② 进入博物馆前其建筑特征已经通过建筑设计师的潜在议程建立起受众的主体认知。博物馆建筑本身就是艺术品，外观形式风格具有个性化的艺术表达。从传播环境来看，欧洲宫殿式建筑传统成为美国博物馆建设的灵感来源，华盛顿国家美术馆老馆、史蒂芬森学会的十多所博物馆以及全美三大艺术博物馆之一的芝加哥艺术博物馆，其风格都是受欧洲传统博物馆影响，包括内部偶柱、拱顶横楣的通道门设计装饰风格，是美术古典主义的共有特征，但是这种给人威严感的艺术博物馆适合精英阶层和百科全书式的艺术史展览。博物馆通常由其纪念性的建筑外观和清晰的区域划分，而与其他建筑物分隔开来：欧美国家的博物馆往往坐落在层层阶梯之上，由一对对具有纪念碑气势的大理石狮子守卫着，要进入它们就需要穿过宏伟的门道，常常距离街面很远，拥有一片供公众使用的公园地。古典

---

① 王法东、席丽：《基于问卷调查的国有博物馆观众满意度提升探究——以山东博物馆为例》，《文物鉴定与鉴赏》2019 年 1 月（下）。

② 鲁文生：《天人合一的建筑杰作——山东省博物馆新馆建筑特色与理念》，《中国博物馆》2010 年第 6 期。

廊柱、圆形大厅和其他一些古希腊、罗马建筑象征着对启蒙主义价值的坚定支持。现代主义艺术思潮出现后，对博物馆景观设计中的艺术思想、表现手法产生了影响，博物馆呈现现代主义精神上与地域风格特色的融合。博物馆为公众培养美学趣味、安静地思考历史与艺术、接受艺术教育和个人探索艺术等方面提供了绝佳的地点。受众对空间认知的能力包括空间观察、记忆、想象和思维等因素。

受众通过多种感官共同作用，可以强烈感受到博物馆环境的影响，包括建筑、气氛、味道、声音，以及对这个地方的感觉。与博物馆相关的经验里，通常感官上的回忆较认知上更深刻，特别是对初次到访的受众而言。根据马斯洛的需求层次理论，博物馆要先能满足受众感官与身体上的基本需要，才能照到顾他的们精神需求。专业受众面对艺术原作，或是触摸真实的艺术作品，审美体验在感官环境与符号环境中获得融合，激发出多重学习的维度；同时有自己的探索、自由和创造性的思想，通过延续对艺术品的视觉欣赏获得符号意义。他们提出两种环境间融合的建议，博物馆应从中考量受众究竟可以从与展品的互动中获得怎样的经验，并将内容并入经验之中：

采用现代科技与艺术完美结合，使参观者能完美融入其中，真正懂得艺术品背后的故事，增长对美的体会。

充分给大众提供美的享受的地方，处处有美，处处可以发现美。即使是最普通的椅子，也可以让人有艺术的感受。室内空间大，每个不同的展览室会有轻轻的适合该展览主题的背景音乐。舒适的休闲区，清新的装饰，丰富的展品，优雅的格调。

博物馆的陈列要符合一定的主题，与本体思想相适应，有丰富的藏品，且配有能使参观者感兴趣并听懂看懂的文字和语言。有好的灯光，打光和作品要相得益彰。布局合理，能让受众完整地欣赏。要符合作品语境的环境。有中肯客观的作品介绍。光线柔和，空间舒适，陈列有序，有舒缓的音乐，每幅作品附有详细的作者及作品介绍。

不同于其他文化的场域，博物馆中存在一种沉浸式的体验行为，多元文化的展览使得博物馆与媒介融合的时代背景、信息化全球化的社会环境形成合力。针对专业受众，由于他们的先前经验、文化艺术与有关知识理论相对较强，对博物馆感官环境要求会更高，可以提供更多的背景书籍、视频、讨论空间、临摹作品的用具，更好地发挥博物馆知识传播的功能。

二、视觉信息环境的秩序性

视觉信息环境的秩序性涉及的问题有：展品与展览主题的关系是什么？展览的主题蕴含了哪些内涵？展览的框架、逻辑构造是否清晰？在结构系统中是否有分布合理的视觉焦点？传播者、策展者要注意"博物馆疲劳"问题，即受众在长时间的参观过程中，逐渐出现精力耗竭、注意力涣散、认识活动机能衰退等一系列的疲劳现象。不只是普通受众，专业受众同样会受博物馆疲劳之苦，而且不管以前看过多少展览，多么有经验，90分钟是大多数人的极限。有人是"审美疲劳"——接受反复且高频率的强烈美感刺激后，会产生厌恶心理，想要马上离开，或者激动得头晕目眩，甚至昏厥。有的则是因为展厅灯光过暗或者观者众多，有的则是因为展陈设计：为看清展品或阅读标签，参观者总会做出各种各样的怪动作，而在长时间漫步中，身体重心频繁且无规律地失衡，甚至保持一个高难度动作几分钟，都会使全身肌肉一直处于紧张状态，很快让人疲惫。参观者做这些动作主要是因为博物馆展陈设计不够人性化。

良好的博物馆视觉场视觉秩序应具备以下几个方面：第一，展览的组织框架具有一定的空间引导性，可以帮助受众明确一定的位置关系，强化空间信息。第二，需要给予受众"观看"与"凝视"展品的转换；营造"散步"与"驻足"的展线协调；"感受"与"思考"的多媒体结合。第三，使得受众注意力节奏的分配不要平均用力，传播者有主次、有舒缓节奏地分布构建传播内容。还有审美性和逻辑性的结合问题，节奏的产生主要是通过框架系统对受众发出不同的视觉刺激，使参观展览的注意力得到合理分配。第四，受众的注意力偏好有所差异，个人、社会和环境三个脉络的互动都能影响受众的参观行为，因此良好的视觉秩序应是多层次的，辅助阐释针对不同受众群体也应该具有不同的程度。

受众进入博物馆后有一个仪式化转变：博物馆内部空间和视觉元素标识构建仪式化空间和视觉展线的设置，一套标识完整地标注了仪式活动及举止要领——"阈限性"（Liminality），这些文化情景可以打开一个空间，在那里个人可以从日常生活的实际烦扰和社会关系中跳出，并以不一样的思想和感情来观看他们自身和他们的世界——或者世界的某些方面。即受众从平凡存在的物理限制中超脱出来，超越时间，并获得新的、更大的视角。比如，受众留言反映最多的恢宏的博物馆大厅、许多台阶构成的巨大空间和让人震撼的大厅穹顶玉璧，玉璧不单是博物馆里精华展品的深化拓展，并且因为它的形式及琉璃的晶莹，通过灯光的幻化处理，正好寓意为天之圆，有浓厚的主题意味及装饰性，形成大厅的中心装饰。大厅四周墙顶上泛光衬托下的铜浮雕富有装饰主题延伸性；大厅背景墙为泰山主题壁画浮雕，是齐鲁大地富有象征性的代表。① 离开博物馆时：仪式经验被认为是有目标和结局的：通过启蒙，它授予或更新人的身份，抑或是净化、重建自我或世界秩序。根据博物馆的支持者所言，博物馆受众离开博物馆时会带着一种启蒙的感觉或者一种精神上被滋养或更新的感觉。总体调查中，受众反映出山东博物馆的标识系统清晰，导览人员指示到位，内部空间的分布、路线设计合理，视觉秩序良好，只是因为博物馆大众化面临着个别受众不文明行为，还有部分展览存在说明文字瑕疵、灯光照明出现炫光等失序现象。

田野调查及访谈中发现许多博物馆视觉失序的表现有：

---

① 鲁文生：《天人合一的建筑杰作——山东省博物馆新馆建筑特色与理念》，《中国博物馆》2010 年第 6 期。

1. 灯光照明问题——色彩、色温、展厅的明暗本用于表现主题、营造氛围，而昏暗灯光的视觉环境容易让受众产生视觉疲劳；展柜玻璃反光使得不容易看清楚展品细节；光形太硬，对比太强烈；场景变化光线未变。

2. 技术的运用——多媒体技术、VR/AR 技术。有的多媒体设置与展览内容并没有直接具体联系，有的多媒体信息传递装置与展览脱节，影响了展览主题内涵信息的传播；有的展览大量使用声光电效果，掩盖了文物或艺术品自身的内涵。

3. 讲解的失序——有些讲解员只会照本宣科，而游客兴趣点不同，统一讲解无法满足受众多样化、个性化的需求；给受众尤其是专业受众留下视觉空间思考。

4. 展览视觉展线的失序——展线过长，陈列带和陈列密度不合理，展厅内缺少座椅，受众无法实现站立与坐姿配合，产生博物馆疲劳。

5. 展板的视觉信息——展品标签里有受众不认识的字未做解释；展板上晦涩的术语多，采用的学术化语言让受众理解困难；展厅的标识系统不够清晰有序。

观者和艺术之间，既可以有趋于纯粹的审美直观，也可以有调动心灵阐释意义的参与关系。审美感知和意义阐释，感官之眼和心灵之眼在符号学的维度得以统一，也在不少艺术家的作品中完美融合。[①] 受众之所以被吸引到博物馆里，是因为他们认为博物馆有一般生活里看不到的特别的东西，所以受众以各自不同的方式在博物馆内"看"。例如：

> 与文物面对面交流，打破空间。陈列摆放布置作品与艺术家作品氛围融合，达到身临其境的感受，有声音，普及讲解。作品有语音介绍、文字解说。
>
> 视觉冲击力强，应该不只有作品出彩，展馆本身的构造和效果也

---

① 周尚琴：《由感官之眼到心灵之眼——从不同审美纬度看现代艺术》，《西南石油大学学报（社会科学版）》2017 年第 5 期。

是一个作品。有关于作者创作那个作品时的经历等，或相关影视作品的播放。

我理想中的博物馆和美术馆，要有干净整洁的室内环境，导览讲解丰富，且与人们进行互动，展览物品有内涵，且影响深远，要有良好的宣传。

受众心理是博物馆展示设计中视觉语言的重要研究内容，为了避免或减轻受众"博物馆疲劳"现象，策展前博物馆整体环境、空间设计、色彩搭配和视觉秩序都可以向受众进行调查，传播者注意观察受众的参观行为，调整视觉表现形式。

三、展品展览的文化多样性

中国有众多文化内涵丰富的文化遗产，优秀的展览可以将受众的理解引领到展品的物质深处，与其间蕴含的文化意义发生关联。文物展品中的信息是隐性的，单凭长时间观察，受众并不能真正理解物中所包含的意义。从视觉叙事角度，当一批展品放置在一定的空间中，它们之间的关系、受众选择怎样的观看路径，都会影响展品之间的逻辑性，从而改变整个展览的叙事结构。从阐释角度来说，对展品内容、展览主题和博物馆承载的文化意义的符号转换、阐释是否太表层化？辅助阐释媒介作用的发挥如何进一步加强？在调查中，许多受众提到了非洲动物大迁徙展、故宫养心殿巡展、三星堆特展等，反映了文化多元性使得受众对地域文化、世界巡展和展示方式多媒体化的展览更加关注，将文化遗产的阐释作为视觉信息传播的核心，博物馆展览的类型、层次、策展都要应对受众的多元需求，并通过内容呈现、展览的视觉叙事赋予受众新鲜的体验，可以有效提升博物馆展览的传播效果。展览中所呈现出的文字、造型、图像等多种形态还可以作为向受众进行视觉审美的培养，满足受众视觉需求。调研发现，如果展品能够激发受众的兴趣，他们会表现出兴奋、感动的积极情感倾向，视觉感知并非记录刺激物质的被动过程，而是有选择性的、大脑的主动关注。不同博物馆的内容要求视觉信息呈现方式不同：历史类展览和展品注重历史场景还原文物呈现，灯光以暖色调为主，以营造安静、舒适氛围，适于人们静心欣赏。因对文物保护，照度偏低，照明多采用以暗衬亮的方式。艺术类展览文物少，绘画、雕塑等造型艺术展品多，色彩丰富，整体照度会高一些，照明方式以泛光或者洗墙为主，美术馆一般偏冷色光，空间较素雅，以突出艺术品的感染力。国内外部分博物馆采用将Ipad置放在展品旁，感兴趣的受众可以点击获取更多的信息，其大小也不影响受众观摩展品，更有自主性。

博物馆里通常展出的不是一个展览，而是几个甚至几十个展览，此时博物馆在传播信息中赋予不同展览的重要性，将会引起公众对展览重要性的判断。以主流文化为主导价值观的宏大叙事是长期以来博物馆所热衷的，所以非主流文化与人群或个人命运在博物馆展览中比较鲜见。随着社会观念的变化，博物馆也开始将更多的关注转向百姓关心的日常生活与个人命运，如中国美术馆的"镇馆之宝"——罗中立的《父亲》、焦波的《我的父亲母亲》黑白摄影作品展览，都是反映平凡的人间亲情，却激起一代人的情感共鸣。多元化方面，表现为不仅选题出现社会性、多元化特点，策展思路的多元化还体现在一些展览突破了单一的文化视角，将两种不同的文化放在同一空间中对话。① 如山东博物馆古罗马大展和三星堆特展、山东美术馆基弗作品展和摄影大师尤素福·卡什摄影原作展都吸引受众排队观展，反映出受众多元化文化艺术的精神需求。现代主义文化主张历时的线性发展影响了策展理念，展览的叙事结构往往以时间轴为依据，历史逻辑线清晰有序。而后现代主义强调共时和多元的发生状态，强调历史的多元性和文化的相对性，使得策展理念更新，博物馆打破编年史的传统。

当前博物馆、美术馆的地域传统文化元素传播不足，尤其是现代美术

---

① 严建强：《"十二五"期间我国博物馆陈列展览概述》，《中国博物馆》2018 年第 1 期。

馆，展览更新速度快，不容易给受众带来地域特色的视觉冲击。

与当地的民族文化相结合，充分体现地域特色，有其他地方罕见的展品，展品提供语音讲解。在现代高科技的平台上，全方位展示出历史的面貌，能够让人身临其境。理想中的美术馆应当在现有的基础上再多一些内容，例如名画大家或艺术创作者，集中在美术馆绘画交流。理想中的美术馆既具有知识性、观赏性，提高观众的文化素养；同时又具有休闲区域等公共空间。具有广泛性、公众性参与活动，新颖且富于变化的展程与布局。理想的美术馆需要宽容度，自由地阅览想获取的内容，跟真正艺术品是零距离的接触。我理想中的美术馆应该是场景设计新颖，富有现代气息与城市文化的。

针对开放性问题"你理想中的博物馆或者美术馆是什么样的?"，很多受众举出了自己曾经去过感觉很好的博物馆案例辅以说明，如巴黎卢浮宫、纽约大都会博物馆、中国国家博物馆、中国美术馆、陕西历史博物馆、南京博物院、台北故宫、中央美术学院艺术博物馆、清华大学艺术博物馆，等等。作为美术学院的学生，到博物馆和美术馆里观看展览是必修课，媒介即信息，他们对内部各种视觉信息感知程度要更强烈，对艺术的氛围、符号的隐喻也更为敏感。博物馆通过藏品、展览传承地域文化，向公众展示城市文化。

进行田野调查的山东博物馆和山东美术馆，除了保存文化记忆，阐释文化价值、文化意义和激励文化创造外，在外延上更有包容性：有形之物领域实现了最大意义上的多元化，而且扩展至丰富多彩的无形文化领域。博物馆管理者扩大收藏品范围，通过拓展展品展览的文化多样性，引领大众的口味和欣赏水平。

四、运用媒介阐释的重要性

大众媒介在间接表达视觉信息中应该注意采取何种适合该媒介特征

的传播策略？山东美术馆的重要展览开幕式均与电视台合作进行网络直播，同步在网站开设虚拟展厅，即能弥补受众不能到现场的遗憾，当地报刊经常发布展讯展评和学术研讨会情况又可以拓展传播覆盖面。博物馆和美术馆的网站信息更新、展览回顾和界面设计也越来越重要，与之相关的论坛、微博、微信粉丝群、志愿者群也是增强受众黏度和认同度的重要媒介，作者同步观察的山东博物馆"爱文博、爱鲁博"志愿者群每天都有交流互动，并且将现场图上传，许多资深志愿者在结束讲解后仍然在群里回答问题、交流互动，打破了博物馆实体和虚拟边界，延伸了传播过程。

调查中发现受众参观博物馆后很希望更多展现地缘性藏品，并购买具有地方博物馆特色的文化创意产品，网友们更是推荐学习借鉴故宫的网红产品，开发具有齐鲁特色的艺术品。博物馆通过 IP 授权延伸博物馆产业链，让馆藏文物活起来，也是一种创新传播方式。在中央电视台《国家宝藏》节目第二季盛典上，山东博物馆馆长介绍了以"孔子见老子"画像石为主题的文创大赛，吸引了诸多受众参与推出创意作品，也让画像石价值为更多人所熟知。数字化媒介让"博物馆活起来"，文创产品使得受众"把博物馆带回家"，热播影视节目让"博物馆火起来"。在互联网时代，信息碎片化、注意力缩短导致受众更倾向于选择互动性强、体验感好、视听觉刺激强烈的媒介，而视觉观看展品和展览是思考重组过程，即展品呈现局部单个的信息要在大脑中进行有序组合，需要博物馆内外媒介阐释并且延伸参展过程。被访谈受众获取新展览的方式，网络和广播电视仍然遥遥领先于其他途径，所以作为博物馆/美术馆外部的媒介传播和阐释，大众媒介在推介新展览、展评、吸引新受众方面具有不可忽视的作用，而社交媒体带给受众的信息交流、意义分享、情感共鸣起到二次传播作用。

媒介在博物馆中无处不在。比如多媒体显示屏、导览器、交互装置……艾莉森·格里菲斯提出，新媒体能够让知识大众化、提供展览的前后信息，增加受众人数，提高灵活性，帮助表现"复杂的主意和过程，让展览活泼，提供多种观点，鼓励受众之间的社会互动"。米歇尔·亨宁将新媒体作为一种在博物馆中组织和构建知识和受众注意力的方法。艺术类专业受众思考博物馆如何利用多种媒介以及媒介融合方式实现深层次的交流：

　　　　可以深入其中去动手做，画不要放太高，真的看不清，每人一本画册可以了解此次前来展品都有哪些，了解展品的作者与情操。

　　　　安静，有很好的灯效，身临其境的效果，并且有讲解员讲博物馆展览物品的故事。有虚拟展视频与参观者互动交流，听、看、感觉共同交流。

　　　　科技含量高，参与性强，不仅仅是参观博物馆和美术馆，也应亲身实践，体验历史文化和艺术的深髓。理想中的博物馆可以添加高科技体验过程，比如 VR 和 5D 电影等，有体验效果的形式能让人更好地了解，且印象深刻。博物馆展示了传统媒体和新媒体地址的组织模式的联系。例如美国自然历史博物馆著名的实景大厅是一个离散的场景，但是组成一个统一的展览，引导受众环绕展厅一周。生物多样性展厅仿佛在不同的媒体时代：通过样本实物、交互式的触屏和屏幕、IMAX 影院展示，还有一个"蝴蝶"温室，让受众有一个身临其境的沉浸式感觉，多样性展厅则是博物馆一直以来最重要的关注点，与物质场、活动场、虚拟场的传播形态相契合。

第三节　视觉信息公共传播行动研究

一、美术馆公共教育传播与青少年艺术素质培养

现代美术馆具有公共性和教育性，公共教育项目是文化艺术传播的重要途径。本节将以传播学中的培养理论为理论基础，在以受众为中心的博物馆媒介融合发展模式下，探讨艺术博物馆如何应用公共教育活动提升受众的视觉素养和意义建构的能力，这将是博物馆从馆内传播走向社会进

行大众传播的必然路径。学习理论家将学习分为三大领域：认知领域、情意领域与技能领域，当今博物馆的责任不只是提供艺术品展示或文化的进程，其公共教育目的是帮助人们获得艺术知识的同时获取内在审美经验、满足审美期待，继而提升自身生命的感悟。具体目标是强调观众个体与作品之间的内容关联，增强兴趣，进而有利于观众构建起对博物馆的长久情感和品牌认同。作者通过亲自参与实施山东美术馆"艺术星期五"公共教育项目，进行多次现场观察、发放调查问卷、进行深度访谈、对资料数据进行分析和推进项目的品牌传播等研究手段，以小见大，探讨项目执行后青少年的美育提升、鉴赏意识、艺术素养和学校参与度情况，对未成年受众的视觉素养培养和媒介素养提升以及博物馆开展此类项目提出建议。

开展研究的理论基础：传播学中的培养理论；大众文化理论中约翰·费斯克"积极的受众"理论；视觉素养相关理论；建构学习理论。理论先行、知行合一、教育平等是策划"艺术星期五"项目最核心的理念。行动研究（action research）作为一个专业术语、一种研究类型，从实际工作需要中寻找课题，在实际工作过程中进行研究，由实际工作者与研究者共同参与，使研究成果为实际工作者所理解、掌握和应用，从而实现以解决实际问题、改变社会行为为目的的研究方法，是一种通过对具体问题和情景多视角、多层次的观察和分析，综合应用众多学科的知识、方法和技术，并以"科学地发现事实""解释事实"为基础，以解决问题为目标的"诊断性"研究。[①] 本研究选取行动研究法，是因为这种研究方法的特点在于"讲求自然状态"，非常符合"艺术星期五"公共教育项目的实际工作。行动研究多数以质的研究方法为主，在资料的验证上常采用多种方法搜集资料。为了对研究方案的操控及保证策略在实施过程中失真度为最低，同时为了课程学科内容本人能够有效地控制，作者在2017年、2018年参加了"艺术星期五"项目，完成了三轮行动研究并进行反思得出初步结论。

---

① 李克东编著：《教育技术学研究方法》，北京师范大学出版社2003年版，第206—215页。

二、"艺术星期五"：博物馆走进学校的行动研究

基于上述理论与经验，作者以研究者、志愿者身份跟进山东美术馆"艺术星期五"公共教育项目，拟调查以下问题：

1.认知维度——学生学习艺术理论知识之后的收获；2.审美维度——实地参观博物馆、美术馆之后的感受；3.参与维度——在场馆中使用媒介的情况。

（一）"艺术星期五"项目和调查的基本情况

山东美术馆公共教育部"艺术星期五"项目定位于青少年公共教育，其受众面向济南市的中小学学生，分为"走出去"和"请进来"两种形式，以教育部出台的义务教育阶段文件为准则，配合学校进行学生美育教育。工作人员以及聘请的山东省内美术专家到中小学课堂举办专题艺术讲座，丰富学生的美术教育活动、提高中小学生的审美鉴赏力。讲座内容涉及"西方油画鉴赏课""老艺术家的故事""名家名作经典解析""少年儿童艺术创想"等多个层面。艺术讲座以《西方油画鉴赏课》为主。主要为同学们介绍西方油画的起源、油画的材料、油画的发展历程，指导大家欣赏各个时期的经典作品，并以现当代油画家的作品为例讲述油画的创作过程。自2016年项目实施以来，"艺术星期五"已走进济南市20余所中小学，开展"艺术星期五"课程80余次，外聘美育专家授课60余场次，5000余人次受益，受到广大中小学生、学校教师及家长的广泛欢迎和好评。该项活动改"邀请中小学生看展览"为"送给学生优秀的展览和讲解"、改"在美术馆做公教活动"为"送出丰富多彩的美育活动"，打造出一个中小学间的"流动美术馆"，多层次介入学校教育，让各界群众近距离感知艺术魅力，打造出一个细致入微的少儿教育品牌。2017年度是项目实施的第二年，进入深化、创新（理论创新和方法创新）、受众效果调查和品牌传播阶段。对该项目两次活动进行了实地调查，两所学校分别位于济南市

市中心与郊区，都是实验小学，多媒体教室设备完善，学校重视艺术素质教育，主讲老师根据小学生的课程内容和年龄特点设计授课内容，学校选取的活动参加者是小学高年级的学生，年龄在10—12岁之间。

第一次现场调查：山东省实验小学被调查受众是小学四—六年级的学生，年龄在10—12岁之间。听完山东美术馆公共教育部崔艺老师的《西方油画欣赏》讲座后填写问卷，共发放问卷130份，回收130份，有效问卷129份，其中开放性问题填写107份。山东省实验小学官网、微信公众号、山东美术馆官网、微信公众号均进行了及时报道：如小学的新闻题目《徜徉油画世界　品味艺术生活——山东省实验小学"艺术FRIDAY"特色课程活动感悟》。根据第一次调查情况，由山东美术馆公共教育部主任牵头，邀请美术馆馆长和研究者，召开了"艺术星期五"项目推进座谈会（2017年5月10日）讨论以下议题：

1."艺术星期五"项目2017年的创新、拓展及品牌打造、资料收集。

2."艺术星期五"项目走进济南市长清区实验小学，准备发放问卷和采访。

3."艺术星期五"与大众媒体合作打造品牌：平面媒体、电视台、网络媒体。

第二次现场调查：受众是济南市长清区实验小学五、六年级学生，年龄在12岁左右。2017年5月12日听完山东美术馆公共教育部崔艺老师的《西方油画欣赏》讲座后填写问卷。发放100份，当场回收100份，均为有效问卷，其中开放性问题填写66份。省级大众媒体《文化大观》记者做了现场报道，当晚该媒体微信公众号发布活动内容，并且在平面媒体《文化大观》期刊上做了文字报道，题目为《艺术滋养之行——山东美术馆"艺术星期五"走进长清区实验小学》。

（二）"艺术星期五"项目问卷调查分析

作者对"艺术星期五"项目的效果、博物馆媒介传播相关题目进行了分析。

1.你以前通过什么途径欣赏过西方油画作品？（可多选）

2.假如你再次参加"艺术星期五"项目，你希望参加什么样的项目？

从结果来看："美术馆""互联网"和"讲座"中欣赏西方油画的媒介比例比较高，据了解，两所学校的美术课程设置规范，大多数学生家长重视孩子的艺术素养，会带孩子去美术馆。第二个问题的统计数据则显示学生们更加渴望"集体参观艺术展览"和"艺术讲座"，相比北京、上海、广州等大城市已经开展实施的"中小学生走进社会文化场馆"政策，济南市并没有相关规定和课程学分要求。结合现场两所学校学生们的听讲座反应、积极踊跃参与课堂互动以及后续访谈，可以进一步得出结论："艺术星期五"项目受到学校师生的热烈欢迎；学生们喜欢通过这样的方式了解学习艺术知识，并且希望走进美术馆集体参观。

3. 如果去过山东美术馆，你的目的是什么？

4. 你去博物馆和美术馆一般会停留多长时间？

从这两个问题的统计结果来看，走进博物馆后的情况并不乐观：目的是"参加公共教育项目"的比例大于"看展览"；在馆内停留时间仅在 1 小时以内。博物馆美术馆都是以展览为最主要的功能，公共教育项目设计也是围绕展览进行，虽然对小学生受众而言，观看展览可能是枯燥的，而参与公共教育项目更多的是符合他们年龄特点的手工制作、互动体验，但是如何引导未成年受众提高审美素养和视觉能力，更喜欢在博物馆、美术馆里看展览也是值得思考的问题。另外，国家一级或省一级的博物馆美术馆，往往展厅很多，展品丰富，1 个小时的参观时间远远不足，从绝大多数学生选择"1 小时以内"结果来看，"留住观众"尤其是更需要进行文化艺术培养的青少年是博物馆、美术馆传播者要重点考虑的议题。

5. 当你参观完博物馆藏品或美术馆作品之后，总的体验感受是什么？

6. 如果有还想深入了解的藏品，你会采用什么方式去了解呢？

该问题的结果承接前两个问题，说明被调查者参观之后并没有太强烈进行深入学习的需求和情感上的触动，这与前面所提到的"认知领域、情意领域"培养的目标相去甚远。由此提示当今美术馆的责任不只是提供艺术品展示或某个文化的进程，具体目标则是强调观众个体与作品之间的内容关联，增强兴趣，进而有利于观众构建起对于美术馆的长久情感和品牌认同。

7.在整个博物馆、美术馆参观过程中，你通常还对什么展陈方式有较深的印象？

8.参观后你对整个博物馆、美术馆最记忆犹新的内容是什么？

以上两个问题均是对博物馆传播媒介的调查，既有辅助媒介的阐释，又有环境气氛的需求。第7个问题里"图片"和"文字"占据第一、二位，表明除了展品，博物馆展品旁往往最近的媒介就是文字和图片说明，小学生观众还很注意从中直观学习展品的知识。"视频动画"占选项的第三位，博物馆美术馆是"观看"的场馆，新媒体运用中最频繁的是触摸屏以及展厅前的电子大屏，根据展览内容选取展品背后创作影像、电视节目访谈视频、孩子们喜闻乐见的动画解读和历史资料，不失为一种符合大众知识需求的传播方式。第8题更进一步，交互式传播的"实物展品动态体验"比常规展示更加受到欢迎，虽然历史类博物馆、艺术类博物馆的展品往往是价值不菲的文物艺术品，但是如何学习科技类场馆设计一些动态体验的传播活动，也是值得思考的问题。另外，讲解内容可以给观众留下深刻的印象，尤其是对于远古文物、当代艺术，对于历史文化、艺术经验不够丰富的小学生来说，边看展品边听讲解是最佳融合传播方式，由此验证了更加渴望"集体参观艺术展览"和"艺术讲座"的学习诉求。

9.以下的文化艺术科学场馆和娱乐场所，闲暇时间你更喜欢哪些？

10.当你去参观博物馆或者美术馆时，你通常会如何观看展览？

对于小学高年级的学生而言，娱乐场所如动物园和游乐园已经不能满足他们的精神需求，反而渴求博物馆、美术馆、图书馆、科技馆这些在知识、情感层面发挥作用的场所。通过走进学校开展公共教育项目，再把学生们吸引到博物馆、美术馆里正是"艺术星期五"的项目目标之一，从中也了解到巨大的青少年受众群需要关注。第10个问题验证上一个问题的同时，也表明在欧美与中国大城市中成人受众更加喜欢独立看展与用语音导览或者下载 APP 相结合的方式还没有普及，传统的观展方式以及听讲解员或志愿者讲解的传播方式依然占据主导地位。优秀的志愿者团队经过严格的上岗考核和培训，讲解的同时可以随时与观众讨论展品，向小学生提出问题引导思考，人与人之间亲切交流更利于想象力培养、情感的激发和思想的启迪。

(三)"艺术星期五"项目开放性问题及访谈质的分析

以上数据只是大致了解被调查对象的观点，对开放性问题——"你希望的美术馆是什么样子的"？回答更能彰显学生的想象力，同时不乏对博物馆、美术馆传播活动诉求的专业性表达。运用质性数据分析方法，对两所学校回答了开放性问题的173份回答内容寻找重要的词、短语和句子及其表达的有关概念和命题，先进行开放编码，找出本土概念，再寻找概念联系，选择编码的"核心类属"，寻找与研究问题有关的、反复出现的行为和意义模式，并与上述量化数据结果进行比较，进行整体性探究，得出关于被调查者对美术馆需求的结论（见表7–7）。

表7–7 开放性问题编码表

一级类目	核心类属	本土概念
传播环境	建筑造型；空间营造；观展氛围；虚拟场景	外部新奇多样；造型别致；内部环境优雅；安静；艺术气息；身临其境；艺术圣地；温暖有趣；活泼；音乐与灯光和谐；有互动平台可以创作；现代风格；古典风格；冬暖夏凉；暖色灯光；轻松音乐；华丽；宽敞明亮；五彩斑斓；娱乐场所；互动体验的房间
传播内容	展品；书籍著作；高科技展品	艺术名画；油画；有趣生动的画；让我们震惊的画；精美艺术品；历史的画；神奇的画；超现实主义的画；美丽的画；好看的画；雕塑；美术珍藏品；知识
传播媒介	讲解员或导览系统；高科技手段；文本图片；视频动画；简介；影视	图片；文字；动画；视频动画；小电影；视频讲解；背景介绍；VR介绍；有关作品的名著；语音讲解；讲解员讲解；墙上有名画做壁纸；电梯有艺术装饰
传播策略	参与创作；多感官体验；创意课程；沉浸式参观；艺术讲座；场景创设	展示画家画画儿的样子；有奖问答；亲身体验；讲座；可以身临其境体验画中的场景；游玩；可以触摸画的质感；动态逼真展示；作品与介绍设计有创意感

学生感悟："让我非常陶醉的作品要数凡·高的《星月夜》了，他对星空超出常人的想象力让图像充满了象征的含义，让艺术跨越时空展现出无穷的魅力，让我感到无比震撼！""以后去艺术博物馆决不能走马观花，要尝试着像老师一样走进画家的内心，用心感受作品的魅力。"主讲教师赞叹同学们超强的艺术感受力和对艺术作品如数家珍的背景知识。审美教育所发展的感性体现于直观形式中的观念意识，从概念到形象、话语等直观形式，从而有别于理论形态，这种感性的观念意识又被称作"审美意识形态"。表7-7中，被调查者们从感性直观获得的审美感受与"艺术星期五"项目讲授内容相互配合，形成自己的审美观。

讲座后访谈学生回答如下："看到了许多美轮美奂的画，很震撼。之前没有接触过油画，今天上完课，感觉老师讲得很好懂，也很精彩。希望学校能够多多组织类似的活动"。

"我希望美术馆可以按种类、时间排序，每一个地点都可以尝试创作。可以更多把环境改成画中的样子，例如展出《梅杜萨之筏》，就可以把环境变成一个狂风暴浪的海洋。"

"我希望美术馆是有许多幅珍贵的作品，馆内场景与作品背景相对应，有古典艺术之美，把作品的魅力释放出来。"校外艺术教育尤其是艺术博物馆会带给学生强烈的审美感受。

授课老师："每个孩子都表现出了对美术史探寻与求知的巨大热情。部分同学提出的问题和见解，很有深度与针对性，出乎我的意料。'艺术星期五'项目作为山东省美术馆公共教育部促进艺术文化下沉基层的重要公益举措之一，正在不断的执行与探索中，逐渐体现出它的功用与价值。"

博物馆观众研究结果显示，小学阶段高年级学生能应付复杂多变的事物，有很好的处理技巧，可让他们表达思想和主张；十二三岁学生体能、智力接近成人。

访谈小学负责人："近段时间以来，学校一直致力于传统文化教育工作的探索与推进，尤其是在文化艺术领域，做过许多大胆而有效的尝试。

对山东省美术馆此次'艺术星期五'课程的开展，既拓展了孩子的文化视野，又激发了他们对创作的兴趣与热情。学校作为国家教育战略的一线战场，应当以此为经验，继续我们对文化教育事业的探索与推进。"

从访谈内容和学生开放性问题的回答可以看出，博物馆、美术馆在一个城市中应该有自己独特的地位，它不仅应成为孩子的第二课堂，还应形成持之久远的、让几代人相关联的一种文化依赖。孩子在家长或老师的带领下，可以在博物馆里看到与书本知识相关联的实物，通过对历史文物和艺术品的欣赏，感受到教科书里曾经提到或没有提到的历史和艺术的问题，引发他们的憧憬和想象。在博物馆中，我们既可以获得很多历史、艺术知识，还可以获得人文环境的享受。理论先行、知行合一、教育平等是策划"艺术星期五"项目最核心的理念。

（四）"艺术星期五"项目的行动研究过程（2017—2018 年，图 7–10）

作者在进行第一轮行动研究的基础上，自 2018 年 3 月 30 日在济南市历城区唐王镇北殿小学参加年度启动仪式开始，至 2018 年 6 月 1 日又进行了为期两个月的第二轮和第三轮行动研究，仍然既作为研究者又作为行动者（项目组成员）参与跟进现场活动，并对讲座艺术家、项目组负责人、小学的美术课教师、参与项目学生等进行了深度访谈，两次活动中针对全体受众进行了问卷调查。行动研究模式是以勒温的螺旋循环模式作基础：包含计划、行动、观察和反思四个环节。2017 年、2018 年对"艺术星期五"项目进行了总共为期四个半月的行动研究，其过程是一个螺旋式上升的发展过程，每一个螺旋圈都包括计划、行动、观察和反思四个相互联系、相互依赖的环节。其间每轮行动研究都做了两次问卷调查，每次项目结束后访谈参与学校的主管教师、授课的艺术家、参与项目的青少年学生，最后形成量化和质性分析报告。通过这个案例项目实施情况和传播效果来探求博物馆如何开展"走出去""请进来"进行公共文化艺术普及教育，如何实施分众化教育和建立学习共同体；作为兼具馆内外媒介传播的一种方

```
                    ◇ 第一阶段 ◇
                         │
    行动观察（省实验小学+长清区实验小学）2017年3—5月
```

┌───┐
│   第一阶段反思：   │
│ 1. 时间短，感知环境不够（PPT展示作品）：受众对走进博物馆与展品面对面充满期待。   │
│ 2. 作品与自己经验的关系，知识衔接问题：对文物国宝、艺术作品提前做预习功课。   │
│ 3. 与学校项目结合最好（如省实验小学）：校本课程 艺术活动有机衔接，效果更好。   │
│ 4. 学生不能自己动手做，教师也没有现场创作：小学生对动手实践的项目愿望很强烈。   │
│ 5. 社会环境（家庭、媒体与学校形成合力）：对此类活动有媒体跟进，同时家庭支持。   │
│ 6. 受众不同，内容需要调整：比如增加地域文化艺术性较强的作品，提高受众接受度。   │
└───┘

```
    ◇ 第二阶段 ◇  ⟸  ┌─────────────────────────────────────────────┐
         │           │                  修正                        │
    行动观察           │ 1. 根据不同年龄受众，分为艺术讲座+手工体验课。     │
（济南市历城区唐王镇北殿    │ 2. 聘请全省著名中国画教授和油画艺术家讲课。        │
小学、济南市洪家楼小学）   │ 3. 与校内美术课做好衔接，双方提前沟通了解。        │
   2018年3月、4月       │ 4. 主讲者结合自己的作品，尤其是受众可见到的。      │
                      │ 5. 增加"流动美术馆"画展，与艺术作品面对面。       │
                      │ 6. 大众媒体持续跟进，形成项目品牌系列报道。        │
                      └─────────────────────────────────────────────┘
```

┌───┐
│ 第二阶段反思：   │
│ 1. 注意与流动美术馆的作品以及自己的作品结合讲述   │
│ 2. 因为学生没有进过美术馆、博物馆，感性认知不够。   │
│ 3. 外地的孩子们期盼来美术馆待一天，浸染艺术中。   │
│ 4. 建立馆内外主讲者与校方课前课后联系，馆校协同。   │
│ 5. 可以适当现场作画或者书法演示，增强现场互动性。   │
│ 6. 对小学生不限定鉴赏作品的框架，充分发挥想象力。   │
└───┘

```
    ◇ 第三阶段 ◇  ⟸  ┌─────────────────────────────────────────────┐
         │           │                  修正                        │
    行动观察           │ 1. 增强师生互动性，课堂内外连通。                 │
   （保利实验学校）      │ 2. 与展出作品密切联系，参与布展。                 │
   2018年5、6月        │ 3. 上午讲座，下午手工，受众分众化。               │
                      │ 4. 与学校艺术教育衔接，发挥各自优势。              │
                      │ 5. 推介展览，使受众走入博物馆、美术馆              │
                      └─────────────────────────────────────────────┘
```

┌───┐
│ 第三阶段反思：   │
│ 1. 激发审美体验——媒介环境的感知环境发挥作用：发动学校组织学生参观美术馆，在环境中感知浸染。│
│ 2. 引发期待心理——媒介环境的符号环境发挥作用：将艺术资料数字化或者开发视频微课，媒体融合。 │
│ 3. 发动社会力量——媒介环境的社会环境发挥作用：与当地非遗传承人、民间艺人合作，请他们进入校│
│   园，当地电视台、报纸杂志进行报道，调动家长的积极性，给学生发放带回家的博物馆、美术馆宣传册。│
└───┘

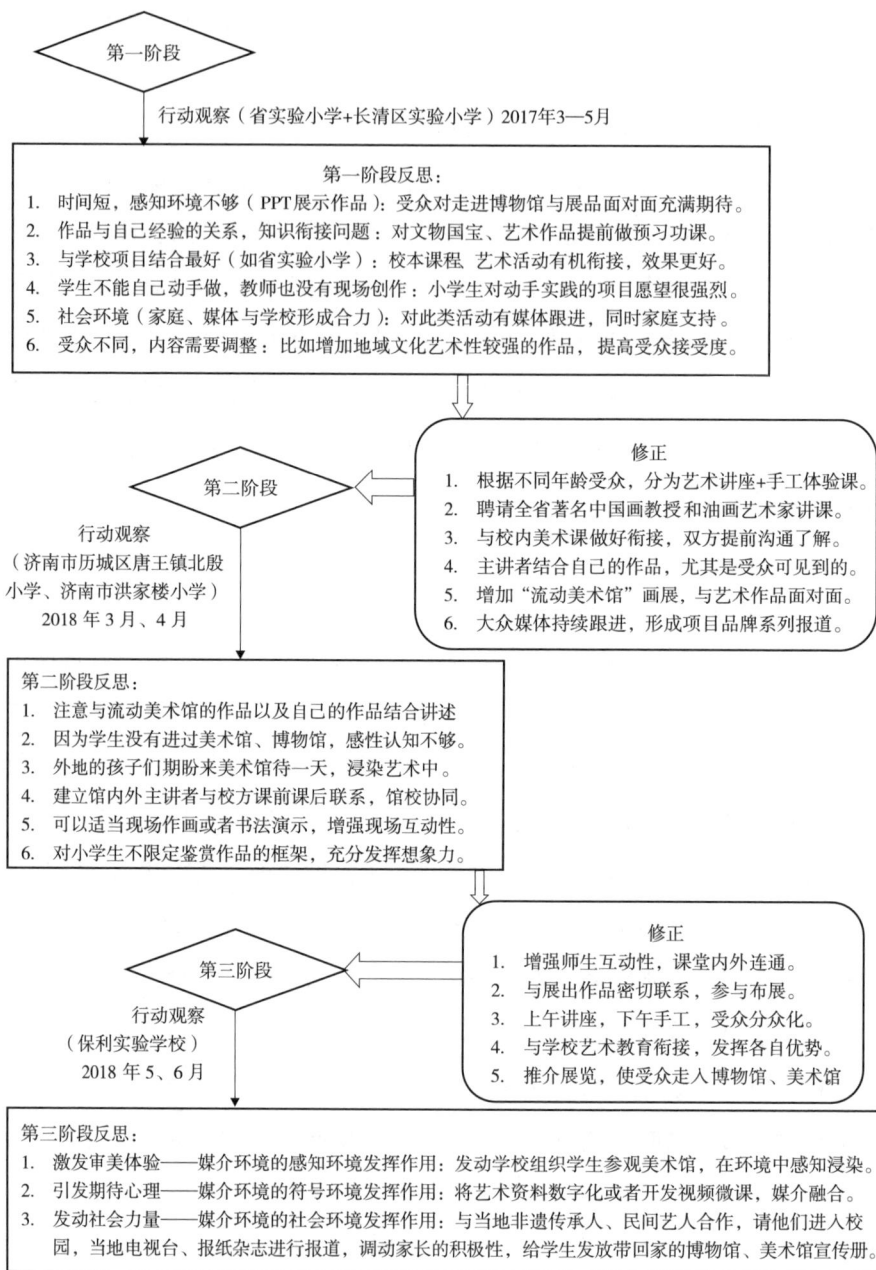

图 7-10　山东美术馆"艺术星期五"项目行动研究模式图

式，如何连通馆内感知环境与馆外社会环境，如何运用馆校合作的多种形式建构起良好的媒介传播过程。

（五）"艺术星期五"项目拓展提升建议及对博物馆公共传播的启示

1. 观展时间和活动时间还有待提升，提供良好的视觉环境

从问卷和访谈调查中看出，当前受众尤其是学生群体对"走进艺术博物馆"具有很强的期待，从停留时间和观展需求的数据来看，将他们留在馆内进行高质量的参观和活动时间则具有很大的提升空间。展览内容是核心，教育则是展览的目标，只有对展品的文化艺术内涵有深刻的体验，对展览的文化艺术表达有更多的领会，博物馆策展人传播者才能达成目的。体验式教育是博物馆应广泛普及和推广的一种有效模式，贯穿于欣赏展览和艺术内涵领悟中。

2. 观展前的文化涵养、观展中的视觉培养与观展后的知识提升充分衔接

该观点是复旦大学郑奕博士论文中重要创新点"博物馆参观前—参观中—参观后"三个阶段在项目中的具体运用，需要学校、博物馆、家庭密切配合，如国外青少年去博物馆有时"一次只看一幅画，像艺术家一样做研究"，英国人把博物馆当作孩子课外教育场所的重要组成部分。家长带孩子看一幅画的时候，要提前做一些功课：故事、背景、历史知识等，还要准备怎么启发式提问。另外，在博物馆里要特别留意"花絮"："视觉的谚语"——启发孩子看到这个后知道背后要讲什么，应该反客为主，要对博物馆里的展品保持尊重，但不需要总是仰视，而是去学习体验，从而渐渐内化为自己的审美方法和视觉素养。

3. 综合运用新媒体新技术超越时空限制，覆盖到更大的受众范围

相对于城乡数量庞大的青少年受众群体，"艺术星期五"项目所能到达的学校极其有限，每周六在山东美术馆进行的"我们的手艺——手工探索坊"更是报名信息发布后参加名额被"秒抢"一空。相对于其他的学习形式，博物馆会更加准确而系统地传递信息。博物馆如何面对更广阔的公

众开展公共教育活动？采用传统与虚拟各种媒介、官网、官微的各种直播活动，并且打造数字展厅，实体空间与虚拟空间充分互动，融合媒介手段综合运用；并选取经典项目开发网络课程，实现远程教育，制作"教学资源包"送到不能走进博物馆的受众面前。

4.帮助青少年受众从视觉表层的观察到理解文化艺术所蕴藏的意义

"艺术星期五""探索手工坊""文博大讲堂"等博物馆的公共教育项目很好地帮助公众通过观察展品的外部特征以满足求知欲和审美诉求，在欣赏性观展时的信息传播、知识传播起到很大作用；但是根据约翰·费斯克大众文化理论中"将传播视作一种意义的产生与流通""积极能动的受众"观点，如何使受众遵循着社会文化发展的历史足迹，建构起自己对展品蕴涵意义的建构，既关注传播内容与社会结构之间的关系，又注重与日常生活的关联，关注受众的解读过程、社会语境以及日常生活经验对解读的影响，还需要对大众的解读能力进行培养。各级博物馆针对青少年的项目要与学校紧密配合，力求形成长期有深度的活动。

5.项目要与少儿媒体、大众媒体进行跨界合作以形成美育合力

如2017年暑假和2018年寒假，上海芝麻学社——Ahaschool网络直播课程《十万少年漫游世界十大博物馆》第一、二季数十万家庭购买观看，兼顾历史和艺术的视野，在自然和科技领域为孩子们打开通向新世界的大门；《赢在博物馆》则是中央电视台在2018年春节期间播出以博物馆为主题的青少年益智节目。大众媒介中的博物馆文化类电视节目、平面媒体中的艺术评论、博物馆艺术展览信息、受众参观后在社交媒体上的观点呈现、文艺副刊上普通大众的展览感受、自媒体对博物馆受众群体的聚合（与媒介的互动）等共同发挥文化传播作用。

三、博物馆馆校合作公共教育传播的讨论与建议

中国社会科学院哲学所美学研究室主任徐碧辉教授认为，人们的审美

需要既根植于人的生物性存在，又具有极为深厚的社会历史渊源，是人类的一种基本需要。因此，审美权利也是人的一种基本文化权利。"审美权利"是对人的艺术化生存或审美化生存的一种表达。简单地说，就是每个人都有按照自己所理解的美的方式生存的权利，都有从事艺术活动、欣赏艺术作品、享受文化产品的权利，都有生活在美的环境中的权利。为了实现在都市化生存语境下的审美权利，需要对个体进行审美教育以重建其审美知觉，提高个体的审美鉴赏力和判断力，并进一步建构情感本体，以实现个体审美权利。在艺术教育中能够注重审美与生活的联系并有针对性地指导学生将审美意识和思维运用于现实生活之中，有助于使他们明确自身的存在价值、精神需求和审美追求。青少年的审美权利和视觉素养的提升可以从一幅画开始，读图时代的混乱感是因为图片海量出现，网络带来的丰饶的视觉盛宴让鉴赏力匮乏的普通受众更加无所适从。省级美术馆往往拥有有质量保证的绘画、书法等作品，通过公共教育项目帮助青少年从构图、色彩、光影等形式方面解读，引导他们懂得欣赏图像本身的文化艺术内涵，鼓励他们从自己的想象力出发去阐释作品。同时，青少年通过对某一物件的观察，经过"启发思考—产生好奇—提出问题—寻找答案—分享成果"这样的设计思维历程，让他们亲手做一件属于自己的艺术作品，发挥视觉、听觉、触觉等多感官共同作用的感知，从中发现美，创造美，更能够激发出审美情感和提升视觉观察的敏锐度。建议在新一轮的青少年美育公共教育项目实施过程中，将"理论讲述"、"作品欣赏"与"艺术实践"三者相结合，互相印证补充，理论与实践相结合，自主完成对作品的解读和阐释，具有充分的想象空间，提升创意思维和能力；经过针对青少年更为精细的艺术传播内容设计，引导他们业余时间走进艺术博物馆，增强感官体验，形成"观看、互动、体验与培养相结合的受众审美、文化意义建构"的艺术传播模式，从而提升公共教育项目的效果与青少年的视觉素养。

小　结

本章对博物馆做了视觉场构成元素和视觉场形态的调研和案例分析，与第三章博物馆视觉场受众的社会环境分析、视觉素养提升、传播价值相互映照，查找获得博物馆视觉信息传播的影响因素，验证了第四、五、六章视觉场物质形态、活动形态、虚拟形态的建构框架，以及受众需求视角博物馆视觉场的传播规律。

如果将现实调查发现的具体问题对照文献中发现的研究问题，许多博物馆与传播、博物馆与媒介的关系并没有融合合理运用，传播者面对着越来越多的新受众，寻找吸引新受众的传播方式，适应当代受众求知求美的偏好，博物馆业界亟须传播理论指导。结合受众的参观期待和理想博物馆的开放式问题分析，根据马莱兹克模式，影响因素如表7-8：

表7-8　博物馆物质实体视觉场的影响因素

主要因素	影响主要因素的子因素
传播者	社会环境；地域文化；经费预算；藏品；受众群体的变化；博物馆的场域（展览场馆、建筑空间）；传播媒介多样性
接受者	受众组成结构多元化；场馆品牌传播影响；博物馆视觉内容的性质；传播者身份（艺术家和策展者）；视觉素养；媒介素养；认知和情感
媒介	文物展品的图像化；视觉修辞和叙事方法；视觉符号编解码；文创产品设计方法；抽象化提取法；传播策略；媒介覆盖面
内容	传播的藏品资源；情景化、故事化的转换设计；场馆可承载的形态；受众接受度；地理环境；博物馆自身品牌传播力；社会文化氛围

调查发现，在博物馆视觉场中，各组成元素之间存在着互动关系：受众与展品的互动；多种视觉信息传播形式之间的互动；受众感官认知与传播者的意义阐释之间的互动。博物馆视觉场传播形态的演进和受众行为的演进过程密切相关，双方相互促进、相互影响。博物馆要满足公众日益增长的多元需求，就要与受众形成交融互动、同生共在、内化发展的关系。

博物馆发展更加注重观众在整个传播活动中的参与，传播形态将更加虚拟化、科技化和场景化。

　　限于研究周期，作者在不能对各个年龄段、各行各业的受众进行提升媒介素养和审美能力实验的条件制约下，选取"青少年"为研究样本，以亲自参与实施山东美术馆"艺术星期五"公共教育项目为案例，进行了为期两年的三轮行动研究，将博物馆参观时多种媒介素养、审美能力提升的建议融入项目，以小见大，融入提升博物馆参观策略，探讨项目执行后青少年的美育提升、鉴赏意识、艺术素养和学校参与度情况，本研究依托媒介环境学理论探索了"观看、互动、体验与培养相结合的受众审美、文化意义建构"博物馆公共教育传播方式，对受众视觉素养培养和媒介素养提升以及博物馆开展此类项目提出建议。

第八章　博物馆视觉场建构与未来研究展望

博物馆作为一种以视觉为主和集体记忆的文化场所，其建筑、空间、藏品、展览以及与受众互动的文化意义，使得博物馆成为传播历史文化艺术与塑造国家形象的重要窗口。从时间综合体纵向维度，博物馆涵盖文脉的传承、符号的凝固；从空间综合体横向维度，博物馆涵盖意义的共享、价值的升华；而虚拟空间维度，博物馆通过视觉信息的融合方式加强受众视觉体验。本研究透过博物馆视觉信息的传播过程应用实践与理论探索，由田野调查和网络文本分析发现影响因素，查找原因并进行对策研究，构建视觉信息传播的整合模式和探索传播规律；并且对博物馆内在发展规律进行思考，获得对中国博物馆未来发展的启示与展望。

一、研究结论

通过对博物馆视觉信息的传播过程进行分析，提出博物馆作为大众媒介的媒介主体特征、编码方式和解码路径。针对受众探讨传播目的，建构了"博物馆受众认知—情感—技能三维度素养培养"模式图。综合实地考察、受众留言、问卷调查和访谈的分析结果，总结当前博物馆视觉信息的传播主要影响因素有：传播环境（场域构建）和视觉秩序；展品呈现与信息阐释；展览的多样化和叙事；媒介应用和拓展。另外，受众的文化素养、视觉素养和媒介技能也对传播效果有所影响。根据传播目的和现实问题，进行案例分析和策略梳理，综合得出结论。研究发现：

（一）博物馆视觉场建构与受众行为的关系

"受众中心论"将受众整合到博物馆自身已有的结构框架中，新博物馆学的兴起，将博物馆重心由"物"转向了"人"。博物馆实践创新侧重于应对当前的受众需求，建立博物馆内部与外部、物质场域的相关性。博物馆要满足公众日益增长的多元需求，就要与受众形成交融互动、同生共在、内化发展的关系。参观博物馆的受众行为从凝视到交互，再到沉浸，体现出更深层的"参与性""体验性""分享性"特征。博物馆的发展更加注重观众在整个传播活动中的参与性，传播形态更加虚拟化、科技化和场景化。博物馆视觉场转变为场景丰富、大众体验的多维场域。受众对视觉场建构的影响表现在：博物馆视觉场传播形态的演进和受众行为的演进过程密切相关，双方相互促进、相互影响。具体表现为：

1. 视觉场的物质形态——受众行为：凝视

在物质形态的视觉场，博物馆与观众是单向度的"主体"与"客体"关系，受众观展主要是"凝视式"：是博物馆通过建筑空间、导视系统、阐释系统建构而成，这种建构类似形成了一种"框架"，使得受众专注于眼前的展品或阐释文字，博物馆主体给予和受众被动接受的不对等关系，双方是"观"与"被观"的静态关系。独立的物件和简洁的介绍运用灯光、色彩等视觉修辞方式以一种引人注目的方式呈现，具有强烈的视觉吸引力。艺术博物馆运用较多的白立方空间，凸显出那些悬挂于墙面或摆放于地上的艺术作品的魅力。历史博物馆运用灯光聚焦于文物，这样的物质形态可以成为受众凝视和思考的视觉场。

2. 视觉场的活动形态——受众行为：交互

20 世纪 90 年代，博物馆研究学者已经将视觉体验作为受众心理的重要组成部分，认为受众在博物馆中的体验不是一种单纯的知识或信息的获取，而是集休闲、审美、知识或信息获取于一体的综合体验。基本展陈之外，博物馆公共教育活动和创意体验活动的传播形态所占的比重越来越高。这些活动的出现说明博物馆突破了以知识传播为主要任务的传统理念和认知，开始关注观众的文化体验、身心感受和审美需求。活动形态的视觉场下，受众行为更多的是互动参观和共同创建，新博物馆学提出"包容性、对话、参与"的理念，将独立、静态的受众行为适时转化为讨论、协商、对话、交互、共同认知与情感共鸣的参与行为。

3. 视觉场的虚拟形态——受众行为：沉浸

媒介融合时代，博物馆受众期待的是提供给他们有意义、体验式的陈列展览，特别是沉浸体验，而不是一般的感官刺激，展览向着艺术化、人性化、数字化等方向发展。虚拟现实技术的出现和应用使得博物馆传播者主张重视增强受众的沉浸体验感，各大博物馆建设虚拟博物馆、推出虚拟现实展览和运用 VR/AR 技术辅助。弗兰克·奥本海姆在博物馆展示、传播、教育、娱乐等方面的研究为博物馆受众体验理论的形成奠定了基础，对现代博物馆的发展产生了革命性的影响；妮娜·西蒙提出受众为中心的参与性体系结构。互联网应用、虚拟现实应用和智慧博物馆领域，从受众视角映射博物馆视觉场的虚拟形态，互联网的技术赋权以及信息传播样式的多样性迎合了当今博物馆受众的沉浸式参观行为模式，各种大众媒体和自媒体可以满足受众对博物馆视觉信息的需求，丰富受众体验。

（二）博物馆视觉信息的传播整合模式

为达到博物馆视觉信息传播的目的，即对个体认知—情感—技能三维度素养培养，对群体促进文化认同、文化自信和价值引领，通过多元文化信息增进文明的互鉴互赏，研究总结出博物馆视觉信息传播整合模式（如图 8-1 所示）：

博物馆视觉感知、视觉符号和社会活动都是由流动于内部和外部世界之间的信息组成；建筑空间视觉秩序与展厅展览叙事展线紧密相连；博物馆与受众之间视觉信息传播的场域、信息互动的过程、内容选择、媒介应用具有明显优势，各媒介平台、社会机构与博物馆协同合作，共同构建跨媒体的博物馆文化叙事，实现博物馆视觉信息的多样化传播。该模式为动

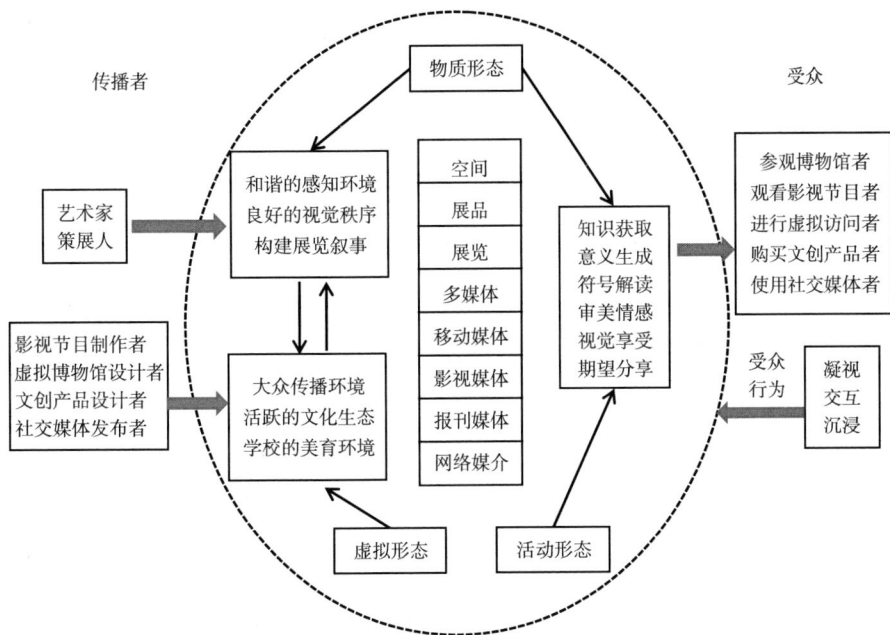

图 8-1 博物馆视觉信息传播整合模式图示（作者研究绘制）

态框架，可以根据不同的博物馆、不同的受众行为不断强化各种元素和体现传播形态的变化。

（三）博物馆视觉信息的传播模式的整合

1.空间场域的形成：博物馆视觉场构建

受众对博物馆建筑空间的感受是参观博物馆的第一印象，仪式的呈现、信息的传播需要一定的空间场域作为载体，营造出特定的仪式氛围，进而达到受众情感的呼应、意义的共享。有针对性地选择展品、叙事策略、空间秩序，有意识地使用特定的美学装饰营造氛围，以及使用各种视觉融合媒介，并进行数字化拓展方式传播博物馆的视觉信息；虚拟的视觉场传播受社会因素、文化氛围和技术架构的影响相对博物馆内部的场域影响更大。中国博物馆的展览仍处在重要的实验期，具有的各种策展理念形成不同的视觉场氛围：有的展览风格与方法追求意象表达，清雅沉静，展览美学画外有声，具有中国气息、中国美感；有的展览通过讲述中国古代故事，挖掘背后人与物的关系反映时代精神面貌；有的当代艺术展览探索"人、自然、文化、文物、社会"的视觉文化关联和艺术表达。博物馆所承载的信息借助通识性的视觉符号，并运用变化统一、节奏韵律以及对比调和等表现形式构建清晰有序、通俗易懂的层次和逻辑关系，从而降低受众对信息的分析和认知负担，易于正确理解博物馆内外空间的视觉信息。

2. 视觉信息开放性、多样化、多义性且处于持续生产状态

博物馆的使命就是在这瞬息万变的世界上收集和展示有价值的展品，提供一个展示当下与过去之间不间断的文化传承的场所。传播学中常常提到"内容为王"，常设展览和特展巡展都是博物馆持续不断进行内容生产的视觉信息，对物的信息和价值通过重构呈现于展览中。博物馆展览经历了"物的图释"模式——形象表征（即关注展品的展示）——展馆与观众协商期（形象的体验化、景观化和三维数字化）。博物馆通过展览的策划，促发新的观点，启发新的学术导向，催发新的知识增长点，在一种视觉的交互作用场中形成新的表述意义。博物馆除了与大众媒介一样注重视觉信息的丰富准确、知识领域的厚重权威和传播过程的客观性外，内容生产者、供给者、传播者还要注重为受众提供情感、意义、价值观培育以及构建想象共同体的展览内容。博物馆的视觉内容是"开放性文本"，在展品创作或者发现、策展时给予受众巨大的意义空间，容许受众依据自身的经验与背景释放出多种联系和意义补充。这与罗兰·巴特提出的"可写文本"① 相似，鼓励受众参与文本建构的过程之中，在解读展览的同时也在生产出无数新的文本。

3. 博物馆内部与外部视觉文化的转向

展览空间场域的变化，使得"沉思型观众"转变为"体验型观众"，

---

① ［英］丹尼·卡瓦拉罗：《文化理论的关键词》，张卫东等译，江苏人民出版社 2006 年版，第 60 页。

传统、理性审视的观展模式转变为瞬间冲击及沉浸其中的视觉体验；新的媒介环境下，博物馆的视觉信息传播正在发生传播的现代性转向；博物馆受众群体由专业化向大众化转型，特别是受众的年轻化是一个重要的趋势，这使得博物馆视觉空间由单纯的物质空间向"物质实体和媒介化的虚拟拟态空间混合"转型；视觉表达由专业性向大众化、创意化表达转变。新媒体技术促成博物馆与参观者之间拓展出更为丰富多样的叙事话语，博物馆通过有效内容设置和分享设计，为受众提供一种可以寄托、可以依赖的媒介文化框架，并在此之下与受众形成独特的"文化圈层"，实现文化共享。相对于博物馆内部场域中的实体器物，虚拟场中视觉信息演变为图形、图像或者创意符号。技术在"看"的这两个层面都有着积极作为，或者说，这其实形成了两套"视觉技术系统"，每一种视觉技术都会形塑属于自己的视觉文化。

4.受众受社会环境的影响进行意义建构

人的视觉系统并非机械化如实记录，而是一个构建的过程。观看的过程是大脑借助以往视觉经验进行分析理解的过程。博物馆中的各种展览具有多种不同的意义系统，契合了文化取向的传播观，即"将传播看成共享意义和空间的建构过程"[1]。博物馆不仅能够提供对艺术史有价值的洞察力，同时也是对我们人类自身的审视。"隐性"视觉信息具有隐喻性质，即在艺术品和展览中隐藏的意识形态、价值观、精神能量、情感等内容，需要受众去意会，而且受众中也有各不相同的阐释群体，每个意义系统都需要单独阐释，不同受众获得的启迪相差巨大。博物馆媒介空间通过规制其间的展陈和参展活动，参与到特定的共同体对自己的历史与身份的讲述之中。[2] 观看展览可能带有艺术欣赏、获得知识、道德熏陶、亲人交

---

① ［美］劳伦斯·格罗斯伯格：《媒介建构：流行文化中的大众媒介》，祁林译，南京大学出版社 2014 年版，第 21 页。

② 陈霖：《城市认同叙事的展演空间——以苏州博物馆新馆为例》，《新闻与传播研究》2016 年第 8 期。

流、社会交往、游戏娱乐等多种目的，因此视觉场要进行分众化设计，呈现多层次信息和多种形象组织形式，最大限度地满足不同受众需求。博物馆文化传播从运用媒介"解释它们是谁"变成"与公众之间建立对话关系"，从更广阔的层面整合博物馆媒介资源，从社会文化的维度构建博物馆的"文化圈"。① 博物馆成为分享体验、寻找文化艺术、探讨思想、创作艺术以及开展社交活动的场所。

5.博物馆视觉场和谐视觉秩序的建构

博物馆的外在秩序包括建筑及在城市中的位置，内在秩序则包括内部视觉空间、展览叙事、展览信息的结构层次，在展览空间中形成节奏和韵律。媒介即环境，博物馆的展品、展览、多媒体和大众传播的影视、网络媒介共同构成了博物馆文化环境，具有美感的视觉元素对于观者来说记忆更加深刻，博物馆的视觉空间、和谐的外部形式有利于引导受众理解内在蕴含的意义。在策展时要充分遵循从"文本文化"向"图形文化"发展的传播趋势，在展线设计中要充分考虑视觉关注点的合理分布。受众进入博物馆，在观看（浏览）或凝视特定的展品时，会受制于个人的经验与记忆，而各种规则、风格，还有平时大众媒介或者网络、手机里的博物馆展品、展览、艺术批评等议程设置都会形成、强化受众的"视觉框架"和"预期心态"。博物馆参观也是视觉经验积累、视觉素养提升的过程，愉悦的体验源于从已经确立的概念或符号的意义中理解展品和展览。博物馆还可以通过不同的视觉叙事赋予受众新鲜的体验，即从熟悉的、自以为了解的文物展品中看见自己不熟悉的部分。总之对于传播者来说，为受众营造良好的空间场域、设计流畅自然的展线、合理陈列展品、设置辅助阐释媒介、恰当应用多种新媒介建立良好视觉传播秩序，对受众的观看和建构意义具有深远影响。

———————————

① 宋向光：《互联网思维与当代公共博物馆发展》，《中国博物馆》2015 年第 2 期。

二、启示思考

博物馆视觉场建构除了受众的因素影响之外，与社会的政治、经济和文化环境都有密切关系。回顾博物馆发展历程，距西方第一家近代公共博物馆牛津大学的阿什莫林博物馆 1683 年诞生至今历经数百年；距 1793 年现代意义上的公共博物馆法国卢浮宫对公众开放也有 200 多年。西方博物馆自 19 世纪起逐渐发展，20 世纪中期进入新的发展时期。博物馆最早作为"艺术与科学的圣殿"体现了博物馆的初衷及追求：国内外的艺术博物馆多在拥有大量视觉艺术藏品的基础上发展而来，决定了博物馆的视觉优先性和视觉信息传播的重要性。我国的博物馆则是在改革开放后进入发展快车道的，20 世纪 90 年代后更是呈现加速发展的趋势，当前正处于建设数量急速增加、往精细化管理服务转型发展的时期。从全球范围来看，21 世纪博物馆展览转向关注情感体验的可导向性，关注展览环境对受众情绪的影响，并且关注运用新技术加强与受众的观众沟通。[①] 本研究从博物馆中最重要的传播内容——视觉信息视角切入，以博物馆价值指向开端，对现实传播的影响因素及原因进行分析，最后再依据博物馆发展的历史脉络获得启示，认知、借鉴西方博物馆的发展轨迹，这将对我国博物馆在新时代的发展具有现实意义。

中华民族具有五千多年连绵不断的文明历史，创造了博大精深的中华文化，为人类文明进步作出了不可磨灭的贡献，积淀了深厚的历史文化艺术资源，文化遗产是前人留给我们追溯历史、留住集体记忆的宝贵财富，在现代化进程中对文化遗产的保护是至关重要的。随着历史、艺术与社会学、人文学科等领域的交织，触发了艺术与人、与社会关系的再思考，博物馆也被赋予多方面、深层次的社会意义。大众对博物馆的需求，加强了艺术方面的探索，促进了博物馆向科学、历史和文化艺术本质的回归，如

---

① 周宪：《当代中国的视觉文化研究》，译林出版社 2017 年版，第 361 页。

中国国家博物馆的宗旨是"历史与艺术并重"，兼顾继承和发展。国家社会经济发展，大众精神需求，应从传播学、艺术学、博物馆理论实践方面促进博物馆事业向专业化发展，回应时代社会发展大趋势，承担更高的社会责任。从中国博物馆建设所处的环境来看，当前正处在博物馆建设发展的最佳历史时期，与西方博物馆相比已经逐渐从"跟跑"阶段进入"并跑"阶段，质量提升关键亟须相关学科共同研究，凝练理论来支撑、前瞻和引导实践发展。伴随着国民高等教育的普及，受众的认知水平也得以提高，体现出专业性、广博性和自主性的特征，学习方式也更加多样化。他们不再满足于博物馆给定的知识和传统语境下被动接受的客体地位，而是更多地注重从零散的知识中有意识地完善和建构自身的知识体系，并期望博物馆能建构更为综合、多层面的视觉场，展示更多的文化资源和文明成果，成为观众终身学习的场所和文化休闲娱乐的场域。因此，新时代博物馆视觉信息传播要强化艺术性、观赏性、交互性和沉浸感，将科学、艺术、设计与深厚的历史文化底蕴结合起来加强"软实力"，实现管理服务精细化、专业化，创造出创新性和独特性的公众参与形式。

社会的政治、经济、文化、科技状况为博物馆的发展创造了必要的条件；艺术创新为博物馆的发展提供了思想观念和形式语言，为新风格形式发展提供了更多的可能性。建筑师与传播者将艺术环境提供的观念和形式与自身思想、性格、审美情趣相结合，积极探索使博物馆艺术得以发展实现。三个方面的因素在博物馆中不是彼此孤立，而是相互交织、相互影响的，在运行轨迹中推动了博物馆内在发展动力。

三、局限性

视觉研究目前是一个探索性的、发展中的新兴领域，其理论建构可以沿着两个认识路径展开：一是立足语言研究的某些既定学术范式，考察其回应视觉符号／文本的适用性与合理性问题；二是立足视觉符号不同于其他符号形式（如语言）的独特性，形成视觉议题研究相对独特的理论范式。简言之，前者对应"理论演绎"，后者对应"理论归纳"。① 本研究更多运用"理论归纳"，即通过参与式观察、田野调查和案例分析试图归纳出博物馆视觉信息传播自身独特的理论模式。

局限性表现在：一是本研究包含多学科内容，博物馆视觉信息的传播和受众参观过程是错综复杂的传播现象，内容纷繁庞杂，学科跨度较大，各学科的偏重不同，甚至对有些问题存在不同见解，因此将博物馆学、文化学、艺术学等领域的内容以传播学的理论框架研究，作者常面对研究困境，经常出现理论适应性问题。另外，囿于理论功底和研究周期，本研究所提炼归纳总结的传播模式、受众素养培养模式、整合传播模式都有待于在后续研究中验证和继续完善。

二是关于博物馆视觉场的建构，限于时间，作者重点研究了作为变量之一的"受众"、视觉场的三种形态与受众不同参观行为的关系。作为场域的另一重要变量——社会环境，作者在博物馆建筑空间的物质形态中有所论述，但并没有作为整个研究过程的逻辑线进行深入研究，剖析其对视觉场构建的影响。后续研究中，社会、文化、艺术的大环境与博物馆视觉场构建的关系将是重点内容。

三是关于国内外视觉的前沿研究包括各种象征和文化的研究方法，重视社会结构中受众的态度、文化解读和时空中的具体位置。同时对于博物馆实践和视觉文化的新现象，还需要展开民族志、文化研究和教育学的实证研究。在研究的广度上，作者受制于时间、空间与理论积累，涉及的博物馆样本、访谈的策展人、博物馆馆长和受众调查集中于国内博物馆界；而分析时借鉴了大量欧美博物馆的案例，对这些传播案例同样需要了解受众（包括海外受众和国内赴海外参观博物馆的受众）受跨文化传播的影响。

---

① 刘涛：《何为视觉修辞？——图像议题研究的视觉修辞范式》，《湖南师范大学社会科学学报》2018 年第 6 期。

在研究的深度上，本研究采用现场观察较多，偏重宏观分析、描绘，还需要借鉴经验学派对实用问题（如公共传播项目）的实证研究方法，对博物馆传播现状研究进行更大规模更为细致的量化调查，探求获知更多国家和地区受众的需求，以提升博物馆传播理论厚度和适用范围。

四、研究展望

博物馆是城市的重要组成部分，在城市发展中融入城市，更好传承地域文化艺术、践行社会公共教育使命、满足公众精神生活需求。博物馆通过藏品、展览向公众展示城市文化；馆际交流增进了地域、国家间的理解；博物馆在传承之外，见证、反映、适应甚至引领城市的变革。城市博物馆将更加发挥自己的文化资源优势和文化传播话语权，成为城市形象的文化坐标，城市文化脉络的展演场域。纵观博物馆发展的历程，自博物馆诞生以来所形成的高阶文化代表地位使得博物馆建设成为 20 世纪后新富国家及其城市的标志性文化项目。另外，现阶段公众正从大众化活动向分众化传播，以及充满审美和文化意义的活动过渡，博物馆更加多元与开放。博物馆在今天已经不是简单的收藏、陈列场所，而是作为整个城市文化的有机组成部分，作为公共空间而存在，成为市民生活的一部分，网络时代博物馆让人从虚拟世界中走出来，让受众领略真正的历史、文化、艺术和科学。像罗马、雅典、北京、巴黎和伦敦等，本身就是博物馆，保留着千百年来遗留下来的文化标本珍本，代表着本民族的传统文化；博物馆往往体现的是一个地方精神文明的高度和当地人的文化素养、内在艺术气质。总之，当代博物馆功能已经超越传统博物馆范畴，除了保存文化记忆、阐释文化价值、传播文化意义和激励文化创造外，在外延上更有包容性：有形之物领域实现了最大意义上的多元化，而且扩展至丰富多彩的无形文化领域，在全球化时代面临着良好的发展机遇，作为反映世界面貌极为重要的视角，博物馆国际交流越来越重要，多元文化体验将是博物馆拉近与各国公众关系的重要载体。近几年，博物馆展览越来越多元化，博物馆展场的概念也发生着演变，更多空间类型成为新型的展示空间，是真实空间和想象空间的解构和重构，博物馆的角色完成了从社会文化表征到社会发展动力的转变，这几乎已成为国际博物馆学界的共识。

中国进入快速城市化的进程中，会有更多的人口、更多的街区和建筑群进入城市景观，城市也从"物的生产"转向"空间的生产"，成为快速城市化的路径。随之而来的现实问题是"景观的生产"和视觉场域的构建。① 博物馆在一定文化议程下通过视觉信息的有效传达、视觉艺术的柔性传播、媒介的融合拓展，与社会、公众寻求建立更广泛更深入的连接。将博物馆置于更广阔的社会环境中考察，全球化、城市化、新技术以及开放多元的跨文化环境造就了当代博物馆发展环境，博物馆是最具有延展性的文化空间，其视觉场仍受众多因素和新技术的影响，因此后续将继续挖掘文化研究视野下的视觉场价值和应用走向；并沿着视觉场的边界问题思考如何从对视觉信息的研究升华为视觉文化的研究。

随着博物馆发生巨大转变，其原则、政策以及实践都对应做出了调整及改变。与此同时，国际博物馆协会现有的博物馆定义却似乎已经不能反映目前博物馆所遇的挑战、前景和责任。博物馆的定义随之将发生变化，从许多国家提交的定义来看，将博物馆作为"实体的或虚拟的场所"，或提出包括"物理、虚拟和概念空间"，培养受众的想象力、批判思考能力、审美眼光、好奇心和同理心，成为社会文化多样性、社会可持续发展的保证者和建设者。2019 年国际博物馆协会大会前，草案版本大意为"博物馆是包容性、多元平等的空间，用以展开传统和未来的思辨式对话，为社会保管文物和标本，为子孙后代保存多样记忆，保障所有人享有平等的权利和遗产获取权。博物馆不以营利为目的。它应具有参与性和透明性，并与不同社区积极合作，旨在为不同群体征集、保存、研究、阐释、展示和

---

① 周宪：《当代中国的视觉文化研究》，译林出版社 2017 年版，第 253 页。

加强对世界的了解而努力，为人类的尊严、社会正义、世界平等和全球福祉做出贡献"。最终该草案版本并没有在 2019 年的国际博协大会颁布，足见对于新定义的慎重考量。各国的新提案多聚焦关注博物馆去实体化、与社区之间关系，在自然危机与社会问题中博物馆所扮演的角色，博物馆呈现更广阔的空间。

从视觉信息传播的角度，博物馆通过互联网空间和新传播技术的再造后，视觉传播的现代性是博物馆视觉信息传播面临的现实情境，也驱动着其传播的转型和发展。未来博物馆仍然要开创藏品阐释与展示的新方式，内嵌在互联网环境下的再现与重构，为不同群体征集、保存、研究、阐释、展示，建立了民主化、包容性、多元平等的空间。从物质表面到藏品中所承载的信息意义，如何创新内容、重组资源，视觉传播媒介都将助力博物馆对文化的传播，因此继续跟进技术发展研究博物馆运用新媒介的视觉信息传播，是今后需要关注的方向。

关于博物馆传播研究方法的运用，2018 年上海博物馆已经增加了受众调查的信息系统，将对受众参观路线、停留时长、交流信息等进行大数据分析。借鉴这些高科技方法结合量化研究，后续研究将进一步扩大博物馆样本，进行广泛的问卷调查和受众访谈，以及受众行为大数据对博物馆视觉信息的传播这一议题进行深入研究。学术研究是博物馆传播的推动力，期待有更多传播学界的学者将博物馆纳入研究领域，在当下媒介融合时代建构博物馆传播场，为受众提供一种综合、系统、场景化、交互性、沉浸式的空间，助力博物馆传播能力的提升。

参考文献

一、中文著作

陈履生:《博物馆之美》,广西师范大学出版社 2020 年版。

陈鸣:《艺术传播教程》,上海大学出版社 2010 年版。

单霁翔:《从"馆舍天地"走向"大千世界"——关于广义博物馆的思考》,天津大学出版社 2011 年版。

丁宁:《图像缤纷——视觉艺术的文化纬度》,中国人民大学出版社 2005 年版。

杜骏飞:《弥漫的传播》,中国社会科学出版社 2002 年版。

杜卫:《美育论》,教育科学出版社 2014 年版。

段勇:《当代中国博物馆》,译林出版社 2017 年版。

段钢:《寻觅图像世界的密码——图像世界的学理解读》,上海人民出版社 2008 年版。

段炼:《视觉文化与视觉艺术符号学》,四川大学出版社 2015 年版。

方玲玲:《媒介空间论:媒介的空间想象力与城市景观》,中国传媒大学出版社 2011 年版。

风笑天:《社会研究方法》,中国人民大学出版社 2018 年版。

黄光男:《博物馆新视觉》,文化艺术出版社 2011 年版。

陆建松:《博物馆展览规划:理念与实务》,复旦大学出版社 2019 年版。

李鸿祥:《视觉文化研究——当代视觉文化与中国传统审美文化》,东方出版中心 2005 年版。

林少雄:《视像与人——视像人类学论纲》,学林出版社 2005 年版。

刘海龙:《大众传播理论:范式与流派》,中国人民大学出版社 2008 年版。

刘宏宇:《呈现的真相和传达的策略:博物馆历史展览中的符号传播和媒介应用》,人民日报出版社 2016 年版。

刘洪:《像·非像——视像传播机理研究》,高等教育出版社 2012 年版。

任悦:《视觉传播概论》,中国人民大学出版社 2008 年版。

沈语冰:《图像与意义》,商务印书馆 2017 年版。

盛希贵:《影像传播论》,中国人民大学出版社 2005 年版。

隋岩：《媒介文化与传播》，中国广播影视出版社 2015 年版。

孙丽君：《伽达默尔的诠释学美学思想研究》，人民出版社 2013 年版。

孙淼：《中国艺术博物馆空间形态研究》，文化艺术出版社 2013 年版。

孙英春：《跨文化传播学》，北京大学出版社 2015 年版。

王玉玮：《电视剧城市意象研究》，暨南大学出版社 2010 年版。

王岳川主编：《媒介哲学》，河南大学出版社 2004 年版。

谢宏声：《图像与观看》，广西师范大学出版社 2012 年版。

许莉：《多维的影像视界——从视知觉角度探究数字媒介的终端差异》，中国传媒大学出版社 2013 年版。

曾军：《观看的文化分析》，山东文艺出版社 2008 年版。

张国良编：《20 世纪传播学经典文本》，复旦大学出版社 2003 年版。

张国良主编：《传播学概论》（第二版），复旦大学出版社 2010 年版。

张浩达：《视觉传播：信息认知读解》，北京大学出版社 2012 年版。

赵静蓉：《文化记忆与身份认同》，生活·读书·新知三联书店 2015 年版。

郑川：《当代视觉艺术传播及策划》，中国人民大学出版社 2017 年版。

郑霞：《数字博物馆研究》，浙江大学出版社 2016 年版。

周宪：《视觉文化的转向》，北京大学出版社 2008 年版。

周宪：《当代中国的视觉文化研究》，译林出版社 2017 年版。

尹凯：《生态博物馆：思想、理论与实践》，科学出版社 2019 年版。

二、外文译著

［德］扬·阿斯曼：《文化记忆》，金寿福、黄晓晨译，北京大学出版社 2015 年版。

［俄］康定斯基：《艺术中的精神》，李政文、魏大海译，中国人民大学出版社 2013 年版。

［法］雷吉斯·德布雷：《媒介学引论》，刘文玲译，中国传媒大学出版社 2014 年版。

［法］古斯塔夫·勒庞：《乌合之众：大众心理研究》，冯克利译，广西师范大学出版社 2007 年版。

［加］哈德罗·伊尼斯：《传播的偏向》，何道宽译，中国人民大学出版社 2003 年版。

［加］马歇尔·麦克卢汉著，［美］昆廷·菲奥里杰罗姆·安吉尔编：《媒介与文明》，何道宽译，机械工业出版社 2016 年版。

［加］马歇尔·麦克卢汉：《理解媒介：论人的延伸》，何道宽译，凤凰出版集团译林出版社 2017 年版，

［美］沃纳·J.赛佛林、小詹姆士·W.坦卡德：《传播理论起源、方法与应用》，

郭镇之译，中国传媒大学出版社 2006 年版。

[美] 保罗·莱文森：《莱文森精粹》，何道宽译，中国人民大学出版社 2007 年版。

[美] 阿巴斯·塔沙克里、查尔斯·特德莱：《混合方法论：定性方法和定量方法的结合》，唐海华译，重庆大学出版社 2010 年版。

[美] 乔治·艾里斯·博寇：《博物馆这一行》，张誉腾等译，五观艺术管理有限公司 2000 年版。

[美] W.J.T. 米歇尔：《图像理论》，陈永国，胡文征译，北京大学出版社 2006 年版。

[美] 爱德华·P. 亚历山大、玛丽·亚历山大：《博物馆变迁：博物馆的历史与功能读本》，陈双双译，译林出版社 2014 年版。

[美] 保罗·莱文森：《新新媒介》，何道宽译，复旦大学出版社 2011 年版。

[美] 本尼迪克特·安德森：《想象的共同体》，吴叡人译，上海人民出版社 2016 年版。

[美] 丹尼斯·麦奎尔：《受众分析》，刘燕南等译，中国人民大学出版社 2006 年版。

[美] 道格拉斯·凯尔纳：《媒体文化》，丁宁译，商务印书馆 2004 年版。

[美] 菲利普·德·蒙特贝罗、[英] 马丁·盖福特：《艺术的对话》，马洁译，上海人民美术出版社 2016 年版。

[美] 亨利·詹金斯：《融合文化：新媒体与旧媒体的冲突地带》，杜永明译，商务印书馆 2012 年版。

[美] 卡里尔：《博物馆怀疑论——公共美术馆中的艺术展览史》，丁宁译，江苏美术出版社 2009 年版。

[美] 克莱门特·格林伯格：《艺术与文化》，沈语冰译，广西师范大学出版社 2015 年版。

[美] 克利福德·格尔茨：《文化的解释》，韩莉译，译林出版社 1999 年版。

[美] 林文刚：《媒介环境学：思想沿革与多维视野》，何道宽译，北京大学出版社 2007 年版。

[美] 鲁道夫·阿恩海姆：《艺术与视知觉》，滕守尧等译，四川人民出版社 2006 年版。

[美] 鲁道夫·阿恩海姆：《视觉思维：审美知觉心理学》，滕守尧译，四川人民出版社 2006 年版。

[美] 伦斯·格罗斯伯格等：《媒介建构：流行文化中的大众媒介》，祁林译，南京大学出版社 2014 年版。

[美] 妮娜·西蒙：《参与式博物馆：迈入博物馆 2.0 时代》，喻翔译，浙江大学出版社 2018 年版。

［美］尼尔·波兹曼：《娱乐至死》，章艳译，中信出版集团 2015 年版。

［美］史蒂芬·康恩：《博物馆与美国的智识生活，1876—1926》，王宇田译，上海三联书店 2012 年版。

［美］珍妮特·马斯汀编著：《新博物馆理论与实践导论》，钱春霞等译，江苏美术出版社 2008 年版。

［美］朱莉·德克尔编：《宾至如归：博物馆如何吸引观众》，王欣译，上海科技教育出版社 2017 年版。

［美］玛格丽特·霍尔：《展览论》，环球启达翻译咨询有限公司译，北京燕山出版社 2007 年版。

［美］苏珊·朗格：《情感与形式》，刘大基傅志强周发祥译，中国社会科学出版社 1986 年版。

［美］约翰·伯格：《观看之道》，戴行钺译，广西师范大学出版社 2015 年第 3 版。

［美］约翰·伯格：《看》，刘惠媛译，广西师范大学出版社 2015 年版。

［美］保罗·马丁·莱斯特：《视觉传播：形象载动信息》，霍文利等译，北京广播学院出版社 2003 年版。

［美］南希·艾因瑞恩胡弗：《美国艺术博物馆》，金眉译，湖南美术出版社 2007 年版。

［美］约翰·菲斯克：《理解大众文化》，王晓钰、宋伟杰译，中央编译出版社 2001 年版。

［英］罗杰·弗莱：《塞尚及其画风的发展》（1927），沈语冰译，广西美术出版社 2016 年版。

［英］阿雷恩·鲍尔德温等：《文化研究导论（修订版）》，陶东风等译，高等教育出版社 2014 年版。

［英］丹尼斯·麦奎尔、［瑞典］斯文·温德尔：《大众传播模式论》，祝建华、武伟译，上海译文出版社 1987 年版。

［英］德波拉·切利：《艺术、历史、视觉、文化》，杨冰莹等译，凤凰出版集团江苏美术出版社 2010 年版。

［英］克里斯·巴克：《文化研究：理论与实践》，孔敏译，北京大学出版社 2013 年版。

［英］简·基德：《新媒体环境中的博物馆：跨媒体、参与及伦理》，胡芳译，上海科技教育出版社 2016 年版。

［英］凯西·卡麦兹：《建构扎根理论：质性研究实践指南》，边国英译，重庆大学出版社 2013 年版。

［英］马尔科姆·巴纳德：《理解视觉文化的方法》，常宁生译，商务印书馆 2013 年版。

［英］尼克·史蒂文森：《认识媒介文化：社会理论与大众传播》，王文斌译，商务印书馆 2016 年版。

［英］帕特里克·博伊兰主编：《经营博物馆》，黄静雅等译，译林出版社 2010 年版。

［英］乔纳森·鲍德温、卢西恩·罗伯茨：《视觉传播：从理论到实践》，陈晶等译，辽宁科学技术出版社 2010 年版。

［英］斯图尔特·霍尔：《表征——文化表象与意指实践》，徐亮陆兴华译，商务印书馆 2003 年版。

［英］丹尼·卡瓦拉罗：《文化理论关键词》，张卫东等译，江苏人民出版社 2006 年版。

［英］约翰·厄里、乔纳斯·拉森：《游客的凝视》，黄宛瑜译，格致出版社、上海人民出版社 2016 年版。

［英］罗杰·迈尔斯、［英］劳拉·扎瓦拉：《面向未来的博物馆——欧洲的新视野》，潘守永、雷虹霁译，北京燕山出版社 2007 年版。

三、中文论文

艾赖文：《论博物馆观众的特征》，《中国博物馆》1997 年第 1 期。

包东波：《大众传播视觉下的博物馆功能初探》，《中国博物馆》2012 年第 1 期。

曹兵武：《作为媒介的博物馆——一个后新博物馆学的初步框架》，《中国博物馆》2016 年第 1 期。

曾一果、陈爽：《博物馆文物的数字化展示和传播研究——以台北故宫博物院为例》，《广州大学学报（社会科学版）》2019 年第 1 期。

陈芳：《文本、受众与体验——用媒介文化理论解读"新媒体电影"走热的现象》，《东南传播》2011 年第 8 期。

陈霖：《城市认同叙事的展演空间——以苏州博物馆新馆为例》，《新闻与传播研究》2016 年第 4 期。

陈汝东：《论修辞研究的传播学视角》，《湖北师范大学学报（哲学社会科学版）》2004 年第 2 期。

陈汝东：《论视觉修辞研究》，《湖北师范大学学报（哲学社会科学版）》2005 年第 1 期。

陈芸：《图像里的音乐符号——论文艺复兴时期绘画艺术中音乐符号的视觉性表征》，《美术观察》2017 年第 10 期。

单霁翔：《民俗博物馆建设与非物质遗产保护》，《民俗研究》2014 年第 2 期。

杜骏飞：《框架效应》，《新闻与传播研究》2017 年第 7 期。

杜卫：《美育三义》，《文艺研究》2016 年第 11 期。

杜志红：《文化创新：理解新媒介影像传播的重要维度》，《现代传播（中国传媒大学学报）》2017 年第 5 期。

高晓芳：《信息全球化下的博物馆传播研究》，《东南文化》2012 年第 2 期。

耿涵、易晓：《标识的开放性趋向——费城艺术博物馆的视觉形象系统分析》，《装饰》2015 年第 1 期。

何丽：《电视冷门节目高收视的成因分析——央视中文国际频道〈国宝档案〉引发的思考》，《新闻战线》2017 年第 2 期（下）。

胡邦胜：《从认识论看国际传播的主要特征》，《理论视野》2017 年第 10 期。

胡锋、陆道夫：《文本、受众、体验——约翰·菲斯克媒介文化理论关键词解读》，《学术论坛》2009 年第 3 期。

胡智锋、邓文卿：《中国电视类型节目的新探索——以"朗读者"为例》，《民族艺术研究》2017 年第 4 期。

黄丹：《新博物馆理论与后博物馆学》，《中国美术》2013 年第 5 期。

黄洋：《博物馆信息传播模式述评》，《博物院》2017 年第 3 期。

金瑞国：《博物馆之传播学研究》，《博物馆研究》2011 年第 2 期。

金瑞国：《数字博物馆的传播学研究》，《文博》2010 年第 4 期。

金海鑫、吴诗中、陈奕君：《当代博物馆陈列设计的叙事性艺术特征》，《艺术研究快报》2015 年 4 卷 4 期。

兰维：《文化认同：博物馆核心价值研究》，《中国博物馆》2013 年第 1 期。

郎昆：《央视综艺：引领文化综艺新潮流》，《电视研究》2018 年第 2 期。

李克：《论色彩的文化属性》，《文艺研究》2014 年第 7 期。

李克、李小耶：《解读美秀美术馆公共空间设计的美学特征——以视觉传播艺术为视角的考察》，《艺术教育》2016 年第 10 期。

李贺、霍美辰：《融媒体时代青少年媒介审美素养的提升策略》，《东北师大学报（哲学社会科学版）》2018 年第 3 期。

李林：《弗兰克·奥本海姆的博物馆观众体验研究理论与实践》，《东南文化》2014 年第 5 期。

李林、陈钰彬：《国际性临时展览的跨文化阐释方法初探》，《东南文化》2019 年第 1 期。

刘佳莹、宋向光：《历史陈列的叙事学模型解读与建构——从内容设计到展览表现》，《中国博物馆》2017 年第 2 期。

刘佳莹：《叙事学视角下博物馆的媒介优势》，《东南文化》2010 年第 2 期。

刘俊：《融合时代文化类综艺节目的发展纵览与养成之道》，《电视研究》2018 年第 2 期。

刘明洋：《融合趋势下的新媒介文化建构》，《中国出版》2016 年第 4 期。

刘涛：《何为视觉修辞？——图像议题研究的视觉修辞范式》，《湖南师范大学社会科学学报》2018 年第 6 期。

鲁政：《再论"关联的容器"——美国当代艺术博物馆叙事空间的个案分析》，《装饰》2014 年第 4 期。

陆道夫：《试论约翰·菲斯克的媒介文本理论》，《南京社会科学》2008 年第 12 期。

马萍、潘守永：《从"仪式性"看纪念馆的"文化展演"空间实践》，《东南文化》2017 年第 2 期。

庞雅妮、曹音：《异文化背景下中华传统文化的传播——"来自丝路之都的唐代艺术"展策展方案分析》，《文博》2017 年第 2 期。

秦志希、夏冠英、徐小立、刘建明：《"媒介文化研究"笔谈》，《武汉大学学报（人文科学版）》2005 年第 4 期。

沈辰、何鉴菲：《"释展"和"释展人"——博物馆展览的文化阐释和公众体验》，《博物院》2017 年第 3 期。

沈辰：《构建博物馆：从藏品立本到公众体验》，《东南文化》2016 年第 6 期。

施旭升、苑笑颜：《仪式·政治·诗学：当代博物馆艺术品展示的叙述策略》，《现代传播》2017 年第 4 期。

宋向光：《互联网思维与当代公共博物馆发展》，《中国博物馆》2015 年第 2 期。

孙玮：《镜中上海——传播方式与城市》，《苏州大学学报（哲学社会科学版）》2014 年第 4 期。

王路：《关联的容器：当代博物馆的一种倾向》，《时代建筑》2006 年第 6 期。

王思怡：《博物馆观众研究的反思与演变——基于实例的观众体验分析》，《中国博物馆》2016 年第 2 期。

王志海、王伟：《创新扩散视域下的网络口碑再生产研究：以马蜂窝网为例》，《中国地质大学学报（社会科学版）》2018 年第 4 期。

吴静：《〈国家宝藏〉：基于媒介的新故事化策略》，《艺术评论》2018 年第 5 期。

肖婉、张舒予：《VMIL：视觉、媒介、信息素养融合之教育实践——以优秀传统文化的视觉表征为途径》，《现代远距离教育》2016 年第 5 期。

辛艺华、李秋璇：《受众视角——关于博物馆导向信息设计的思考》，《湖北理工学院学报（人文社会科学版）》2016 年第 4 期。

徐贲：《全球化、博物馆和民族国家》，《文艺研究》2005 年第 5 期。

许捷：《空间形态下叙事展览的构建》，《博物院》2017 年第 3 期。

严建强：《新的角色　新的使命——论信息定位型展览的实物展品》，《中国博物馆》2011 年合刊 Z1 期。

严建强：《"十二五"期间我国博物馆陈列展览概述》，《中国博物馆》2018 年第 1 期。

严建强、邵晨卉：《非物质文化遗产与博物馆——关于当代中国非物质文化与博物馆关系的若干思考》，《博物馆馆学研究》2018 年第 3 期。

严建强、许捷：《博物馆展览传播质量观察维度的思考》，《东南文化》2018 年第 6 期。

杨越明、藤依舒：《十国民众对中国文化符号的认知与偏好研究》，《对外传播》2017 年第 4 期。

尹凯：《人文与理性：博物馆展览的诗学与政治学》，《现代人类学》2015 年第 3 期。

尹凯：《目的感：从〈新博物馆学〉一书重思博物馆价值》，《博物院》2018 年第 4 期。

于晨：《从上海"思南露天博物馆"项目看城市历史文化风貌区发展的可能性空间》，《城市》2017 年第 2 期。

袁潇：《数字时代中议程设置理论的嬗变与革新——专访议程设置奠基人之一唐纳德·肖教授》，《国际新闻界》2016 年第 4 期。

张晶：《艺术媒介续谈》，《现代传播》2014 年第 8 期。

赵君香：《视觉传播语境中城市博物馆的公共空间设计——以美国洛杉矶盖提博物馆为例》，《装饰》2015 年第 3 期。

赵君香：《从多元文本到意义建构——运用媒介文化理论解读〈国家宝藏〉》，《青年记者》2018 年第 5 期（下）。

赵君香：《博物馆地域文化特展的媒介传播》，《遗产与保护研究》2018 年第 9 期。

赵君香：《我国博物馆国际展览与文化传播研究》，《理论学刊》2019 年第 3 期。

赵君香：《文物博物馆节目的创新发展与启示》，《青年记者》2019 年第 11 期(下)。

周伟业：《视觉艺术传播图像化历程及其反思》，《现代传播》2014 年第 7 期。

周丽英：《论博物馆传播与观众认知关系的实质及其发展》，《博物院》2017 年第 3 期。

周尚琴：《由感官之眼到心灵之眼——从不同审美纬度看现代艺术》，《西南石油大学学报（社会科学版）》2017 年第 5 期。

周宪：《视觉建构、视觉表征与视觉性——视觉文化三个核心概念的考察》，《文学评论》2017 年第 3 期。

周宪：《视觉文化：从传统到现代》，《文学评论》2003 年第 6 期。

宗戎：《纪录片〈我在故宫修文物〉的跨媒介生产与消费》，《中国电视》2017 年第 12 期。

张毓强、黄珊：《中国：何以"故事"以及如何"故事"——关于新时代的中国与中国故事的对话》，《对外传播》2019 年第 3 期。

左为东：《中国文化传播的视觉性构建——以平昌冬奥会"北京八分钟"为例》，《青年记者》2018 年 10 月（中）。

钱初熹：《培养公民视觉素养的美术馆公共教育》，《上海艺术评论》2017 年第 6 期。

岳鸿雁、李钢：《迁想妙得：基于认知理论的传统文脉在书籍设计的应用》，《出版发行研究》2018 年第 12 期。

户晓辉：《民主化的对话式博物馆——实践民俗学的愿景》，《民俗研究》2018 年第 3 期。

四、学位论文

蔡祥军：《基于符号编译和知识学习的博物馆观众行为研究》，南京理工大学博士学位论文，2010 年。

陈立：《从精神容器到开放场域：当代美术馆的特征和形式研究》，中央美术学院博士学位论文，2017 年。

丁蕾：《数字媒体语境下的视觉艺术创新》，南京艺术学院博士学位论文，2013 年。

贺幸辉：《视觉传播中奥运会开幕式与文化认同》，北京体育大学博士学位论文，2015 年。

潘峰：《"同根同源"的文化展演》，中央民族大学博士学位论文，2008 年。

黄洋：《中国考古遗址博物馆的信息诠释与展示研究》，复旦大学博士学位论文，2014 年。

矫雅楠：《作为媒介的孔子学院——基于媒介环境学的视角》，山东大学博士学位论文，2016 年。

李慧竹：《中国博物馆学理论体系形成与发展研究》，山东大学博士学位论文，2007 年。

李卓：《对"文明的冲突"的一种传播学阐释——基于跨文化传播的理论思考》，复旦大学博士学位论文，2012 年。

苗元华：《中国新时期纪录片创作与民族文化传承研究（1978—2015）》，山东师范大学博士学位论文，2016 年。

倪万：《数字化艺术传播形态研究》，山东大学博士学位论文，2009 年。

张冠文：《互联网交往形态的演化——媒介环境学的技术文化史视角》，山东大学博士学位论文，2013 年。

吴瑶：《媒介环境学视域下的数字阅读研究》，华中科技大学博士学位论文，2016 年。

张潇扬：《约翰·费斯克的媒介文化理论研究》，山东大学博士学位论文，2015 年。

张金岭：《"法"眼看中国：文化想象中的"他者"研究》，中央民族大学博士学位论文，2007 年。

张苗苗：《美术馆展览：在美术史叙事与当代文化构建之间》，中国艺术研究院博士学位论文，2011 年。

周飞强：《博物馆的悖论——欧美艺术博物馆收藏展览》，中国美术学院博士学位论文，2011 年。

孟舒：《现代文明的反思与人类心灵的抚慰——屠杀遇难同胞纪念馆的公共艺术

研究》，苏州大学博士学位论文，2016 年。

宗世英：《艺术设计专业大学生视觉素养培养研究》，东北师范大学博士学位论文，2012 年。

于淼：《中国城市社区网络空间公共性透视》，山东大学博士学位论文，2018 年。

雷霞：《新媒体时代抗议性谣言传播及其善治策略研究》，中国社会科学院研究生院博士学位论文，2014 年。

李佳一：《从展场到展览——中国当代艺术博物馆展览空间研究》，上海大学博士学位论文，2017 年。

鞠忠美：《中华传统文化创造性转化创新性发展实现机制研究》，山东大学博士学位论文，2018 年。

张华洁：《视觉场论》，西安美术学院博士学位论文，2018 年。

赵星宇：《展览信息传播效率影响因素研究——基于山东博物馆 7 号展厅观众学习体验研究实例》，山东大学硕士学位论文，2018 年。

五、英文著作、论文

Carol Duncan, *The Aesthetics of Power: Essays in Critical Art History*, Cambridge University Press, 1993.

Carol Duncan, Civilizing Rituals—Inside Public Art Museums, Routledge，1995.

Norris, Linda; Tisdale, Rainey, *Creativity in Museum Practice*, Left Coast Press, 2013.11.

Eilean Hooper-Greenhill. The educational role of the museum. London and New York: Routledge, 1994.

Evripides Zantides, *Semiotics and Visual Communication: Concepts and Practices*, 2014.

Falk J.Dierking L, *Learning from Museums: Visitor Experience and the Making of Meaning*. Altamira Press, 2000.

Falk J.Dierking L, *The museum Experience*, Ann Arbor, MI: Whalesback Books.1992.

Hans-Georg Gadamar, *Truth and Method*, New York: Crossroads, 2004.

Harry Jamieson, *Visual Communication: More than Meets the Eye*, 2007.

McQuail D., *Audience Analysis*, London, Sage Publications, 1997.

Messaris, P., *Visual "Literacy": Image, Mind, and Reality*, Boulder: Westview Prsess, 1994.

Michel Foucault, "Of Other Space: Utopias and Heterotopies", *Diacritis* 16（Spring 1986）.

Michelle Henning, *New Media, A Companion to Museum Studies*, Edited by Sharon

Macdonald, published by Blackwell, 2006.

Nao Gedi & Yigal Elam, "Collective Memory—What Is It?" *History and Memory*, vol. 8, No. 1, 1996.

Peter Vergo, The Reticent Object. Peter Vorgo.ed. *The New Museology*, London: Reaktion, 1989.

Roger Silverstone, The Medium Is the Museum: On Objects and Logics in Time and Spaces, from *Museums and the Publice Understanding of Science*, Edited by John Durant, Published by NMSI Trading Ltd, Science Museum 1992.

Scoot. L. M, Images in Advertising: The Need for A Theory of Visual Rhetoric, *Journal of Consumer Research,* 1994, 21.

See McQuail D., *Audience Analysis*, Sage Publications, London, 1997.

Carter, James, A Way With Words. *Interpretation Journal*, 2010, 15.

Shahira Fahmy, Mary Angela Bock, Wayne Wanta, *Visual Communication Theory and Research: A Mass Communication Perspective,* 2014.

Tony Bennett, *The Birth of the Museum: History, Theory, Politics*, London: Routledge, 1995.

Bedford, Leslie., *The Art of Museum Exhibitions*. Walnut Creek:Left Coast Press, Inc., 2014.

Duke, Linda., The Museum Visit: It's An Experience, Not A Lesson. Curator 53, 2010, 3.

Falk, John H. *Identity and the Museum Visitoor Experience,* Walnut Creek, CA: Left Coast Press, Inc., 2009.

Falk, John H.and Lynn D. Dierking., *"The Museum Experience Revisited"*, Walnut Creek, CA: Left Coast Press, Inc., 2013.

Getty Center for Education in the Arts and the J.Paul Getty Museum.Insights: Museums, Visitors, Attitudes, Expectations.Los Angeles: The J.Paul Getty Trust, 1991.

Roberts, Lisa.Form Knowledge to Narrative: Education and the Changing Museum, Washington; Smithsonian Books, 1997.

Serrell, Beverly Exhibitions; A Framework for Assessing Excellence. Walnut Creek: Lift Coast Press. Inc.2006.

Simon, Nina., The Participatory Museum. Santa Cruz, CA: Museum 2.0, 2010.

Silverman, Lois.Visitor meaning-making in museums for a new age.Curator: *The Museum Journal* 38, 1995, 3.

Smith, Terry.Thinking Contemporary Curating.New York: Independent Curators International, 2012.

Jenny Kidd, The Museum as Narrative Witness: Heritage Performance and the

Production of narrative space, from Museum Making: Narratives，Achitectures, Exhibitions, Edited by Suzanne MacLeod, Laura Hourston Hanks ＆ Jonathan Hale, Published by Routledge, 2012.

Hillsdale, NJ: Erlbaum.Roberts, Government, media and the public. Predicting voter behaviour via the agenda setting tradition. Journalism Quarterly, 1992.

Graber, D., Processing politics: Learning from television in the internet age. Chicago: University of Chicago Press, 2001.

Betty Davidson, Candace Lee Heald ＆ George E. Hein. Increased Exhibit Accessibility through Multisensory Interaction. The Educational Role of the Museum, 1994.

后　记

这本书是在我的博士学位论文基础上修订出版的。回想从开题到写作修改，再到毕业答辩以及最近两年的课题研究，我对博物馆的传播研究涉及了"传播环境、传播内容和传播媒介"领域，并通过参与策划公共教育项目、观摩策展、释展、做博物馆志愿者等实践活动进行了传播效果的研究。这样一个跨学科选题，对于博士学位论文而言费时费力，也经常超越一名传播学专业博士生的学科视野而需要补充另外多个学科的理论知识，但是对于一名学者来说，却带给我广阔的研究领域和多角度的切入视角，并从中获得无限乐趣，这也是读博的重要收获吧。

我博士求学于山东大学，考博入学时属于文学与新闻传播学院，博士三年级时学校成立新闻传播学院。浸染于深厚底蕴的百年文院、年轻的新传学院，加之我常旁听历史文化学院、文化遗产研究院、儒学高等研究院的课程，读书会、国际会议等，徜徉于山东大学各个图书馆书海里，又接受来自全国顶尖新闻传播学术界专家最前沿的讲座思想，数易其稿终于艰难完成博士论文。毕业之后的两年间，我主要按照博士学位答辩委员会的建议，补充了世界著名博物馆的视觉场参照系这一章，以及跨文化传播的案例分析，修订了全文，2020 年年初交予人民出版社申报选题，非常欣喜获得了出版社的认可，才有了这本书的出版。

读博期间首先感恩导师李克教授，配合着视觉艺术史、视觉原理、城市美学课程和课题论证，他将我引入视觉传播的学术领域，并且身体力行地切实支持我出国访学、参加国际学术会议和进行国际交流，建立全球化的学术视野。感谢导师请来中国社科院高洪研究员、纽约视觉艺术学院芭芭拉·波拉克教授、国际品牌大师日本电通冈崎茂生先生等国内外高层次专家讲学授课，启迪我视觉艺术和品牌传播的学术思想；通过赴美国西海岸文化艺术机构博物馆、对国内文化遗产地如徽派建筑、平遥古城等实地调研，使我的视觉感受能力增强，建立起视觉场的认知体验和研究框架，并尽心指导论文撰写。

博士论文成稿还凝聚着许多人的帮助：初稿形成后，山东大学文艺美学研究中心主任谭好哲教授多次深入细致阅读，发现论文中的亮点并结合文化研究、跨文化传播等理论予以深化提出修改建议。山东大学新闻传播学院刘明洋教授、唐锡光教授、倪万教授，山东师范大学新闻与传媒学院张冠文教授多次针对论文的传播学理论基础、研究方法和文字表述提出很多宝贵意见和具体修改的可行性建议。暨南大学新闻与传播学院甘险峰教授在我论文开题时提醒我注意理论基础问题。特别感谢匿名外审论文的三位专家和答辩委员杜骏飞、刘明洋、唐锡光、张毓强、薛可、倪万诸位教授，他们对我论文的认可和专业的肯定给我极大的鼓舞，批评建议则让我冷静审视问题，教授们指导我建构传播学理论框架、建立双重逻辑线、向视觉文化方向深化、规范研究方法，使我不断修正思路、深耕细作。

感谢山东大学文化遗产研究院尹凯老师、赵星宇同学组织"博物馆学工作坊"，论文成文和修改的两年间我每周坚持英文经典原著阅读，读书会讨论给予我灵感；感谢加拿大皇家安大略博物馆副馆长、多伦多大学教授沈辰两次来山东大学进行系列讲座，加深我对博物馆学的认知；感谢国内博物馆学界和艺术学专家中央美院王璜生教授、浙江大学严建强教授、北京大学宋向光教授在学术会议上针对我论文概念提出的意见与建议，他们的著作、文章总能带来启示，修正我的认知，尤其是浙江大学展开的"博物馆认知与传播"研究，出版了一系列的译著、专著，召开国际会议和工作坊，都让我受益匪浅。

感恩我在美国北卡罗来纳大学教堂山分校访学时国外导师的指导和来自国内著名高校新闻传播院系访学朋友们的帮助！北卡罗来纳大学教堂山

分校新闻与大众传播学院是传播学议程设置理论提出的地方，唐纳德·肖教授虽然年事已高但仍然授课释疑解惑，以及将议程设置理论置于当今网络社会中进行论证发展的严谨学术态度深深触动我；和访学师友们讨论论文写作、共同去博物馆参观学习的快乐鼓舞着我！感谢深圳大学张又丹、黄娟等好友们连续两年暑假组织共赴欧洲进行文化艺术调研和博物馆探索，让我积累了大量的博物馆研究素材。感谢山东博物馆、山东美术馆给我提供的研究实践环境，诸多优秀敬业的志愿者们以及多位艺术家、策展人、教师接受我的访谈。感谢苗元华、黄娟、冯锦芳、王爱燕、王凤青、张蕴萍、冀翠萍、焦丽萍、李芳、高佳、于淼、孟婷、李小耶、代雪晶、刘媛媛、王景强、林小木、周颖欣、王绍华、张赛、范同辰、潘沐阳、王楠等朋友们这些年来对我完成博士论文和书稿写作提供专业资料和友情鼓励！

感谢我的工作单位——中共山东省委党校（山东行政学院）的支持，这本书是由博士科研启动基金和2020年创新工程科研项目《中华文化对外传播的视觉场建构研究》（编号：2020CX075）资助完成。本书还存在很多不足，希望能得到学界专家和业界实践者的批评，形成学术对话。

最后深深感谢我的父母、先生和女儿，他们给予我巨大的精神支持，家人的深爱、鼓励和陪伴让我坚持不懈追求学术梦想，最终完成这本书的修订。珍惜感恩生命中不期而遇的良师益友，我将铭记山东大学"学无止境、气有浩然"的校训，继续求知探索，潜心治学，努力前行。

赵君香

2021年2月立春

于山东济南千佛山